合作研究

"一带一路"协同发展研究丛书

一带一路

全球价值双环流下的区域互惠共赢

THE BELT AND ROAD
Regional Mutual Benefit and Win-win
Under the Double Circulation of Global Value

刘伟　郭濂／主编

北京大学中国金融研究中心

图书在版编目(CIP)数据

一带一路：全球价值双环流下的区域互惠共赢/刘伟，郭濂主编. ——北京：北京大学出版社，2015.12

("一带一路"协同发展研究丛书)

ISBN 978-7-301-26759-2

Ⅰ.①一… Ⅱ.①刘…②郭… Ⅲ.①区域经济合作—国际合作—研究—中国 Ⅳ.①F125.5

中国版本图书馆 CIP 数据核字(2016)第 010079 号

书　　　名	一带一路：全球价值双环流下的区域互惠共赢
	Yidai Yilu: Quanqiu Jiazhi Shuanghuanliu xia de Quyu Huhui Gongying
著作责任者	刘　伟　郭　濂　主编
责任编辑	郝小楠
标准书号	ISBN 978-7-301-26759-2
出版发行	北京大学出版社
地　　　址	北京市海淀区成府路 205 号　100871
网　　　址	http://www.pup.cn
电子信箱	em@pup.cn　　QQ:552063295
新浪微博	@北京大学出版社　@北京大学出版社经管图书
电　　　话	邮购部 62752015　发行部 62750672　编辑部 62752926
印　刷　者	北京中科印刷有限公司
经　销　者	新华书店
	730 毫米×1020 毫米　16 开本　25.75 印张　504 千字
	2015 年 12 月第 1 版　2018 年 1 月第 2 次印刷
定　　　价	78.00 元

未经许可，不得以任何方式复制或抄袭本书之部分或全部内容。
版权所有，侵权必究
举报电话: 010-62752024　电子信箱: fd@pup.pku.edu.cn
图书如有印装质量问题，请与出版部联系，电话: 010-62756370

作 者 简 介

刘　伟	中国人民大学校长、教授
郭　濂	国家开发银行研究院常务副院长
徐念沙	保利集团董事长
高　飞	外交学院院长助理、教授，中国外交理论与实践协同创新中心研究员
史育龙	国家发展和改革委员会宏观经济研究院科研管理部副主任、研究员
吴志峰	国家开发银行研究院国际战略研究一处处长
陈　功	北京大学人口研究所副所长、教授
王跃生	北京大学经济学院国际经济与贸易系主任、教授
苏　剑	北京大学经济研究所常务副所长、教授
张　辉	北京大学经济学院副院长、教授
向　勇	北京大学文化产业研究院副院长、教授
蔡志洲	北京大学国民经济核算与增长研究中心研究员
蓝庆新	对外经济贸易大学国际经济研究院教授
昝　涛	北京大学历史学系副主任、副教授
施　展	外交学院外交学系副教授
徐　辉	中国城市规划设计研究院绿色城市研究所副所长、高级城市规划师
谢世清	北京大学经济学院副教授
冯　科	北京大学经济学院副教授
张亚光	北京大学经济学院经济学系副主任、副教授
秦建国	交通运输部规划研究院高级工程师
郦　莉	外交学院中国外交理论研究中心助理研究员，中国外交理论与实践协同创新中心研究员

序　言

"一带一路"(The Belt and Road,简称"B&R"),是"丝绸之路经济带"和"21世纪海上丝绸之路"的简称。自2013年9月和10月由国家主席习近平分别提出建设"新丝绸之路经济带"和"21世纪海上丝绸之路"的愿景构想以来,"一带一路"已经成为当前我国推动区域合作、加快经济转型的新方略,在中国的引领下打造政治互信、经济融合、文化包容的利益共同体、命运共同体和责任共同体。在全球经济形势尚不明朗、国际合作壁垒重重、区域安全屡受威胁的今天,这个具有中国传统文化特色的称呼唤起了世界各国对历史上的中国形象的记忆。实际上,丝绸之路在历史上是力图贯通欧洲地中海文明和中华黄河文明的文明通道,而在当代,则是中国现代化进程与西方和世界发展相互融合并紧密联系的纽带。借用古代"丝绸之路"的历史符号,中国将在新时期继续高举和平发展的旗帜,主动发展与沿线国家的经济合作伙伴关系,为当前的国际局势注入新的血液,也为当前"新常态"形势下的国内经济稳速转型提供新的思路。

一、历史光环下的"一带一路"

谈到"一带一路",我们首先联想到的是绵亘东西的"丝绸之路"。"丝绸之路"这个称谓最能够唤起世界对于中国的追忆。"一带一路"便是依托于中国历史驰名的陆上和海上丝绸之路。陆上"丝绸之路"起源于汉代,丝绸之路作为一条流动的贸易通道,最初可能是由纯粹的商业贸易驱动而形成的。随着当时对外关系的变化以及时局的调整,这种纯粹的贸易道路被赋予了更多的政治使命和历史使命,成为维护区域之间政治互信与和平稳定的重要纽带。在中国历史上彪炳千秋的张骞,其出使西域之行的政治目的已经大于其开通商路的经济目的。这种以经济为先导、以政治为纽带的东西商路对于当时的军事、政治格局产生了深远的影响。通过丝绸之路,中原王朝的优质手工业制品向西传播到了西域甚至欧洲,同时也加强了中原王朝与周边国家的联系，丝绸之路也成为维护区域稳定的重要纽带。

到了唐朝中后期乃至宋朝，丝绸之路出现了形式上和内容上的重要变化。首先，从形式上看，陆上丝绸之路所经地区的政治局势稳定，通过丝绸之路进行的商贸活动和战乱时期相比出现了繁荣发展的势头。随着经济重心的逐渐南移，在唐宋期间的福建、广东等沿海地区出现了大型的对外贸易港口，中原王朝的丝绸、瓷器、茶叶等手工业品通过海港运往日本、东南亚、印度乃至非洲，海上丝绸之路的出现，从形式看形成了南北两条丝绸之路并肩发展的局势。其次，从内容上看，此时的丝绸之路的经济色彩更为浓厚，在政府主导之下的政治目的已经不是此时丝绸之路的主流。随着后来中亚的战乱，北方丝绸之路逐渐被阻塞，海上丝绸之路则凭借较为低廉的运输成本和便利稳定的运输条件，逐渐成长为中原王朝对外贸易的生命线，从历史的记载中，我们至今依然能够影影绰绰地看到千百年前泉州港的片片白帆。到了明清时期，这种经济力量驱使的海上贸易受到海禁的限制，睦邻友好的政治目的再次上升为主流。明永乐年间，中国船队在郑和的率领之下，沿着当年的海上丝绸之路在东南亚、南亚各国进行友好访问，宣扬明王朝强盛国力的同时也推动睦邻友好关系的发展。整个明朝中后期至鸦片战争，受到海禁的影响，海上丝绸之路也逐渐冷清下来。

从历史看"一带一路"，可以鲜明感受到其在特定的历史时期发挥的作用：一方面，它构成了国内经济体系的一部分，成为推动国内经济发展的引擎之一，其作用在不同的历史时期大小不同，在宋元时期尤为明显，具有鲜明的经济特色，是一个区域在一个时期之内经济发展的重要侧面。另一方面，其在区域发展中扮演了重要的纽带角色，以商贸线路作为沟通的桥梁，发展睦邻友好关系，开辟新的发展空间，营造良好的国际环境。

诚然，"一带一路"在纵向有着很深的历史渊源，但需要指出，在将其作为一个现代化国家的发展愿景时，"一带一路"愿景不能囿于历史原有的模式和体制。不能在愿景规划之初就先将自己放在曾经的朝贡体系之中去，不能将曾经的国际关系理所当然地嫁接到如今新形势之下的国际关系中，更不能将曾经的国际交流模式局限于商业贸易等特定的领域。我们需要铭记，虽然历史反映了现实，而现实却照耀着历史。在新的格局、新的形势和新的条件之下，我们所面对的现实，让我们回想起了曾经光辉的历史时期和历史成就，而对于历史的学习和借鉴，则要以当前经济发展的实际情况和真实需要忖度为之。不可否认，历史的存在会让我们在现实中看到一个影影绰绰的投影，但是现实本身才是我们前进和发展的出发点。在"一带一路"愿景的推进过程中，基于历史，立足实际，将开辟出合适的新思路。倘若纠结于历史，那么就难以摆脱局限，终将限制自我的发展，"一带一路"愿景也难以在更广阔的范围内得到推进和支持。

二、时代呼声中的"一带一路"

近年来,中国宏观经济处于重大的变革节点,改革开放以来的高速发展阶段已经逐渐过去,经济中速增长将成为一个时期内中国经济发展的"新常态"。2014年我国国内生产总值达63.6万亿元,同比增长7.4%,城镇新增就业达1322万人,同比多增12万人,年末城镇登记失业率为4.09%,居民消费价格指数增长2.0%,实现了年初预期的目标。同时,中国经济正在全面向新常态转换,经济下行压力不断凸显:全球金融危机后四年(2009—2012年),我国规模以上工业增加值年均增长12.6%,其中2012年回落到10%,2013年则是自2002年以来首次跌破10%,为9.7%。2014年前10个月累计,同比增长8.4%,比上年同期回落1.3个百分点。房地产结束了长达15年的超级繁荣期,进入调整期,2014年1—10月累计,房地产投资同比增长12.4%,比上年同期回落6.8个百分点,这直接拉动投资回落1.5个百分点。由之带动投资增长明显下滑。2002—2012年间,我国全社会固定资产投资连续10年保持20%以上增长(10年增长了9.1倍,年均增长26%),2013年首次跌破20%,为19.3%。2014年则在房地产发展"拐点"开始形成后加快调整,固定资产投资(不含农户)达50.1万亿元,同比增长14.9%,比上年回落4.4个百分点。

与此同时,全球宏观局势的发展也在新时期出现了新局面。亚洲地区的重要经济体日本、韩国、印度以及东盟与中国在领土主权等政治领域的摩擦始终存在,经济往来受政治因素影响较大,在诸多核心技术领域尚未建立起较高的信任,高层次的交流与合作受到种种因素的制约。欧洲深陷债务泥潭,自2009年希腊债务危机爆发以来,欧元地区国家主权信用状况不断告急,整个西欧地区经历了数年的救市,至今仍然处于逐渐恢复的边缘,经济驱动力疲软,在全球金融危机和债务危机的连续重创之下,欧元区的全面恢复尚需时日。非洲、俄乌、中东局势等地缘政治形势恶化,造成了区域的不稳定性,使国际投资、资本撤离该地区,打压了投资者信心,抑制了各自的进口需求和相互间的贸易。埃博拉疫情的扩散,也使相关地区的交通、旅游等行业遭受损失。美国逐渐从经济危机中脱身,调整自己的全球战略,在全球范围内继续推动经济和军事霸权。"一带一路"在这样的国内和国际背景之下提出,不仅是国家在一定时期内应对自身发展的重大决策,也将对周边国家以及全球经济社会发展格局产生深远的影响,其背后承担着重要的历史使命。一言以蔽之,"一带一路"愿景的提出,既是对自身经济结构、发展模式的重大调整,也是对新时期之下区域合作与国际秩序的展望。

在时代的召唤之下,我们应该通过"一带一路"给世界带来什么、输出什么,这是一个值得深入思考的问题。纵观历史上每一个具有影响力的大国的崛起,都向世界输出过标志性的事物。早期的荷兰有优质的海运团队、先进的股份制理念,后来的西班牙有雍容华贵的王室文化,英国有大工厂、蒸汽机、清教徒的勤勉和绅士的高贵,德国有精妙的哲学、严谨诚恳的作风,日本有精致俭省的工业品和谨小慎微的礼节,美国则扛着自由民主的旗帜左右挥舞。这些国家在成长历程中都向世界展示出了属于自己的、脱胎于经济而落脚于文化的国家名片,这些国家名片则成为在经济背后更为长久的实力延续,其本身的生命力强劲,影响力深远。正如苏联虽已解体,但是我们依然能够想得起伏特加酒的醇烈和红场上飘扬的军歌。如今,"一带一路"的战略契机摆在了我们的面前,在经济发展与区域合作之外,我们想要向世界展现出一个什么样的中国?我们究竟有什么名片要向世界出示?这些追问要绵延于"一带一路"进程中的每一个环节,是需要时刻反思和总结的重要内容。

三、砥砺践行中的"一带一路"

在当前的时代格局之下,"一带一路"的提出让国内外眼前一亮,针对"一带一路"的研究不断开展。从学术研究到实践探索,社会各界从不同的角度为"一带一路"的具体落实出谋划策。2015年3月28日,国家发改委、外交部、商务部联合发布了《推动共建丝绸之路经济带和21世纪海上丝绸之路的愿景与行动》(以下简称《愿景与行动》),从官方角度对"一路一带"未来的发展方向和发展逻辑进行了统筹与整理。其中明确点出了"一带一路"愿景在落实和推进过程中的具体问题。《愿景与行动》中开宗明义提出的五大原则奠定了"一带一路"的共赢性质,即恪守联合国宪章的宗旨和原则,坚持开放合作,坚持和谐包容,坚持市场运作,坚持互利共赢。这五大原则是我国一贯秉承的和平外交政策在新时期新战略之下的延伸,同时也闪耀着改革开放以来深化经济改革的光辉。值得注意的是,五大原则中明确提出了坚持市场运作。这一点充分肯定了经济力量在推动"一带一路"中的主导地位,也成为"一带一路"在国际上得到广泛认可的价值基础和微观注脚。同时"一带一路"沿线各国资源禀赋各异,经济互补性较强,合作潜力和空间巨大。在原则指引下,《愿景与行动》文件以政策沟通、设施联通、贸易畅通、资金融通、民心相通为主要内容,从多个方面加强重点建设。每个具体行动都牵动了国际合作的重要方面,为推动愿景的顺利落实铺好了道路。从当前"一带一路"的践行情况看,有实践探索和学术研究这两条主线值得关注。

从国际实践经验看,20世纪80年代,东亚地区的区域合作和产业结构布局中有过经典的"雁阵理论",中国作为一个发展中大国,在雁阵序列的尾端,扮演着劳动力密集型产业的承接角色,是产业布局的尾端。如今,中国经济飞速发展,在经济总量上已居全球第二,在生产规模上已经成为全球重要的制造业大国,东南亚地区的经济也迅速起飞,而曾经的"亚洲四小龙"则没有继续保持曾经的发展势头,日本也深受90年代经济萧条的重创,元气大伤,整个亚洲的经济格局出现了深刻的变化,新的区域关系和区域秩序呼之欲出。"一带一路"发端于中国,贯通中亚、东南亚、南亚、西亚乃至欧洲部分区域,无论是从发展经济、改善民生,还是从应对金融危机、加快转型升级的角度看,它都具有重要的战略意义,是在区域格局转型换代过程中的重要风向标。在新型的区域经济布局中,中国应当仔细思考自己所处的环境,既要畅通国际衔接的道路,又要紧密结合自身所处的产业链条,摆好新时期的"新雁阵",以"一带一路"为契机,明确中国定位,构建新型的产业结构框架,充分发挥中国作为区域性大国的影响力。

从国内实践经验看,"一带一路"是新时期改革发展的重要篇章。我们在探讨改革与发展时,往往强调发展,而忽视改革。从已有建设经验来看,实现发展的主流基本上是在现有条件之下扩大规模,提高资源的投入力度和政策支持力度,在具体操作层面相对简单,能够在短期内起到改良效应。相比于发展,改革则更加具有挑战性,对经济发展的作用也更为根本。在"一带一路"的推行过程中,落实《愿景与行动》提出的原则和措施,需要在制度上、模式上、思路上进行创新,以上层建筑的创新来引领经济基础的调整。任何简单的规模和投入的扩大都将或早或晚地触碰到边际收益递减的红线,最终也将影响到发展的速率和质量。因此,"一带一路"的愿景需要有上层建筑的创新,从根本上为"一带一路"的推进保驾护航。

从学术理论角度看,针对"一带一路"的研究主要有两个导向——问题导向和理论导向。到目前为止,"一带一路"的相关研究以问题导向为主,以智库为载体,根据当前区域经济发展所出现的问题来应对和解决问题,具体问题具体分析。关于"一带一路"的经济理论和社会理论,则在目前的学术建设中显得十分薄弱,对于"一带一路"沿线国家的文化传统、历史渊源、经济脉络、发展模式尚缺乏深入的研究。目前在各个高校以及其他科研机构,针对"一带一路"的理论研究正处于起步阶段,理论体系的建立和完善仍需长时间的积累和调整。唯有对"一带一路"愿景上沿线的每个国家、地区、民族有了充分的了解,才能够实现长期稳定的交流与合作,唯有构建一个符合当前现实的、具有高度指导意义的理论体系,才能够高屋建瓴地把握时代脉搏,引领战略方向。因此,仍需不断推进学术理论对"一带一路"的支持,为"一带一路"愿景提供科学指引。

"一带一路"愿景自提出以来,一直吸引着世界各国的目光,社会各界对于"一带一路"有着极高的期许,并从不同的视角对"一带一路"进行深入的解读和分析,对其具体的落实提出各种各样宝贵的思路和建议。

为加强经济、金融研究及其他合作,国家开发银行和北京大学本着"相互支持、密切合作、平等互利、共同发展"的原则,于 2008 年 10 月签署合作共建《北京大学中国金融研究中心协议》。该战略协议的签订和研究的开展不但离不开国家开发银行对我国开发性金融事业与发展经济学理论多年的开创性努力及实践应用,更离不开国家开发银行对北京大学的一贯支持和信任。本项研究的开展也是大学服务社会、融入国家前沿改革实践中的一个重要创新,不但将高校和国家开发银行的发展有机地结合了起来，而且也会有力地推动北京大学应用经济学科与国民经济建设更好地结合起来。

战略协议签署后，国家开发银行即与北京大学进行了合作研究，圆满完成了第一期课题"开发性金融和新兴市场国家发展经济学研究"（2008—2010）与第二期课题"全球治理格局变动下的国际竞争与合作研究"（2011—2012），目前正在开展第三期合作研究"全球双环流下中国与亚非拉协同机制研究"。

基于前期双方若干已有合作成果及2015年3月28日正式公布的《推动共建丝绸之路经济带和21世纪海上丝绸之路的愿景与行动》，为更好地将双方合作成果服务于国家和社会的发展需要，国家开发银行研究院和北京大学课题组基于双方已有研究，汇集相关领域的专家学者，以"一带一路"为主题，从经济、政治、文化、军事、历史等领域深度剖析"一带一路"愿景内容，其中汇聚了专家学者们在该领域研究的最新成果，对于充分了解战略内涵、深度挖掘战略价值、广泛拓展战略视野有着重要的借鉴意义。笔者衷心期待"一带一路"愿景能够给我国的社会经济以及地区国际关系带来深刻的变革，也希望本书能够对每一位读者有所裨益。感谢北京大学博士研究生易天，硕士研究生辛星、刘航、丁匡达、范雯琪、郭科琪、宗韶晖等对于书稿的修订和校正工作。在此，对所有关心和帮助过本研究的机构和人员表示衷心的感谢。

最后，由于时间、精力和水平有限，书中难免存在不少缺陷甚至错误，敬请读者批评指正。

刘伟

2015年12月

目录
CONTENTS

理论探索篇

操千曲而后晓声　观千剑方得识器

全球价值双环流架构下的"一带一路"愿景 / 3
"一带一路"的立论基础与推进思路 / 13
"一带一路"给我们的智识挑战 / 16
"一带一路"需超越陆权海权思维 / 19
"一带一路"倡议下中国企业走出去的思考 / 22
中国特色大国外交视角下的"一带一路" / 25
"走出去"战略下中国与亚非拉市场合作机制建设研究 / 38
"一带一路"与中国中长期经济发展 / 57

经济协调篇

物般形胜自古华　参差海内十万家

中国与周边国家基础设施互联互通的地位作用 / 83
"一带一路"倡议下全国城镇空间格局优化思路 / 102
"一带一路"与中国交通运输发展 / 118
"一带一路"跨国投融资体制研究 / 127
"一带一路"倡议下中国与发展中国家贸易模式的深化
　　——以中国—东盟、中国—非洲贸易为例 / 156
中国与亚非拉产业协同实现路径研究 / 179

文化历史篇

历数唐尧千载下　斯路往来尽风尘

"一带一路"的历史转换与现实启示 / 217
世界历史视野下的"一带一路" / 229
"一带一路"的历史观、世界观与价值观
　　——昝涛、殷之光对谈 / 240
"一带一路"格局中的文化战略问题 / 260
土耳其、"欧亚主义"与"丝绸之路经济带"
　　——一则思想史的侧记 / 269

国际经验篇

同行千里必有师　择善而从择拙避

典型发达国家高速发展阶段海外区域战略的回顾与反思及
　　对我国的启示 / 277
"一带一路"比邻之国
　　——我国20个邻国的人口与社会 / 294
发展中国家资本账户开放的国际经验 / 350

Chapter of Theoretical Exploration

The Vision of the Belt and Road under the Framework of Double Circulation of Global Value / 3

The Theoretical Foundation and Promoting Methods for the Belt and Road / 13

Intellectual Challenge Brought by the Belt and Road / 16

Consultation of the Belt and Road / 19

The Reflection of the Going-out Strategy among Chinese Enterprises under the Belt and Road Initiative / 22

The Belt and Road under the Perspective of Great-power Diplomacy with Chinese Characteristics / 25

Construction of Cooperation Mechanism of Market among China and Asia, Africa and Latin America / 38

The Belt and Road and China's Mid- and Long-term Economic Development / 57

Chapter of Economic Coordination

The Function and Status of Infrastructure Interconnectivity Between China and Its Neighboring Countries / 83

The Optimizing Methods of Urban Spatial Structure all over the Country under the Belt and Road Initiative / 102

The Belt and Road and China's Transportation Development / 118

Research on International Investment and Financing System Research under the Belt and Road / 127

Deepening of the Trade Pattern Between China and Other Developing Countries under the Belt and Road Initiative: Take China-ASEAN and China-Africa Trade for Example / 156

Research on the Path of Industrial Cooperation Between China and Asia, Africa and Latin America / 179

Chapter of Culture and History

The Historical Transformation and the Practical Enlightenment of the Belt and Road / 217

Oberserving the Belt and Road under the View of World History / 229

The Views of History, World and Values of the Belt and Road: A Conversation Between Zan Tao and Yin Zhiguang / 240

The Issues of Culture Strategy Within the Structure of the Belt and Road / 260

Turkey, Eurasianism and the Silk Road Economic Belt: A Sidelight about the History of Thought / 269

Chapter of International Experience

The Retrospect of Typical Developed Countries' Overseas Strategies When They Were in High Rate of Developing and the Enlightenment to China / 277

The Neighborhood of the Belt and Road: The Population and Society of 20 Neighboring Countries / 294

International Experience of the Liberalization of Capital Account in Developing Countries / 350

理论探索篇

操千曲而后晓声
观千剑方得识器

"一带一路"倡议的提出有着宏大的国内经济背景和复杂的国际政治经济环境,其解决的问题不仅是一个国家和地区的问题。作为一个具有重要历史使命的倡议,"一带一路"的提出需要建立在稳健的理论基础之上,有完善明晰的蓝图为倡议的推进进行方向性的引导。这一方面挑战着每一个政策制定者,另一方面也对在当前环境之下的所有个体和组织带来了智识上的挑战。无论是从政府角度、企业角度还是从国际合作角度,各方都热切呼唤"一带一路"的明确方向,以期对国家中长期发展做出健康、合理的预判。

Chapter of Theoretical Exploration

The Belt and Road initiative is presented under the grand domestic background and complicated international political and economic environment. The problems which it is aiming at involve not only a single country or region. As an initiative with significant historical missions, the Belt and Road should base on sound theories and have a clear blueprint to guide the direction of its development. It is a challenge not only to decision makers, but also to every individual and organization who lives in our time. No matter from the view of the government, company or in the respect of international cooperation, we all eager to figure out the exact direction of the initiative, in order to make correct and reasonable predictions about the development in the long run.

全球价值双环流架构下的
"一带一路"愿景*

"一带一路"愿景是在中国经济"新常态"之下提出的,战略思路形成于2013年,完善于2014年,实施于2015年。首先,该愿景是亚洲在全球经济所占份额快速上升的内在诉求,按2005年不变价格计算,亚洲GDP1970年占全球的17.03%,2012年则占31.10%,超过欧洲成为全球经济第一大洲;其次,中国处于工业化加速关键期,需要平衡产业升级换代和产业转移之间的关系;再次,中国人民币国际化初见成效,需要为巨额外汇储备寻找更好的投资渠道;最后,中国正处于区域大国向世界大国转型期,需要一套适应自身发展的全球治理机制。

"一带一路"愿景是中国在全球价值双环流结构中,构建以中国为主导的亚欧非大区域治理平台,平衡经济治理与社会治理,从而促进本国产业结构升级,以实现和平崛起的一套全球治理机制。全球金融危机之后世界经济格局的一个重大变化就是,发达国家(特别是美国)作为世界经济增长的火车头的作用已大大降低,新兴经济体特别是以中国为代表的"金砖国家"日益成为世界经济发展的重要推动力量。与此同时,世界经济的循环也从传统的"中心—外围"式的单一循环,越来越变为以中国为枢纽点的"双环流"体系,其中一个环流位于中国与发达国家或地区之间(北美经济体和西欧经济体等),另一个环流存在于中国与亚非拉等发展中国家或地区之间。一方面,中国与发达国家之间形成了以产业分工、贸易、投资、资本间接流动为载体的循环体系;另一方面,中国又与亚非拉发展中国家之间形成了以贸易、直接投资为载体的循环体系。

---

* 本文主要内容以《全球价值双环流架构下的"一带一路"战略》发表于《经济科学》2015年第3期。作者张辉,北京大学经济学院副院长、教授。

在这两个循环体系中,中国已经逐渐替代日本,越来越成为连接发达经济体与亚非拉欠发达经济的主要中间节点或枢纽点。

图1为1991年至2014年中国、日本对北美(美国和加拿大)商品及服务贸易净出口情况的变化趋势图。从图1和表1可以看出,中国对北美贸易规模在20世纪90年代初期小于日本,但在90年代中后期开始逐渐缩小与日本的差距,2000年中国对北美(美国和加拿大)的经常项目贸易顺差额度达到了964.598亿美元,第一次超过日本对北美(美国和加拿大)的经常项目贸易顺差额度(904.934亿美元);2003年中国对北美(美国和加拿大)进出口总额为2 083.917亿美元,第一次超过日本对北美(美国和加拿大)进出口总额(1 890.308亿美元)。之后,中国和日本与北美的贸易差距进一步拉大,截至2014年中国对北美贸易净出口额已是日本的5.4倍;中国对北美进出口贸易总额是日本的3.0倍。

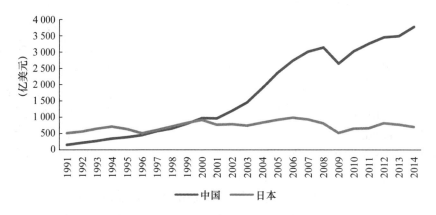

图1 中日对北美(美国和加拿大)净出口趋势图(1991—2014)

表1 北美(美国和加拿大)对中日进出口数据 (单位:亿美元)

年份	北美对中国			北美对日本		
	进口	出口	逆差	进口	出口	逆差
1991	218.935	78.949	139.986	1 046.617	543.510	503.107
1992	294.766	93.387	201.379	1 091.256	539.530	551.726
1993	360.662	100.674	259.988	1 187.023	544.878	642.144
1994	441.723	109.684	332.039	1 307.887	605.355	702.532
1995	518.862	142.735	376.126	1 360.090	730.357	629.733
1996	580.141	141.892	438.249	1 256.209	757.368	498.841
1997	703.903	145.426	558.476	1 333.308	737.213	596.095

(续表)

年份	北美对中国			北美对日本		
	进口	出口	逆差	进口	出口	逆差
1998	802.573	159.402	643.171	1 345.272	636.901	708.371
1999	937.791	149.062	788.730	1 449.925	631.313	818.612
2000	1 152.088	187.490	964.598	1 618.081	713.147	904.934
2001	1 175.990	219.896	956.094	1 391.651	630.255	761.396
2002	1 436.861	246.862	1 189.999	1 344.677	567.663	777.014
2003	1 765.387	318.530	1 446.857	1 311.153	579.155	731.998
2004	2 290.662	399.300	1 891.362	1 437.392	609.871	827.521
2005	2 841.986	477.970	2 364.016	1 541.704	629.865	911.840
2006	3 362.221	621.036	2 741.186	1 657.655	679.537	978.118
2007	3 759.314	741.112	3 018.202	1 638.705	712.668	926.037
2008	3 964.568	813.379	3 151.189	1 577.561	770.382	807.179
2009	3 444.024	793.729	2 650.295	1 092.616	584.779	507.837
2010	4 081.641	1 047.654	3 033.987	1 336.061	694.017	642.045
2011	4 479.738	1 211.060	3 268.678	1 421.216	765.680	655.536
2012	4 763.221	1 298.997	3 464.224	1 614.702	803.226	811.477
2013	4 915.563	1 416.271	3 499.292	1 519.103	755.389	763.714
2014	5 197.021	1 411.042	3 785.980	1 460.170	765.242	694.928

资料来源：UN Comtrade 数据库。

图 2 为 2000 年至 2013 年中国、日本对欧盟（28 个国家或地区）净出口趋势图。从图 2 和表 2 可以看出，中国对欧盟贸易规模在 2000 年小于日本，不过中国对欧盟经

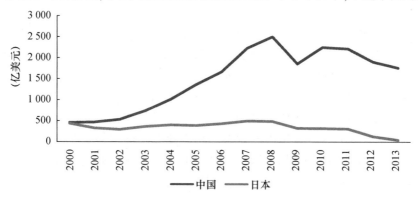

图 2　中日对欧盟（EU-28）净出口趋势图（2000—2013）

常项目贸易的顺差额度为448.836亿美元,超过日本的429.030亿美元;2002年中国对欧盟进出口总额为1 185.473亿美元,第一次超过日本对欧盟进出口总额(1 107.711亿美元)。之后,中国和日本与欧盟的贸易差距进一步拉大,截至2013年中国对欧盟净出口额已是日本的51.6倍;中国对欧盟进出口贸易总额是日本的3.9倍。

表2 欧盟(EU-28)对中日进出口数据　　　　　　　　（单位:亿美元）

年份	EU-28 对中国			EU-28 对日本		
	进口	出口	逆差	进口	出口	逆差
2000	686.629	237.793	448.836	847.261	418.230	429.030
2001	734.300	274.436	459.864	726.556	407.253	319.303
2002	853.667	331.806	521.861	696.984	410.727	286.257
2003	1 201.212	469.537	731.675	818.650	463.452	355.199
2004	1 606.800	601.715	1 005.085	931.737	540.170	391.566
2005	1 999.810	642.618	1 357.193	923.497	542.716	380.781
2006	2 459.944	800.634	1 659.310	985.255	562.413	422.842
2007	3 208.926	985.815	2 223.112	1 087.573	600.394	487.179
2008	3 648.834	1 155.944	2 492.890	1 102.168	624.641	477.527
2009	3 000.594	1 150.782	1 849.811	814.608	502.287	312.321
2010	3 742.487	1 499.687	2 242.800	891.019	581.731	309.288
2011	4 105.708	1 897.858	2 207.850	982.275	682.751	299.523
2012	3 748.284	1 850.404	1 897.880	832.185	714.147	118.038
2013	3 719.031	1 968.279	1 750.752	750.621	716.665	33.956

资料来源:UN Comtrade 数据库。

图3为2000年至2014年中国、日本对东南亚七国(越南、柬埔寨、菲律宾、泰国、马来西亚、新加坡、印度尼西亚)净出口趋势图。从图3和表3可以看出,中国对东南亚七国贸易规模在2000年明显小于日本,不过到2005年中国对东南亚七国经常项目贸易的顺差额度为79.725亿美元,超过日本的71.785亿美元;2007年中国对东南亚七国进出口总额为1 721.821亿美元,第一次超过日本对东南亚七国进出口总额(1 721.179亿美元)。之后,中国和日本与东南亚七国的贸易差距进一步拉大,截至2013年中国对东南亚七国净出口额已是日本的6.3倍;中国对东南亚七国进出口贸易总额是日本的1.4倍。

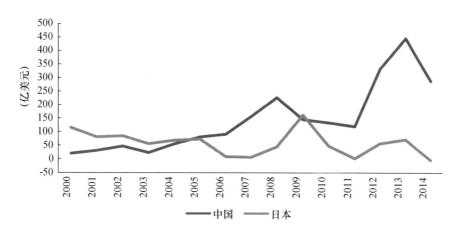

图 3　中日对东南亚七国净出口趋势图(2000—2014)

表 3　东南亚七国对中日进出口数据(2000—2013)　　　　(单位:亿美元)

年份	东南亚七国对中国			东南亚七国对日本		
	进口	出口	逆差	进口	出口	逆差
2000	181.400	162.162	19.238	673.661	559.494	114.167
2001	194.003	164.416	29.586	595.084	515.330	79.753
2002	260.687	214.638	46.049	574.781	491.320	83.461
2003	326.768	304.537	22.231	600.872	545.780	55.092
2004	465.656	411.354	54.303	720.672	652.933	67.739
2005	601.481	521.756	79.725	777.383	705.598	71.785
2006	751.341	661.333	90.008	813.474	805.693	7.781
2007	938.594	783.227	155.367	863.324	857.855	5.469
2008	1 105.644	880.600	225.044	1 060.349	1 016.759	43.590
2009	958.205	813.828	144.377	907.735	746.758	160.977
2010	1 253.533	1 121.059	132.473	1 035.936	988.776	47.160
2011	1 526.088	1 407.169	118.919	1 225.354	1 224.246	1.108
2012	1 735.686	1 403.921	331.765	1 275.331	1 218.654	56.677
2013	1 934.386	1 490.259	444.128	1 244.605	1 173.630	70.975

资料来源:UN Comtrade 数据库。

由上述分析可以看出,中国在全球价值分工体系中,2003 年全面超越日本成为东亚对接北美和欧盟或西欧经济体的首位国家,之后十多年来这种分工对接的首位度则越来越强,已经是日本的4—5倍规模;而在与东南亚等欠发达经济体的全球价值分工体系中,中国要到2007年才全面超越日本成为首位国家,之后差距虽然也逐步在扩大,不过规模没有与发达经济体的差距那么大。这也是目前学界针对第一个环流的研究较为充分(图4左半部),但是对于第二个环流即中国与亚非拉之间(图4右半部)的循环研究得比较少的重要原因。

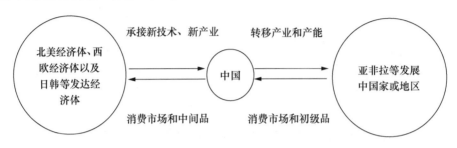

图4　全球价值双环流下的经济合作模式

现在随着中国经济持续高速发展,已经越来越离不开亚非拉的支撑,亚非拉的发展也与中国的发展表现出越来越多的内生性。反思东亚20世纪六七十年代日本的崛起,日本在东亚形成了著名的"雁阵"发展模式,以日本为雁头,通过产业梯度转移,拉动着"亚洲四小龙"和东亚、东南亚欠发达地区快速地从传统农业社会向工业化社会过渡,从而完成了"亚洲四小龙"成为新兴工业化国家和地区的历史巨变。虽然,20世纪90年代初随着日本陷入经济危机以及其在1997年东亚金融危机过程中的糟糕表现,特别是进入21世纪之后日本经济仍然一蹶不振,曾经高速增长的雁头一直处于增长乏力状态,一连失去了两个十年(见表4),以日本为主导的东亚"雁阵"发展模式也逐渐退出了历史舞台,不过日本曾经主导的东亚"雁阵"发展模式,明确地显示出第二次世界大战以来,大国的发展仍然需要依托于远远超越本国疆域的大尺度区域空间的紧密协同发展;此外,一国能否起到驱动大尺度区域空间发展的前提是该国要有中长期高速增长的潜力。

表4　日本与中国GDP年增长率(1995—2012)　　　　　　　　　　(单位:%)

年份	日本GDP年增长率	中国GDP年增长率
1995	1.94	10.90
1996	2.61	10.00
1997	1.60	9.30
1998	-2.00	7.80

(续表)

年份	日本 GDP 年增长率	中国 GDP 年增长率
1999	−0.20	7.60
2000	2.26	8.40
2001	0.36	8.30
2002	0.29	9.10
2003	1.69	10.00
2004	2.36	10.10
2005	1.30	11.30
2006	1.69	12.70
2007	2.19	14.20
2008	−1.04	9.60
2009	−5.53	9.20
2010	4.65	10.40
2011	−0.57	9.30
2012	1.94	7.80

资料来源：世界银行数据库。

从表4可以看出，随着日本经济泡沫破灭后，连续失去了两个十年，与之对应，中国经济则进入持续高速增长周期。改革开放之初，中国经济在全球位列第十位，随着改革开放进程的不断推进，中国进入了一个持续高速增长周期，2010年第三季度超过日本成为世界第二大经济体。从表5可以看出，2014年中国经济已经从1990年占全球的1.6%上升到了13.3%，提升了11.7个百分点；1990年中国经济总量分别只有美国、日本、德国、法国和英国的6.2%、11.8%、20.8%、28.7%和35.8%，而到2014年中国经济总量则分别为美国、日本、德国、法国和英国的59.5%、225.2%、268.9%、366.2%和352.2%。中国2014年经济总量已经从1990年是美国的6%，上升到了美国的60%；2010年中国经济第一次超过日本，仅仅过去4年，2014年中国经济总量已经是日本的2.25倍，比德国、法国和英国之和还要多。与"金砖四国"其他三国相比，1990年中国经济总量仅分别是巴西、俄罗斯和印度的77.3%、69.1%和112.4%，而2014年这些比重则分别为441.6%、556.8%和501.2%。

表5 1990年、2000年和2014年世界主要国家的GDP对比情况

国家	GDP（亿美元）			各国GDP占全球比重(%)			中国GDP占各国比重(%)		
	1990年	2000年	2014年	1990年	2000年	2014年	1990年	2000年	2014年
中国	3 569	11 985	103 601	1.6	3.7	13.3	—	—	—
美国	57 572	97 648	174 190	26.4	30.5	22.4	6.2	12.3	59.5
日本	30 183	46 674	46 015	13.8	14.6	5.9	11.8	25.7	225.2
德国	17 145	19 002	38 526	7.9	5.9	5.0	20.8	63.1	268.9
法国	12 445	13 280	28 292	5.7	4.1	3.6	28.7	90.2	366.2
英国	9 959	14 509	29 419	4.6	4.5	3.8	35.8	82.6	352.2
意大利	11 334	10 973	21 443	5.2	3.4	2.8	31.5	109.2	483.2
巴西	4 620	6 447	23 461	2.1	2.0	3.0	77.3	185.9	441.6
俄罗斯	5 168	2 597	18 606	2.4	0.8	2.4	69.1	461.5	556.8
印度	3 175	4 602	20 669	1.5	1.4	2.7	112.4	260.4	501.2
世界	218 133	320 019	778 688	—	—	—	—	—	—

资料来源：1990年、2000年数据来自《国际统计年鉴2010》，2014年数据来自世界银行。

由此，在全球经济发生如此重大转换的关键节点，就需要我们进一步站在大国持续发展的角度来深入研究中国在世界双环流中的枢纽功能和中国与亚非拉之间的协同发展问题，从而为中国对外经济关系发展和整体经济的可持续发展提供更好的理论支撑和政策依据。

"一带一路"正是在全球金融危机之后以中国为枢纽点的全球价值双环流体系初现端倪的背景下，中国从区域大国向世界大国转型过程中，第一次主动尝试构建适宜自身发展的全球治理机制，这是一种最优的路径选择。该战略提出也表明，中国已经从"韬光养晦"的对外思维向"主动布局，经济优先，合作共赢"方向进行转变。

从区域空间来看，"丝绸之路经济带"国内主要覆盖中国西南、西北地区，国际覆盖中亚、南亚、中东等地区。"21世纪海上丝绸之路"国内覆盖中国东部沿海地区，国际覆盖东南亚、印度洋、北非和西非地区。如何实现如此广袤空间的紧密协同发展，实现共同繁荣，互利互惠，共同可持续发展，将是一个值得中长期深入探讨的命题。

"一带一路"愿景所涉及的国家或地区经济发展水平普遍较低，尚在工业化初级阶段，铁路、港口、公路等基础设施建设落后，研发能力普遍较弱，不过经济发展速度普遍较快。根据EPS数据库，"一带一路"所涉及的国家或地区2008年至2012年五年GDP平均增速达到4.96%，具有很强的经济发展需求，从资本形成率和第二产业占比看，大多数国家低于平均水平，工业水平相对落后；科研创新能力普遍较低，该区域2011年研发支出占GDP比例平均为0.5%，与此相对应，中国达到了1.84%，而日本

达到了3.26%。

"一带一路"愿景的实施从目前来看应该基于以下五个协同战略。

第一，基础设施的协同战略。从2011年公路密度来看，剔除岛国、国土面积较小的国家或地区后，该区域公路密度普遍偏低，中亚以及非洲国家公路密度则更低；从2012年铁路来看，该区域所涉及的国家铁路长度与国土面积之比平均值在1%左右，在剔除国土面积较小的国家或地区后，俄罗斯以及中国这样的国土面积大国，其铁路密度也明显低于面积相似的美国；从2008年至2012年海运港口看，其评价体系1为十分欠发达，7为十分发达，该区域港口评价居中下水平，且整体呈现阶梯式分布。为了实现区域内有效互联互通，可见基础设施的协同发展至关重要。实际上，"一带一路"战略核心之一便是设立亚洲基础设施投资银行，为"一带一路"沿线各国的基础设施建设提供融资支持。

第二，贸易协同战略。21世纪初经济全球化加速发展以来，特别是全球金融危机以来，世界经济格局从"中心—外围"单循环体系向"双环流"体系转换的经贸基础即"新南南合作"机制。新南南合作是针对以往单循环格局下发展中国家在世界经济边缘开展的传统南南经济合作而言的，这一合作从背景、内容、形式、意义上都大大超越了传统南南合作。可以说，新南南合作真正实现之日，也就是"一带一路"愿景真正实现之时。在"一带一路"贸易协同战略下，中国与该区域的贸易模式必将进行新的调整，这种调整包括，贸易与直接投资和产业转移的融合与互动，从产业间贸易向产业内贸易转变，重新调整贸易结构与贸易条件，通过制度性安排保障和推进贸易与投资关系的协同发展。

第三，产业协同战略。"一带一路"愿景，在依托中国全球制造大国基础上，如何实现该区域三次产业特别是第一产业和第三产业现代化的问题，也就是如何将该区域与中国三次产业更好地融为一体，实现以中国为枢纽点的"一带一路"经济、区域一体化的问题。"一带一路"愿景下产业对接，对此要借鉴世界产业沿着中心地等级体系等级扩散和位移扩散模式来探讨该区域如何通过构建地方中心地等级体系（城镇体系）来克服与中国漫长空间距离所带来的不利于产业协同发展的问题。

第四，资本协同战略。进入21世纪以来，由于世界大多数国家逐步放松对外汇市场和资本市场的管制，国际金融市场不断完善和发展，伴随着新技术的创新和金融创新的不断涌现，国际资本流动的成本进一步降低，资本流动速度加快，规模增大。随着外国企业对中国的直接投资（FDI）和中国企业境外直接投资（ODI）的规模提升，从而在中国、发达国家、亚非拉地区之间形成了资本的"双环流"。"一带一路"需要考虑以中国为枢纽的条件下如何构建区域内资本协同发展问题。为了保证"一带一路"愿景的正常开展，中国为其提供400亿美元的丝路基金并筹建成立亚洲基础设施投资银行。根据财政部最新公告，截至2015年4月15日，亚投行意向创始成员国确定为57

个,其中域内国家37个、域外国家20个。

  第五,协同治理战略。"一带一路"愿景下,中国与涉及区域的相互建构是一个全方位的历史过程,目前主要体现为经贸关系,但势必在政治、法律、安全、文化等各个层面展开,因此就要全面宏观地研究全球价值双环流下中国与该区域协同治理机制问题。基于中国的崛起具有超大的规模性,其对于自然资源及市场的需求,都可能会根本性地改变世界秩序的基本运作原则,而这也就提出了"一带一路"愿景在经济与安全这两个层面有着必然内在的辩证互动关系,如何充分理解中国的发展与该区域的内在一致性将十分值得深入审视和思考。

"一带一路"的立论基础与推进思路*

"一带一路"是今后一个时期我国发展战略的重要组成部分,对中国自身和周边地区的发展都有着极为深刻的影响。准确把握"一带一路"的立论基础,对于制定切实可行的实施策略、扎实有序推进"一带一路"建设,具有至关重要的意义。

一、中国发展成就是"一带一路"的立论基础

从第二次世界大战结束到20世纪六七十年代,随着越来越多的发展中国家政治上实现了民族解放和国家独立,促进经济发展、实现国家富强成为各国共同面临的紧迫任务。半个多世纪以来,广大发展中国家不懈努力,不断探索尝试各种发展模式和道路,从拉美国家的"进口替代"到亚洲国家的"出口导向",从政治民主化到经济自由化,在西方专家开出的"药方"指导下做了大量的试验,但结果总体上是令人沮丧的。按照2001年诺贝尔经济学奖获得者迈克尔·斯宾塞的研究,全世界只有13个经济体实现了持续25年以上年均增长超过7%。与此同时,一个超过13亿人口的发展中大国,中国在三十多年时间里,成功保持了接近两位数的年均增长速度。经济总量由1990年的4 000亿美元增长到2014年的10.4万亿美元,占全球经济的总量由1.8%增加到14%,经济总量从相当于美国的6.7%增长到60%,人均国内生产总值从344美元增长到7 500美元,从一个低收入国家成功进入了上中等收入国家行列。

中国的发展成就由初期的涓滴细流已经成为不可阻挡的态势,让几十年来一直苦苦探索发展之路的广大发展中国家看到了希望,也给世界带来了强烈的震撼。我们不断探索改进政府与市场的关系、发挥国民经济和社会发展中长期规划的引领作用、以

---

* 本文主要内容发表于《经济科学》2015年第3期。作者史育龙,国家发展和改革委员会宏观经济研究院科研管理部副主任。

开发区和产业园区等方式促进地方发展、激发发展活力的探索实践，成为广大发展中国家和经济转轨国家竞相效仿的模板。金融危机以后，发达经济体遭受重大打击，新兴经济体也在近年来遇到巨大困难，全球经济进入新的调整期，寻求新的增长动力成为全球范围的热门话题。在这一背景下，中国提出的"一带一路"倡议，顺应了时代发展潮流，也契合沿线国家迫切希望学习借鉴中国发展经验、深化与我国合作、搭乘中国发展快车的强烈愿望，正是中国发展成就取得的巨大影响力、感召力和向心力，构成了"一带一路"的立论基础，也成为谋划"一带一路"实施策略的核心要义所在。

伴随着中国提出"一带一路"倡议，沿线国家也纷纷谋划制定本国的区域发展战略，哈萨克斯坦提出了"光明大道"新经济政策，埃及新政府发布了"苏伊士运河走廊"开发计划，韩国也提出了"欧亚倡议"发展计划，这些成为我国与沿线国家"政策沟通"和"设施联通"的指南。以中国—东盟自贸区升级版、中国—海湾经济合作委员会自贸区以及已经完成谈判的中韩自贸区等为代表，为进一步深化与沿线国家的贸易合作、实现"贸易畅通"打下了坚实基础。以亚投行、丝路基金为标志，我国与沿线国家间双边本币互换、结算的范围和规模不断扩大，为实现沿线国家间"资金融通"铺平了道路。沿线国家间不断拓展的文化交流、教育科技和旅游合作等，也为实现"民心相通"创造了条件。

二、以促进发展为核心谋划"一带一路"推进思路

中国发展成就的取得，关键在于成功把握了20世纪80年代以来经济全球化带来的发展机遇，使中国经济融入全球经济体系并从中赢得发展机遇。"一带一路"是新形势下经济全球化在区域层面的具体体现，也将是广大发展中国家难得的发展机遇。为此，必须牢牢把握发展这一核心要义，紧紧抓住全球战略格局加快调整的机遇，秉持亲、诚、惠、容理念，坚持睦邻友好、守望相助，促进沿线各国对接发展战略，尊重彼此文化和发展道路，按照"共商、共建、共享"的原则，从区域基础设施和产能合作入手，以点带面，从线到片，改善区域发展环境，做大区域市场规模，提升我与沿线国家在基础设施建设、资源开发、产业转移、贸易金融、科技人文等领域的合作水平，为推动建立和平、合作、发展的区域新秩序和全球治理新模式做出积极贡献。

面向未来，与沿线不同文化背景和社会制度、不同发展水平和利益诉求的国家共同建设"一带一路"，需要把握以下战略重点。

1. 以我为主、服务"两个一百年"发展目标

建设"一带一路"，要坚持以我为主，自觉履行发起人、组织者和协调员的角色，牢牢把握主动权，主动谋划全局，善谋定后动，积极引导方向，敢引领担当，高举和平发展、合作共赢的大旗，最大限度整合沿线国家的诉求与我国发展目标，把丝绸之路经济带建设与我国扩大内陆沿边对外开放、构建开放型经济体制结合起来，把21世纪海上

丝绸之路建设与我国发展海洋经济、建设海洋强国有机结合起来,形成经济、政治、文化和国家安全同步推进的局面。

2. 互利共赢、扩大利益汇合点

建设"一带一路"是我国将自身发展成果更多更好惠及沿线国家的重要探索。要重视发挥沿线国家各自的区位、资金、技术、人才、产业和市场优势,调动整合各方力量,共同打造区域发展新规则和新秩序。通过扩大双边投资,促进产业转移和技术扩散,形成紧密的产业上下游联系,通过利益互换、利益平衡和利益共享,不断扩大利益汇合点,强化促进发展、改善民生和增强国力的利益纽带;通过人文交流,促进相互理解和认同,加强区域合作,共享发展成果,强化兴衰与共意识;通过推进海上合作,增进互信,为有效管控分歧营造氛围,培育维护海上安全和航道畅通责任意识,共同打造政治互信、经济融合、文化包容的利益共同体、命运共同体和责任共同体,全面提升务实合作水平。

3. 因地制宜、寻求最大公约数

虽然"一带一路"沿线国家在国情特点、发展水平、面临问题等方面存在巨大差异,但在加快工业化现代化进程,促进经济发展,改善人民生活方面,沿线国家具有高度的共识,为此,须通过加强与各国的沟通,深入了解各自诉求和核心关切,最大限度凝聚沿线地区民意基础,求同存异,寻求为各国人民创造财富、振兴区域经济的最大公约数,汇聚区域共同发展主流声音,把沿线各国的发展与整个地区的发展紧密结合在一起,形成推进合作、增进发展机会的合力。要根据沿线各国不同的历史文化背景、现实挑战和核心关切,共同研究把各自资源优势、区位优势和人才、技术以及文化传统优势转化为促进发展的现实优势,共同商定合作重点、合作模式和工作机制,促进区域合作不断深化发展。

4. 陆海统筹、推进务实合作

陆海统筹是推进"一带一路"建设的有效方式。要统筹陆上"一带"和海上"一路",形成"一带一路"互相支撑、协调推进的格局,在加快高铁、高速公路和管道等陆地交通基础设施,电站和电网等能源基础设施,以及通信和互联网等信息基础设施建设的同时,全面提升港口和航道等海上交通基础设施,加强海洋环保、救灾等海上合作,促进产业、贸易投资和技术等领域的合作不断深化,为扩大区域市场提供有力支撑,真正把"一带一路"建成惠及沿线各国人民的和平、合作、发展之路。

"一带一路"给我们的智识挑战*

作为一名普通的教育工作者和学者，我认为，"一带一路"建设倡议与战略的提出，对我们当前的人文社会科学研究，尤其是地区国别研究提出了新的挑战，而且也是未来较长一段时间里对我们智识的持续性的考验。

为什么这么说呢？最主要的一个原因就是，在过去，我们很少有较为系统的关于周边国家研究的学术积累。这个原因并不难理解。改革开放以来，国人的视野主要地集中于西方、海洋文明（或曰蓝色文明）、发达国家的身上；所以，学英语、去美国留学一直是主流。体现在学术研究与学科建设上，就是长期偏重于西学（且不论发展的质量，仅就数量来说，这个判断大致上是成立的）。尽管我们越来越强调周边外交，但有关非西方世界尤其是我们周边国家的研究，从区域研究的角度来说，长期以来都是非常薄弱的：我们既没有系统的学术积淀，也没有健全的学术梯队。北京大学历史学系是国内少有的保留着亚非拉研究中心（教研室/专业）的教学与科研单位，但在人才规模、体系化、招生等方面，仍然是捉襟见肘、面临诸多不足的。

我在和几位从事中西交通或民族史研究的学术前辈讨论"一带一路"时，他们都提到，放眼世界看看，世界一流的综合性大学怎么可能不建立内陆欧亚研究方面的专业呢？怎么可能不去倾力打造和维系突厥学和伊斯兰研究的团队呢？为此我还去专门了解了一下：哈佛大学有阿尔泰与内亚学，约翰·霍普金斯大学有中亚—高加索研究，乔治敦大学的中东研究世界一流，乔治·华盛顿大学数年前就开始打造中亚研究项目，印第安纳大学冷战期间就建成了世界上最强的"内陆欧亚学系"，现在已经被提升并整合进国际研究的大规划，剑桥大学几年前已经将传统的东方学移到考古系并重组了中东—亚洲学院，就连哈萨克斯坦也刚筹建了突厥学研究院……

---

* 本文部分内容发表于《经济科学》2015年第3期。作者昝涛，北京大学历史学系副主任、副教授。

以上这些绝大多数都是覆盖了"丝绸之路经济带"的传统区域研究范畴。回头看看我们国内的印度学、伊朗学、土耳其研究、俄罗斯研究，等等，除了个别地方偶尔会冒出朵奇葩来，基本上是乏善可陈的，尤其是苏联—俄罗斯研究在改革开放以后迅速衰落。这一点非常明显地体现在人才的长期断档方面，近些年显得尤为突出。以北大历史系为例，在改革开放前培养的老先生们退休之后，竟然已经长期没有人教授和研究苏—俄历史了。就前述的所有这些区域的学术研究、学科建设和人才培养来看，目前的情况显然远远跟不上"一带一路"建设对我们提出的智识要求。

"一带一路"建设是一项长期的、综合性的、立足于区域和当地的战略，它的实践需要的是与各个不同的国家、文化和社区密切地打交道。各种经济、社会和文化的建设项目，不能只是建立在模型基础上的构思，更重要的是它们都是要"落地"的。所以，在这个意义上，我们需要很多了解和懂得当地情况的人才，不只是语言方面的，更重要的是历史、政治、文化和社会方面的，不只是学术研究的，更重要的是具有当地常识性知识的人才，尤其是有精力和活力的青年人才。

区域研究在国际上早已经出现一种分野，主要体现为传统区域研究与所谓科学的研究之间的分化。传统区域研究共享的是人文社会科学的古老传统，重视学习当地语言、当地联系和持续性的田野工作，当然，也强调与某一个学科（尤其是历史学、政治学、人类学等）的结合；新兴的区域研究侧重于（大）数据分析、建立模型，也就是所谓研究的科学性与量化，这一点对于传统区域研究比较发达的地方，比如美国，是一个比较自然的走向，也意味着传统区域研究的相对衰落（请注意，只是相对的）。另外还有一个原因，就是传统区域研究出成果比较难，人才培养也难，在经济情况不景气、教育经费相对匮乏的时候，从事传统区域研究往往更难；此外，从公共管理学的角度来说，传统区域研究的成果转化也比较慢；而所谓科学的区域研究，就不太强调传统的那些严格训练，它训练的是另外的工具和方法，成材比较快，现在发表论文也比较容易。这是一个国际上的发展趋势。

但这并不意味着传统区域研究行将消亡。科学方法的区域研究不能取代或取消传统的区域研究，传统的区域研究也不能排斥更先进的研究方法，两者是相互补充、相得益彰、不可偏废的。一位长期从事俄罗斯问题研究的俄裔英国学者曾跟我说，俄罗斯和中国在发展双边关系与区域战略方面，目前都面临很大的智识上的不足，那就是，在俄罗斯的中国问题专家极少，在中国的俄罗斯问题专家也极少，两国在很多地区问题上出现的失误主要一个原因是不了解当地国情。

第二个方面我讲一下"一带一路"给我们打开的新视野。我想追问的是，环绕着中国的海"路"和陆"带"，除了经贸方面的相关性以外，还与我们这960万平方千米国土的悠久历史、复杂族群和多元文化有什么有机的关系？当下的中国，一方面是综合国力的迅速崛起，已经成为世界第二大经济体，在全球工资增长速度上也是最快的；另一方面是在国内外遭遇到了很多问题和挑战，尤其是来自内陆亚洲边疆的所谓"三股势力"的威胁。

一个时代有一个时代的关怀。20世纪80年代末，《河殇》开出的药方是拥抱蓝色（海洋）文明，实际上就是"西化"，曾被批判为自我矮化、虚无主义和资产阶级自由化。"一带一路"是在中国日益紧密地融入同时也塑造着全球化的世界历史进程的关键时刻提出来的。如果说《河殇》时代人们对世界格局的认识是西方中心主义的，那么，"一带一路"强调的"互联互通"则符合了中国一贯提倡的构建更为平等的世界政治—经济新秩序的主张。美国一贯以现代化的意识形态在非西方地区推行发展援助，其背后的逻辑和观念则是等级化的，是美国中心主义的，也是社会达尔文主义和发展主义的。"一带一路"强调的是互利互惠、平面化、网格化、多中心化和去意识形态化的。

从中国自身的文明观和历史观的角度来说，"21世纪海上丝绸之路"让我们重新认识到中国文明的海—陆复合性特征，陆上向西的"丝绸之路经济带"建设则提出了反思传统的中原中心主义史观的时代课题。

一方面，中国既是海洋国家，又是大陆国家，大陆性是中国文明的历史轨迹，"海洋性"没有得到充分认知。现代文明是海洋文明。海上丝绸之路逼问的是如何突破传统中国的海洋观。

另一方面，在历史观上，如何摆脱中原中心主义的陈旧叙事模式，客观地看到中国历史的内亚性和中原性的内在一致性，尤为重要。这不只是讲历史上的多次民族融合，也包括历史上出现的多个中国大地上的传统政权，都是中原性和内亚性的复合。

从这两个复合，即海洋与大陆、中原与内亚，可以清楚地为当代中国的定位提供新的视野和思考路径，从而为中国的进一步发展提供新的精神动力和情感支持。对舒缓国内紧张的民族情绪，也有釜底抽薪的作用。

中国是什么？这个看似简单的问题，其实并不容易回答。我们必须承认，一个国家/民族乃至一个人的身份和认同并不是一成不变的，它们是流动不居的。由是，关于这个问题的认识和研究经常地就不仅是个历史问题。我们处在绵绵不绝的时间洪流之中，随着时代的发展变化，个人或群体都要不可避免地面临新形势和新挑战，总要不断地回到自身，重新地提出"我（们）是谁？"这个根本性的问题。这个问题，对于后冷战时代的土耳其是这样，对于长期纠结在东西方之间的俄罗斯是这样，对于崛起中的中国也是这样。"一带一路"为我们打开了这样的一个新的视野，说到底，也还是一个智识上的挑战与考验。

"一带一路"需超越陆权海权思维[*]

在人们热议"一带一路"时,出现很多不同的主张,其中一些涉及陆权海权之争,带有控制与争夺的思想。对此,笔者认为要深刻思考中国政府提出的"和平合作、开放包容、互学互鉴、互利共赢"的丝路精神和"共商、共建、共享"的建设原则,超越传统的陆权海权思维,引领走向合作共赢的全球化新时代。

一、丝路经济带不是中国的西进运动

"西进运动"这个词本指美国开发西部过程中轰轰烈烈的社会运动,长达百余年的东部居民大规模向西部迁移和开发西部,迸发了美利坚民族开疆拓土和社会大发展的活力。但美国西进运动不但是移民和开发的运动,同时还是控制、侵略和掠夺的运动,西进运动不但从法国购得了路易斯安那大片土地,而且通过与墨西哥的战争取得得克萨斯新墨西哥和加利福尼亚州,同时把印第安原居民控制圈居起来,美国西进运动伴随着印第安人的血泪史。而且美国西部往西是大海,打通以后美国成为两洋国家,扩大和强化了其陆海控制地位。

如果借用西进运动指代中国开发丝路经济带,其西部往西要跨越不同的文明地带,乃至直抵现代世界文明的中心地带西欧,除却时代原因也与美国开发西部有本质不同,中亚诸国对中国的戒心极重,不要说控制,这些国家对中国提出的合作也未必实心实意。主张丝路经济带是中国西进运动者,实质有根深蒂固的陆权思想,认为丝路经济带是作为对美国重返亚太战略的对冲,向西开拓腹地,联中亚与俄罗斯而制衡美日,并输出国内过剩产能和资本,把欧亚中心地带视为中国资本的输出地、原材料来源地和安全控制地带。

---

[*] 本文发表于 IMI 财经观察,2015 年 6 月 30 日。作者吴志峰,国家开发银行研究院国际战略研究一处处长。

作为陆权理论的提出者，麦金德有个著名三段论："谁统治了东欧，谁就能控制大陆心脏地带；谁控制大陆心脏地带，谁就能控制世界岛（欧亚大陆）；谁控制了世界岛，谁就能控制整个世界。"也正是基于陆权理论，国外很多人很是怀疑中国提出"一带一路"倡议的动机，似乎中国也是要通过控制中亚进而控制欧亚大陆。

从历史来看，中国即使具备控制实力也不可能这样做。麦金德的三段论如果成立，希特勒的第三帝国就不至于失败，而苏联战后实实在在地控制了欧亚大陆，不也是走向解体了吗？苏联领导人是不是深陷麦金德的陆权控制论不得而知，我们至少知道苏联的失败在于其对内控制和对外孤立，最终使其生命力自我窒息而死。

因此，如果以传统陆权思想来指导丝路经济带，甚至主张丝路经济带是要背转身来面向大陆扩张，与改革开放以来面向大海融入世界的努力相对立，那将是非常危险的。在全球化的今天，无论从中国实力地位还是从国际政治格局来看，中国都不可能像美国西进运动一样进行强占和控制，唯合作共赢共同发展才是出路。

二、海上丝路不是要抢控贸易通道

21世纪海上丝绸之路也有指导思想的问题。许多人认为中国庞大的贸易受制于美国控制的马六甲海峡，建设海上丝路的关键是要控制几大海上贸易通道。一些提法，如开挖泰国克拉地峡以取代马六甲海峡，建设中缅战略通道直通印度洋，在霍尔木兹海峡和吉布提建立基地扼守咽喉，等等，这些想法都是基于海权控制思维，认为这是中国作为大国崛起所必须掌控的贸易通道。

马汉的海权理论确实非常重视对所谓全球六大海上通道的控制。马汉作为美国海军将领，在19世纪末力主美国修建巴拿马运河，认为这样美国海军力量不至于分割在大西洋和太平洋，对美国取得全球制海权非常有利，美国海军也确实按马汉的海权理论一步步发展为海上霸主，尤其在20世纪50年代通过胁迫英法从苏伊士运河撤军，似乎进一步印证了海上通道对美国的重要性。

笔者丝毫不否认海上贸易通道的重要性，也无意论证现代海权论是否过时，因为至少看起来，海权论比陆权伦似乎要牢靠些。但是，中国目前不是抢控贸易通道的时候，要论海上控制权，它的取得与陆地控制权有根本不同。陆地控制权可根据地形构筑工事，形成相互制衡的区域割据对峙局面。而海上控制权打的是歼灭战，因为在海上无以凭靠，要么赢要么输，也就是说海上霸主一段时间内只能有一个，其余各国最多能依据陆地组成海岸自卫队。因此，如果美国能控制马六甲，它一样能控制克拉地峡，并同样能控制霍尔木兹和吉布提。出于海权控制思维去与美国争夺贸易通道是无效的。

不光无效，而且有害。海上霸主不是谁都能当的，不能光看它占据了控制海洋的优势，它同时背上了提供海洋公共品的沉重负担。海洋容易打歼灭战是因为难以防御，这也意味着在和平时代海洋霸主如果要阻碍他人利用海洋也是代价惊人，同时霸主还必须提供公共品,为正常的世界贸易和海运保驾护航。如果中国现在就急于争夺贸易通道控制权,美国就容易联合那些害怕中国强大的国家出钱出人分担其海上警察的财务成本和职责,容易形成联合对付中国的局面。

三、"一带一路"需要全球化新思维

陆权与海权思维的本质都是控制与索取,这与"一带一路"的愿景背道而驰。中国要带动建设"一带一路",必须具有与当今时代对应的全球化思维,这个思维不是民族主义的,而是要符合各国的利益并为其所接受。美国在全球推动民主自由具有普世主义倾向,它内含了霸权的颐指气使,它不管各国的文明与历史现实单向推进,造成了类似与伊斯兰世界的文明冲突。而从发展现实看,欧美推动的是"中心—外围"结构的发展,认为外围只有吸收采纳欧美政治与经济制度才能最终发展起来,但亚非拉国家却发现自己的发展离中心发达国家越来越远,陷入长期的贫困、衰退乃至被掠夺的境地。世界的发展需要中国承担既承继欧美又不同于欧美的全球化新思维。

2008年全球金融危机以来,美国基于国家主义而从自由贸易的旗手回撤,甚至屡次祭起贸易限制的杀手锏。美联储的货币政策也是利用美元世界储备货币的地位而行美国国家利益之实,加剧了全球经济的动荡。在这个时机,中国作为全球第一贸易大国和经济增长重要发动机,如果接过美国手上自由贸易的旗帜,以基础设施作为推动实体经济复苏和发展的支撑,显然有别于欧美中心国家传统的紧缩型援助扶贫政策,给有关国家输入实实在在的发展后劲。显然,这对中国是个机会,同时世界需要中国这样做。

同时,从发展主义观点来看。"一带一路"中心地区,尤其是中亚,似乎为现代世界所遗忘和抛弃。欧亚中心地带自苏联解体后并没有取得显著的发展,欧美发达国家对它的援助远不及预期,它的发展是波折动荡的,经济增长在21世纪以来甚至不及非洲和拉美。在与中国相邻的这个地区,以中国的发展来带动它们的发展就具有自然正义,甚至也是中国的责任。

而从可能性来看。20世纪下半叶至今的产业转移,先是日本,其后韩国和东南亚,以及现在的中国和印度,形成了优势产业链和产业集群,使东亚成为全世界的工厂,世界经济的重心已经东移。这个世界产业链和世界工厂极有可能向中亚、南亚乃至欧亚中心地带扩展。这个扩展过程对"一带一路"沿线国家显然非常有利,而唯有中国因为其体量和刚刚发展起来的新鲜实用的经验在其中能起到核心推动作用。

因此,中国对"一带一路"的企图完全是包容发展主义的,是共商共建共享的合作共赢思想,是基础设施互联互通和产业链合作发展的全球生产体系思路。"一带一路"与陆权海权理论无关,而是超越了控制思想的全球化发展新思维,或者也可以说,发展才是"一带一路"的硬道理,请不要以传统陆权海权思维来揣度。

"一带一路"倡议下中国企业走出去的思考*

关于"一带一路"构想,政府和学界对此进行了广泛研讨,从政治、外交、文化、经济等各方面的理解比较深刻。但从企业角度来看,如何应对挑战,抓住机遇,有效发挥企业作为"一带一路"实施主体的作用,值得进行更深入的思考和研究。

一、中国企业是顺利实施"一带一路"倡议的重要基础

"一带一路"倡议的实施,不仅将加强中国与沿线国家的多方合作,也将为中国企业带来更多的机会和更大的动力。2015年第一季度,我国与"一带一路"沿线国家双边贸易额2 360亿美元,占全国进出口总额的26%。在"一带一路"沿线国家共有70多个在建合作区项目,建区企业基础设施投资超过80亿美元,带动入区企业投资近100亿美元,预计年产值超过200亿美元,可为当地创造20万个就业机会。改革开放三十多年来,中国企业积累了丰富的产业资源、先进的技术水平、成熟的管理经验。中国与俄罗斯、印度、巴基斯坦等"一带一路"沿线国家之间战略契合度高,经济互补性强,合作前景值得期待和憧憬。在"一带一路"倡议的撬动作用下,中国企业走出去必将迎来前所未有的发展机遇。

以"一带一路"为契机,推动中国企业走出去,支持周边互联互通、重大基础设施建设,促进各国经济发展、人民生活改善,既有助于深化国际合作,优势互补,取长补短,促进区域繁荣发展;也有助于增进沟通交流,加强信任,减少摩擦,维护地区安全稳定;对我国而言具有重大的战略意义和外交价值。中国企业应当抓住这一难得的历史机遇,在政府引导下充分发挥走出去的主体作用,努力成为"一带一路"建设的积极参与者和重要推动者。

---

* 本文主要内容发表于《经济科学》2015年第3期。作者徐念沙,保利集团董事长。

二、"一带一路"倡议下中国企业面临的机遇和挑战

过去十多年,中国企业走出去取得了辉煌成就,今天更需要在全球产业链中占据更高价值的先进制造业和服务业方面发挥更加重要的作用。要实现这一目标,中国企业必须变得更具战略性、竞争力和效率,"一带一路"也将成为新一轮中国企业走出去的"指南针",同时带来新的机遇和挑战。

机遇方面:一是扩大海外市场规模。"一带一路"沿线65个国家总人口约44亿,经济总量约21万亿美元,蕴含了巨大的经济发展潜力、广阔的市场拓展空间。二是促进产业转型升级。通过转移优质产业中的过剩产能,加大企业在研发、技术、品牌上进行新的投入,引导国内产业转型和再升级。三是提升企业创新能力。在适应不同国家环境的同时,学习借鉴海外成功企业经验,推动企业在发展模式、产业战略、技术路径、商业模式上的改革和创新。

挑战方面:一是企业自身管理能力方面。海外国家的政治、经济、社会环境复杂多变,商业规则、法律体系、行业标准等与国内截然不同,对企业的适应能力和管理水平提出更高要求。二是海外市场有效需求方面。"一带一路"沿线国大多为新兴经济体和发展中国家,有的市场看似空间巨大,实则有效需求不足,盲目进入将带来高风险。三是配套金融服务支持方面。部分地区的金融环境并不完善,商业银行运作条件受限,甚至不具备运作能力,对中国企业的支持有限。

三、"一带一路"倡议下中国企业应有效利用开发性金融

在上述三类挑战之中,金融资源是企业成功走出去不可或缺的要素,金融服务及其杠杆优势对企业而言尤为重要。在"一带一路"下中国企业应特别重视对开发性金融工具的有效运用。

1. 虚实结合、产融互动是利用开发性金融的关键

开发性金融是以服务国家发展战略为宗旨,以中长期投融资为手段,把国家信用与市场化运作相结合的一种成本较低的金融形态和金融工具。作为传统政策性金融的深化和发展,更注重资产质量和资金安全,强调支持发展与防范风险并重。开发性金融已有一百多年的历史,但在中国是新兴事物,其快速成长得益于创新。因此,开发性金融机构一定要继续创新,才能无往不利落地于"一带一路"各种环境之中。一方面,因地制宜创新金融工具和运作模式,充分发挥中长期融资优势和导向作用,强化开发性金融向产业链的延伸和覆盖,与企业有效衔接形成资金闭合回路,建立互利共赢的良性循环;另一方面,在融资方式上给予有实力的企业一定的宽松度,充分了解企业信誉及行业地位,全面把握项目前景及战略引领作用,既看历史,也看未来。

归根结底,开发性金融需要与企业进行有效结合。金融是经济的源头活水,企业

是实体经济的主体。货币、股票、基金及各种金融衍生品最终要转换为工厂、楼房、公路、桥梁等实体形态，并形成产品和服务来满足用户需求，推动经济发展。企业始终是金融向实体经济转化的重要平台。由虚拟经济向实体经济的转换，最终是要落实到企业身上，通过配置开发性金融资源，建造基础设施、各种民生工程，以实体形态沉淀下来，进入市场之中。李克强总理曾形象比喻："实体经济是肌体，金融是血液。光有肌体，没有血液，经济活不了。"所以，开发性金融资源与企业之间的有效衔接，显得尤为关键。要有效发挥开发性金融的独特优势，使金融资源落地生根、开花结果，促进经济发展、民生改善，关键是要做到虚实结合、产融互动。

2. 关于企业有效运用开发性金融的思考

今年以来，围绕"一带一路"建设规划，丝路基金已设立并完成首笔项目签约，亚洲基础设施投资银行的筹备工作紧锣密鼓，再加上中国国家开发银行，未来开发性金融机构将为"一带一路"倡议落地提供有力的资金支持。为了更好推进"一带一路"倡议，企业如何才能有效运用开发性金融？

首先，为应对"一带一路"上的困难与挑战，企业应当充分发挥开发性金融机构的先导和引领作用。根据开发性金融特点设计企业经营模式，与开发性金融机构一同打造产融结合的海外投资运营平台。用好、用活、用足金融资源，创新金融对海外发展的支撑体系，以金融的力量长期稳定地驱动国际化发展。

其次，面对"一带一路"沿线不同国家政治、社会、文化、市场环境的显著差异，企业要有一套行之有效的组织机构和管理制度，实现规范化管理和运营，形成并维护自身的"善俗良习"。无论身处何时、何地，都能适应海外发展需要和国际竞争环境，打造成为"全天候"跨国企业。

最后，企业应当根据国家宏观政策导向，结合"一带一路"发展战略和建设规划，不仅要建设好基础设施项目，也要考虑打造有国际影响力的民生工程，发挥产能优势，扩大国家影响力，构筑企业核心竞争力。

与此同时，政府应当给予走出去的企业和金融机构一定政策性支持，特别是在"一带一路"中商业、金融环境不完善的国家和地区，从政策上要有所放宽；鼓励金融机构、企业的市场化运作，政策和市场要坚持"两手抓、两手都要硬"。归根结底是要通过市场化手段整合各类资源，将政府的组织协调作用、金融的中长期投融资作用、企业的主体和平台作用集合起来，加快中国企业走出去的步伐，提高走出去的质量和效益，助推"一带一路"顺利实施。

"一带一路"发展战略是实现中华民族伟大复兴的重要途径，顺应了当今世界经济、政治、外交格局的新变化。走出去的中国企业，不论是国有还是民营，应当广泛探讨国际经济合作机会，加强同各国政府、金融机构、企业的交流互动，为落实"一带一路"发展战略、推动中国企业走出去做出新的贡献。

中国特色大国外交视角下的"一带一路"*

1877年,德国地理学家李希霍芬(Ferdinand Freiherr von Richthofen)在《中国:我的旅行与研究》(*China: The Results of My Travels and the Studies Based Thereon*)一书第一卷中将两汉时期中国与中亚河中地区及印度之间以丝绸贸易为主的交通路线称为"丝绸之路"(德语为"die Seidenstrasse",即"Silk Roads"),认为民间开展的海陆经济文化交流是"丝绸之路"之所以繁盛的主要原因,而自元朝以来西方对东方了解的增多和中国对世界认知的减少,使中国在清朝逐步走向孤立和衰落。① 1910年,德国历史学家阿尔伯特·赫尔曼(Albert Hermann)指出,"丝绸之路"向西不仅抵达新疆和田地区,而且可以延伸到新疆罗布泊西北岸的楼兰、叙利亚乃至地中海西岸和小亚细亚地区,从而确定了丝绸之路的基本范围。②

当前,以陆上和海上丝绸之路作为中国统筹国际国内两个大局,通过提供国际公共物品释放善意、进一步扩大和深化对外开放步伐、提升"走出去"质量和内涵的新蓝图,对于推进中国特色大国外交具有划时代的重要意义。

一、立足本土的"优势互补"策略

正如李希霍芬所指出的,经济繁荣与对外交流是汉唐时期陆上丝绸之路和南宋时期海上丝绸之路兴盛的双重前提。当代中国经济的崛起为丝绸之路的复兴提供了可

---

* 本文部分内容发表于《经济科学》2015年第3期。作者高飞,外交学院院长助理、教授,中国外交理论与实践协同创新中心研究员;郦莉,外交学院中国外交理论研究中心助理研究员,中国外交理论与实践协同创新中心研究员。

① Daniel C. Waugh, "Richthofen's 'Silk Roads': Toward the Archaeology of a Concept", *The Silk Road*, Vol. 5, No. 1, Summer 2007, http://silkroadfoundation.org/newsletter/vol5num1/srjournal_v5n1.pdf, pp. 3—4.

② Albert Hermann, *Historical and Commercial Atlas of China*, Harvard Yenching Institute, Monograph Series, Vol. 1, Cambridge Mass.: Harvard University Press, 1935.

能,同时需要推行向外部世界开放、推动各领域合作与交流的外交政策。

1. 内外协调助推经济转型

"一带一路"是要立足中国的资金、产能和技术优势,促进东部转型、西部发展,开创中国对外开放的新格局。过去三十多年来,中国发展的成就主要体现在经济领域。当代中国已成为全球第二大经济体、第一大货物出口国和第二大进口国,每年对外投资规模超 1 000 亿美元,出境旅游超过 1 亿人次/年。从 1979 年至 2010 年,中国国内生产总值年均增长 9.8%。① 随着中国的产品、资本、人才走向世界,中国的利益、影响和风险也遍及全球,实现中国的可持续发展日益需要同外部世界良性互动。具体而言,对内须调整不合理的产业和区域发展结构,对外要减少与外部世界的政治、经济摩擦。

"一带一路"沿线国家金融服务需求较高。近年来,中国银行业不断加强"一带一路"沿线国家和地区的金融服务。截至 2015 年 6 月底,共有 11 家中资银行在"一带一路"沿线 23 个国家设立了 55 家一级分支机构,其中,子行 15 家,分行 31 家,代表处 8 家,合资银行 1 家。中国银行业监督管理委员会已与 27 个"一带一路"国家的金融监管当局签署了备忘录或合作换文,在信息交换方面加强监管合作。② "一带一路"为我国银行业的转型发展提供了新机遇,可以快速拓展项目融资、境外投资或承包贷款、出口买方信贷、出口卖方信贷、跨境并购与重组、跨境现金管理等多种业务,为自身发展赢得更多增长空间。

能源合作是"一带一路"框架的重要内容。在横跨欧亚的经济联盟概念下,中国可与俄罗斯、中亚各国开展区域层面的大规模跨国能源合作。中亚地区清洁能源储量丰富,但经济发展水平较低,作为国家支柱产业的能源行业受制于滞后的基础设施体系而输出不足。而中国经济运行稳定、资金充裕,对清洁能源的需求巨大,并积累了丰富的基础设施建设和运营经验。中国和中亚之间的能源合作是共赢之选。中亚的天然气资源主要集中在哈萨克斯坦、土库曼斯坦和乌兹别克斯坦三国。截至 2015 年 6 月底,我国累计进口管道天然气 1 237 万立方米,同比增长 14.82%,主要来源国分别为土库曼斯坦、缅甸、乌兹别克斯坦和哈萨克斯坦。③ 位于土库曼斯坦卡拉库姆沙漠中部的达尔瓦扎天然气火山口(The Darvaza Crater),被称为"地狱之门",是世界上天然气储量最大的气田之一。1971 年发生开采事故后,苏联科学家焚烧火焰坑中多余

---

① 刘晓朋:《改革开放以来中国经济年均增长9.8%》,新华网,http://news.xinhuanet.com/fortune/2013-11/06/c_118036394.htm。
② 闫雨昕:《银监会:正加快推进"一带一路"沿线国家 MOU 签署》,凤凰网,http://finance.ifeng.com/a/20150928/13998610_0.shtml。
③ 《2015 年上半年我国天然气进口情况一览》,国家发改委网站,http://gas.in-en.com/html/gas-2307300.shtml。

的天然气,目前已燃烧了四十多年。① 如今,中亚—中国输气管线将土库曼斯坦的天然气源源不断地输往中国。该输气管线由中国石油天然气股份有限公司与土库曼斯坦天然气公司、哈萨克斯坦国家石油天然气公司及乌兹别克斯坦天然气公司联合组建,四条支线的起点都在土库曼斯坦,其中三条已建成输气,第四条支线将于2015年年底建成使用。届时,该输气管线的输气总能力将提高到每年850亿立方米,成为中亚规模最大的输气系统。其建成将大大缓解我国日益紧张的供气矛盾,改善能源消费结构,为沿线提供数千个就业机会,为中亚三国创造数十亿美元的经济效益。②

"一带一路"就是通过统筹国际国内两个大局,用好国际和国内两个市场、两种资源,实现中国经济的可持续发展和对外关系的平稳发展。

2. 力求规避中等收入陷阱

按照世界银行的标准,如果一国居民的人均GDP达到3 000美元以上、15 000美元以下,即可判定该国处于中等收入水平;如果稳定高于15 000美元,则可视该国已经进入发达国家行列,从而摆脱了中等收入陷阱。"中等收入陷阱"相当于社会心理学中的"小富即安"。然而,中国的潜力才刚刚释放。在大众创业、万众创新的环境下,经过数字化改造的中国高端和重型制造业,将攀登全球价值链上拥有更多利润空间的高端,中国的人均国民收入也将稳步增长。中国还将培育人才、资金、技术、文化、创新和思想市场,开辟崭新的生产和社会模式。③

2014年1月24日,习近平主席在美国新启动的国际报道网站《世界邮报》(*The World Post*)创刊号专访中指出,中国不会落入中等收入陷阱,并将在未来10年至20年保持7%左右的经济增速,实现2020年之前人均GDP翻一番的目标。这一目标将不难实现,因为中国将进行以市场为导向的改革,加速城镇化,从廉价劳动力和出口导向型增长转向内需型增长。"以人为本"的改革将综合经济、政治、社会和生态环境,废除劳教制度,放宽计划生育和城镇户籍制度,保障农民财产权益并开放多个新领域,让市场发挥"决定性作用",使地方法院不再受制于地方政府,让纪检部门相对于党委更具独立性,同时加强党的建设。④

西方之所以无法从中国的角度看待中国改革,其原因在于对中国独具特色的治理模式缺乏了解。通过不断与利益相关方协商、权衡而达成内部一致,以激烈竞争的选

---

① 杨柳:《探险家勇闯土库曼斯坦"地狱之门" 千度高温中行走》,国际在线,http://gb.cri.cn/42071/2015/05/07/7831s4954752.htm。
② 李德华、孙亭文:《中国—中亚天然气管道D线投产后年输气规模将达850亿立方》,中国网,http://finance.chinanews.com/ny/2014/07-03/6348994.shtml。
③ 赵昌会:《中国将把"中等收入陷阱"甩在身后》,《环球时报》,2015年4月2日。
④ Nicolas Berggruen, Nathan Gardels, "How The World's Most Powerful Leader Thinks", *The World Post*, January 24, 2014.

贤任能机制做保障,而不被特殊利益集团绑架,这种东方的"智慧治理"(intelligent governance)模式与西方以多数投票制为特点的民主治理模式同样重要。"一带一路"实质上是通过一种没有机制的机制,实现中国目标与他国战略的对接,从而真正实现合作与共赢。智慧治理是一种新的"公共软件",能够增强各种操作系统彼此的兼容性。当前,互联网世界造就的"全球思维回路"和媒体的普及使跨文化知识共享成为可能,接近于"横向基因移植"。通过智慧共享——而非竞争性的差异化——实现治理,标志着"进化的进化"。① "一带一路"在推进跨国行业合作的同时,也是在为这一东方治理模式赢得国际认同和理解。

3. 防止落入修昔底德陷阱

古希腊学者修昔底德(Thucydides)在《伯罗奔尼撒战争史》②一书中指出,新兴大国必然会挑战守成大国,守成大国也必然遏制新兴大国,双方终将以战争手段解决问题,这似乎已成为国际关系的"铁律"。客观而言,中美两个世界大国之间存在结构性矛盾。在新兴大国与守成大国的博弈过程中,中美在博弈资源上有着显著不同:美国的优势在于第二次世界大战以来建立的全球安全架构,而中国则依赖不断拓展的经济贸易网络;美国依托的是基于意识形态的所谓"民主联盟",中国则通过地区互联互通建立"地域联系";美国全球布局致力于防范新兴大国崛起造成的风险,中国"一带一路"的战略安排旨在提升自身的战略纵深和回旋余地。在制度和观念层面,美国处于优势地位,在国际权力层面,中国尽管依然处于弱势,但发展势头迅速。简言之,美国拥有"软权力"的既有优势,中国在"硬权力"方面占据趋势上的主动。

作为后起国家,中国尊重现有国际秩序的合理性,从行动和心态上呈现"不称霸"的一贯政策,对国际体系主张改革而不是革命。③ "一带一路"所倡导的共商、共建、共享的包容精神,表明中国要通过寻找替代途径,避免这一被视为"宿命"的"陷阱"。美国"重返亚洲",必然要求其减少在欧洲、非洲、中东的存在,其在这些地方的影响力也必然衰退。在亚太地区,美国最为担心的就是中国是否会像当年美国把英国赶出美洲那样将美国赶出亚洲,即中国版《门罗条约》。在全球化的背景下,尽管中国的影响力在提高,但是像美国一样,也没有能力独自解决国际或地区面临的挑战。因此,中美合作的空间是巨大的。④ "一带一路"就是要主动以优势互补的合作方案替代被动应对

---

① 〔美〕尼古拉斯·伯格鲁恩、内森·加德尔斯:《智慧治理:21世纪东西方之间的中庸之道》,朱新伟等译,上海:格致出版社、上海人民出版社,2013年,第171页。
② 〔古希腊〕修昔底德:《伯罗奔尼撒战争史》,徐松岩等译,南宁:广西师范大学出版社,2004年。
③ 秦亚青:《如何避免三大"兴衰陷阱":对中国特色大国外交理念的几点思考》,《中国社会科学报》,2015年5月27日。
④ 郑永年:《中美如何避免"修昔底德陷阱"》,环球网,http://opinion.huanqiu.com/1152/2012-09/3096922.html。

"安全困境"的敌对方案,化优势为主动,积极塑造不冲突不对抗、相互尊重、合作共赢的新型大国关系。

二、合作共赢的"开放平台"策略

随着中国经济体量的增大,中国已具备依靠自身建设现代化国家的基本条件,也具备积极参与全球发展的物质、技术、管理和人才基础,与全球共享中国发展的成果并提供开放的机制与平台,成为中国特色大国外交的重要特点。

1. 以共商、共建、共享为基本原则

中国将在维持资源国、消费国、生产国大循环格局不变的情况下,打造"周边国—资源国—科技国—品牌国"新格局,从输出廉价产品升级到输出工程、服务、投资和资本,进而以人民币国际化参与全球竞争。①

改革开放以来中国经济的成果,皆因其将"改革"与"全球化"进程联系起来而取得。全球化进程保证了中国通过和平方式获得资金、技术、市场和原材料,是中国实现稳定经济增长的关键。"一带一路"东连亚太经济圈,西入欧洲经济圈,沿线国家经济互补性强,在交通、金融、能源、通信、农业、旅游等领域开展互利共赢的合作潜力巨大。过去十年,中国与"一带一路"沿线国家的贸易额年均增长19%,仅2014年一年的贸易额就达1.1万亿美元,占对外贸易总额的26%。② 目前,中国已设有16个边境经济合作区③,在23个沿线国家建设了77个经贸合作区④,近100个中国工业园区⑤,接受中国投资存量达10亿美元以上的国家有16国⑥之多。

"一带一路"建设需要大量金融投资,中国倡议建立的亚洲基础设施投资银行(AIIB)和丝路基金正致力于此。丝路基金是开放的,是迄今为止中国规模最大、规格最高的政府多边合作基金,规划涵盖中亚、南亚、西亚、东南亚和中东欧等国家和地区,将为沿线国基础设施建设、资源开发、产业合作提供投融资支持。2014年12月,丝路基金有限责任公司完成工商注册,注册资本615.25亿元人民币,法人股东包括中国进

---

① 邵宇:《"一带一路"开启全球化4.0时代》,和讯网,http://news.hexun.com/2015-04-01/174588069.html。
② 《2014年中国与"一带一路"沿线国家货物贸易额达1.12万亿美元》,中商情报网,http://www.askci.com/news/finance/2015/05/05/21417cjph.shtml。
③ 《中国国家级经济技术开发区及边境经济合作区名录》,商务部网站,http://www.mofcom.gov.cn/xglj/kaifaqu.shtml。
④ 陈雨:《中国境外经贸合作区已达118个 "一带一路"沿线77个》,国际在线,http://gb.cri.cn/42071/2014/12/30/2225s4824563.htm。
⑤ 张延龙、曾诚中、沈念祖:《中国近100家工业园区海外圈地 成产能输出重要载体》,《经济观察报》,2015年6月28日。
⑥ 16国分别为:新加坡、俄罗斯、哈萨克斯坦、印度尼西亚、缅甸、蒙古、伊朗、柬埔寨、老挝、泰国、印度、巴基斯坦、越南、沙特、马来西亚和阿联酋。参见丁栋:《中国智库发布首部"一带一路"国别投资价值排行榜》,中国新闻网,http://finance.huanqiu.com/roll/2015-03/5970080.html。

出口银行、国开金融有限责任公司、赛里斯投资有限责任公司、梧桐树投资平台有限责任公司。董事来自国家发改委、财政部、外交部、商务部、外管局、中投公司、国开行、进出口银行等部门。① 随着中国劳动力成本的提高,制造类企业正在向东南亚国家迁移。从全球化的角度看,这是亚洲和全球产业链条的强化进程。

"一带一路"将越来越多的国家聚集到一起,使经济全球化覆盖尚未参与进来的地区,共享全球化带来的繁荣。"一带一路"建立了一个广阔的合作平台,通过经济合作,昔日敌对的国家,如以色列、伊朗坐在了一起,通过亚投行探讨合作的问题,客观上也推动了地区的和平。

2. 以携手周边国家和平合作为发展途径

周边外交是我国对外战略布局调整的起点和落脚点。中国与外部世界的关系首先反映在与邻国关系上。和平进程始自周边,能否做到"和睦相处、守望相助"是中国外交的长期要务。2013 年 10 月,中国召开了新中国成立以来首次周边外交工作会议,习近平主席在会上指出:"中国周边的基本方针,就是坚持与邻为善、以邻为伴,坚持睦邻、安邻、富邻,突出体现亲、诚、惠、容的理念。"②

加强与俄罗斯的合作对顺利开展"一带一路"建设至关重要。俄罗斯"远东开发战略"的需求与中国"走出去"的供给相互对接。③ 2015 年 5 月 9 日,中俄两国签署了《关于丝绸之路经济带建设与欧亚经济联盟建设对接合作的联合声明》,声明中指出:俄方支持丝绸之路经济带建设,愿与中方密切合作,推动落实倡议;中方支持俄方积极推进欧亚经济联盟框架内一体化进程,并启动与欧亚经济联盟经贸合作方面的协议谈判。这标志着中俄两国主导的两大倡议规划开始对接。④ 中俄两国已经在能源、交通等多个领域开展了多项合作。首先是中铁集团获得了莫斯科至喀山的高铁项目建设合同,中国提供该项目头期款约 58 亿美元。⑤ 俄罗斯水电集团公司与中国长江三峡集团公司签署了俄罗斯远东下布列亚水电站项目,装机容量为 320 兆瓦,预计成本约 4 000 亿美元。⑥ 中国石油天然气集团公司与俄罗斯斯诺瓦泰克公司完成对亚马尔液

---

① 田欣鑫:《丝路基金起航 高管团队堪称豪华》,《证券时报》,2015 年 2 月 25 日。
② 梁玥:《习近平在周边外交工作座谈会上发表重要讲话》,新华网,http://news. xinhuanet. com/politics/2013-10/25/c_117878897. htm。
③ 孙长栋:《俄力推六大政策"押注"远东开发》,网易财经,http://money. 163. com/15/0831/08/B2B6QPLP00253B0H. html。
④ 《中华人民共和国与俄罗斯联邦关于丝绸之路经济带建设和欧亚经济联盟建设对接合作的联合声明》,新华社 2015 年 5 月 8 日电,http://www. gov. cn/xinwen/2015-05/09/content_2859384. htm。
⑤ 黄茜:《中国高铁签下海外第一单 莫斯科至喀山全长七百公里》,新蓝网,http://n. cztv. com/news2014/983086. html。
⑥ 刘晓朋:《三峡集团将在俄远东地区建设水电项目》,新华网,http://news. xinhuanet. com/world/2015-05/09/c_1115231625. htm。

化天然气公司20%股权的交割,标志着中国正式进入竞争激烈的北极油气资源地区。根据中俄签署的增供原油合作协议和东线天然气合作协议,俄罗斯每年将向中国供应原油4 900万吨,天然气380亿立方米。①

同时,中国与东盟有望在2015年年底前完成自贸区升级版和区域全面合作伙伴关系协定谈判,推进东亚经济一体化。云南省和广西壮族自治区借助东盟自贸区的推动,已跻身中国开放的前沿,成为中国与东盟合作的枢纽。大湄公河次区域、泛北部湾经济合作和中越"两廊一圈"合作成效显著。作为中国与大湄公河次区域六国互联互通一体化网络体系及泛亚铁路的关键枢纽工程,中泰合作铁路项目取得重大进展,双方就可行性研究、融资框架方案和人员培训方案等达成一系列共识和成果,即将在2015年年底前开工建设。② 中国铁路总公司牵头组成的中国企业联合体与印度尼西亚维卡公司牵头的印尼国企联合体,正式签署了组建中印尼合资公司协议,标志着中国企业正式赢得了雅加达—万隆(雅万)高铁项目,并将于2015年11月开建。③ 中国和印尼联合开发高铁过程中,印尼占股60%,中方占股40%,双方作为雅万高铁的共同业主,负责项目建设和运营。中国会最大限度使用印尼原材料、机械、设备,聘用印尼当地管理、技术和劳务人员,并实现技术转让和人员培训。这条铁路将直接拉动印尼冶炼、制造、基建等配套产业发展,增加就业机会,推动产业结构升级,还将促进沿线商业开发和旅游业快速发展。④ 中国高铁在东南亚的成功印证了"一带一路"的开放包容。

"一带一路"与多数周边国家的发展战略高度契合,老挝变"锁陆国"为"陆联国"的计划⑤、哈萨克斯坦"光明大道"计划⑥、蒙古"草原之路"计划⑦,都期待与中国的发展相互对接,体现了中国致力于与周边共享机遇期、变"中国威胁论"为"中国机遇论"的大周边外交布局。

3. 以开放包容的命运共同体为建设目标

"一带一路"不是中国版的"马歇尔计划",也不是单方面的对外援助,而是按照"共商、共建、共享"的市场原则,以弘义融利、以义为先的理念,把中国与沿线国家的

---

① 崔茉:《从中俄能源合作看"一带一路"建设》,中国石油新闻中心网站,http://news.cnpc.com.cn/system/2015/04/08/001536149.shtml。

② 方芳:《中泰铁路年内开工 从昆明到曼谷往返只需700元》,浙江在线,http://gotrip.zjol.com.cn/system/2015/10/16/020874482.shtml。

③ 王晓枫:《中国赢得印尼高铁项目 拟11月开建》,《新京报》,2015年10月16日。

④ 谢锋:《印尼高铁中国完败日本:内幕首次披露》,《环球时报》,2015年10月17日。

⑤ 荣忠霞:《老挝官员:"一带一路"助老挝转为"陆联国"》,新华网,http://news.xinhuanet.com/world/2015-06/04/c_1115517015.htm。

⑥ 刘怡然:《哈萨克斯坦驻华大使:"光明大道"计划与丝绸之路经济带息息相关》,新华网,http://xuan.news.cn/cloudnews/globe/20150416/2260166_c.html。

⑦ 王宁:《"一带一路"构想助蒙古国打通"草原之路"》,新华网,http://news.xinhuanet.com/2015-04/23/c_1115066487.htm。

发展对接起来。"一带一路"是合作倡议,中国没有特别的地缘战略意图,无意谋求地区事务主导权,不经营势力范围,不会干涉别国内政。①

2011年7月,美国国务卿希拉里·克林顿在印度发表演讲时第一次由政府明确提出"新丝绸之路"计划(New Silk Road Initiative)。美国约翰·霍普金斯大学弗雷德·斯塔(Fred Starr)教授创设这一构想的初衷是为了满足国际部队撤出阿富汗后该地区重建的需求,力求以阿富汗为枢纽与周边的中亚、南亚、西亚建设一个连接整个亚洲的交通运输与经济发展网络,是一项促进国家和区域间优势互补的经济发展计划。但在美国政府决定采用这个计划后,将其变为美国在欧亚大陆腹地谋求地区发展主导权的地缘政治经济战略,并明显带有提升印度作用的色彩,引发了中国反对"新丝绸之路"计划的情绪。②

2013年9月7日,习近平主席在哈萨克斯坦纳扎尔巴耶夫大学发表了题为《弘扬人民友谊 共创美好未来》的重要演讲,首次提出了加强政策沟通、道路联通、贸易畅通、货币流通、民心相通,共同建设"丝绸之路经济带"的战略倡议。③ 10月3日,习主席在印度尼西亚国会发表题为《携手建设中国—东盟命运共同体》的重要演讲时明确表示,中国致力于加强同东盟国家的互联互通建设,愿同东盟国家发展好海洋合作伙伴关系,共同建设"21世纪海上丝绸之路"。④ "丝绸之路经济带"和"21世纪海上丝绸之路经济带"涉及沿线60多个国家和地区,总人口约44亿,经济总量约21万亿美元,分别约占全球的63%和29%。⑤ 2014—2020年,中国通过"一带一路"将累计向国外提供的商机达17万亿美元,对外直接投资存量将突破1.2万亿美元,为世界贡献

---

① 张业遂:《"一带一路"应优先发展逐步实现"五通"》,人民网,http://world.people.com.cn/n/2014/0325/c1002-24731635.html。

② 潘光:《美国"新丝绸之路"计划的缘起、演变和发展前景——对话"新丝绸之路"构想的提出人斯塔教授》,《当代世界》,2015年第4期。

③ 魏建华、周良:《习近平在哈萨克斯坦纳扎尔巴耶夫大学发表重要演讲》,新华网,http://news.xinhuanet.com/video/2013-09/07/c_125341776.htm。

④ 钱彤、余谦梁:《习近平在印度尼西亚国会发表重要演讲》,新华网,http://news.xinhuanet.com/politics/2013-10/03/c_117591171.htm。

⑤ 通常认为"一带一路"沿线国家或地区有60多个,包括东北亚4国(蒙古、俄罗斯、日本、韩国),东盟11国(新加坡、马来西亚、印度尼西亚、缅甸、泰国、老挝、柬埔寨、越南、文莱、菲律宾和东帝汶),西亚北非18国(伊朗、伊拉克、土耳其、叙利亚、约旦、黎巴嫩、以色列、巴勒斯坦、沙特阿拉伯、也门、阿曼、阿联酋、卡塔尔、科威特、巴林、希腊、塞浦路斯和埃及),南亚8国(印度、巴基斯坦、孟加拉、阿富汗、斯里兰卡、马尔代夫、尼泊尔和不丹),中亚5国(哈萨克斯坦、乌兹别克斯坦、土库曼斯坦、塔吉克斯坦和吉尔吉斯斯坦),独联体其他6国(乌克兰、白俄罗斯、格鲁吉亚、阿塞拜疆、亚美尼亚和摩尔多瓦),以及中东欧16国(波兰、立陶宛、爱沙尼亚、拉脱维亚、捷克、斯洛伐克、匈牙利、斯洛文尼亚、克罗地亚、波黑、黑山、塞尔维亚、阿尔巴尼亚、罗马尼亚、保加利亚和马其顿)。然而,中央党校国际战略研究所赵磊教授认为,这种表述是不准确的。世界上有230多个国家,只要致力于"一带一路"发展的都是丝路国家。他主张用"65+"概括丝路国家,将美国、拉美等国家和地区也包容进来。参见一带一路百人论坛:《100位专家眼里的一带一路》,凤凰网,http://news.ifeng.com/opinion/bigstory/special/100expertadviceforobor2015/。

700万个新增就业岗位,对世界经济增长的平均贡献率将达27%。①

不可否认,经历政治转型和民主化进程的中国周边国家,往往在中美之间做出"联美和中"的经济实用主义选择,采取本国利益极大化和策略风险最小化的"对冲"战略。②事实上,中美在"一带一路"的建设过程中有广阔的合作前景。在东南亚,从敏感度较低但具复杂性的项目入手,开展"大湄公河次区域合作"(GMS);在南亚,就阿富汗问题进行建设性合作;在中东,中美在确保能源供应稳定、运输安全、价格合理及基础设施建设合作方面的潜力巨大;在非洲,中美在维护非洲和平与发展、保障投资与能源安全、推动非洲环境改善等方面负有共同责任;在拉美,中美亟待构建一种互利互补的新型三角关系。③

中国倡导的"一带一路"战略并不排斥世界任何一个国家,具有明显的包容性,不是中国一家的独奏,而是沿线国家的合唱。通过开放包容,打造休戚与共的命运共同体、利益共同体和责任共同体。④

三、多元融通的"伙伴关系"策略

中国在与世界各国建立外交关系的过程中,强调的是"战略伙伴关系",而非同盟关系。两者的区别在于:"战略伙伴关系"强调的是针对共同面临的危机、挑战和问题,如恐怖主义、气候变化和非法移民等,寻找化解方案;而"同盟"则往往针对"第三国",即"共同的敌人"。⑤

1. 开辟融资新模式

"一带一路"开放包容的理念与全球经济治理目标的多元化相契合。参与全球治理的主体是多元化的,包括中央政府、地方政府、非营利机构、企业、社区及个人,各类公共和私有主体参与其中。"一带一路"框架下的贸易合作、投资合作、货币金融合作都涉及区域秩序建设,存在各种类型的跨国公私合作(TPPP)机制。在全球进入风险社会、面临单一国家难以解决的治理挑战的今天,各国必须调动社会资本和私有行为体的积极性,共同致力于国内国际各类公共事务的治理与优化。"一带一路"力求通过"政策沟通、设施联通、贸易畅通、资金融通、民心相通",实现治理方式从"自上而

---

① 金春丽、黄炬予、王朝阳:《"一带一路"战略引领中国开放经济新格局》,新华网,http://news.xinhuanet.com/fortune/2014-12/16/c_1113666080.htm。
② 朴振:《应对中国崛起的最佳"对冲"战略》,韩国《中央日报》,2015年4月9日。
③ 贾秀东、王友明、王洪一、苏晓晖:《中美合作共赢潜力探讨——两国在东南亚、南亚、中东、非洲和拉美地区的合作》,《中国国际问题研究所(CIIS)研究报告》,2014年7月第6期。
④ 徐黎丽:《"一带一路"是沿线国家的合唱而非中国的独唱》,新华网,http://news.xinhuanet.com/politics/2015-06/08/c_127888262.htm。
⑤ 郑永年:《习近平与"修昔底德陷阱"的中国替代》,联合早报网,http://www.zaobao.com/print/forum/expert/zheng-yong-nian/story20150929-531955。

下"到"公私合一、上下合力"的转型。

2015年亚洲博鳌论坛期间,中国国家发改委、外交部、商务部联合发布了《推动共建丝绸之路经济带和21世纪海上丝绸之路的愿景和行动》,标志着"一带一路"倡议的正式出台,其核心内容是更为高效地提供优质公共物品。未来十年,建设"一带一路",需要8.22万亿美元的资金投入,即每年需新增投入8200亿美元基础设施资金。中国目前的融资来源包括:第一,亚洲基础设施银行,其资本规模为1000亿美元,其中中国出资400亿美元;第二,丝路基金,首期规模为400亿美元,资金来源为外汇储备、中国投资公司、中国进出口银行、国开金融,资本比例为65%、15%、15%、5%;第三,"金砖国家"银行,资本金规模为1000亿美元;第四,上合组织开发银行和区域性、国际性组织也为"一带一路"的基础设施建设提供部分资金。以上各种融资渠道的年融资规模目前仅为3500亿美元左右。目前为亚洲基础设施建设提供融资的主要机构亚洲开发银行(ADB)2013年仅提供了210亿美元贷款,即便将世界银行和发达国家的政府发展援助(ODA)都考虑在内,资金缺口依然难以得到弥补。① 鉴于此,公私合作关系(PPP)机制对于缓解政府资金压力、提升建设和运营绩效以及培育市场主体,具有重大意义。②

构建多元化的投融资体系可从以下几方面入手:首先,发挥亚投行的先导作用,设计出盈利项目和产品,供私人资本参与跨境基础设施建设。结合沿线国家的实际需要,确定优先发展的基础设施领域,建立项目库。其次,实施跨境基础设施资产证券化。以跨境基础设施的收益为对象发行债券。再次,建立"一带一路"跨境基础设施证券交易所,为私人资本参与"一带一路"跨境基础设施投资提供平台。最后,跨区域层面,各国需制定基础设施投资计划或重点项目清单,出台PPP项目库,为PPP项目的开展营造更好的环境。③

PPP是指"政府与社会资本、企业合作机制",政府与企业或社会资本共同设立合作项目,后者负责承担设计、建设、运营、维护基础设施的大部分工作,并通过"使用者付费"及必要的"政府付费"获得合理投资回报;政府主要制定公共物品的价格和进行质量监管。作为基础设施建设领域的"混合所有制改革",PPP能充分利用社会资本在技术、管理等领域的优势,使"专业的人做专业的事",提高公共物品的供应效率。由于自身实力及产业壁垒的存在,民营资本多局限于批发零售、贸易餐饮、建筑制造等

---

① 张茉楠:《"一带一路"PPP模式新构想》,中国经营网,http://www.cb.com.cn/index.php? m = content&c = index&a = show&catid = 23&id = 1144708&all。

② 赵岗:《"一带一路"融资创新需引入公私合作伙伴关系机制》,云南网,http://yn.yunnan.cn/html/2014-10/10/content_3398567.htm。

③ 张茉楠:《"一带一路"PPP模式新构想》,中国经营网,http://www.cb.com.cn/index.php? m = content&c = index&a = show&catid = 23&id = 1144708&all。

传统行业,虽希望参与电力电信、供水道路、医院学校等基础设施领域,却受制于资金规模、产业政策等障碍。PPP 模式为社会资本开启了新的可能。通过获得政府特许经营权,社会资本可以获得稳定的现金流,得到充足的信贷支持。据预测,未来十年我国 PPP 项目有望达到十万亿元规模,这为社会资本提供了广阔的投资市场。①

2. 构建多样化伙伴关系

结盟对抗是冷战思维的反映。自 1993 年中国和巴西建立伙伴关系以来,编织"结伴不结盟"的全球伙伴关系网络已经成为新时代中国外交的重要特征。由于共同的利益关切,中国与不同国家结成了形式多样的伙伴关系,如针对全球性挑战议题的中美建设性合作伙伴关系,基于能源、安全、政治等多领域合作的中俄全面战略协作伙伴关系,中欧互利共赢的全面战略协作伙伴关系等。目前,全球共有 75 个国家、5 个地区组织同中国建立了 80 类不同形式的伙伴关系。② 在多样化的伙伴关系当中,如何打造服务于中国外交利益的战略支点国家,是中国学术界正在探索的重要课题。

战略支点国家是与中国有着长期稳定、高度可预期的战略合作关系的国家,双方之间是具有高度政治共识和政策默契,能够经历外部冲击和国际环境变幻、能够承受一定国际压力考验的战略合作关系。战略支点国家可分为地理上的、价值观与制度文化上的、多边场合的、具体问题领域(如能源、气候、金融等)战略支点的不同类型。一国与其战略支点国家之间并不是没有矛盾,但在重大问题上具有战略一致性,并能对双方的矛盾进行有效管理,使之不影响双边关系的总体性质。拥有战略支点国家,可提高中国外交的战略主动性,营造在国际社会"进可攻、退可守"、游刃有余的战略态势,提高抵御不同类型国际风险的能力,从而为中国未来的长期发展提供更为可靠和有利的国际环境。③

以巴基斯坦为例。2015 年 4 月 20 日,丝路基金首个投资项目落户中国的"全天候伙伴"巴基斯坦,中国与巴基斯坦建立了全天候战略合作伙伴关系,体现了中国通过"一带一路"与伙伴共同成长的良好愿望。④ 巴基斯坦是"丝绸之路经济带"上的关键一环,具有重要的战略地位。巴基斯坦北部原本就是古代丝绸之路的沿线地带,也是新丝绸之路经济带的一部分,南部的卡拉奇港、瓜达尔港将成为 21 世纪海上丝绸之路的重要组成部分。双方以中巴经济走廊为引领,积极推进喀喇昆仑公路升级改造二

---

① 高振博:《"一带一路"上的 PPP》,陕西传媒网,http://www.sxdaily.com.cn/n/2015/0326/c369-5653828.html。
② 王毅:《构建以合作共赢为核心的新型国际关系》,财经网,http://new.caijing.com.cn/economy/20150323/3846290.shtml。
③ 周方银:《中国如何打造战略支点国家?》,共识网,http://www.21ccom.net/articles/world/zlwj/20141005114208_all.html。
④ 韩森:《丝路基金首个对外投资项目落户巴基斯坦》,新浪财经,http://finance.sina.com.cn/china/20150421/230822012041.shtml。

期(塔科特至哈维连段)、瓜达尔港东湾快速路、新国际机场、卡拉奇至拉合尔高速公路(木尔坦至苏库尔段)、拉合尔轨道交通橙线、海尔—鲁巴经济区、中巴跨境光缆、在巴实行地面数字电视传输标准等重点合作项目及一批基础设施和能源电力项目建设。① 中巴经济走廊被称为"一带一路"的旗舰项目,可见巴基斯坦作为中国外交战略支点的重要性。

随着中巴经济走廊的深入推进,巴基斯坦的交通、电力、通信、港口、能源等基础设施水平将获得极大提升,凭借其得天独厚的地理优势,必将成为印度洋、阿拉伯海的重要港口和贸易中心。

3. 推动文明间互学互鉴

世界文明多样,应相互包容;发展道路多样,应相互尊重。《推动共建丝绸之路经济带和 21 世纪海上丝绸之路的愿景与行动》提出:倡导文明宽容,尊重各国发展道路和模式选择,加强不同文明之间的对话。②丝绸之路精神薪火相传,推进了人类文明进步,是促进沿线各国繁荣发展的重要纽带,是东西方交流合作的象征,是世界各国共有的历史文化遗产。"一带一路"就是要复兴这一古老的丝绸之路精神,开创"和平合作、开放包容、互学互鉴、互利共赢"的国际合作新局面。

"一带一路"是文明互鉴之路。从人类文明发展的历史可以看出,由于地理、气候、历史、生产生活方式等因素的影响,构成了一方水土一方人的文化形态。古代丝绸之路跨越黄河流域、印度河流域、底格里斯与幼发拉底两河流域,见证了亚欧大陆经济文化的发展交流,是一条东西方文明碰撞融合的纽带,不同的文化形态在这条道路上交汇互鉴,为后世留下了宝贵的文化遗产。丝绸之路开拓发展的历史印证了文明在开放融合中的发展,宗教在对话包容中传播,民族在交流互动中共存。2014 年,作为首例跨国合作成果,中国、哈萨克斯坦、吉尔吉斯斯坦联合申报的"丝绸之路:长安—天山廊道的路网",开启了丝路成功申遗的起点,这是对丝路历史文化遗产的传承和保护。③ 新丝绸之路沿线国家众多,各国在宗教信仰、文化传统、发展模式等方面存在很大差异,只有消除解决这些矛盾,才能推动"一带一路"沿线国家实现共同繁荣发展。丝绸之路的历史经验告诉我们,在承认文化多样性的前提下,文明互鉴和文化包容是推动人类社会发展的重要途径和方法。

文明的交流互鉴体现为经济贸易的繁荣,而经贸合作的发展又促进了东西方思想文化的交流。"一带一路"是顺应世界多极化、经济全球化、文化多样化的历史潮流而

---

① 《中华人民共和国和巴基斯坦伊斯兰共和国关于建立全天候战略合作伙伴关系的联合声明》,国防部官网,http://news.mod.gov.cn/headlines/2015-04/21/content_4581053.htm。
② 《推动共建丝绸之路经济带和 21 世纪海上丝绸之路的愿景与行动》,新华网,http://news.xinhuanet.com/gangao/2015-06/08/c_127890670.htm。
③ 刘艳:《丝绸之路:长安—天山廊道路网申遗成功 共33个遗产点》,《西安晚报》,2014年6月23日。

推出的,是对古代丝绸之路的拓展和延伸,通过国际多边对话、政府双边对话、非政府组织的民间对话、宗教组织的文明对话等多种渠道,实现文明的交流互鉴,开创互利共赢、互鉴互补、互知互信的人类社会发展之路。

四、结论

"一带一路"是没有起点也没有终点的进程,改革开放三十多年来,中国与"一带一路"沿线国家的经济合作初具规模,这一倡议如同一条丝线,将和平合作、经济发展、文明进步的珍珠串联起来,形成东亚与欧洲两大经济体共同推动的欧亚大陆的崛起。"一带一路"倡议也是在国际金融背景下,中国版的全球化动力,从中国的视角引领地区合作。"一带一路"倡议,通过合作,为地区国家寻找共同利益,提供了化解国家间矛盾的新思路。

"一带一路"之所以是中国特色大国外交理论与实践的重要内容,源自其构思、推进和前景,都力求从中国文化的"和合"思想与"均衡"理念中发掘元素。从中国特有国情出发,挖掘自身比较优势,形成立足本土的"优势互补"策略;从利益分配方式来看,既要实现经济增长,又要保持系统平衡,形成利益共享的"开放平台"策略;从外交关系模式入手,既要秉持不干涉别国内政的原则,又要在众多国际事务中积极有为,形成多元融通的"伙伴关系"策略。

"走出去"战略下中国与亚非拉市场合作机制建设研究*

一、引言

随着中国经济体与世界经济结合得愈加紧密,在经济全球化和国际竞争日益加剧的新时代背景下,"走出去"战略正在成为中国走向全球化的重要战略部署。从"十五"规划的"积极稳妥地走出去"到"十一五"的"进一步走出去"再到"十二五"规划"加快实施走出去战略",中国已经全面融入开放的世界经济体系中。通过"走出去"战略,中国主动加强与世界各国的经济竞争与合作,按照全球市场规律配置国内外市场资源,逐步建立起开放型经济体制下的全球市场网络,深化了与世界各国的联系与互信,推动了经济的高速发展,在贸易、投资、金融等各个经济领域都取得了显著成绩。与此同时,虽然中国已经迅速成长为开放大国,却依然没有成为开放强国[1],"走出去"战略不断面临新的挑战,如自身技术水平与管理能力的瓶颈、西方大国的经济与非经济屏障、发展中国家对中国"新殖民主义"的质疑等。这些困境都决定了中国的"走出去"战略并非一帆风顺,一方面需要寻求与发达国家的利益共同点,坚持"求同存异"的发展之路,另一方面更应当深化与广大发展中国家特别是新兴市场国家的战略合作,开辟更为广阔的市场空间,以提升中国"走出去"战略的层次和水平,增强发展中国家在世界经济贸易领域的话语权。

---

* 本文是国家开发银行研究项目"双环流下中国与发达国家开拓亚非拉市场的协调机制研究"阶段性成果。作者蓝庆新,对外经济贸易大学国际经济研究院教授;陈超凡,北京师范大学经济与资源管理研究院博士研究生。

① 参见商务部世贸组织司柴小林司长 2011 年 9 月 16 日在"中国与 WTO 的未来——纪念中国加入世界贸易组织十周年"学术会议上的讲话。

发展中国家积极参与区域经济合作是集体应对经济全球化的有效途径,不仅能提高发展中国家经济、社会等各方面福利水平,且能有效提升发展中国家的国际地位。以亚非拉为代表的南方国家是发展中国家的重要力量,也是迅速崛起、发展势头良好的新兴市场。2008年全球经济危机以来,中国的外部环境发生了深刻变化,美国等发达国家重返亚太,并重视非洲、拉美地区的市场开发,试图从周边以及中国的合作伙伴间对中国进行围堵,这迫切需要中国更加主动地巩固和加强与亚非拉地区的经贸联系,维护和提升对中国友好的力量。在危机过后,面对欧洲、美国、日本等发达国家低迷的经济形势,中国的工业产能需要寻求广阔的新兴市场进行吸收,广大亚非拉国家自然成为提振中国外部需求的重要力量,主动构建亚非拉区域的合作伙伴关系,进一步开拓亚非拉市场对中国经济的持续发展具有重要意义。亚洲的东盟、非洲发展共同体、拉丁美洲南方共同市场长期以来与中国保持着友好的合作关系,经济发展中互动互融的势头明显,且中国、印度、巴西、南非这几个代表亚非拉的新兴经济体组成的"金砖国家"将在更大程度上发挥多边经贸合作的桥梁作用,是未来世界经济版图中不可或缺的中坚力量。① 因此,新时期中国的"走出去"战略应当与亚非拉市场的开拓结合起来,在开发亚非拉市场过程中,坚持与广大发展中国家合作共赢的理念,推动多领域、全方位的经济交流与合作,在合作博弈的基础上建立利益协调与共融机制。这不仅是未来中国经济外源驱动的重要保障,也是广大亚非拉发展中国家共同成长的迫切心愿。

二、中国与亚非拉区域合作机制及意义

(一) 中国与亚非拉区域合作博弈机制

尽管中国在"走出去"战略背景下与亚非拉国家的经贸合作存在许多现实障碍,但本着追求国家利益的角度,中国与亚非拉国家的合作能够给各国带来获利的机会,而如果选择非合作则会使得各国之间的博弈陷入"囚徒困境"。因此,中国在海外开拓时的理性选择是与亚非拉国家建立合作博弈的网络。我们建立不合作与合作两种模型来比较中国及亚非拉国家非合作和合作博弈条件下的结果。② 中国在"走出去"战略下与亚非拉国家的合作包括投资、贸易等多个方面,为了便于表述,我们以中国在海外开拓时与亚非拉国家的投资合作为例进行分析,其他方面的合作可以以同样的方法证明。

---

① 钟龙彪:《浅析20国集团在全球治理中的角色嬗变》,《现代国际关系》,2010年第4期;徐洪才:《发挥G8、G20、BRICs等国际组织在全球治理中的作用》,《国际经济分析与展望》,北京:社会科学文献出版社,2010年,第266—267页;〔美〕杰弗里·加腾:《十大新兴市场——来自美国商务界权威人士的报告》,吕大良译,北京:新华出版社,1998年,序言。

② 参见蔡洁、宋英杰:《从合作博弈角度看中国——东盟区域经济合作》,《当代财经》,2007年第2期。

设参与中国与亚非拉区域海外经济合作的国家数量为 n，即参与博弈的国家集合为 $N,N=(1,2,\cdots,n)$，用 k 表示某一参与合作的国家，且 $k\in N$，并进一步假设该国在投资合作中的投资量（投资份额）为 $S,S=\{S_1,S_2,\cdots,S_n\}$。每一个参与合作的国家都可以选择自身投资项目的类型，且可供选择的投资项目有 m 种，我们用 M 表示各国合作的战略空间，$o\in M,M=(1,2,\cdots,m)$，那么，S_{ko} 表示的就是第 k 国在第 o 个项目上的投资量，可以由参与国自身决定，同时我们用 E_{ko} 表示第 k 国在第 o 个项目上投资获得的利润。如果要素是完全流动的，信息是对称充分的，用 P_o 表示第 o 个项目的投资收益，其由市场及投资份额决定，C_{ko} 表示第 k 国在第 o 个项目上的成本，一般是基本确定的，则有 $E_{ko}=(P_o-C_{ko})S_{ko}$。据此，可以得到第 k 国参与投资合作的利润为(1)。

$$E_k = \sum(P_o - C_{ko})S_{ko} \tag{1}$$

假如资源充足，各个国家都按照本国利益最大化来决定投资量，而非采用合作策略，那么可用(2)来反映各国的最优决策。

$$\begin{aligned}&\text{Max } E_k,\ k=1,2,\cdots,n\\&\text{s.t. } \sum_{k=1}^n S_{ko} \le S_k\end{aligned} \tag{2}$$

假如各国之间采取合作策略，不单独决定自身的投资量，而是建立利益共同体，在同一市场体系内来决定各自的最优投资量以满足集体利益最大化。同时设定第 o 个投资项目的最低收益为 P_{o1}，最高收益为 P，那么最优化决策为(3)。

$$\begin{aligned}&\text{Max}\left(\sum_{k=1}^n E_k\right)\\&\text{s.t. } \sum_{k=1}^n S_{ko} \le S_k\quad P_{o1} \le P_o P\end{aligned} \tag{3}$$

接下来，我们以两个国家之间的非零和博弈对上述模型做进一步分析。根据前文，参与博弈的国家集合为 $N=\{1,2\}$，设两个参与国投资量分别为 S_1、S_2，其选择的投资项目有两个，即 $o=2$。中国在两个投资项目中的投资量分别为 S_{11}、S_{22}，满足 $S_{11}+S_{22}=S_1$；美国在两个投资项目中的投资量分别为 S_{21}、S_{22}，满足 $S_{21}+S_{22}=S_2$。其支付函数为 E_1、E_2，其中 $E_1=f_1(S_{11},S_{22})$，$E_2=f_2(S_{21},S_{12})$。当两个参与国不愿合作时，问题的解就是纳什均衡解 (S_{11}^*,S_{22}^*)，它满足(4)，并对(4)式进行求解得到(5)。

$$\begin{cases}f_1(S_{11}^*,S_{12}^*) \ge f_1(S_{11},S_{12}^*) & \forall S_{11}\in[0,S_1]\\f_2(S_{11}^*,S_{12}^*) \ge f_2(S_{11}^*,S_{12}) & \forall S_{12}\in[0,S_2]\end{cases} \tag{4}$$

$$\Rightarrow \begin{cases}\partial f_1(S_{11},S_{12})/\partial S_{11} = 0\\ \partial f_2(S_{21},S_{22})/\partial S_{21} = 0\end{cases} \tag{5}$$

通过对(5)式的求解可以得到最终的纳什均衡解，均衡条件下的结果反映出两国在进行博弈过程中,如果博弈的一方采用打破合作的方式而选择偏离均衡,那么结果将产生对自身不利的影响,从而不能在博弈中获利。相反的是,如果两国能够在博弈中保持合作状态的均衡,那么至少提供了双方有效协商并都获得利益的可能。

进一步地,假设博弈双方采取完全合作的策略,则最优目标和求解为(6)、(7)。

$$\text{Max } E = E_1 + E_2 = f_1(S_{11}, S_{12}) + f_2(S_{21}, S_{22}) \tag{6}$$

$$\begin{cases} \partial E/\partial S_{11} = 0 \\ \partial E/\partial S_{21} = 0 \end{cases} \tag{7}$$

通过构造矩阵,可以得出参与国合作博弈与非合作博弈条件下的 S_{11}、S_{22} 值。对比分析,在合作博弈条件下,参与国的投资量和投资收益都得到了提高,福利变好,可见合作博弈条件下能够实现资源的优化配置,达到帕累托最优。相反的是,如果两国选择的是非合作博弈策略,则存在帕累托改进余地,无法达到帕累托最优。我们通过图1对博弈均衡的状态进行分析,图中两条无差异曲线组成的区域为帕累托有效区域,且契约曲线穿过此区域。假设中国(A)和另一国家(B)的反应曲线相交,S 点为非合作博弈下的纳什均衡点。我们看到,S 点并不位于契约曲线上,即意味着非合作博弈条件下的纳什均衡点存在效率损失。当两国采取合作博弈的策略,效率得到提升并向帕累托最优方向移动,那么均衡点将会最终落在阴影区域的契约曲线上。因此,合作博弈时两国的福利水平较非合作博弈时得到了有效的改进。也就是说,在中国积极进行海外开拓时,与广大亚非拉国家在经贸领域的合作博弈是理性选择,也是符合多边利益最大化的最优策略。中国与亚非拉区域合作博弈模型及机理可以为中国进一步开拓亚非拉市场、深化与亚非拉国家的经贸合作提供理论支持。

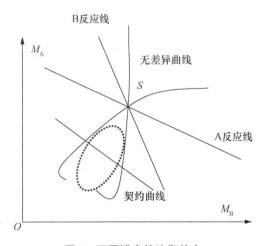

图 1 两国博弈的均衡状态

(二) 新形势下中国"走出去"战略与亚非拉市场的重要性

中国新形势下的"走出去"战略是构建全面对外开放的新格局。在世界经济疲软之际,2012年,全球货物贸易额仅增长0.2%,中国货物贸易额仍居全球第二位,其中出口占全球比重为11.2%,连续四年居全球首位,中国对外贸易的发展不仅在国内经济社会发展中发挥着重要作用,也为全球贸易增长和经济复苏做出了积极贡献。在此过程中,人民币国际化趋势进一步凸显,人民币升值压力加大。人民币升值在一定程度上会压缩中国的出口空间,但对促进我国对外贸易结构的优化具有积极意义。同时,随着中国经济影响力的日益增强,人民币升值对中国进军亚非拉市场具有重要战略影响,这使得中国能够以较低的成本在亚非拉地区投资设厂、从事跨国经营,根据亚非拉的区位优势充分利用全球资源,降低生产和交易成本,实现规模经济,建立全球的生产、营销网络,从而真正实现中国的全球战略。亚非拉新兴市场的开拓对中国"走出去"战略而言具有深刻意义,主要表现在以下几点:

第一,中国与亚非拉市场的经济互补性较强,能够实现多边共赢。东南亚、非洲、拉美等区域自然资源禀赋优越,是中国进口初级产品的主要来源地。而中国则拥有制成品、技术、资金、人才、发展经验等优势,双方在经贸领域具有较强的互补性。2012年,中国钢铁、能源、农副产品、有色金属的对外依存度分别达到51.60%、36.18%、5.42%和3.08%。[①] 而亚非拉地区,尤其是巴西、阿根廷、古巴、南非、埃及、印度、泰国、马来西亚等国家能源资源充足,农产品和矿产资源丰裕,从而成为我国进口这些商品的主要来源地。从大宗进口农产品来看,泰国、越南位列我国农产品进口总额的第二位和第九位;阿根廷和巴西在我国大豆和豆油进口市场中处于前三位;古巴是我国第一大糖进口市场;秘鲁和智利分别为我国进口饲料鱼粉的第一大和第二大市场;马来西亚、非洲赤道国家是我国进口热带经济作物的主要来源地。从大宗矿产品进口来看,巴西、印度、南非等国家是我国铁矿石、有色和稀有金属等矿产品的主要进口国,2010年,中国前五大铁矿石进口国占中国进口铁矿石总额的比例就高达87.58%,且几乎全部位于亚非拉地区。在经济技术合作层面,亚非拉国家需要中国的经济和技术援助,特别需要在基础设施、农业发展、自然资源和人力资源开发方面与中国展开合作。亚非拉区域经济组织的快速发展,拓宽了双方实行多边合作的领域,使亚非拉对中国经贸合作的需求进一步扩大。互补型的经济结构使得中国有条件建立与亚非拉区域密切的经贸合作,能够为中国的开放发展获得更多的物质、资源保障,减少中国对发达国家资源产品的依赖度,为保证经济持续、稳定的发展提供强劲的后盾。

第二,亚非拉市场能够帮助中国争取重要的经济资源和战略资源。亚非拉国家是中国开拓油气资源、土地资源、水资源、矿产资源等重要经济资源的核心市场。中国实

---

① 按依存总量统计,资料来源于《2012大宗商品对外依存度数据报告》。

行开放发展以来,拉动经济快速增长的驱动力是能源消费的大幅增加,且在中国能源消费结构中,大部分为化石能源。有关数据及预测显示,2010年中国对石油的需求量为3.4亿吨,国内产量达到1.8亿吨,缺口为1.6亿吨,依赖进口程度为47%;到2020年中国对石油的需求量为4.5亿吨,国内产量达到1.8亿吨,缺口为2.7亿吨,依赖进口程度为60%。因此,对于中国来说,不仅要加快转变能源结构、推进节能降耗,更需要努力开拓油气资源的来源,而中亚、非洲、拉美等区域蕴含的丰富油气资源成为中国全球战略的资源保障。中国对亚非拉区域直接投资行业分布显示,中国与亚非拉不少国家的能源合作已经取得了显著成绩,在亚非拉几十个油气资源丰富的国家,中石油、中石化、中海油、中化集团等中国石化行业的领军企业都具有相当规模的投资。中国与亚非拉区域的能源合作有力地缓解了我国经济发展的能源瓶颈,也增进了亚非拉国家经济福利,二者的合作具有相当广阔的前景。如中国与哈萨克斯坦、土库曼斯坦等中亚国家合作修建的天然气输送管道,中国与尼日利亚、几内亚等非洲国家的海上油气资源开采,中国与委内瑞拉、秘鲁等拉美国家兴建的油田项目等都已成功运行,为中国积极拓展海外战略资源奠定了重要基础。图2显示,全球重要战略资源的蕴含储量和开采潜能方面,发展中国家具有绝对优势,且亚非拉三大板块的资源优势更为突出,因此,深化与亚非拉的经贸合作对于确保我国的能源安全、资源安全具有重大战略意义。

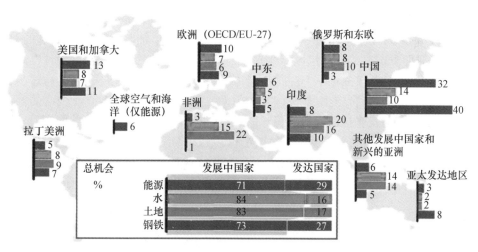

图2 全球资源生产率机会

资料来源:麦肯锡咨询2011年报告。

第三,亚非拉区域具有广阔的市场空间,能够全面提升中国的海外投资水平。在中国综合国力日渐提升、人民币升值及全面"走出去"战略的背景下,中国投资亚非拉区域具有广阔的市场空间。特别是在后金融危机时代,亚非拉国家的市场空间凸显,而人民币升值将使中国能够以更低的成本在亚非拉区域展开全面、深入的投资,推动有实力的跨国企业在发展中国家得到更大的发展。例如,亚非拉国家给中国带来了广阔的基础设施投资机遇,对于亚非拉国家而言,基础设施落后及工业化水平低下是制约经济发展的主要问题。2010年,亚洲的东盟提出了基础设施发展投资计划,每年的投资额达到2955亿美元;2012年,非洲联盟公布了"非洲基础设施发展规划"(PIDA,2012—2040),每年基础设施融资缺口超过300亿美元;2012年G20峰会上,更是有不少亚非拉国家纷纷提出基础设施融资的议题。这些庞大的投资缺口对中国而言即意味着广阔的市场潜能。2011年,中国对外直接投资中,亚洲为454.9亿美元,同比增长1.3%,占60.9%,投资主要分布在新加坡、伊朗、印度尼西亚、哈萨克斯坦、柬埔寨、老挝等国;拉丁美洲为119.4亿美元,同比增长13.3%,占比16%,投资主要流向秘鲁、阿根廷、巴西、委内瑞拉等国;非洲为31.7亿美元,同比增长50.4%,占比4.3%,主要集中在尼日利亚、苏丹、赞比亚、阿尔及利亚等国。[①] 从数据中可以看出,亚非拉三大区域占据了中国对外投资的80%以上,充分说明亚非拉市场对中国全球战略的实现具有重大而现实的意义。

  第四,亚非拉市场的合作能够壮大发展中国家的力量。亚非拉国家是中国在国际及地区重大经济事务合作中的重要伙伴。通过与亚非拉区域广泛的经贸合作,可以有力增进彼此的信任与了解。一方面可以在全球资源管理中享有更大的话语权,建立起发展中国家共同的资源网络,减少对发达国家的经济依赖;另一方面可以壮大发展中国家的政治力量,在全球治理中形成一致的利益趋向,增加与发达国家谈判的筹码。这不仅是对西方国家给亚非拉区域制造的"中国威胁论"的有力驳斥,同时也是中国更好地融入世界,开放战略下"走进"亚非拉区域的客观要求。事实证明,通过与亚洲周边国家的睦邻友好合作,对非洲国家大力的支持与援助、与拉美广泛全面的经贸往来,中国加深了与亚非拉国家的共识,并在全球事务中通力配合,维护共同利益。作为二十国集团(G20)的核心成员,中国连同印度、巴西、南非等新兴市场国家,共同致力于改变八国集团(G8)主导全球政治、经济秩序的局面[②],维护和代表广大发展中国家的合法权益,通过与G8展开对话,就国际重大问题和全球共同面临的挑战表达发展

---

  ① 资料来源于《2011年中国对外直接投资统计公报》。
  ② Michael Barnett, Raymond Duvall, "Power in global governance", in Michael Barnett, Raymond Duval, eds., *Power in Global Governance*, New York: Cambridge University Press, 2005, p.4; Commission on Global Governance, *Our Global Neighbourhood*, Oxford University Press, 1995, p.23.

中国家的关切和诉求。① 在全球经济危机中,中国与巴西、阿根廷、墨西哥、印度、南非等国家共同寻求提振经济和可持续发展的良策,这些发展中的新兴经济体为拯救全球经济、恢复信心做出了重要贡献。此外,作为联合国及多个重要国际组织的成员,中国与亚非拉国家均存在深厚的合作基础和广泛的合作空间,从而表达了发展中国家的心声,有力地维护了共同利益。

三、以中国为中心的亚非拉利益环流及合作障碍

如前所述,中国与亚非拉国家之间能够在合作博弈的基础上实现多边利益的最大化,加强与亚非拉区域的经贸合作对开放发展的中国而言具有重要的战略意义,是中国拓展海外市场、优化投资结构、弥补资源缺口、减少对发达国家经济依赖、保持经济可持续发展的深刻实践。基于此,建立以中国为核心的亚非拉利益环流机制就十分紧迫且必要(见图3)。以中国为中心的亚非拉利益环流实际上指的是建立中国与亚非

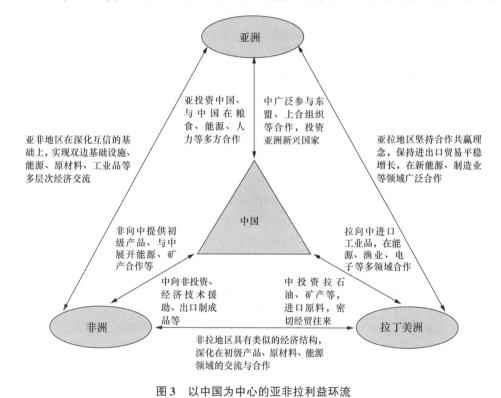

图3 以中国为中心的亚非拉利益环流

---

① John J. Kirton, Ella Kokotsis, and Diana Juricevic, The 2001 G8 Compliance Report, July 7, 2001, p. 4; John J. Kirton, Ella KOkotsis, and the University of Toronto G8 Research Group, Keeping Genoa's Commitments: The 2002 G8 Research Group Compliance Report, June 2002, p. 2.

拉地区互利共赢、良性互动的协调机制，同时努力克服中国与亚非拉经贸合作的内外障碍，实现多边、多层次、多领域的经贸合作。该利益环流机制主要包括两个层面，其一是中国与亚洲、非洲、拉丁美洲的双向利益流，其二是通过中国等重要新兴经济体的带动，实现亚洲、非洲与拉丁美洲三方的利益环流，最终的目标是建立起整个亚非拉区域全面、强盛、稳定、持久的利益协调与共融机制。

（一）中国与亚非拉区域的利益环流

我们可以利用"位势论"来分析以中国为中心的亚非拉利益环流形成的可能性及现实意义。各个国家在世界经济竞争与合作中都处于一定的位置，并在特定的位置上拥有自身的比较优势和一定的资源吸引力。在相同领域处于竞合的两个不同位势的国家，对资源的吸引力是不同的，高位势国家拥有对资源更强的吸引力，经济资源将从低位势国家向高位势国家流动，高位势国家通过吸收资源并加以内化和整合，将会推动国家竞争力提升，从而向更高位势移动。而低位势国家通过向高位势国家输出资源及与高位势国家合作，也将不断提升自身的竞争力，形成比较优势，实现与高位势国家的互利共赢。经济危机之后，全球经济中心从大西洋向太平洋转移，中国是"金砖五国"（BRICs）的核心成员，位列世界第二大经济体，是世界上最大的进口国和出口国，也是新兴工业化国家的典型代表之一，对世界经济的贡献与日俱增，因而在亚非拉地区具有较高的位势，与印度、巴西、南非等新兴经济体一起组成了区域综合实力的第一阵线。而亚非拉广大的发展中国家经济实力相对落后，工业化和城市化发展缓慢，位势相对较低。基于此，形成以中国为中心的亚非拉利益环流能够最大限度地实现多边经贸合作的横纵向交流，充分发挥不同位势国家的比较优势，促进多边利益的最大化。

在中国与亚洲各国经贸合作中，中国已经成为东盟第一大贸易伙伴，东盟也成为中国的第三大贸易伙伴，双方经贸合作的领域广泛而深入。[①] 当全球经济危机使得世界贸易疲软不振时，中国与东盟的双边贸易额却稳步提升，特别是中国与东盟在农产品、海洋资源、加工制造、消费品等领域的合作使双边贸易额迅速增长，2012年达到4 000.93亿美元，同比增长10.2%。图4显示了近十年来中国与东盟的双边贸易增长了378%，且中国与东盟进出口贸易还将呈现不断上扬的态势。与此同时，中国通过向东盟进行跨国投资，推动中国与东盟企业共同参与国际产业分工，融入世界产业转型升级体系之中。近年来，中国对东盟的投资持续保持快速增长，东盟已经成为中国企业海外投资的第三大经济体（见表1）。中国与东盟在基础设施、农业生产、加工制造业、服务业等各个领域建设了一大批投资合作项目，使得投资范围得到极大扩展。2011年，中国对东盟十国的投资流量为59.05亿美元，同比增长34.1%，占对亚洲投

---

① 参见广西社会科学院东南亚研究所等：《中国与东盟关系2012—2013年回顾与展望》，《东南亚纵横》，2013年第1期。

资流量的13%；存量为214.62亿美元，占亚洲地区投资存量的7.1%。2011年年底，中国共在东盟建立直接投资企业2400多家，雇用当地雇员11.75万人。在此基础上，中国还通过与东盟成员深化金融合作，特别是设立投资合作基金，为东盟国家提供资金支持和融资便利，促进了东盟经济的快速发展。此外，东北亚地区和上海合作组织国家是中国战略资源的重要合作区域，中国通过与东北亚、中亚在油气资源领域的深入合作，打造油气输送管道，不仅使得这些区域的油气资源价值得以充分发挥，更为中国经济的持续发展提供了资源保障，双边由此建立起互利的环流机制。

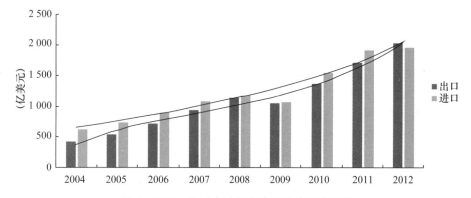

图4 2004—2012年中国与东盟进出口贸易额

资料来源：商务部。

表1 2011年中国内地对主要经济体投资情况

经济体	流量			存量	
	金额（亿美元）	同比（%）	比重（%）	金额（亿美元）	比重（%）
中国香港	356.55	-7.4	47.8	2615.19	61.6
欧盟	75.61	26.8	10.1	202.91	4.8
东盟	59.05	34.1	7.9	214.62	5.0
澳大利亚	31.65	86.0	4.2	110.41	2.6
美国	18.11	38.5	2.4	89.93	2.1
俄罗斯	7.16	26.1	1.0	37.64	0.9
合计	548.13	4.6	73.4	3270.70	77.0

资料来源：2011中国对外直接投资统计公报。

中国与非洲的利益环流主要表现在中非贸易、中非双边投资、中国对非洲承包工程和劳务合作等方面。① 2000年,第一次中非合作论坛(FOCAC)的召开,标志着中非拉开了全面经济合作的序幕。图5显示,21世纪以来,中非双边贸易呈现快速发展的态势,并在2008年首次突破了1000亿美元,达到1068.42亿美元,2011年中非贸易额再创新高,达到1663.19亿美元,同比增长了30.9%。在中非双边贸易中,非洲通过向中国出口经济发展必需的原材料、初级产品、矿产品、能源等资源形成比较优势,其中非洲向中国出口的第一大商品为原油,2011年达到6014.68万吨,贸易额为470.94亿美元,同比增长了16.52%。中国则进一步扩大在非洲的各项投资,通过兴建交通、电网、通信设备等基础设施帮助非洲国家实现经济发展,并通过与非洲国家一起合作建设矿产、铁路、能源等工程项目,推动双边合作深化,目前中国对非洲投资的前四大行业为采矿业、金融业、建筑业、制造业,占比分别为30.6%、19.5%、16.4%、15.3%。虽然中国对非洲投资的比重仍然偏低,但增速明显,2003—2010年,中国对非洲直接投资存量的年平均增速达到59.75%,这一比例仅次于中国对欧洲直接投资的增长速度,投资国家主要集中在津巴布韦、尼日利亚、苏丹、阿尔及利亚和赞比亚等国。中国与非洲经贸合作的另一大特点是双边的承包工程与劳务合作,中国对非洲承包工程和劳务合作的完成营业额在2000年时分别为10.96亿美元、1.85亿美元,到2010年,劳务合作额增加至4.19亿美元,2011年,承包工程额增加至361.22亿美元,有关统计数据见表2。2015年,中非合作论坛峰会暨第六届部长级会议召开,围绕"中非携手并进:合作共赢、共同发展"的主题,对中非关系发展和各领域务实合作进行了全面规划,并就共同关心的国际和地区问题达成了广泛共识。

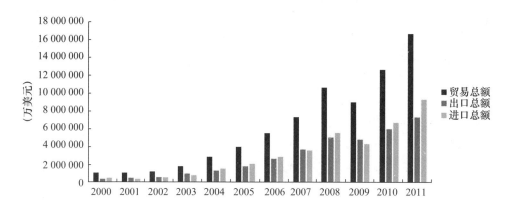

图5　中国与非洲2000—2011年贸易额

资料来源:各年份《中国统计年鉴》。

---

① 参见梁明:《中非经贸合作的现状和展望》,《国际经济合作》,2012年第11期;黄梅波、范修礼:《中非经贸关系:现状、问题与对策》,《国际经济合作》,2009年第10期。

表 2 2011 年中国与非洲(主要国家)承包工程与劳务合作

国家	承包工程			劳务合作	
	完成营业额(万美元)	派出人数	年末在外人数	派出人数	年末在外人数
非洲	3 612 187	100 021	152 038	16 427	29 041
安哥拉	634 417	19 954	33 159	4 574	8 534
阿尔及利亚	405 255	14 641	31 858	3 692	4 704
尼日利亚	345 969	4 247	6 747	1 597	2 315
苏丹	273 502	8 545	15 119	48	138
埃塞俄比亚	180 874	4 997	5 463	59	212
赤道几内亚	180 158	8 717	9 779	782	1 126
肯尼亚	139 053	1 497	2 257	49	114
坦桑尼亚	98 119	2 767	4 141	153	329
刚果(布)	94 131	1 543	3 467	841	705
乍得	92 371	2 656	2 521	5	36
加纳	86 269	930	2 287	71	81
刚果(金)	78 418	2 854	3 033	10	27
赞比亚	74 817	3 431	3 894	311	516
尼日尔	55 891	1 892	2 716	13	13
马里	53 685	656	1 358	55	74
南非	44 594	741	1 076	120	850
津巴布韦	39 891	468	1 009	20	28

资料来源:根据《中国统计年鉴 2012》整理。

中国与拉美的利益环流在双边经贸合作中表现得尤为活跃。[①] 在经历了 20 世纪 90 年代的经济波动之后,自 2003 年开始拉美经济进入新一轮增长周期,中拉经贸合作出现了迅速发展的趋势,并且呈现出互利双赢、良性互动的新局面。作为拉美重要的出口目的地,中国已在 21 个拉美国家中占有相当份额,且作为拉美的进口来源国,中国几乎占据了拉美 32 个国家的市场。2012 年中拉双边贸易的交往水平已经是 30 年前的 100 多倍,中国对拉美的贸易已经成为中国对外贸易的新增长点,且在经济危机下依然保持了较高的贸易增长额。如图 6 所示,2000—2008 年,中拉贸易的年均增长率高达 131% ,2009 年受经济危机影响,双边贸易额有所下滑,2010 年,中国和拉美经济迅速复苏为双方贸易快速增长注入了强劲的活力,在 2009 年的基础上增长了

---

① 参见吴国平:《中拉经贸合作:在经济增长中实现良性互动》,《拉丁美洲研究》,2008 年第 3 期。

150%。2011年,中拉贸易再上一个新台阶,贸易额突破了2 000亿美元关口,达2 413.87亿美元,十年间增长了13倍。中拉贸易合作的成就成为后经济危机时代全球贸易新的增长点,为恢复全球经济做出了巨大贡献。在中拉贸易中,拉美受惠国普遍增加,如图7所示,虽然中拉贸易伙伴国仍然相对集中,但在2000—2011年,中拉双边贸易额超过10亿美元的国家由10个增加到了17个,占到了拉美国家总数的一半,其中,中国与主要贸易伙伴巴西、墨西哥、智利、阿根廷、委内瑞拉等国的双边贸易额均超过了百亿美元。在中国企业实行"走出去"战略的过程中,拉丁美洲是中国企业重要的投资目的地。中国企业在拉美广泛投资于油气、矿业、渔业、电子信息业等领域,与拉美众多国家形成了紧密的利益共融机制。2011年,中国在拉美直接投资当年流量为119.4亿美元,同比增长13.3%,占流量的16%,拉美成为居亚洲之后中国海外第二大投资目的地。中拉在投资领域的合作规模同在贸易领域相比还是很小的,因此双边的投资合作仍有巨大的空间和潜力。随着如首钢、宝钢、中石油、五矿等一批有实力和具有国际影响力的中国公司在拉美投资设厂,中国在拉美国家的直接投资也得到了较快增长,投资覆盖了包括加勒比地区在内的几乎所有拉美国家。2011年中国在拉美直接投资超过1亿美元的国家有10个,其中半数以上国家集中在南美洲,中国在巴西的直接投资已连续两年保持在9亿美元以上,2011年达10.71亿美元;在秘鲁、阿根廷、墨西哥和委内瑞拉,中国的直接投资都出现了大幅度的增长。面对新形势,中拉经贸合作领域不断拓展、合作方式不断创新,必将为双边利益环流稳定持久的循环奠定重要基础。

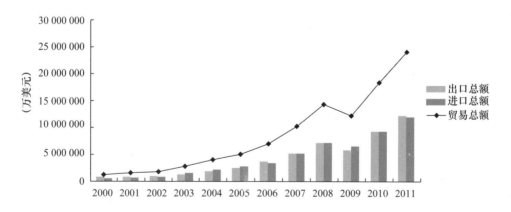

图6 新世纪以来的中拉贸易情况

资料来源:中国海关统计数据。

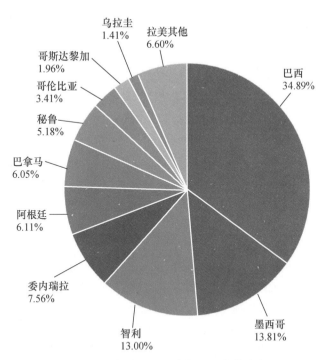

图7 2011年中拉贸易在拉美国家的分布

资料来源:根据《中国统计年鉴2012》整理。

由于位势较高的中国与亚非拉区域建立起双向利益环流,进一步向外拓展即形成了亚洲、非洲、拉丁美洲之间的三方利益环流,三大区域之间由此形成紧密的利益相连机制。亚非经贸合作是南南合作的典范,相似的历史遭遇和共同的发展愿望将亚非发展中国家联结在一起。双方在经贸往来中各补所需,非洲需要从亚洲进口纺织品、服装、机电产品、通信器材、轻工产品、日用品等,亚洲需要从非洲进口矿产品、原油、热带经济作物等。同时,亚洲各国在非洲不同领域都投资设厂、承包工程,提供给非洲国家人力、物力、财力的极大支持,推动了双边关系的进一步深化。非洲与拉丁美洲的利益双方经济结构和发展阶段相同,且本区域都拥有位势较高的国家如南非、巴西等,在核心国家的带动下促进双边资源互通,利益共享。非拉国家均具有广阔的市场潜力,且能源、矿产等战略资源丰裕,双边在资源领域展开合作,建立横跨大西洋的资源网络,将带动双边经济繁荣,并在全球资源管理中占据一席之地。亚拉贸易是世界贸易中出现的最新增长点,亚拉贸易产品集中、整体上互补性强,为双边国家带来了广泛的合作机遇。亚洲如中国、日本、韩国等国家工业化程度较高,向拉美出口机电、纺织品、化学品、交通设备等,拉美向亚洲出口农副产品、能源、矿产、工业制品等。同时,亚拉国家在非金融类众多项目中具有深厚的合作基础和广阔的合作前景,拉美日渐成为亚洲最主要的投资贸易伙伴之一,双边逐渐建立起协调一致的利益网络。

(二)中国与亚非拉区域经贸合作的障碍

第一,中国与亚非拉区域的利益分化与碰撞。经济全球化使得第三世界国家的经济差距已经逐步拉大,而且这个差距将有增无减。亚非拉区域虽具有新兴崛起的力量,但大部分国家相对发展缓慢。中国与亚非拉国家在发展水平上的差异与不平衡,导致了各国在面对重要国际政治、经济问题时出现利益分化,诉求呈现多样性。如在经济全球化问题上,中国与非洲国家所持的态度就不同,中国制定了积极应对全球化的战略,而众多非洲国家则把目前所处的困境完全归咎于全球化,且中国关注的是抓住全球化机遇发展本国经济及防范金融危机等问题,而非洲和拉美一些国家关注的则是最基本的生存与发展权的问题。

利益碰撞的主要原因在于中国与东南亚、非洲和拉美一些国家的产业结构具有一致的趋同性,这导致了拉美、非洲的众多国家开始进行不同程度的贸易保护主义,对中国的经贸合作甚于持谨慎态度,反倾销案件不断攀升。① 以中国和拉美的贸易为例,虽然从 2002 年以来,中国在对拉美的贸易中处于逆差地位,但逆差主要集中在初级产品上,而在工业制品方面中国始终处于顺差地位。由于中国与拉美产业结构具有一定趋同,且双方的竞争优势都体现为低成本劳动力,因此,中国以纺织品为代表的劳动密集型产品大量顺差对拉美国家的竞争力产生了负面影响。加之中国对拉美的出口国分布具有集中特点,主要为巴西、阿根廷、委内瑞拉、哥伦比亚、智利等国家,为了保护本国产业,这些国家纷纷对中国出口产品采取反倾销等贸易救济措施。② 又如中国在和南非、埃及的经贸合作中,双方的产业经济结构也相当类似,中国的出口贸易冲击了南非等非洲国家的本国市场,当地的一些企业遂提起反倾销调查,力图阻止中国类似产品进入。因此,中国与亚非拉区域经贸合作既因为共同的发展阶段而不断增进互利共赢的意识,又因为利益的碰撞在一定程度上阻碍了双边贸易的进一步深化与交流。

第二,中国与亚非拉区域的经贸合作缺乏有效的保障机制。在中国与亚非拉区域经贸合作中,亦缺乏有效的机构、资金能力保障。虽然亚洲、非洲、拉丁美洲具有区域范围的经济协作组织,但中国与亚非拉区域之间尚未建立起跨区域的、有完整组织结构的、利益共存的经贸联盟。例如由第三世界国家组成的 77 国集团,组织结构较为松散,缺乏统一的领导机构和决策机制,成员国之间也尚未建立起紧密的联系与协作,制度和政策的执行力和连贯性都十分缺乏。这使得发展中国家之间无法形成核心的权力组织和运行机构,因而在南北对话中愈加处于弱势的位置。此外,中国与亚非拉区

---

① 宋志勇:《试析中非贸易摩擦》,《西亚非洲》,2006 年第 8 期。
② 陈迎春、孙芳:《中国与拉美国家贸易摩擦:动因及应对之策》,《北方经贸》,2010 年第 2 期。

域的合作仍然缺乏足够的资金保障,一方面,一些亚非拉国家经济发展水平落后,自身财力十分有限,要拿出资金来支持合作项目十分困难;另一方面,来自国际社会的帮助、国际组织的支持也十分有限,要想实现中国与亚非拉全面深化合作的雄心勃勃的计划是远远不够的。这些都使得中国与亚非拉的合作缺乏有效的组织保障、制度保障、资金保障,未来共同发展之路还任重道远。

第三,国际不安定因素对中国与亚非拉经贸合作的影响。目前,中国与亚非拉地区的经贸合作受到国际不安定因素的影响,在某些时候给双边贸易蒙上阴影。据瑞典斯德哥尔摩国际和平研究所统计,2000年全球共发生25起大规模冲突,有24起发生在发展中国家,其中拉美2起、非洲9起、中东4起、亚洲9起。如非洲索马里的地区武装冲突与海盗问题、埃及动荡的政局冲突、埃塞俄比亚等落后国家的暴力武装;南亚的巴基斯坦和印度的争端、东南亚的领土问题;拉美哥伦比亚、委内瑞拉等地的边境石油冲突等。这些动荡不安的国际因素造成了中国与亚非拉经贸合作的障碍,有时甚至被迫中断。只有和平与稳定才能为双边贸易创造良好的外部环境,才能让双边贸易不被非正常因素影响而顺利进行。金融危机之后,美国为首的发达国家将全球治理的重心又转回亚太地区,不断制造中国与亚洲国家的争端,利用中国南海问题不断挑起中国与菲律宾等东南亚国家的矛盾,直逼中国的主权底线,矛盾的激化必将给中国与亚洲国家的经贸合作带来极大的伤害,使得原有的互惠共赢模式被攻破,双边关系的重心转移。如果不能很好地处理这些不安定因素,将会影响中国与亚非拉地区长期稳定的友好合作。

第四,西方国家干预阻挠中国与亚非拉经贸合作。近年来,随着世界经济发展对能源、原材料和市场需求的不断扩大,西方国家也加大了对亚非拉区域的关注。美、欧、日等从投资、援助等多方面加强了对亚非拉的控制,在对亚非拉贸易中占据绝对的份额,并进一步挤压中国与亚非拉区域的贸易往来。同时,西方国家还时常借助人权、领土等问题挑拨中国与亚非拉地区的关系,指责中国在亚非拉区域的投资。例如在2008年联合国人权年度例会上,欧美代表就苏丹达尔富尔问题、津巴布韦竞选问题指责中国在上述两国的投资活动。2012年又挑起中国与亚洲国家之间的领土矛盾,希望能借此割裂中国与亚洲国家之间友好的合作关系,遏制中国崛起的步伐。西方国家甚至多管齐下,迫使亚非拉积极性较高的国家缓解立场,如西方国家对古巴、委内瑞拉、伊朗等国家采取不同程度的孤立与遏制,使得这些国家不得不考虑本国利益,附和西方国家,成为西方国家全球链条中的一环,这些都阻碍了中国与亚非拉国家之间正常、友好的政治、经济合作。

四、提升中国在亚非拉地区的影响力的战略构想

第一,深化与亚非拉国家的经济合作,有计划、有重点地开拓亚非拉市场。未来,中国应当在巩固与亚非拉友好合作的基础上,深化与亚非拉国家企业间的合作。早在2006年欧盟与拉美国家首脑会议期间,玻利维亚总统就表示在自然资源开发问题上,欧洲国家不要试图充当拉美的主人,而应当本着友好合作伙伴的关系共同开发、利益共享。这对于中国开拓亚非拉市场也同样适用。中国应当本着"淡化政治"和"资源增量共享"的原则,为国内企业提供强力的资金支持,突出与亚非拉国家企业间的合作行为。当前,不少亚非拉国家通过法律、制度、政策等手段逐步加强当地公司对资源的控制力,形成本地企业与外国企业共同开发资源的合作模式。因此,中国企业应当大力加强与亚非拉本地企业的合作,形成合作开发模式,才能最大限度地利用亚非拉本地公司的优势,争取到更多的区块权益,从而在巩固既有市场的同时,扩展优质战略性资源的市场份额。与此同时,中国开发亚非拉市场需要有计划、有重点地进行,不应追求一蹴而就的成效。由于西方国家对亚非拉市场拥有绝对的控制力和影响力,中国公司在开始进入阶段具有相当的难度。因此,在开始阶段,中国公司可以探讨与西方公司、亚非拉当地公司建立利益共同体,特别是为发达国家提供技术服务,这样不仅能分散投资风险,保障自身合法权益,还能有效规避东道国的政局变动带来的负面影响。等到市场时机成熟,再逐步开发自己的独立市场,拓展自身的市场空间。当然,中国在开拓亚非拉市场时,应当避免走西方国家"掠夺式"开发、牺牲生态与环境的老路,要建立负责任大国的形象,坚持可持续开发与合作的新模式。

第二,加强对亚非拉广大发展中国家基础设施投资的力度。一方面,基础设施落后是制约亚非拉国家经济发展的重要瓶颈,特别是公路、铁路、机场、电力、电信网络等基础设施建设落后,不仅严重影响了亚非拉人民的生活质量,还会降低市场运行的效率,限制生产效率的提高和产品质量的改善,从而进一步成为影响亚非拉各国综合竞争力提升的关键要素。[①] 因此,亚非拉国家具有发展基础设施的强烈意愿,同时也存在巨大的融资缺口,现有的投融资模式难以满足亚非拉国家基础设施融资的需求,融资总量严重不足,这些对于中国而言都意味着巨大的投资空间。另一方面,中国具备促进亚非拉国家发展基础设施的多方优势和有利条件,不仅具有高额的外汇储备和储蓄率,同时也凭借着全球最强大的公路、铁路、机场、电力等基础设施的施工能力,以及在地域广阔、地质复杂地区建设大型基础设施项目的成功经验,成为发展中国家基础设施建设的引领者,能够为亚非拉国家提供其所需要的铁路、电力等经济适用装备制造能力,从而提升了亚非拉国家基础设施建设的整体水平。从外部机遇来看,尽管国际危机之后世界经济疲软,各国公共财政能力大幅下降,但国际市场仍然对基础设施的建设具有强烈的需求,加大基础设施投资力度已然成为拉动世界经济复苏和增长的

---

① 黄剑辉:《探索中国"走出去"新机制——构建促进亚非拉国家基础设施发展的战略性公司化投融资平台》,《第一财经日报》,2013年5月27日。

有效手段。这无疑给处于快速发展阶段的"中国建造"逐鹿亚非拉市场提供了良好的机遇。因此,对于中国来说,应当抓住当前国际经济发展的有利环境,增强对亚非拉区域基础设施的投资力度,从而实现自身资本、技术、管理、产能的"走出去"。这既有利于当前中国投资结构调整、外部需求扩张的需要,又能通过促进亚非拉国家经济发展,增进多边互信,履行发展中大国的责任,实现多边利益的共赢。

第三,巩固传统政治优势,加大与亚非拉国家的外交力度和深度,并注重培养跨文化复合型人才。长期以来,发达国家对亚非拉国家实施侵略和掠夺,造成了亚非拉国家普遍的贫穷和落后。在亚非拉各国独立之后,发达国家仍然通过民主、人权问题强行干涉其内政,导致了部分亚非拉国家内乱不停。相比西方的强势干预,中国坚持站在亚非拉广大发展中国家的阵营之中,奉行尊重主权、和平共处、互不干涉内政的原则与众多亚非拉国家建立了深厚的政治互信,同时还给予亚非拉国家强大的经济援助和外交援助。因此,中国在开发亚非拉市场的过程中,应当始终坚持平等互利、友好合作、共同开发、相互尊重的原则,全面深化与亚非拉各国的战略伙伴关系,借助政治优势开展资源、经贸、投资等各领域合作,并通过合作进一步巩固政治优势。同时,我国应加大与亚非拉资源国家的外交力度和深度。通过各种层次、形式多样的外交活动,为企业参与亚非拉资源合作创造有利的外部环境。在投资亚非拉的过程中,中国企业不应当仅仅加强对员工的技术培训,还应当根据亚非拉各国的国情培养一批跨文化的复合型人才。这些复合型人才能够通晓当地的语言、熟知当地的法律法规、了解当地的文化风俗,从而为中国企业海外拓展提供强大的智力支持。只有积极探索与环境相互和谐的发展方式,了解东道国的社会文化、传统习俗、民众心态,掌握和东道国社会沟通的艺术,通晓当地的法律法规,才能为中国企业进一步开拓亚非拉市场做好铺垫。

第四,创新与拓展开发性金融,为中国"走出去"战略打造有效平台。与亚非拉发展中国家开展金融合作,有力地支持了我国企业"走出去",既有效满足了国内对经济资源的需求,促进了产能、技术和劳动力有序转移,又推动了合作国加快基础设施建设和民生改善,实现了互利共赢。近年来,国家开发银行成功运作了中巴石油、中土天然气、中缅油气管线等一批战略性合作项目,建立了我国与能源资源生产国之间的横向联系;积极支持中船工业、东方电气、华为、中兴等企业"走出去"以及三峡集团收购葡萄牙电力公司、三一重工收购德国普茨迈斯特等重大项目,帮助中资企业有力地拓展海外市场。[①] 与此同时,国家开发银行还加强了与亚非拉各国的规划咨询合作,成系统地构造重大合作项目,并结合对亚非拉国家政府部门、金融机构及企业人员进行合作培训,有效提升了我国的软实力和国际影响力。实践表明,以开发性金融为特征的

---

① 陈元:《实行更加积极主动的开放战略》,《求是》,2013 年第 8 期;陈元:《开发性金融与逆经济周期调节》,《财贸经济》,2010 年第 12 期;陈元:《以开发性金融服务走出去战略》,《中国金融》,2011 年第 23 期。

国际合作模式,以互利共赢为目标,通过规划先行寻找合作机会,依托政府信用增进合作共识,运用市场提高效率,有利于控制投资风险。亚非拉广大发展中国家与我国有长期、牢固的政治互信和极强的经济互补,在价值观、发展理念上都高度认同中国模式。因此,通过构造带动本土化可持续发展的金融合作机制,建立与亚非拉国家之间以金融合作为主导的战略联盟,能够解决亚非拉广大发展中国家面临的经济社会瓶颈制约,能够为亚非拉国家走出"低水平发展陷阱"提供强大外部动力。

"一带一路"与中国中长期经济发展*

一、中国中长期经济发展战略与"一带一路"

改革开放以来,中国经济增长取得了巨大的成就,1978—2014年的年均经济增长率达到了9.70%。在进入21世纪后的前10年,随着工业化和城市化进程的推进,经济增长进一步加速,2000—2010年,年均经济增长率达到了10.47%(见表1)。而且随着我国市场化程度和宏观调控水平的提高,中国经济在保持高增长的前提下,稳定性也大大改善了。巨大的经济增长改善了中国的综合国力和人民生活,也为我们进行大规模的经济建设(如基础设施建设、城市建设等)、应对突发事件和解决各种发展中的矛盾提供了强大的物质基础。从现在的情况看,虽然经过改革开放后三十多年的高速经济增长,中国已经进入了上中等收入国家的行列,但是与发达国家相比,经济发展水平上仍然有很大差距,而从国内改善人民生活、增强综合国力的要求看,也仍然需要一个比较长时间的高速或中高速增长,为全面的经济和社会发展提供支持。党的十八大提出,从2010年到2020年,我国要实现GDP和居民收入再翻一番,全面建成小康社会。也就是说,这一期间的GDP和居民收入的年均增长率要达到7.2%,这实际上又为我国提出了新的增长目标(居民收入的增长事实上也必须建立在GDP的增长上,但必须对原有的宏观收入分配结构有所调整)。由于在2011年、2012年、2013年和2014年,我国的经济增长率分别达到了9.3%、7.7%、7.7%和7.4%,均高于预期的7.2%的年均经济增长率,因此在未来的6年里,如果要实现十八大提出的10年内再将GDP翻一番的目标,只要达到年均6.5%的年均GDP增长就已经足够。随着经济增长基数的扩大和经济结构的变化,我国目前的经济增长率虽然较改革开放三十多年

---

* 本文作者蔡志洲,北京大学国民经济核算与增长研究中心研究员。

来的长期增长率有所回落，但与世界各国相比，仍然属于较高的经济增长率，这说明中国经济增长和经济发展的基本面是好的，只要我们能够较好地处理发展中的各种矛盾和问题，完全有能力实现2020年的经济增长目标，全面建成小康社会。

表1 1978—2014年中国GDP指数

年份	GDP指数（上年=100）	年份	GDP指数（上年=100）	年份	GDP指数（上年=100）
1979	107.6	1991	109.2	2003	110.0
1980	107.8	1992	114.2	2004	110.1
1981	105.2	1993	114	2005	111.3
1982	109.1	1994	113.1	2006	112.7
1983	110.9	1995	110.9	2007	114.2
1984	115.2	1996	110	2008	109.6
1985	113.5	1997	109.3	2009	109.2
1986	108.8	1998	107.8	2010	110.4
1987	111.6	1999	107.6	2011	109.3
1988	111.3	2000	108.4	2012	107.7
1989	104.1	2001	108.3	2013	107.7
1990	103.8	2002	109.1	2014	107.4
2014年为1978年的倍数			28.00		
年均经济增长率(%)			9.70		
2010年为2000年的倍数			2.71		
年均经济增长率(%)			10.48		

资料来源：根据《中国统计年鉴》历年数据整理而成。

党的十五大报告报告中，首先提出了"两个一百年"奋斗目标，并再次重申：在中国共产党成立100年时全面建成小康社会，在新中国成立100年时建成富强民主文明和谐的社会主义现代化国家。但在党的十五大于1997年召开时，我们离2021年中国共产党成立100周年还有24年的时间，离2049年中华人民共和国成立100周年还有52年，因此两个100年都属于长期发展目标。但是现在情况已经不同了，从2015年算起，我们离2020年只有5年时间，离2021年也只有6年时间，第一个100年和全面建成小康社会的目标已经从长期目标转为中近期目标。离2049年虽然还有34年，但也比原来的52年明显缩短。因此，正确地选择经济发展道路和发展战略，对我们能否实现这两个100年的奋斗目标至关重要，而"一带一路"就是我们在实现这两个100年目标中采取的一个重要发展战略。它将对我国未来的经济增长和经济发展做出重要贡献。

2013年9月7日,习近平主席在哈萨克斯坦发表重要演讲,首次提出了加强政策沟通、道路联通、贸易畅通、货币流通、民心相通,共同建设"丝绸之路经济带"的战略倡议;2013年10月3日,习近平主席在印度尼西亚国会发表重要演讲时明确提出,中国致力于加强同东盟国家的互联互通建设,愿同东盟国家发展好海洋合作伙伴关系,共同建设"21世纪海上丝绸之路"。这就是著名的"一带一路"倡议。"一带一路"的愿景反映了中国在新的历史发展时期,将致力于发展与亚洲、欧洲、非洲大陆及附近海洋的互联互通,建立和加强沿线各国互联互通伙伴关系,实现中国与沿线更加紧密的经贸合作。这体现了中国在国际区域经济合作中将以更加积极主动的精神和高度负责的态度,带动和实现沿线国家的共同发展。这不仅有利于中国的经济发展,还将促进沿线各国在与中国的经贸合作中实现发展,实现中国与沿线各国的"双赢"和"多赢"。

二、中国国际经济地位的提升与国际经贸合作的新特征

改革开放伊始,我们就把对外开放、引进来和走出去、利用国内国外两种资源、利用国内国外两个市场作为推动我们现代化建设的重要举措。经过三十多年的改革开放和经济发展,中国的经济发展水平和改革开放初期相比已经得到了显著的提高,对外开放仍然是推动我国经济增长和经济发展的最重要因素,但它的内容已经发生了重大的变化,而"一带一路"正是适应着形势的变化,在新时期提出的新的对外开放的发展战略。由于长期的高速经济增长,中国在世界经济总量中所占的份额在迅速提高,进入21世纪后,这一点表现得更为突出。从表2中可以看到,在改革开放初期的1978年,中国的GDP总量仅为1 500亿美元,在世界上的份额仅为1.8%,排名第10位,和一个世界上人口最多的大国的地位极不相称。由于人口众多,人均水平就更低,属于低收入贫穷国家。在此之后的20年,中国虽然取得并保持了高速经济增长,但是GDP占世界经济的份额仍然只有3.7%,落后于传统的发达国家如日本、德国、英国、法国等,排名为第6位,排名虽然提前了4位,但国际影响力仍然是有限的。进入21世纪后,这种情况发生了明显的改变,由于发展基数已经大为提高,再加上强劲的经济增长,中国的经济总量先后超过法国、英国、德国、日本,成为仅次于美国的世界第二大经济体。2010年中国的GDP总额达到了9.4万亿美元,占世界GDP比重的9.4%,成为对世界具有重大影响的经济大国。而到了2013年,这一比重又继续提高到12.2%。在对外贸易的发展上,改革开放初期中国的出口在全球贸易中所占的比重几乎可以忽略不计,到了2000年,中国的出口占全球的份额已经提高到3.9%,在全球排名第7位。加入世贸组织以后,中国出口商品在国际上所受到的政策性歧视大为减少,再加上中国商品的竞争优势,外向型经济的发展经历了一个前所未有的黄金时期,2003年以后,连续多年的出口增长率在30%以上,使中国迅速成为新的全球制造业中

心,不仅对世界经济格局造成了重要的影响,也极大地拉动了国内第二产业和整个经济增长。按照世贸组织公布的数据,2009 年,中国的出口货物总额超过了德国位居世界第一;2013 年,进出口货物总额(4.16 万亿美元)超过美国(3.91 万亿美元)位居世界第一,占世界货物贸易总额的比重由 2003 年的 5.5% 上升到 2013 年的 11%,翻了一番。

表2 世界20个主要国家过去30年GDP及变化情况

国家	2010 年			2000 年			1978 年		
	排序	GDP（万亿美元）	份额（%）	排序	GDP（万亿美元）	份额（%）	排序	GDP（万亿美元）	份额（%）
美国	1	14.59	23.1	1	9.90	30.7	1	2.28	27.1
中国	2	5.93	9.4	6	1.20	3.7	10	0.15	1.8
日本	3	5.46	8.6	2	4.67	14.5	2	0.98	11.7
德国	4	3.28	5.2	3	1.89	5.9	3	0.72	8.5
法国	5	2.56	4.1	5	1.33	4.1	4	0.50	5.9
英国	6	2.25	3.6	4	1.48	4.6	5	0.33	3.9
巴西	7	2.09	3.3	9	0.64	2.0	8	0.20	2.4
意大利	8	2.05	3.2	7	1.10	3.4	6	0.30	3.6
印度	9	1.73	2.7	13	0.46	1.4	13	0.14	1.6
加拿大	10	1.58	2.5	8	0.72	2.2	7	0.21	2.6
俄罗斯联邦	11	1.48	2.3	19	0.26	0.8		—	—
西班牙	12	1.41	2.2	11	0.58	1.8	9	0.16	1.9
墨西哥	13	1.03	1.6	10	0.58	1.8	15	0.10	1.2
韩国	14	1.01	1.6	12	0.53	1.7	27	0.05	0.6
荷兰	15	0.78	1.2	16	0.39	1.2	11	0.15	1.7
土耳其	16	0.73	1.2	18	0.27	0.8	22	0.07	0.8
印度尼西亚	17	0.71	1.1	28	0.17	0.5	26	0.05	0.6
瑞士	18	0.53	0.8	20	0.25	0.8		0.00	—
波兰	19	0.47	0.7	25	0.17	0.5		0.00	—
比利时	20	0.47	0.7	22	0.23	0.7	16	0.10	1.2
以上合计		50.13	79.4		26.81	83.2		6.48	77.0
世界		63.12	100.0		32.24	100.0		8.42	100.0

资料来源:世界银行数据库。

按照 2010 年的初步核算结果,中国按汇率法计算的 GDP 超过了日本,从那时开始,中国作为全球第二大独立国家经济体的国际地位得以确立。根据后来最终核算的结果,其实在2009年中国的汇率法GDP已经超过日本(见表3),而到了2013年和2014年,由于日本经济衰退和日元贬值以及中国经济仍然保持强劲增长等多方面原因,中国按汇率法计算的GDP已经是日本的2倍左右,中国的世界第二大经济体的国际地位已经无可置疑。表3中还列出了按世界银行购买力平价方法计算的中国、日本和美国的GDP总量,按照这一算法,中国的GDP在2014年已经超过美国并且是日本的3倍以上,这一方法得出的结果在世界各国虽然广泛得到引用,但仍然存在争议。我们认为用汇率法核算的GDP能够更好地反映一个国家的国际地位,但按照购买力平价方法计算的GDP可以在评价一个国家实际达到的经济规模上起参考作用。①

表3　1998—2014年中国、日本和美国GDP总额比较

年份	汇率法GDP（万亿美元）			购买力平价法GDP（万亿美元）		
	中国	日本	美国	中国	日本	美国
1998	1.05	3.91	9.09	2.98	3.05	9.09
1999	1.10	4.43	9.66	3.25	3.09	9.66
2000	1.19	4.73	10.28	3.61	3.24	10.28
2001	1.32	4.16	10.62	4.00	3.32	10.62
2002	1.46	3.98	10.98	4.43	3.38	10.98
2003	1.65	4.30	11.51	4.97	3.51	11.51
2004	1.94	4.66	12.27	5.62	3.69	12.27
2005	2.29	4.57	13.09	6.46	3.86	13.09
2006	2.79	4.36	13.86	7.50	4.04	13.86
2007	3.50	4.36	14.48	8.79	4.24	14.48
2008	4.55	4.85	14.72	9.83	4.28	14.72
2009	5.11	5.04	14.42	10.81	4.08	14.42
2010	5.95	5.50	14.96	12.09	4.32	14.96
2011	7.31	5.91	15.52	13.48	4.39	15.52
2012	8.39	5.94	16.16	14.77	4.53	16.16
2013	9.47	4.90	16.77	16.15	4.67	16.77
2014	10.36	4.77	17.42	17.63	4.79	17.42

资料来源:IMF世界经济展望数据库。表中2014年数据为IMF的预测数据。参见http://www.imf.org/external/pubs/ft/weo/2014/02/weodata/index.aspx。

---

① 参见刘伟、蔡志洲:《从国民收入国际比较的新变化看中国现代化进程》,《经济纵横》,2015年第1期,中国社会科学文摘2015年第5期转载。

一带一路 | The Belt and Road
全球价值双环流下的区域互惠共赢

随着经济规模的提升和国际地位的提高，中国的对外开放的方式和内容也在变化，有了新的特点。从经贸合作的对象来看，改革开放初期，中国主要是和较为发达的西方市场经济国家（美国、日本和欧洲）发展经贸关系，通过向这些国家出口初级或低级产品获取外汇，进口先进设备和技术，由此推动中国的现代化建设。而随着长期的高速经济增长以及由此带来的经济总量和发展水平的提高，经贸合作的对象和方式都在发生变化。

首先，进出口产品的构成已经发生了很大的变化。从出口看，出口商品的的内容、质量和数量都得到了巨大的提升。出口产品已经由初级产品、加工产品为主逐渐发展成为包括由大型成套设备、高科技产品和普通制造业产品在内的门类齐全的出口产品体系，初级产品的比重在不断下降，工业制成品的比重在不断提升。在全部贸易中，加工贸易的比重在不断下降，而一般商品的比重在不断地提升。如前所述，中国已经发展为国际上新的和最大的全球制造业中心。这种国际制造业地位的提升，固然有国内需求不断改善的原因，也有着由于现阶段中国商品特定的比较优势而在国际市场上份额不断提高的原因。从进口来看，在改革开放初期，我国需要大量地引进国外的先进技术装备来提高制造业技术水平，而到了现在，随着自身制造水平的不断提高和生产规模的不断扩大，国内的资源已经无法保证扩大生产规模的需要，因此能源和其他自然资源的进口的比重在不断提升，这就导致了中国进口商品的主要对象国正在由发达国家向资源富集国家转化。

其次，国际经贸合作的方式在发生变化。在改革开放初期，我国是要通过扩大出口换取外汇，并通过取得的外汇向发达国家购买先进的技术设备来提高我们的生产能力。后来，随着对外开放的发展，我国加大了吸引外商直接投资的步伐，成为世界上外商直接投资最大的国家之一。外商直接投资和对外贸易成为我国国际经贸合作的两个轮子。但近几年来，尤其是在全球金融危机之后，中国的对外直接投资开始得到了非常迅速的发展，现在已经成为世界上对外直接投资最大的国家之一。这些对外直接投资往往又和投资国的基础设施建设、中国的机器设备和相关商品出口、对外承包工程以及劳务出口等密切联系，形成了全方位的对外经贸合作，在中亚、南亚、东盟、拉美和非洲的广大发展中国家，这种合作发展得非常快，成为中国对外经贸合作的新形式。

最后，随着外向型经济规模的扩大和国际地位的提升，中国正在以全新的姿态参与全球经济治理。

随着国际地位的提高，近些年来，中国开始更加积极地参与国际事务。2010年召开的中共十七届五中全会公报中第一次提出"积极参与全球经济治理和区域合作"，标志着中国将以更加积极的姿态参与国际经济和政治事务。全球经济危机发生后，中国首先是通过积极的财政和货币政策，保持了中国经济的平稳较快发展，坚定了世界各国发展的信心，同时带动了一批和中国经贸关系较密切的国家率先实现了复苏，这本身就是对世界经济发展的重要贡献。在国际舞台上,中国以经济促政治,以政治带经济,在全球经济治理中发挥了越来越大的作用。中国积极参与每一次的亚太经合组织峰会,对亚太地区这一世界上经济最活跃的地区的经济发展发挥了积极的作用。中国支持美国克服金融危机和欧盟应对主权债务危机,在我们力所能及的范围里做出了配合。中国宣布参与国际货币基金组织增资,扩大对中东欧地区的投资合作,有力地支持了欧洲国家应对危机的努力。我们积极推进东亚区域合作,包括参加东盟十加一(中国)和十加三会谈。中日韩之间签署三国投资协定,启动三国自贸区谈判,如果这一自贸区能够建立,将会超过美国成为世界上最大的经济体。在上海合作组织、金砖国家中,中国都在发挥着积极的作用。中国还不断深化与广大亚非拉发展中国家的经贸合作,与非洲国家、拉美国家、阿拉伯国家等各领域合作都在不断推进,在双边和多边关系的发展中促进各国经济的发展。中国已经成为全球经济治理中一支新的重要力量。

因此,中国已经不再像改革开放初期那样,在对外开放和国际经贸合作中力争在由美国、欧洲、日本等国家主导的国际商品市场和资本市场上获得市场和资源,而是要在与以美国、德国、日本等为代表的西方发达市场经济国家,以"金砖国家"为代表的新兴国家,以欧盟、东盟等为代表的国家联盟以及其他发展中国家建立新型的竞争与合作关系,参与主导国际经济和政治秩序,在全球经济治理中担当重要角色。"一带一路"发展愿景,就是在这样的新形势下提出来的。"一带一路"建设,既反映了我国外向型经济发展的需要,也体现了中国作为一个新兴国家的博大胸怀。在中国之前,东亚的一些国家和地区(如日本和"亚洲四小龙")的经济已经发展起来了,在它们发展起来后,主要是通过对外贸易和对外投资为自身的发展获得更多的利益,但是在事实上,在国际分工和经济全球化迅速发展的今天,如果没有周边国家和地区的发展,一个国家的自身发展也会受到局限。中国提出的"一带一路"的主张,由于考虑到周边国家共同发展的要求,从一开始就得到了相关国家的积极响应,并且已经取得了积极的成果。和以往的国际经济合作所不同的是,"一带一路"的主要着眼点是区域经济合作,特点是以"通"来带动合作,即"政策沟通、道路联通、贸易畅通、货币流通、民心相通",落实到操作中,就是要通过国内外公路、铁路、机场、港口等基础设施的建设来实现通道的畅通,并带动其他方面的畅通。在改革开放后的长期的经济建设中,我们在基础设施(尤其是交通基础设施)的建设上已经积累了大量的经验,在设计、技术、装备、施工、融资等方面都形成了雄厚的力量,在公路、铁路、机场、港口、通信、互联网等建设上取得了巨大的成就。同时,就制造业的发展水平来说,这些设施建设中使用的主要材料(钢材、水泥、输电线路等)也已经实现了国内保障。金融体系的建设与人民币国际化也取得了重大进展,只要和沿线国家通过政策沟通达成共识,建设和发展"一带一路"的条件是充分的。从经贸合作的方式看,建设"一带一路"已经不再是以传统的扩大贸易的方式来扩大经济合作,而是包括了由对外投资、对外承包工程、工程所需材料的出口以及在建设过程中与当地政府的合作等多方面的经济合作关系,涉及外交、金融、技术、贸易、建设等多个方面的合作,与沿线国家的经贸往来的数量以及水平将会有一个显著的提升,使沿线国家之间货物、人员、资金、信息的流动更加顺畅,资源配置更有效率,从而显著地促进区域的经济发展。

三、中国的工业化进程与"一带一路"

(一) 从制造业规模和产业结构看中国的工业化进程

改革开放以后,中国通过迅速的工业化带动经济增长,从而逐渐地实现现代化的目标。经过21世纪前10年的加速工业化,我国现在已经进入了工业化后期。[①] 和改革开放前我国工业化进程中明显不同的是,原来的工业化是在封闭状态下推进的,而改革开放后的工业化进程从一开始就是在对外开放或国际经贸合作的背景下推进的,外向型经济的发展在整个工业化进程中占据了重要地位,不但使中国的技术水平、经营管理水平、装备水平及产出能力显著提高,而且使中国在经济全球化中的地位不断提升。从规模上看,2010年中国按汇率计算[②]GDP总额只相当于美国的40.3%,但第二产业增加值就已经超过美国居世界第一(见表4),制造业的规模则高于美国10%以上。2013年,美国的GDP比2010年增加了2.2万亿美元,达到了16.8万亿美元,而中国则达到了9.2万亿美元,相当于美国的55.1%,占比提高了约15个百分点。中国第二产业增加值现在已经达到4万亿美元以上,超出美国的幅度已经达到30%以上,高于除了美国和日本(GDP为4.9万亿美元)以外的世界上的所有国家的GDP(德国为3.7万亿美元、法国为2.8万亿美元、英国为2.7万亿美元、巴西为2.2万亿美元)。[③] 从总的经济规模上看,中国与美国之间的差距,现在已经不在于工业发展落后(农业的规模也超过了美国),而在于第三产业还没有发展起来。2010年中国的第三产业增加值占GDP的比重仅为美国的21%,这是中国三次产业的合计数(即GDP)低于美国的主要影响因素。

---

① 参见刘伟、蔡志洲:《我国工业化进程中产业结构升级与新常态下的经济增长》,《北京大学学报(哲学社会科学版)》,2015年第3期。
② 世界银行进行国际比较时所使用的三年平均汇率。
③ 各国GDP数据为世界银行数据,参见 http://data.worldbank.org/indicator/NY.GDP.MKTP.CD。

表 4　中国与美国 2010 年三大产业增加值规模与结构的比较

	增加值（万亿美元）		中国为美国的%	构成（%）	
	中国	美国		中国	美国
国内生产总值	5.9	14.6	40.3	100.0	100.0
第一产业	0.6	0.2	370.0	10.1	1.1
第二产业	2.7	2.7	101.1	46.7	18.6
工业	2.4	2.2	106.9	40.0	15.1
采矿业	0.3	0.2	131.4	5.2	1.6
制造业	1.9	1.7	111.8	32.5	11.7
电力、燃气及水的生产和供应业	0.1	0.3	52.8	2.4	1.8
建筑业	0.4	0.5	76.5	6.6	3.5
第三产业	2.5	11.7	21.7	43.2	80.3
交通运输、仓储和邮政业	0.3	0.4	68.6	4.8	2.8
信息传输、计算机服务和软件业	0.1	0.6	20.7	2.2	4.3
批发、零售业、住宿和餐饮业	0.6	2.1	30.5	10.9	14.4
金融和房地产	0.6	3.0	21.2	10.9	20.7
以上部门小计	1.7	6.2	27.5	28.8	42.2

资料来源：中国的结构数据来自《中国统计年鉴 2014》中国内生产总值行业数据，美国结构数据来自美国商务部经济分析局 NIPA 数据官方网站，为便于比较，对两国第三产业中的一些行业进行了归并。两个国家的 GDP 数据为世界银行公布的国际比较官方数据。

从动态比较上看，从改革开放后到现在，中国第二产业增加值的比重从来没有低于过 40%。但是在以工业立国的日本，1955 年时第二产业的比重仅有 33.7%，在经过以工业化为特征的高速经济增长后，到 1970 年，第二产业的比重才达到 43.1%，然后就开始下调，2010 年时的比重已经下降到 25.2%。[①] 第二产业在国民经济中的比重在高速经济增长后逐渐下降，是日本完成工业化的重要标志。这种产业结构变化上的差别，有体制方面的原因，也有经济发展阶段上的原因。就体制上看，中国的工业化是在计划经济向市场经济的转轨过程中实现的。在计划经济条件下（包括改革开放以后和改革开放初期），各种经济资源的分配主要是通过计划即在行政关系下而不是市场分配的，而在市场经济国家，市场化则是工业化的基础，市场化体现为流通领域主要是第三产业的发展，因此在工业化进程中，中国的第三产业的发展（以第三产业占 GDP 的比重反映）始终是滞后的。但是随着市场化进程与工业化进程的不断推进，配

---

① 参见 http://www.stat.go.jp/english/data/handbook/c0117.htm#c03。

第-克拉克定理所揭示的并且已经由世界各国的工业化进程所证明了的第三产业最终会成为国民经济的主导部门(表现为较高的增长率和在国民经济中较高的比重)这一经济规律必然会发生作用。而随着中国进入工业化后期,这一规律的作用已经开始显现。2013年,我国第三产业增加值占GDP的比重(46.9%)首次超过了第二产业(43.7%),成为国民经济中最大的产业部门。在增长率上,第三产业也开始超过第二产业,成为带动经济增长和实现充分就业的主要力量。这正是中国进入工业化后期的重要标志。[①] 根据国家统计局公布的统计数据,2014年我国的GDP增长率为7.4%,第一、第二和第三产业增加值的增长率分别为4.1%、7.3%和8.1%,第三产业仍然是对经济增长贡献最大的产业部门。三大产业增加值占GDP的比重分别为9.2%、42.6%和48.2%,产业结构又得到进一步提升。我国现在的制造业和整个第二产业的发展,和日本40年前类似之处在于,经过多年的高速增长成为全球新的制造业中心后,外部需求开始趋缓,第三产业开始得到进一步的发展;不同之处在于,中国潜在的巨大内需以及作为全球新的制造业中心,在今后一个较长的时期里仍然需要第二产业保持较快的增长,而且从国内外潜在的需求看,我们也有可能保持这种增长,只不过增长率有可能较过去放缓。这实际上是中国经济进入新常态的产业结构基础,一方面,中国经济仍然需要保持稳定的、较高速度的增长,以实现我们全面建成小康及现代化社会的发展目标;另一方面,随着经济发展水平的提高,中国经济已经进入了工业化后期,产业结构升级决定了第三产业将进入加速发展时期(即增长率将高于第二产业),第二产业仍然要保持适度的增长。

(二)从国内区域经济发展看建设"一带一路"

改革开放以后,我国各个地区的发展是非均衡的。这种非均衡发展有多方面的原因,在改革开放初期,国家的财力有限,就要通过给一些地方特殊政策鼓励这些地方的发展,如开始的经济特区建设、后来的沿海开放城市建设等,这些地区在政策优势、地理优势、传统经济发展优势等优势下,经济获得了优先发展,从而拉开了中国地区间经济发展的差异。表5列出了2009—2013年我国各个省、市、自治区人均GDP的变化情况(按照2009年水平排序),从表中可以看到,2009年,人均GDP水平最高的上海是水平最低的贵州的6.3倍,上海的人均GDP如果按当年平均汇率(1美元兑6.83人民币)计算,已经达到了10 000美元以上,按照当年世界银行的分类标准已经接近高收入经济体的标准(12 195美元),但是贵州的人均GDP只有1 600美元,仍然属于下中等收入经济体收入标准中的较低水平(996—3 945美元)。而到了2013年,二者的差距已经缩小到了3.93倍。使这种差距缩小的基本途径就是加快欠发达地区的发

---

① 黄群慧等人也持这一观点,参见《中国经济已经进入工业化后期,正面临着产能过剩、转型升级、第三次工业革命三大挑战》,中新社北京,2014年12月28日。

展,从表中可以看到,这一时期上海的人均GDP的年均名义增长率为6.83%,而贵州的人均名义增长率则达到20.23%,增长率达到了上海的3倍。对表中的各地区2009年的人均GDP水平与2009—2013年的名义增长率之间计算相关系数,所得到的结果为 -0.8138,说明二者之间有着较强的负相关关系,也就是说,在这一时期,从整体趋势上看,一个地区的人均GDP水平越低,其发展速度也就越快。这一方面是由于国家在政策上对欠发达地区给了更多的发展优惠和鼓励政策(而在改革初期则是鼓励有水快流,对相对发达或发展条件较好的地区给予优惠和鼓励政策);另一方面是因为中国经济的区域间非均衡发展,使得一部分较发达地区的比较优势(如土地使用、资源、劳动力、交通运输等方面的比较优势)正在逐渐丧失,使得欠发达地区具备了更好的发展制造业和招商引资的条件,从而加速了这些地区的发展。

表5 2009—2013年我国各地区人均GDP增长变化情况

地区	人均地区生产总值(元)					年均名义增长率(%)
	2009年	2010年	2011年	2012年	2013年	
上海	69 164	76 074	82 560	85 373	90 092	6.83
北京	66 940	73 856	81 658	87 475	93 213	8.63
天津	62 574	72 994	85 213	93 173	99 607	12.32
江苏	44 253	52 840	62 290	68 347	74 607	13.95
浙江	43 842	51 711	59 249	63 374	68 462	11.79
内蒙古	39 735	47 347	57 974	63 886	67 498	14.16
广东	39 436	44 736	50 807	54 095	58 540	10.38
山东	35 894	41 106	47 335	51 768	56 323	11.92
辽宁	35 149	42 355	50 760	56 649	61 686	15.10
福建	33 437	40 025	47 377	52 763	57 856	14.69
吉林	26 595	31 599	38 460	43 415	47 191	15.42
河北	24 581	28 668	33 969	36 584	38 716	12.03
重庆	22 920	27 596	34 500	38 914	42 795	16.89
湖北	22 677	27 906	34 197	38 572	42 613	17.08
黑龙江	22 447	27 076	32 819	35 711	37 509	13.70
陕西	21 947	27 133	33 464	38 564	42 692	18.10
宁夏	21 777	26 860	33 043	36 394	39 420	15.99
山西	21 522	26 283	31 357	33 628	34 813	12.78
河南	20 597	24 446	28 661	31 499	34 174	13.49
湖南	20 428	24 719	29 880	33 480	36 763	15.82

(续表)

地区	人均地区生产总值(元)					年均名义增长率(%)
	2009年	2010年	2011年	2012年	2013年	
新疆	19 942	25 034	30 087	33 796	37 181	16.85
青海	19 454	24 115	29 522	33 181	36 510	17.04
海南	19 254	23 831	28 898	32 377	35 317	16.38
四川	17 339	21 182	26 133	29 608	32 454	16.97
江西	17 335	21 253	26 150	28 800	31 771	16.35
安徽	16 408	20 888	25 659	28 792	31 684	17.88
广西	16 045	20 219	25 326	27 952	30 588	17.50
西藏	15 295	17 319	20 077	22 936	26 068	14.26
云南	13 539	15 752	19 265	22 195	25 083	16.67
甘肃	13 269	16 113	19 595	21 978	24 296	16.33
贵州	10 971	13 119	16 413	19 710	22 922	20.23
上海为贵州的倍数	6.30	5.80	5.03	4.33	3.93	

资料来源:《中国统计年鉴2014》。

虽然在近几年来,中国各个地区经济发展水平之间的差距有所减小。但是从静态比较上看,差距仍然是很大的。按照2013年美元对人民币平均汇率(1美元=6.1932人民币)计算,人均收入(以人均GDP反映)最高的天津、北京与上海分别为16 083美元、15 051美元和14 547美元,已经超过了世界银行高收入经济体的下限标准12 746美元,而人均收入最低的三个省份贵州、甘肃和云南则分别为3 701美元、3 923美元和4 050美元,仍然处于下中等收入的水平(1 045—4 125美元)。对2009年和2013年各地区的人均GDP计算相关系数,结果为0.9831,表现为高度相关。这说明虽然一些发达地区的人均GDP的排序略有变化,如北京、上海与天津这三个发达地区的排序发生了变化,差距有所减少,但总体格局仍然没有发生显著的变化,原来经济发展水平较低的地区仍然较低,而高收入地区的收入仍然较高。这也是我国近些年来劳动力及人口不断向发达地区流动的重要原因。但在另一方面,由于欠发达地区的后发优势或者是生产要素上的比较优势,又有一部分生产要素正在流向欠发达地区,如一些资本、技术、设备、企业等正在向欠发达地区或发展水平较低的地区转移,通过梯级转移和资源的重新配置促进不同发展水平的地区的双赢或多赢,从而实现整个国民经济的可持续发展。在这种资源重新配置的过程中,经济发展水平较低的地区的后来者居上是实现整体发展的关键。这些地区的发展落后,本来是我国经济发展不平衡的结果,但现在却成为中国作为一个大国的发展优势。发展水平较低的地区需要解决的问题多,发展的空间也就更大,能够更多地吸引投资和推动制造业的发展,从而实现跳跃式的发展,是我国现阶段经济增长的主要动力。

经济发展水平较低的地区的发展缓慢,制约因素往往首先是基础设施尤其是交通运输设施建设的滞后,由于公路、水运、铁路和航空运输的瓶颈,生产成本(尤其是运输成本)较高,减弱了这些地区的生产活动的竞争力,阻碍了它们参与全国及世界的生产分工体系。从市场经济本身的作用看,即使没有外力的作用,当发达地区的生产要素成本上升到一定水平时,产业在地区间的梯级转移或迟或早总会发生,但是这种转移有可能是非定向的,如外商投资在中国沿海地区的企业和产业可以向印度、东南亚等地区转移,在国内的转移也可能是非均衡的。在这种情况下,国家加强对于经济资源尤其是生产要素流动方向的引导和干预是非常必要的,而且要创造条件,尤其是通过基础设施来鼓励各种经济资源向发展水平较低的中西部地区流动,通过促进这些地区的发展来改善中国经济发展不平衡的格局,同时在这种改善中实现整个国民经济可持续发展。中国古代的丝绸之路,起源于中西部地区,而现在建设的"一带一路",虽然从范围上看涵盖了中国所有的省份,也包括了较发达的地区,如海上丝绸之路的建设涉及的就是我国较发达的沿海地区,但是从建设重点来看,还应该是我国的广大中西部地区。通过改善这些地区的交通运输条件,实现它们之间更好的联通以及与中亚、南亚、欧洲各国加强联系,从而带动这些地区的经济发展,对我国的经济发展具有重要意义。从国际上看,"一带一路"的倡议反映了中国与沿线国家共谋发展的愿景,实现这种发展要得到相关国家和地区的呼应;但从国内看,"一带一路"则应该是我国现阶段重要的经济发展战略,只有把国内的相关地区尤其是中西部地区建设好,为"一带一路"建立起坚实的起点,"一带一路"才可能得到很好的延伸并越来越受到世界各国的欢迎。因此,"一带一路"的提出,必然会带动国家对国内沿线地区的基础设施投资,这不仅有利于这些地区的对外开放,同时也会有力地促进这些地区的经济发展。

四、以改革促开放,推动"一带一路"建设

(一) 中国经济增长和经济发展仍有巨大潜力

自全球金融危机发生后,欧美各国的经济始终处于衰退和徘徊状态中,近两年来虽然有一些好转,但仍然没有走出困境。这对于中国外向型经济的发展确实产生了一定的影响,进入21世纪后,由于加入了WTO,欧美发达国家对中国关闭或半关闭的闸门一下子打开了,再加上西方发达国家的经济正处于景气阶段,中国对发达国家的贸易激增,使中国外向型经济的发展上了一个新的台阶。但是随着欧美的经济衰退和徘徊,欧美发达国家对中国商品的需求增长得已经比较缓慢,但亚洲、非洲等"一带一

一带一路 | The Belt and Road
全球价值双环流下的区域互惠共赢

路"沿线国家的经济开始变得更加活跃，这些国家和地区的经济与中国的互补性很大，中国具有资金、基础设施建设与制造业的优势，而这些国家则具有资源、生产要素、市场和发展潜力的优势。在这种条件下，采取新的发展战略，在国际市场上掌握发展经济的主动权，在积极参与全球经济治理的框架上加强与周边国家尤其是"一带一路"沿线国家的经贸合作，通过与新兴国家、发展中国家的更紧密合作共同实现经济发展，就成为中国外向型经济发展的新思路。如果说在改革开放的前30年，我们主要是通过"引进来"发展外向型经济，那么到了现在，"走出去"将在中国的外向型经济发展战略中占据更重要的位置。我们应该看到，和世界大多数国家相比，无论从国内经济发展来看，还是从外向型经济的发展来看，我们虽然面临许多挑战和难题，但仍然处于经济发展的上升阶段，具有良好的发展前景。中国改革开放之际，恰逢世界进入新技术革命蓬勃发展时期，而和平与发展又成为这一阶段世界的主题，这为我们的高速经济增长和社会进步提供了较好的外部条件。但是从根本上说，中国的经济起飞和发展的主因不在于外部而是内部。正是由于我们不断地进行与深化经济体制与其他相关领域的改革，调动了全体人民经济建设的积极性，同时发展了中国特色的社会主义制度和社会主义市场体系，才使中国的经济取得了如此伟大的成就，因此，中国的进步主要是建立在自身改革开放的基础上，而不仅是受益于世界的经济繁荣。所以，在外部经济环境出现不利的变化时，要看到中国继续发展的潜力仍然是巨大的。

应该看到，在发达国家的整体经济出现衰退和下滑的情况下，发展中国家和新兴工业化国家的经济正在起步和加速，在那里存在大量的基础设施建设和发展外向型经济的需求，而中国长期建设中积累的经验、技术和能力可以为它们的发展提供支持，同时又为我们的外向型经济创造新的需求。在国内，十八大以来，我们通过深化经济体制改革与依法治国，从体制上为经济发展与全面建成小康社会提供了新的基础。在对外发展上，我们的比较优势仍然存在，但应该与时俱进，根据形势和市场的变化调整我们的发展战略。首先，目前在国际收支中，中国仅仅是在经常项目下实现了自由兑换，对资金和金融项目下的交易仍然是管制的，因此外部金融环境的变化对我们的负面影响是有限的，仅仅是由其影响的实体经济发生的波动影响了对中国商品短期需求，在金融领域并没有形成对我们的直接冲击。这说明中国根据自己的国情制定的改革和开放政策，是符合我国经济发展要求的。反而是对我们自身而言，随着金融体系的发展，要高度重视对于体系内金融风险的管控，有了稳定的金融环境，才有可能带动我国经济与周边国家的经济发展。其次，应该看到，进入21世纪后中国外向型经济近些年的快速发展，主要原因是中国商品的性能价格比较好地满足了各国的市场需求，因而替代了别的国家的产品，占有了更大的市场份额，而不是各国经济增长导致的需求扩大而使对中国商品的需求相应增加。在中国外向型经济发展的过程中，尤其是在外向型经济壮大初期和中期，由于中国的出口商品（主要是轻工产品、加工产品）满足的更多的是中低端市场的需求,因此在发达国家和发展中国家获得了更多的市场份额。但是现在,随着一些发展水平比中国更低的发展中国家的经济增长加速,它们的低端产品的比较优势就体现了出来,在这种情况下,中国就不能继续以中国商品的价格优势扩大市场,而必须提高产品的技术含量和质量,逐渐向能够创造更多附加值的中高端产品发展。全球金融危机带来的世界经济停滞衰退,实际上又给中国提供了一次难得的发展机会。在全球金融危机后,中国的经济增长率也出现了一定的回落,但仍然保持着活力,使中国成为对世界经济增长贡献最大的国家,在未来几年的世界经济增长中,仍然可能保持这种局面。这使得中国作为一个真正的经济大国的地位得以显现和稳固。从总体来看,在中国当前外向型经济的发展中,机会和挑战是并存的,我们应该把挑战变成机会,抓住时机推进我们的全球化战略。而"一带一路"建设与亚洲基础设施投资银行的建立,就是我们这一战略中的重大举措。在"一带一路"建设中,我们不再是以中低端商品的出口来发展和沿线国家的经贸关系,而是要通过投资、建设和贸易等多方面的经贸合作,全方位地发展和相关国家的关系,因此带动整个区域经济的发展。这也说明中国的经济规模和经济发展水平到达今天这种地步,我们的中长期发展就不能仅仅依赖自身的发展和参与国际市场,而应该在全球经济治理中担任重要角色,通过与各国的共同协作获得共同发展。

(二) 工业化和城市化进程带动中国经济发展

中国要推进"一带一路"的建设,首先要做好自己的事情,把国内的事情办好,增强我们的综合实力。只有在国内的实力强了,我们才有能力走出去,以国内经济为依托,通过与沿线国家共建"一带一路",实现共同发展。从中国目前的情况看,保持平稳较好的经济增长和经济发展,我们需要解决两方面的重要问题。一是克服"三期叠加"所可能带来的经济增长率继续下滑;二是继续改善国际经济衰退对我国经济带来的负面影响。改革开放后,我们把一个贫穷的、低收入水平的中国发展成为一个上中等收入的、经济总量位居世界前列的经济大国。另一方面,虽然改革开放后我国的人民生活已经得到了极大的改善,但无论从人均收入水平上看还是从城乡居民收入差距上看,我们和世界先进水平还存在很大的差距,这就需要我们仍然保持一个相当长时间的高速经济增长,通过持续的工业化进程实现我国的现代化,这是我们的经济发展目标。无论从经济体制、市场规模、资金技术、国际环境还是人力资源、自然资源来看,中国目前都具有保持持续高速经济增长的条件,关键在于如何通过有效地制定和实施各种有力措施,使这些优势发展出来,在新常态下实现可持续发展。

从发展阶段上看,我国仍处于工业化、城市化和现代化的最迅速发展时期。从世界各国的经验看,处于这一发展阶段的国家的经济增长仍然会处于强势。从供给方面看,这一时期正是产业结构和产业组织发生迅速而深刻变化的时期,结构效益和规模经济迅速提升;从需求方面看,无论是投资需求还是消费需求都进入活跃期,尤其是投

一带一路 | The Belt and Road
全球价值双环流下的区域互惠共赢

资需求在这一阶段的增长更为迅猛。而在较快的经济增长中,各个方面(如地区、部门、人群等)的发展通常是不均衡的,由此而产生的各种矛盾也比常规条件下多,这些矛盾只能在发展中解决,而不能停下来等矛盾解决好了再继续发展。这就需要通过不断地改善经济活动中的发展失衡来改善总量供需均衡和结构均衡。

从工业化进程上看,从整体上看,我国目前已经开始进入工业化后期。经过30年的改革和发展,中国已经大大推动了自身的工业化进程,不仅满足了广大国内市场强劲增长的需求,而且开始成为国际上新的制造业中心。从产业结构高度上看,中国从20世纪80年代基本上解决农业问题后,由轻纺工业到电子工业再到重化工业,主导产业群落不断延伸并带动了房地产业、交通运输通信及金融产业等现代服务业的全面发展。目前第三产业已经代替第二产业发展成为国民经济的主导产业。在这一时期,各种短期因素的影响可能会使经济增长出现波动,但由于这一阶段体制创新、技术进步、市场发展、社会需求等方面特定的优越条件,中长期的高速增长的趋势是不会改变的,而幅员辽阔、人口众多、资源相对丰富的特点,使得中国能够通过建立相对独立的经济体系和市场体系,通过自己的实力支持自身的经济增长和发展,并对世界增长做出贡献。在外部需求不能保持持续扩张的条件下,一方面创造条件改善外向型经济的发展,另一方面改善内需和外需的相互结合,带动相关产业的发展。在国内的经济发展中,一方面要扩大消费,通过各种措施来推动消费的升级和消费规模的扩张,并带动相应的投资,另一方面仍然还要有发展的前瞻性,在抑制盲目和重复投资的同时,要加强必要的基础设施建设,尤其是要加强欠发达地区的基础设施建设,为这些地区与国内其他地区甚至是全世界更好的互联互通创造条件,由此促进这些地区的发展。事实上,由于经济发展水平不同,中国的不同地区工业化进程的水平是不同的,对北京、上海及广大沿海地区而言,工业化进程可能已经进入了后期,但对于很多中西部地区而言,工业化进程可能只进入了中期。一般而言,工业化中期的地区所实现的经济增长率往往高于工业化后期的地区(在国家间比较也往往存在这种现象)。这实际上为我们通过经济发展水平较低的地区的超常规发展提高整体的经济增长率提供了可能。因为在工业化后期,第三产业将成为经济增长的主导产业,而第三产业具有即时消费的特征,它的发展经常受到地域的限制,但第二产业所面临的市场是跨区域的,在市场能够接受的条件下(即产品的质量、成本和价格有足够的竞争性),第二产业在一个地区可以实现非常快的扩张。所以,虽然从整体上看,我国已经进入了工业化的后期,但是不同地区的产业发展却可能由于经济发展水平的不同有较大的差别,发达地区的第三产业是主导产业,而经济发展水平较低的地区仍然要通过加强交通运输、通信等基础设施的建设为第二产业(主要是制造业)的发展创造条件,然后再在这个基础上,承接发达国家及发达地区的产业转移,实现较快的经济增长。因此在中国,无论是发达地区还是经济发展水平较低的地区,经济发展还有很大潜力。而"一带一路""长江经济带""京津冀一体化"等发展战略的提出,体现的就是各种经济发展水平不同的地区,如何通过国内外的协同发展和产业转移,实现经济发展的精神。这些经济发展不但创造着供给,也创造着需求。工业化进程也带动了我国的城市化进程。我国目前正在经历迅速的城市化进程。这主要表现在两个方面:一是工业化带动的城市发展,使城市能够吸收更多的农村人口,使统计指标反映的城市化率即城市人口占全国人口的比重迅速增加,2000年我国城镇人口在全部人口中的比例为36.22%,现在已经上升到50%以上,平均每年上升一个百分点。二是城市本身得到了迅速发展,基础设施、工业水平和人民生活水平都在提高,大都市—中心城市——般城市—农村的辐射关系也建立了起来。城市化进程一方面拉动了城市本身的投资和消费的需求,另一方面也通过国家财政收入的转移支出、农民工务工收入反哺了农村,使农村居民的收入水平显著提高,创造了新的需求。

(三) 深化改革与中长期经济增长

从前面的分析中可以看出,无论是从中国的资源条件看,还是从经济发展水平和发展阶段看,经过三十多年持续的高速经济增长后,中国经济增长和发展的潜力仍然还是巨大的。但要怎样实现这一高速增长,或者说以怎样的发展方式实现中国的现代化,为此将付出怎样的代价?如何降低中国自身在发展中所支付的发展成本,以实现经济、社会和环境的可持续发展?则是我们当前应该高度重视的问题。克鲁格曼等人的研究发现20世纪90年代之前,中国经济之所以高速增长,主要源于两方面因素,一是要素投入量的不断扩大,而不是要素和全要素效率的提高;二是要素成本低带来的竞争优势,而不是竞争性收益率提高促成的优势。这种低效率、低成本下的量的投入扩张带来的高速增长,不仅难以持续,而且必将导致泡沫经济。90年代末的亚洲金融危机和此次全球金融危机的形成,有力地证明了这一点。[1] 所以,能否实现可持续增长的关键在于,增长是否真正建立在效率提高的基础上,而效率提高的根本在于创新,提高创新的根本在于发展方式的转变,包括发展的制度方式和技术方式等方面的转变。

首先,从体制改革中寻求增长的动力和效率。这既是我国发展方式转变的要求,也是我国改革开放以来经济发展的重要经验。我国经济正处在发展模式和体制模式双重转轨过程中,就发展模式的转轨而言,我们正从传统经济向新兴工业化和现代化经济转型。就体制模式的转轨而言,我们正从传统体制向市场经济体制转轨。伴随市场化的深入和完善,资本在越来越大的程度上由行政计划体制转入市场竞争体制,其竞争性的效率是不断提高的,从要素效率来看,依我国的经验,在改革开放以来的经济

---

[1] Paul Krugman, "The Myth of Asia's Miracle", *Foreign Affairs*, Vol. 73, No. 6 (Nov.-Dec., 1994), pp. 62—78.

增长生产函数中,若引入市场化(非国有化)率指标为变量,实证分析表明,市场化越深入,对中国经济增长中的要素效率,特别是资本要素效率的提高作用越显著。正因为如此,才使得我国的经济高速增长不仅是增大要素投入量的结果,同时也是要素效率提高的结果。① 从结构效率来看,市场化的深入使资源配置的结构发生了深刻变化,在市场机制的作用下,资源日益从低效率部门转向相对高效率的部门,这种产业结构的演变,对经济增长的效率提升起到了重要作用。在我国20世纪90年代中期之前,这种体制性推动的结构演变产生的效率,甚至超过技术进步对增长效率的贡献。只是进入21世纪以后,在全要素效率内部,市场化进程带来的体制性效应和净技术进步效应的比例关系才发生新的变化,体制性效率的提升趋于稳定,而净技术进步对增长效率的贡献上升速度逐渐加快。这一方面说明,随着市场化体制改革速度的平稳,经济增长全要素效率提升越来越依靠技术创新,另一方面也说明,在未来的发展中,大力推进市场化进程,简政放权,完善竞争秩序,为我国经济增长的要素效率提升创造巨大空间,因为我国毕竟还是一个朝着社会主义市场经济体制目标转轨的经济体,距离完善的市场经济目标尚有很长的路。② 在新时期深化市场化进程本身也面临一系列新的历史特点,一是改革的重点从商品市场化逐渐转为要素市场化。改革开放到目前,我国商品市场化(包括投资品和消费品)基本实现,绝大部分的商品价格已由市场定价,但我国要素市场化的进程可以说尚处于发育初期,相比较而言,劳动市场相对发展得还快一些,资本、土地等要素市场的发育则极其不足,无论是各类要素市场的竞争主体机制(产权制度)还是要素市场的竞争交易机制(价格制度)都还处在构建中,且不同的要素市场发育在总体水平不高的基础上存在极不均衡的状况。二是改革的难点从构建市场体系逐渐转移至构建市场秩序,或者说从扩张市场作用空间(市场化的数量方面)逐渐转向完善市场秩序(市场化的质量方面),包括市场竞争的内在秩序,即竞争的主体秩序(企业产权制度——回答"谁在竞争?"的问题)、竞争的交易程序(价格决定制度——回答"怎样竞争?"的问题),也包括市场竞争的外在秩序,即市场竞争的法制秩序(从法制上以公正保护市场内在竞争秩序)、市场竞争的道德秩序(从道德上以诚信弘扬市场内在竞争秩序)。如果说市场经济在规模和数量建设方面存在极限(毕竟不可能存在百分之百的市场经济社会),那么市场经济在质量和效率建设上将是一个持续的历史进程。对我国现阶段的经济发展来说,推进这一历史进程具有极为重要的意义,特别是对转变发展方式,提高经济增长的效率,有着关键的作用。

其次,从产业组织和市场结构的改进中寻求技术创新的能力提升。经济发展史表明,技术创新的主体应当是企业,而不应当是政府,尽管政府在技术创新中有着重要的

---

① 参见刘伟、李绍荣:《所有制变化与经济增长和要素效率提升》,《经济研究》,2001年第1期。
② 参见刘伟、张辉:《中国经济增长中产业结构变迁和技术进步》,《经济研究》,2008年第11期。

作用。以企业为行为主体实现创新,运用的经济机制应当主要是市场体制而不是行政计划体制,尽管政府的政策支持不可或缺。这就要努力改进产业组织状况和市场结构,以提高市场竞争推动企业技术创新的能力和效率。产业组织和市场结构处理的根本问题是规模经济和有效竞争的命题,对于技术创新来说,重要的一点便在于合理构建企业规模,同时努力提高竞争的充分性。一般来说,重大的战略性和持续性的技术创新,主要依靠大企业。因为只有大企业,尤其是市场占有率和集中度较高的大企业,不仅有可能投入更多的资源进行创新,而且能将高研发的高投入风险尽可能广泛地分散,其单位产出均摊的创新风险成本越低,企业承受风险的能力便越强,而技术创新最为关键的恰在于如何化解其中的高风险。中小企业在技术创新中固然不可缺少,但中小企业的技术创新更多的是个别产品创新、工艺创新或局部技术创新,尤其是中小企业在技术创新中虽具有更灵活的学习和借鉴能力,但总的来说其创新力往往与单一产品的市场生命周期相联系,难以持续。如何构建一个合理的大中小企业的产业组织结构,使企业具有普遍的规模经济,同时又在市场结构上支持企业创新力的提高,是我国经济面临的重要问题。

对于我国来说,培育具有创新力的大企业,关键在于如何使国有企业真正具备现代企业制度和行为特征。我国现阶段的国情在于大型和特大型企业,多为国有或国有控股企业,尤以央企为主,因此,如果说重大战略性技术创新的主体应当是大企业,那么,在我国则主要是国有企业,而企业作为创新主体所需运用的机制又首先是市场竞争机制,而不是政府行政机制,那么,在我国依靠大企业作为重要的创新主体,便遇到一个特殊的问题,即如何使国有大型和特大型企业真正接受市场规则的硬约束,进而国有大型和特大型企业的产权制度改革问题、政企分离问题、公司治理问题,等等,便成为约束企业技术创新力的重要内在制度因素。从外部竞争环境来讲,如何构建合理有效的市场结构,使国有大企业面临充分有效的市场竞争压力,而不是在垄断条件下,特别是借助于市场力量和行政双重作用形成的垄断条件下进入。显然,这些问题的处理不仅十分艰难,而且独具中国特殊性,但正是这些问题的处理,为中国经济的技术创新力提升创造了条件。目前,我们正在推动对国有大型企业进一步的混合所有制改革,这对提高国有企业的效率具有重要意义。同时也要看到,广大中小企业是中国经济中最活跃的部分,我国互联网经济近些年的迅速发展以及对经济增长的贡献,深刻地说明了在市场经济条件下,中小企业有可能对中国的经济增长发挥更大的作用。在2014夏季达沃斯论坛开幕式上李克强指出,只要大力破除对个体和企业创新的种种束缚,形成"人人创新""万众创新"的新局面,中国发展就能再上新水平。[1]

---

[1] 参见《李克强倡导"万众创新":为中国经济升级版发力》,中国新闻网,www.chinanews.com/gn/2014/09-12/6587454.shtml。

就"一带一路"的建设而言，国内的广大企业尤其是国有企业，将要面临更激烈的国际市场的竞争，尤其是要面临来自国际资本集团的竞争，政府当然要加强对于"一带一路"建设的投入，即增加对相关项目和企业的投入，但是从根本上说，建设"一带一路"还是要依靠提高企业在市场上的竞争力，因此要从制度建设上，向国际高标准努力，与国际接轨，使我国的广大企业不仅能在国内的市场体制里生存和发展，还能在国际市场上接受考验。所以企业制度、市场制度的发展及其与国际的接轨，将是保证"一带一路"的建设取得进展的重要基础。

（四）改善宏观调控与管理，促进"一带一路"建设与我国中长期经济发展

可持续增长需要从宏观调控方式的转变中寻求增长均衡性。在改革开放后的经济增长中，我国的总量失衡不断发生变化。在1998年之前，失衡的基本方向是需求大于供给，曾经发生过三次较明显的通货膨胀；1998—2003年则是供给大于需求，出现了较长时间的通货紧缩；2003年起直至2007年我国进入一轮高速增长，每年增长率均在两位数以上，年均增长10.6%左右，而且通货膨胀也很温和，但其中发生的总量失衡具有新特点。在投资和消费领域出现了反方向的失衡，即投资领域需求过热，而在消费领域需求不足，特别是工业消费品和产能过剩严重，相应地采取了淡化总量政策而强化"有保有压，区别对待"的结构性政策。2008年则是我国宏观失衡变化最为迅速和复杂的一年，随着国际经济形势的变化，宏观经济政策从年初的紧缩转为年末的扩张，原来的通货膨胀转为通货紧缩，在宏观刺激政策下又迅速地转为通货膨胀。2011年前后国家的宏观刺激政策开始"择机退出"，强调让市场在配置资源上发挥主导作用，十八大上更是提出要让市场在配置资源上发挥"决定性作用"。这就使得宏观调控在经济增长中的作用开始减少，伴随而来的则是经济增长率的回落、通货膨胀向通货紧缩转化，但经济结构开始向好的方向发展，产业结构、收入分配结构、需求结构、地区结构等，都有了比较明显的改善。从改革开放以来的经济发展看，中国的高速经济增长是在由计划经济向市场经济转轨中实现的，计划或者是行政对经济的干预一直在经济增长中发挥了相当大的作用，只不过干预的形式在不断发生变化，由更多的指令性计划改变为更多的宏观经济政策（如货币政策、财政政策和审批制度）。从现在的情况看，政府对经济活动的指导、干预和管理仍然是必要的，中国经济增长的成功已经证明了这一点，问题是如何使这种干预更加有效率。

长期以来，我国宏观调控和管理的重点是总量需求管理，这种管理的好处在于保证了短期的高增长，而如果这些短期能够保持连续，就能够形成长期的高增长。问题在于在片面强调总量需求扩张的时候，结构失衡越来越恶化，严重地降低了资源配置的效率，最后又反过来影响总量。2009年的"四万亿"宏观刺激政策就反映了这样一种两难，为了保住较快的增长率，我们不得不在已经出现严重产能过剩的情况下，进一步加大投资，最终保住了增长率，但也带来了严重的负面作用。所以现在讲的"三期

叠加",重要的两个"期"就是"前期刺激政策的消化期"和"经济结构的调整期",这二者之间是有因果关系的,前期刺激政策确实带来了结构恶化,因而导致了我国经济"由高速增长向中高速增长的换挡期"。所以,中国的经济增长率回落,一系列结构性失衡起着十分突出的作用:一是总需求中的内需与外需结构失衡,出口需求的波动对经济增长稳定性的影响过大。二是在内需结构中投资需求和消费需求结构性失衡,国民经济增长过于依赖投资需求拉动。尽管我国所处的经济发展阶段客观上促使投资需求相对其他阶段更快些,但是长期大幅度高速增长使国民经济产生了深刻的结构性扭曲,不仅严重排斥了消费需求的增长,而且使国民经济增长的持续性受到严重削弱。三是国民收入分配结构扭曲,对经济增长的均衡性和可持续性产生了深刻的影响。一方面,长期以来在政府、企业和居民三类社会经济主体中结构失衡,与政府财政收入和企业产值增长速度相比,居民收入增长速度明显滞后,这就不能不加深消费需求增长乏力的矛盾。另一方面,在居民收入分配内部存在结构失衡。从表 6 中可以看出,自 2003 年以来,我国的基尼系数长期保持在 0.45 以上,2009 年以后数字虽有所下降,但仍然显著超出了通常所说的警戒线。基尼系数的提高表明高收入阶层收入提高更快,收入差距扩大本身就意味着社会消费倾向降低,导致内需不足。因此,收入分配结构是否合理,不仅影响公平目标,同时影响效率目标。四是城乡发展结构性失衡。一方面,我国现阶段城市化率虽然已进入加速期(30%—70% 为城市化加速期),但总体水平不高,仅在 50% 左右,低于世界平均水平(2009 年世界总人口中城市人口首次超过乡村人口),而且其中把离开户籍所在地半年以上进城务工的 1 亿多农民工也计入城市化人口,但其真正的生活方式和福利保障水平与市民仍存在显著差距。另一方面,我国在城市化率低的同时,城乡差距大。据统计,现阶段我国农村人口年均纯收入大体相当于城市人口年均可支配收入的 30%,或者说三个多农村人口的收入才抵得上一个城市人口的收入,考虑到农村农户的生产性质和农业生产投资性支出,就消费力而言,至少四个以上的农村人口的消费力才抵得上一个城市人口。而我国 13 亿多的总人口中,有 50% 左右的是作为农村人口存在,但是在按支出法计算的 GDP 中,在居民最终消费中,城市居民的消费占 75%,而农村居民的消费仅占 25%,这就导致了长期以来,我国经济增长的消费需求动力主要依靠不足 50% 的城市居民支持,这是需求动力不足的重要原因。五是产业结构失衡,其中突出的一点在于现代化服务业发展落后于经济发展的要求,与工业制造业的发展间存在严重的结构矛盾。我国的工业化率按当代国际标准,已到达工业化后期,而服务业的比重虽然已经到达 50% 左右,但仍然显著低于当代世界中等收入发展中国家平均水平。这种产业结构的失衡,降低了我国国民经济增长对于就业的结构性吸纳能力。工业化加速过程中,第一产业大规模转移剩余劳动力,第二产业伴随着内部结构朝着资本密集和技术密集的演变,同样的增长率能够带来的就业增长弹性越来越低,主要依靠第二产业加速发展实现充分就业,不仅要不断加快第二产业的发展,加剧经济过热和通胀压力,而且单位经济增长率带来的就业增长机会不断减少,难以形成充分就业,反而可能陷入"滞胀"。因而产业结构上的这种失衡不仅加剧着各方面的矛盾,而且严重困扰着均衡增长目标的实现。还可以寻找其他方面的结构性失衡,但上述五个方面的结构性失衡对我国现阶段的均衡和持续增长已经构成较为突出的影响。

表6　2003—2014年中国基尼系数

年份	基尼系数
2003	0.479
2004	0.473
2005	0.485
2006	0.487
2007	0.484
2008	0.491
2009	0.490
2010	0.481
2011	0.477
2012	0.474
2013	0.473
2014	0.469

资料来源:国家统计局统计公报。

　　要实现我国经济持续均衡增长,必须努力改变宏观调控方式并提高政府决策和管理水平。宏观调控方式的改变与我国市场化进程的阶段性特征相适应。让市场在配置资源上发挥决定性作用,同时,通过政府科学的中长期政策的制定和实施以及合理的宏观调控,使经济发展更加有效。就实现宏观调控和宏观管理的具体方法而言,依我国现阶段的国情,也应当注重强调需求管理与供给管理的统一。供给管理的核心在于降低成本提高效率。总需求管理无论是运用财政政策还是货币政策或是汇率政策,其需求效应均具有短期显著性。因而,货币、财政、汇率政策的供给效应往往容易被忽略。比如,扩张性的财政收入政策(减税)在刺激需求的同时也可以带来降低成本的供给效应;紧缩型货币政策(加息)在紧缩需求的同时,也可能带来促使企业和项目提高盈利能力和竞争性效率的供给效应;人民币升值,在紧缩出口需求的同时,也会带来进口价格下降进而降低相应成本的供给效应。事实上宏观政策的供给效应显然长期才能显现,但其作用往往具有根本性。对于我国来说,由于特殊的体制转轨特征和后发优势的存在,在实施供给管理上更具可能和必要。其一,制定和实施较为系统的产业政策,包括产业结构和产业组织政策;其二,制定和实施较为明确的区域结构政策,包括发挥地方政府的积极性和明确区域性增长极;其三,制定和实施持续的技术创新政策,包括技术、产品、制度、市场等多方面的创新;其四,制定和实施人才战略,提高人力资本的比重以提高劳动生产率;其五,制定和实施节能减排、保护环境等降低社会成本和发展成本的长期发展政策。[①] 而"一带一路"的发展战略,正是根据我国现阶段经济发展的实际情况提出来的,反映了需求管理和供给管理两方面的需要,因此对我国的中长期经济发展具有非常积极的意义。

---

① 参见刘伟、苏剑:《供给管理与我国现阶段的宏观调控》,《经济研究》,2007年第2期。

经济协调篇

物殷形胜自古华
参差海内十万家

　　社会经济协调发展是当前中国经济发展的重要目标,是"一带一路"倡议推行的重要背景。国内层面,经济协调的重要任务是推动区域发展平衡,其中完善交通路网、统筹城乡建设、合理城镇空间布局构成了区域平衡发展的主线。国际层面,"一带一路"是全球区域化在经济、政治、文化领域的具体表现之一。因此,推动国际层面基础设施建设、打通区域间联络通道、降低区域沟通交流和交易成本是推动区域化的首要举措。在此基础上,金融合作和资本开放为区域协同发展提供了更为坚实的平台和牢固的纽带。"一带一路"倡议中的重要覆盖区域东盟、非洲等国家的合作模式也为我国与其他国家的合作提供了值得参考和推广的范例。

Chapter of Economic Coordination

Harmonious development between social and economic growth is an important target in contemporary China and a significant background in the path of promoting the Belt and Road initiative. From the domestic aspect, balancing the development among different regions is an important task of harmonious development, and the development of transportation, the construction of counties and the spatial distribution of cities constitute the mainline. From the international aspect, the Belt and Road is the reflection of global regionalization in economic, political and cultural areas. Pushing forward the construction of infrastructure, connecting the paths among regions, cutting down communicating and trading costs on the international level are the first things to be done to promote regionalization. On the basis of all above, the cooperation in finance and openness in capital offer a strong platform and link for the synergetic development. At the same time, we can obtain valuable experience for cooperative patterns from the ASEAN and African countries which are also the important members of the Belt and Road.

中国与周边国家基础设施
互联互通的地位作用[*]

在国际格局与周边战略形势不断发展演变、中国的发展面临历史性机遇与挑战的大背景下,中国与周边国家基础设施互联互通具有特殊的意义。自20世纪70年代末实行改革开放以来,中国与周边国家和地区在经济、政治、文化及安全领域的互动程度不断加强,但由于各种原因,中国在周边尚未形成比较稳定的经济影响圈,也没有真正形成一个可以为长远的发展与安全提供坚实依托的周边地带。同时,中国在经历了三十多年的快速发展后,原有的发展模式逐步显出弊端,发展质量亟须提高,产业结构面临巨大升级压力。在这种情况下,开展与周边国家的基础设施互联互通无疑有助于进一步巩固和加深中国在周边国家的影响,为中国"两个一百年"战略目标的实现提供强有力支撑。同时,作为"一带一路"构想的重要组成部分和主要战略抓手,基础设施互联互通将在相当程度上推动"丝绸之路经济带"和"21世纪海上丝绸之路"的建设,有助于使更多的地区和国家能够有效分享中国发展的红利,从而在更大范围形成繁荣的区域经济,为中国未来的长远发展和安全提供深层次的保障。

一、强固中国在周边地区经济影响

中国周边地区既包括日本、韩国、新加坡等发达经济体,也包括越南、印度尼西亚、马来西亚等中小新兴市场国家,又包括印度、俄罗斯等新兴市场大国,蒙古和部分中亚国家则属于资源富集国家。周边国家的经济结构、发展水平、资源条件差异巨大,体现出高度的多样性,是中国重要的对外经济合作区域。从20世纪80年代开始,周边地区就是中国经济改革与发展的重要动力来源:一方面,中国改革开放初期引入的外资

---

* 本文作者郭濂,国家开发银行研究院常务副院长。

主要来自日本和部分东南亚国家,并向其广泛借鉴经验和发展模式,另一方面,周边地区也是中国开展对外贸易的主要市场,对中国制造业和国际贸易的发展起到了重要作用。随着中国融入国际经济体系的步伐加快,特别是加入 WTO 以后,中国与周边经济体的合作进一步加强。除双边贸易额不断上升外,中国与周边国家的区域经济一体化进程也在不断加速,特别是 2010 年"中国—东盟自由贸易区"正式启动,中、日、韩自由贸易区谈判也在向前推进。近年,中国资本加大"走出去"的步伐,对外直接投资不断上升,使中国与周边的经济纽带进一步巩固和发展。目前,中国已经成为多数周边经济体的主要贸易伙伴和投资伙伴。比如,中国是蒙古的第一大贸易伙伴和第一大投资国,是东盟和韩国的第一大贸易伙伴,日本的第一大贸易伙伴(第二大出口贸易伙伴和第一大进口贸易伙伴),俄罗斯的第四大投资国。在中亚地区,中国是土库曼斯坦的最大贸易伙伴,哈萨克斯坦、乌兹别克斯坦、吉尔吉斯斯坦的第二大贸易伙伴,塔吉克斯坦的第三大贸易伙伴,是土库曼斯坦和乌兹别克斯坦两国最大的天然气出口市场,等等。

然而,中国对周边国家的经济影响力并不稳定。在国际上,对外直接投资是衡量一个国家对外经济影响力的重要参照,中国在这方面近年来增长十分迅速,但仍存在一些问题。以东盟为例,东盟是中国对周边地区直接投资的主要对象(见表1、表2)。然而从中国对东盟直接投资的流量和存量对比来看,从 2005 年到 2013 年,投资的流量增长了 45.08 倍,而投资存量增长了 27.39 倍,远远低于流量的增长(见表3)。这从一个侧面说明,中国对东盟的直接投资在效益方面、稳定性方面都存在一定问题,导致很多资本投入不能真正扎下根,从而限制了中国的经济影响力。

表 1 中国在东盟国家的直接投资流量 (单位:万美元)

年份	马来西亚	印度尼西亚	菲律宾	越南	老挝	柬埔寨	泰国	缅甸	文莱	新加坡
2003	197	2 680	95	1 275	80	2 198	5 731			-321
2004	812	6 196	5	1 685	356	2 954	2 343	409		4 798
2005	5 672	1 184	451	2 077	2 058	519	477	1 154	150	2 033
2006	751	5 694	930	4 352	4 804	981	1 584	1 264		13 215
2007	-3 282	9 909	450	11 088	15 435	6 445	7 641	9 231	118	39 773
2008	3 443	17 398	3 369	11 984	8 700	20 464	4 547	23 253	182	155 095
2009	5 378	22 609	4 024	11 239	20 324	21 583	4 977	37 670	581	141 425
2010	16 354	20 131	24 409	30 513	31 355	46 651	69 987	87 561	1 653	111 850
2011	9 513	59 219	26 719	18 919	45 852	56 602	23 011	21 782	2 011	326 896
2012	19 904	136 129	7 490	34 943	80 882	55 966	47 860	74 896	99	151 875
2013	61 638	156 338	5 440	48 050	78 148	49 933	75 519	47 533	852	203 267

资料来源:Wind 资讯。

表2 中国对东盟国家的直接投资存量 （单位:万美元）

年份	马来西亚	印度尼西亚	菲律宾	越南	老挝	柬埔寨	泰国	缅甸	文莱	新加坡
2003	10 070	5 429	875	2 875	911	5 949	15 077	1 022	15	16 484
2004	12 329	12 179	980	16 036	1 542	8 989	18 188	2 018	14	23 314
2005	18 686	14 096	1 935	22 921	3 287	7 684	21 918	2 359	195	32 549
2006	19 696	22 551	2 185	25 363	9 607	10 366	23 267	16 312	190	46 801
2007	27 463	67 948	4 304	39 699	30 222	16 811	37 862	26 177	438	144 393
2008	36 120	54 333	8 673	52 173	30 519	39 066	43 716	49 971	651	333 477
2009	47 989	79 906	14 259	72 850	53 567	63 326	44 788	92 988	1 737	485 732
2010	70 880	115 044	38 734	98 660	84 575	112 977	108 000	194 675	4 566	606 910
2011	79 762	168 791	49 427	129 066	127 620	175 744	130 726	218 152	6 613	1 060 269
2012	102 613	309 804	59 314	160 438	192 784	231 768	212 693	309 372	6 635	1 238 333
2013	166 818	465 665	69 238	216 672	277 092	284 857	247 243	356 968	7 212	1 475 070

资料来源:Wind 资讯。

表3 中国对东盟直接投资的流量与存量对比 （单位:万美元）

年份	中国对东盟直接投资流量	中国对东盟直接投资存量
2005	15 771	125 615
2006	33 575	176 338
2007	96 808	395 317
2008	248 435	648 699
2009	269 810	957 142
2010	440 464	1 435 021
2011	590 524	2 146 170
2012	610 044	2 823 754
2013	726 718	3 566 835

资料来源:Wind 资讯。

从南亚、中亚等方向来看,中国对周边国家的直接投资同样存在一个稳定性差的问题(见表4、图1)。从印度、巴基斯坦、孟加拉国、斯里兰卡和尼泊尔这五个主要南亚国家的情况来看,中国年度投资流量的起伏都很大,如2006—2009年中国对巴基斯坦的直接投资流量就分别为 -6 207 万美元、91 063 万美元、26 537 万美元和 7 675 万美元,年度间最大波动幅度将近 10 亿美元。在哈萨克斯坦、吉尔吉斯斯坦、塔吉克斯坦、土库曼斯坦和乌兹别克斯坦这 5 个中亚国家,中国的直接投资流量的年度波动幅度同样比较明显。比如 2009—2013 年中国对土库曼斯坦的投资流量就分别是 11 968

万美元、45 051 万美元、-38 304 万美元、1 234 万美元和-3 243 万美元,年度间最大波动幅度超过 8 亿美元。同期对哈萨克斯坦的投资流量是 6 681 万美元、3 606 万美元、58 160 万美元、299 599 万美元和 81 149 万美元,年度间最大波动幅度也超过 5 亿美元。①

表 4　中国对南亚、中亚国家直接投资流量　　　　　　　　　（单位:万美元）

年份	对南亚 5 国直接投资流量	对中亚 5 国直接投资流量
2005	1 713	10 958
2006	-5 057	8 169
2007	93 576	37 727
2008	38 080	65 618
2009	6 240	34 500
2010	41 527	57 983
2011	61 349	45 398
2012	42 317	337 705
2013	46 225	109 895

资料来源:Wind 资讯。

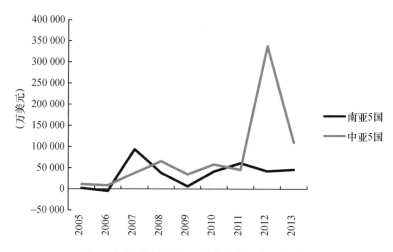

图 1　中国对南亚、中亚国家直接投资流量变化

此外,中国与周边国家的双边贸易虽然增长迅速且规模巨大,但由于自身在国际

---

① 资料来源于 Wind 资讯。

产业链中的地位不高,特别是涉及经济发展的核心领域没有完全掌握,大规模的国际贸易并没能有效转化为相应的经济影响力。中国拥有 13 亿人口,但并未形成一个强大的国内消费市场,对周边国家经济的拉动效应有所减弱,从而部分限制了中国经济的吸引力。这一点尤其体现在与非资源型国家的经济关系中。以越南为例,中国与越南的贸易近年来发展良好,2013 年中越双边贸易总额达 654.8 亿美元,中国连续十年成为越南最大的贸易伙伴。然而越南在中越贸易中长期处于逆差地位,其贸易逆差在 2013 年达到 317 亿美元,比上一年增长 76%,增幅远远超过贸易额的增长,占其进出口贸易总额的 12%。① 在这种情况下,中越贸易对越南的吸引力就要打折扣,越南对中国的经济依赖程度与中越贸易的规模不成正比,中国对越南的经济影响力无形中就受到了制约。

因此,中国与周边国家的经贸和投资往来虽然在绝对规模上十分可观,但在不同的方向、不同的地区仍存在很多现实问题,导致中国对周边地区的经济影响力远远跟不上与周边经济交往规模的增长。其中,对外直接投资数额不稳定、投资流量转化为存量不足、贸易规模难以转化为有效的相互依存是导致这种规模与影响不匹配的主要方面。而这种经济影响力不足反过来也使得中国与周边经济关系的水平难以迅速提高。从外部因素来看,美、日等其他大国出于地缘经济、地缘政治等目的也在加大对中国周边地区和国家的投入,除直接投资以外,还通过发展援助、经济援助和军事援助带动其在该地区的影响力。这种直接或间接的竞争也进一步制约了中国在周边地区经济影响力的增长。

在这种情况下,加强与周边国家和地区的基础设施互联互通建设具有十分重要的针对性,是提升和强固中国对周边经济影响的重要途径。

第一,基础设施互联互通建设涉及规模巨大的固定资产投资,将显著拉动中国对周边的投资存量,使中国的经济影响力"落地生根"。中国与周边地区的基础设施互联互通建设不仅涉及铁路、公路、航空等交通基础设施的互联互通和升级换代,也包括跨界输电网、输变电站、通信光缆、油气管道等重要设施的建设与升级,以及一些重要边境口岸的发展建设,是一个涉及领域众多、覆盖地域广阔的巨大战略性、系统性工程。中央提出的建设"一带一路"构想分别面向欧亚大陆腹地和东南亚、印度洋方向,与周边国家和地区的基础设施互联互通建设是其中的重要组成部分。据中国国际金融公司估计,未来十年内中国在"一带一路"方面的投资将达 1.6 万亿美元左右。② 从需求角度来看,2020 年以前亚洲地区每年基础设施投资需求则高达 7300 亿美元。综合上述数据,中国与周边国家和地区互联互通建设需要投入的资金至少高于东盟内部

---

① 资料来源于中国海关。
② 《一带一路规划进最后冲刺,投资望达 1.6 万亿美元》,《中国证券报》,2015 年 1 月 7 日。

互联互通工程所规划的3 800亿美元。如果仅以高出20%来算,投资总量即达4 560亿美元,超过2013年年底为止中国对整个亚洲直接投资的全部存量。因此,中国与周边国家和地区的基础设施互联互通建设一旦全面展开,将从根本上拉动中国对周边的投资规模,改变周边国家吸引外资的结构,在相当程度上巩固和强化中国的经济影响力。

第二,基础设施互联互通建设进一步扩大双边需求,为加强中国与周边国家和地区经贸往来提供强大牵引。基础设施互联互通不仅涉及巨额资金投入,而且涉及机械制造、电力设备、管道铺设、工程机械、配套设施等大量商品,其中不少商品已经成为中国与周边国家进出口贸易的重要组成部分。互联互通建设的全面展开将大大提升这部分商品的需求,从而进一步刺激中国与周边国家的经贸往来,特别是加大通信、铁路设施、电站、光伏、核能等具有自主知识产权的装备制造业的出口规模,带动相关装备、技术和标准的国际化水平。另外,互联互通建设将显著提升相关货物和大宗商品运输能力,加速贸易物流,进一步扩大和提升跨国贸易。以正在建设中的土库曼斯坦—塔吉克斯坦—吉尔吉斯斯坦—中国的D线天线气管道为例,在中国未来天然气进口需求不断上升的背景下,该线一旦完工投产,中国从中亚进口天然气的输气能力将从每年550亿立方米提升到850亿立方米,从而加速中国能源消耗的结构转换,从供需两个方面进一步推动中国与中亚国家的进出口贸易额。① 在中蒙方向,中国从蒙古主要进口焦煤、铜矿石等矿产品,主要出口工业制成品和农产品等,这些大宗商品贸易高度依赖跨国运输能力,尤其是铁路运输能力。然而目前中蒙两国却只有一条跨境铁路(通过中国边境城市二连浩特和蒙古国扎门乌德),而且蒙古国内从其首都乌兰巴托到边境口岸扎门乌德铁路运输能力仅为1 600万吨,严重制约了两国贸易规模的提升。只要目前已达成协定的中蒙跨界铁路顺利完工,蒙古矿产品输入中国的数量既可实现大幅增加,成本也将相应地显著降低。在这种情况下,双边贸易将得到进一步推动,2014年习主席访蒙期间两国商务部门提出的2020年双边贸易额不低于100亿美元的规划将确保实现。

第三,基础设施互联互通建设将进一步扩大周边国家的工程劳务市场,增加中国在周边地区经济活动的强度和深度。中国在周边国家和地区的经济活动主要包括贸易、投资和工程劳务三大组成部分,工程承包合同额目前仍明显高于对外直接投资额,是衡量中国在周边经济影响的一个重要指标(见表5)。基础设施互联互通建设作为一个覆盖区域广泛的系列大工程,涉及大量基建项目,其中、输变电站、水电设施、高铁修建、公路修建等均属于中国拥有较强竞争力的工程项目。在这种情况下,与周边国家基础设施互联互通建设的全面展开必然会对中国的工程和劳务输出带来巨大机遇,

---

① 《中国与中亚油气管道合作进入3.0时代》,《中国石油报》,2014年10月10日。

使中国企业进一步拓展和深化在周边的工程承包市场,并有力拉动中国向周边国家和地区的劳务输出。更重要的是,中国与周边基础设施互联互通所涉及的工程持续时间周期相对较长,将由此引起一系列连带经济活动,有利于强化和深化中国在周边的经济影响。

表5　2013年中国与部分周边国家的工程承包与直接投资、贸易额比较

（单位:亿美元）

国家	直接投资流量	进出口贸易额	工程承包新签合同额
马来西亚	6.2	1060.8	24.7
越南	4.8	654.8	28.0
哈萨克斯坦	8.1	285.9	21.4
巴基斯坦	1.6	142.2	54.6
俄罗斯	10.2	892.1	21.7
蒙古	3.9	59.6	14.0
塔吉克斯坦	0.7	19.6	4.5

资料来源:中华人民共和国商务部,Wind资讯。

　　第四,基础设施互联互通建设有助于增加边境省份和地区之间的经济交流,拉动中国和周边国家相关地区的经济,在跨界地区率先实现"融合式发展"。边境地区和省份是互联互通建设的重点地带,也是较早直接受惠的地区。首先,基础设施互联互通本身就包括边境口岸和边境工业园区、经济开发区的建设,如中哈边境的霍尔果斯口岸、中俄边境的黑河口岸等重要口岸都会因此得到较大发展,相关设施得改善,从而促进边贸活动和相关边境地区的经济。其次,电信网络、电力输送与交通设施方面的互联互通将大大促进边境省份和地区的人员流、物流、信息流、资金流,从而在上述地区形成物资联运、人员和资金联动的综合经济格局,在更大范围内推动地区经济发展。比如中国东北的黑龙江省正在进行绥满铁路沿线的铁路扩能、电气化改造等,以实现从绥芬河到俄罗斯符拉迪沃斯托克的互联互通,一旦完工将打开整个黑龙江省的对外交通运输瓶颈,相当于为其找到了出海口。哈尔滨也在建立保税区和集装箱中心,届时大型集装箱将从哈尔滨通过绥满铁路直接运抵俄符拉迪沃斯托克港出海,形成铁海联运、路海联运的格局。同时随着中俄进一步推动以特高压技术为主打的输电网络互联互通,中俄电力合作将由中俄"电力桥"向着次区域"电力圈"的方向发展。这些发展变化将使黑龙江省、吉林省和俄罗斯远东省份的经济活动逐步联成一个整体,降低生产的边际成本,有效刺激上述地区的工业和商业贸易,加强中国和邻国边境地区的经济联系与经济融合。

　　总体来看,中国与周边国家和地区基础设施互联互通建设作为中国与周边经济互

动的重要组成部分,其作用和地位将首先体现在地缘经济方面,主要表现为巩固和深化中国对周边地区的经济影响。基础设施互联互通建设由于涉及大规模固定资产投资、扩大双边贸易需求、推动工程和劳务输出以及加快边境省份与地区的经济整合,将有效地克服中国经济发展过快、产业结构优势不明显等带来的问题,使中国经济影响在周边地区真正扎下根,形成可观的周边经济圈。

二、推动中国经济结构升级

20世纪70年代末实行改革开放以来,中国经济高速发展。在三十多年的时间内,中国经历了一个持续"赶超"的过程。特别是加入WTO以后,中国经济开始深度融入国际经济体系,以经济总量增长为主的"赶超"型发展效应更加突出。在"入世"后的十年中,中国国民经济实现了年均10.6%的持续高增长,经济规模不断赶超位次居前的国家:2001年中国GDP超过意大利,成为世界第六;2005年超过英国和法国,成为世界第四;2008年超过德国,成为世界第三;到2010年又实现了对日本的超越,成为世界上仅次于美国的第二大经济体。2013年,中国的GDP总量已经占美国的50%以上,世界银行甚至预测中国将于2014年年底就在总量上超过美国成为世界第一经济大国。[①]

然而从近几年的情况来看,以经济总量快速增长为主要特征的赶超阶段正逐步接近尾声。一方面,相对于经济总量的迅速增长,中国国民经济活动的质量、在国际分工中的地位和经济产业结构方面并没有发生本质性的改变,国民生活水平和经济发展的制度保障方面也存在众多缺陷和不足,影响了社会经济活动的效率。随着经济总量日益接近美国,这些"短板"对中国经济增长的制约作用日趋明显,成为中国经济增速逐步放缓的一个重要原因。另一方面,在国民经济增长没有摆脱粗放型模式的情况下,资源的结构性短缺、生态环境的恶化日益突出,原有的外延、粗放、高污染、高消耗的发展模式已经逐步接近极限,并产生了强大的"倒逼"效果,要求国家经济发展尽早转向内含、集约、资源节约和注重环境保护的模式。在这种大背景下,2014年12月召开的中央经济工作会议适时指明了"经济发展新常态"的九大趋势性变化,进一步明确了中国经济调整结构、提升发展质量、实现产业升级的任务。中国作为一个拥有13亿人口、国内生产总值近10万亿美元的大国,其发展模式的转型和国民经济结构的调整必然是一项极为艰巨的工程,不仅需要较长的周期,而且需要一个广阔的空间来实现这种"转身"。在这一过程中,中国与周边国家和地区的基础设施互联互通建设实际上

[①] "Purchasing Power Parities and Real Expenditures of World Economies: Summary of Results and Findings of the 2011 International Comparison Program", http://siteresources.worldbank.org/ICPINT/Resources/270056-1183395201801/Summary-of-Results-and-Findings-of-the-2011-International-Comparison-Program.pdf.

是在一个更广的地理范围内实现各种资源要素的重新配置,将为中国经济的"升级换挡"发挥重要作用。

(一) 周边地区基础设施互联互通建设是输出过剩产能的重要载体,为国内相关产业升级创造条件

随着中国工业化、城镇化开始从高速发展转向平稳发展,部分产业产能过剩的问题日渐突出。在工业制造业中,钢铁产能的过剩状况尤其明显。2009年为应对国际金融危机的冲击而进行的4万亿投资使钢材需求猛增,导致钢企不断扩充产能。在宏观经济增速放缓的新常态下,市场对钢材需求同样趋缓,但当时投入的钢铁产能却仍然不停释放,使钢铁产能过剩的问题难以有效遏制。仅2013年全国建成投产的高炉即为49座,总容积69 147立方米,设计总产能达6 920万吨。据《2014年中国工业经济运行上半年报告》的数据显示,在政府环保和淘汰落后产能的政策密集出台的情况下,2014年上半年全国粗钢产量4.12亿吨,钢材产量5.52亿吨,增幅同比分别回落4.4和3.8个百分点,但产量上同比仍然分别增长3%和6.4%。与难以遏制的产量增长相比,对钢材特别是粗钢的需求量远远不足,2014年上半年国内粗钢表观消费量(=生产量−出口量+进口量)为3.76亿吨,同比仅增长0.4%,产量的增长主要靠出口消化。在钢材出口方面,由于中国的产能加快释放,发达国家经济复苏相对缓慢等因素,钢铁出口呈现明显的量升价跌趋势。2014年上半年,全国累计出口钢材4 101万吨,同比增加1 031万吨,增长33.6%;钢材出口平均价格为792美元/吨,同比下降9.1%。钢材价格总体呈低位运行态势。① 从目前的趋势来看,中国新增的钢铁产能释放仍未结束,据估计产能的峰值至少到2016年才能到来,因此解决钢铁产能过剩将是一个长期而艰巨的任务。另外,水泥、平板玻璃等建材行业、石化行业等也都存在较为严重的产能过剩。

从这一角度来看,中国与周边国家与地区基础设施互联互通建设正好充当了促进过剩产能"走出去"的重要载体和推动力。仍以钢铁产业为例,基础设施互联互通涉及铁路、公路、能源管道等诸多领域的建设,其中铁路互联互通建设对钢材的需求可能比较明显。据统计,每亿元人民币的铁路基本建设投资大约能够拉动钢材需求0.333万吨,具体到每公里的比重,钢轨用量约占10%,螺纹钢用量占40%,钢板用量占30%。按下游消费法计算,2014年中国国内铁路建设带动的钢铁消费即为2 100万吨。② 如与周边铁路设施互联互通全面展开,预计将至少消费与国内铁路建设相同的钢材,约占全国过剩钢材产量的10%左右(卓创资讯显示2014年过剩产量达2.74亿

---

① 中华人民共和国工业和信息化部:《2014年中国工业经济运行上半年报告》,http://www.miit.gov.cn/n11293472/n11293907/n11368223/16114936.html。

② 同上。

吨),从而在很大程度上缓解国内钢材供需严重不平衡的状况,帮助消化过剩产能,提振对钢材的需求。对于建材等行业的过剩产能,与周边国家的基础设施互联互通建设也能提供一定的缓解作用。除增加产品的消费外,建材等行业企业可以通过对外直接投资等方式在周边国家开展业务,使工程输出、固定资产投资和劳务输出结合起来,进一步做大周边国家和地区市场。

因此,与周边国家的互联互通建设相当于通过对境外进行重大固定资产投资和工程项目的途径输出过剩产能,其不仅是简单地从数量上增加消费国内过剩产能,避免过急、过重地对相关产业形成冲击,为其发展和结构调整提供相对良好的环境,而且为其开拓了新的、更广阔的国外市场,在有效的经济政策配合下,将有助于加快相关产业内部的优胜劣汰,拉动产业结构的升级。因此,与周边国家基础设施的互联互通建设完全有可能为中国相关产业提供一个战略支点,以撬动国内产业结构调整和升级这盘大棋。

(二)基础设施互联互通建设将有效拉动中国资本和企业"走出去",通过激烈的国际竞争提高经济效率,拉动国内产业进一步向高端发展

从更加宏观的角度来看,基础设施互联互通建设也是加速中国资本向周边国家和地区"走出去"的重要推动力。中国目前已经出现了资本过剩,国内的投资回报率持续降低,特别是在房地产市场价格不断下滑、楼市泡沫不断破裂的情况下,可以供投资的领域进一步减少。由于缺乏有效监管,资金的扭曲配置现象突出,大量游资进行"炒药材""炒大蒜""炒绿豆"等投机炒作,而实体经济却难以得到足量资金。在国家层面,资本过剩突出表现为外汇储备的不断上升,自2006年中国外汇储备超过日本后,中国的外汇储备仍然持续上升。据中国外汇管理局的数据,2014年第二季度末已经刷新纪录高点至3.99万亿美元,第三季度末约为3.89万亿美元,第四季度末为3.84万亿美元(见图2)。与周边国家的基础设施互联互通建设过程中,周边国家和地区大多缺乏必要资金,而中国所积累的巨额外汇储备正好可以作为开展工程项目和相应配套建设的资本金,从而使互联互通建设在更广含义上成为一种双赢和多赢。

对于中国的企业来说,中国与周边国家和地区的基础设施互联互通建设也是一个"走出去"的重要机遇。伴随着在周边国家和地区开展铁路、公路、电信、能源管道、电网等跨界基础设施建设,对相关国家航空港、港口等重大商业运输枢纽设施的投入将大幅度增加,火电站、水电站和水利设施、大型变电站、油气钻井、炼油厂等设施的建设也将随之跟进。这种大规模的基础设施建设首先就为中国建筑建材、水利水电、港口建设、路桥建设、铁路建设、火电建设、油气钻探、油气管道铺设等行业的国有企业和民营企业创造了广阔的市场机会。经过政府妥善的政策引导,这些国企与民企均能加大参与力度,通过广泛而激烈的国际竞争进一步熟悉和掌握国际化的运营模式,在项目招标、施工、配套设施建设、工程所在国公共关系等诸多环节提高专业化水平,从而进

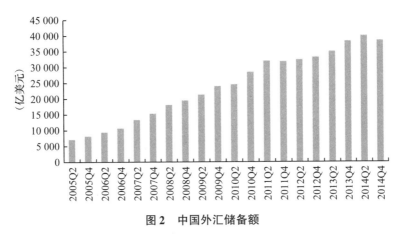

图 2　中国外汇储备额

资料来源：外汇管理局。

一步增强国际竞争力。其次，互联互通除基础设施本身的建设外，还涉及大量配套设施和相关服务行业的发展，从而为更多的中国企业提供了"走出去"的机会。伴随着陆地、空中和海上交通基础设施互联互通建设的推进，航空和铁路、公路的运输以及海运业务和其他物流服务必须得到相应的发展，对电信和金融、保险服务的需求也将进一步增强。由于中国资金在基础设施建设中扮演的重要作用，上述行业的国有企业和民营企业可以通过一系列商业运作获得比较有利的市场进入机会，使其面临开拓新市场的巨大机遇。当然，周边国家和地区因发展水平、国情社情不同，对外来资本的态度也存在差异，中国企业的周边市场开拓还面临各种显性和隐性的壁垒，而美、日、韩和欧盟等发达经济体则在加紧争夺东南亚和中亚市场。在这一进军周边国家的过程中，中国企业一方面必须在技术设备上加速升级换代，提高服务的质量与水平，另一方面也必须进一步熟悉相关的国际规则和惯例，综合运用跨国并购、股权投资等多种方式加大对技术品牌、营销网络等的兼并、收购、整合力度，提高投资效率，加速扩大市场份额。

（三）基础设施互联互通建设将带动周边国家和地区经济的共同繁荣，打造高水平的周边经济合作圈，从更深层次为中国经济结构的升级提供长久的牵引

与周边国家基础设施互联互通建设对中国经济结构升级的推动作用还体现在更高的层次上。中国作为一个拥有13亿人口的大国，其经济结构的升级和调整绝不是一件孤立的、完全依赖中国国内要素的事情，而是在相当程度上取决于中国与外部世界经济互动的水平。其中，中国与周边国家和地区的经济互动的影响可能最为直接和明显。从目前情况来看，中国与周边的经济交流与互动在规模上非常可观，但在质量和水平上仍有缺憾。除日本与韩国以外，周边多数地区和国家并未成为发达经济体，

不少国家与中国的发展水平还有较大差距,难以提供中国经济结构调整与升级所需要的技术,同时对高端产品的市场容量有限,对中国具有自主知识产权的项目需求不高。因此,就当前中国与周边国家所形成的国际分工体系而言,中国经济结构升级难以从中获得强大的推动力。

中国与周边国家基础设施互联互通建设,正是可以通过改变周边发展水平来推动中国经济结构的升级。从近期来看,互联互通建设将通过资本输出、产能输出等途径直接拉动中国经济结构升级与调整,从中长期来看,基础设施互联互通能力的提升将使中国与周边国家、周边国家之间的生产要素流动进一步增强,推动跨国和跨区域经济交流与合作上升到新的水平。这些都将有效刺激和拉动周边国家和地区经济发展,使后者能够更好地分享中国经济发展带来的红利,导致更大范围的共同繁荣。更重要的是,周边地区的经济发展将创造更大的市场和更好的投资场所,使中国与周边的经济交流再上一个台阶。随着经济交流与合作纽带的进一步增强,在中国的周边地区将出现与中国经济相互依存度很高的经济合作圈,货物、技术、人员、服务在这一合作圈中的流动频度和密度都将达到相当程度,实际上就为中国经济结构升级提供了一个更大范围、更高发展水平的战略空间,是中国经济长远发展的"起跳板",也为经济结构的升级提供长久的牵引。

三、塑造有利的亚太地缘经济格局

地缘经济是指一定区域内经济发展的内部因素与外部条件相互作用而产生的生产综合体,着重从一定的跨国区域而不是国别来考察经济要素的运行及其分布。对于一个大国来说,地缘经济格局对其所处的国际分工地位和区域经济影响力都有很大关联,是其长远发展和安全的重要外部环境。从20世纪80年代开始,亚太地区主要大国的经济实力消长变化较大,引起亚太地缘经济特别是东亚地缘经济格局的持续改变,日本经济从迅猛发展到90年代后的停滞和中国的快速崛起是其中最为重要的两大动因。中国与周边国家和地区的基础设施互联互通建设作为一次投入大、周期长、作用长远的重要经济活动,将再一次深刻改变整个东亚乃至亚太地区的地缘经济格局,推动形成更加有利于中国长远发展的外部条件。

(一)周边地区基础设施互联互通建设是"一带一路"构想的重要组成部分与主要"战略抓手",对周边地缘经济格局的演变发挥重要作用

随着中国经济的快速崛起,亚太地区的经济格局和战略格局正发生重大变化。2013年中国国家主席习近平提出了建设"丝绸之路经济带"和"21世纪海上丝绸之路"的宏伟构想,为中国进一步增强世界影响力、拓展海外利益确定了发展方向,同时也是近年来中国主动塑造地缘经济格局的一步大棋。但是,落实"一带一路"构想并不意味着从一开始就要沿着陆海两个方向全面铺开,习主席提出的加强"政策沟通、

道路联通、贸易畅通、货币流通、民心相通"就有一个先后顺序,最终目标才是形成陆地和海上两条沿线的区域大合作。在实际的规划和实施过程中,中国自身的能力是有限的,需要明确"一带一路"建设的主次方向,也需要明确阶段性重点和具体支撑。其中在实施"一带一路"构想的主次问题上,周边国家和地区从地理距离远近、经济纽带强弱、基础设施建设需求、投入产出的效益等各项指标来看,都应该是主要方向。只有在周边国家和地区先行落实,"一带一路"才能够积累经验,发挥出更好的示范效应,在陆地和海上两个方向纵深延展。在实施"一带一路"构想阶段性的重点和具体支撑问题上,中国与周边国家的基础设施互联互通建设应该是第一阶段的工作重点以及实现整个"一带一路"构想的支撑点和战略性"抓手"。

首先,基础设施互联互通是建设"一带一路"必须满足的基本需求。无论是建设欧亚大陆方向的"丝绸之路经济带"还是海上方向的"21世纪海上丝绸之路",基础设施互联互通都是其他所有领域互联互通的物质基础,也是发展沿线经济、加强中国与相关国家合作必须满足的基本条件。从现实情况来看,周边国家和地区的基础设施需求存在较大的缺口,除新加坡外,其他东南亚、中亚、南亚和蒙古等国的工业化程度不高,基础设施落后,制约了经济发展和经济合作。以基础设施互联互通为入手开始整个"一带一路"建设既具有很强的针对性,又符合经济合作和经济开发的客观规律。其次,基础设施互联互通建设有利于发挥中国的强项。中国在基础设施建设方面已经积累了相当成熟的技术和经验,拥有相当数量的专门从事工程承包和建设的大型企业。以铁路、公路、电网、能源管道、港口等基础设施的互联互通建设带动整个"一带一路"构想将使中国更好地扬长避短,占有先机,并使"一带一路"能够更好地按照中国的设想推进。最后,基础设施互联互通建设见效较快,易于产生示范效应。"一带一路"建设规模巨大,周期较长。对于这样一个宏伟的跨国、跨地区的战略性工程,需要尽可能争取其他国家的参与,聚集国际上的人气,从而为"一带一路"建设的推进不断提供动力。相对于其他领域的建设,基础设施互联互通建设的进程"看得见、摸得着",其成果和效应均能在几年之内得到显示。由此对工程所在国和相关地区都会产生辐射效应,将有效提振各国对"一带一路"的信心和支持,更利于后续的融资、交流和经济合作区建设。

(二)周边地区基础设施互联互通建设影响亚太区域经济合作的途径与方式,有利于增强中国在其中的主导地位和自主性

中国与周边国家和地区基础设施互联互通建设是整个亚太区域经济中的一项大举措,势必影响各种生产要素在区域经济中的配置,牵引商品、人员、信息和资本的加速流动,推动形成一个更加高水平、联系更加紧密的中国周边经济合作圈。这样一个经济合作圈在地理上几乎覆盖整个东亚、东南亚、中亚和部分南亚地区,包括多个双边和多边自由贸易区(FTA),将对整个亚太区域经济合作的进程发挥积极的作用。

冷战结束以后,亚太区域经济合作和次区域经济合作都经历了持续的发展,但在实现区域化的方式和模式方面却存在较大差距。美国、日本、东盟都曾提出推动亚太经济一体发展的途径。其中,20世纪80年代日本在其经济发展巅峰时代提出了所谓"雁阵"模式,因日本当时膨胀的经济实力而备受瞩目。该模式的实质就是形成以日本为中心的东亚区域经济一体化,充分利用日本的资金和技术优势推动一个以垂直分工为主要特征的区域经济分工体系,为日本的经济发展提供不间断的推动和国际市场。这一构想最终由于日本经济的停滞和该模式突出的垂直分工特征而不了了之。相比而言,中国通过大规模的基础设施互联互通而带动的周边经济合作圈并非一个垂直分工的国际体系,而是在利用中国的资金、工程技术等优势的基础上,充分发挥地区各国的比较优势,着眼于推动多层次的经济合作,是一个开放式的、互补性较强的区域经济分工体系。中国由于自身的发展水平和经济规模,一方面将发挥欧美发达经济体与地区其他经济体之间的"中间环节"地位,另一方面中国既是资金和产业的输出者又是商品的吸收者,将同时为周边国家充当"经济助推器"和市场的作用。正因如此,中国的周边经济合作圈与日本的"雁阵"模式相比更具包容性和开放性,也更加符合亚太区域经济合作的多样性和多重性特点。

通过强化与周边国家和地区的基础设施互联互通,中国的周边经济合作圈将具有较好的稳定性和可持续性,互惠互利的作用也得到更好的发挥。与此同时,由于中国在基础设施建设过程中扮演着重要出资方角色,整个互联互通和经济合作圈形成都将有利于打破第二次世界大战以来以美、日为主导的东亚金融秩序,调整将政治、价值观与金融、经济发展相捆绑的规则,从而在新的理念基础上塑造更加合理的地区经济秩序。而稳定发展的周边经济合作圈反过来又为中国增加了参与亚太地区一体化进程的筹码和资本,有助于中国争取更多的话语权和自主权。特别是在不同的亚太经济合作模式与平台相互竞争与磨合的背景下,基础设施互联互通和由此形成的周边经济合作圈对中国来说意义重大,将是维护自身在区域经济一体化中合法利益和未来地位的重要途径。

(三)周边基础设施互联互通建设有助于降低美国TPP带来的冲击,为中国在亚太经济博弈大局中争取时间和空间

从地缘经济的角度来看,当前对中国影响最大的外部因素当属美国力推的"跨太平洋合作伙伴关系协定"(Trans-Pacific Partnership Agreement, TPP)。TPP原本只是文莱、智利、新西兰和新加坡四个APEC成员国于2002年开始酝酿的一个自由贸易协定,但2008年2月美国加入后,这一协定开始在整个亚太地区强势推进。从内容上看,TPP属于一个高端的自由贸易协定,其条款主要涵盖贸易自由化便利化、消除非关税壁垒、服务贸易自由化、政府采购、知识产权保护、战略合作(核心内容是确保美国公司不受歧视)六大方面,还附加了有关劳工和环境的两个补充协定,并且强调一些

以往自贸协定所不涉及的新问题,如增强 TPP 成员国市场的调节系统,保证国有企业与私有企业公平竞争,等等。TPP 如果在亚太地区成功推进,首先将大大增加美国对整个亚太经济的影响力。美国作为世界上第一大经济体,很大程度上控制着全球的资金成本、劳动力价格和能源价格,TPP 这样一个高端的自由贸易协定必然进一步强化美国在国际经济产业链顶端的地位,使其更有能力掌控其他成员国的贸易成本。其次,TPP 将大大压缩中国的经济活动空间。美国强推 TPP 对中国造成两难处境:TPP 的一些关键条款对中国十分不利,中国如果加入的话,将在劳动力成本、国企地位等问题上受到很大压力;如果不加入 TPP,一旦其达成实质性进展,亚太地区很可能形成一个庞大的、排斥中国的自贸区,中国的国际贸易和其他经济活动将受到很大削弱,国民经济增长的一个重要动力将大打折扣。最后,TPP 可能改写现有的贸易规则。如果 TPP 得以成功扩展,其包含的限制性条款可能会在更大范围内被接受,由此引起其他贸易规则的连锁变化。考虑到美国与欧盟的自由贸易谈判也在进行之中,如果跨太平洋和跨大西洋均对相关自由贸易条款进行修正,那么现有的全球性贸易规则将发生重大改写,中国在现有世界贸易规则框架下的利益也会受到严重威胁。

中国与周边国家基础设施互联互通建设本身并不能直接应对 TPP 的冲击,但可以通过一些间接的途径来降低 TPP 的消极影响。美国力推的 TPP 之所以能在一些亚太国家中得到响应,其关键就是利益导向,同时也要看到,包括日本在内的中国周边国家都对 TPP 中的消极方面有较大顾虑。比如东盟国家虽然对 TPP 总体持开放态度,但考虑到自身综合实力有限,东盟也担心在 TPP 框架中被弱化,失去在东亚区域经济一体化中的优势地位。因此,除新加坡与文莱两个 TPP 的创始国外,东盟中只有越南明确加入 TPP 第二阶段的谈判。在这种情况下,如果基础设施互联互通建设能够顺利开展,再加上其他的辅助手段与政策,将在相对较短的时间内显著增强中国与周边国家的共同经济利益。这也会在一定程度上改变周边国家的利益判断和利益导向,有效地削弱它们参与 TPP 的动力,或者使其在谈判中提出更高的筹码。另外,在中国周边国家和地区中,TPP 主要争取的是沿海国家或海洋国家,而中亚、南亚和俄、蒙等国并非其重点。中国与周边基础设施互联互通则可以有效地加强中国在上述方向的经济影响力,对 TPP 的冲击进行一定的避实击虚,为未来中国可能开展的 TPP 谈判争取空间,积累资本。

四、营造良好的周边战略环境

经济发展与政治、安全等因素从来密不可分。对于一个大国来说,其长远发展更是与地缘政治和安全环境息息相关。冷战结束以后,亚太地区战略格局发生了巨大变化,美国保持了超级大国地位,但对亚太地区事务的影响相对下降,中国、印度和东盟的实力和影响不断上升。在安全领域,传统的地缘政治竞争依然存在,朝鲜半岛等地区热点也时常出现波动,而恐怖主义、海盗、跨国犯罪等非传统安全威胁也明显增加,促使地区各国进一步加强安全交流与合作,推动了"东盟地区论坛""上海合作组织"地区多边安全机制的发展。

在这样的大背景下,中国高度重视与周边国家的关系,将周边外交置于国家整体外交的关键位置,同时与美、俄、日等大国发展稳定的双边关系,积极参与地区多边安全合作,在相当一段时间内保持了稳定良好的周边战略环境,为中国经济的持续高速发展提供了必要的外部环境和外在依托。然而从 2009 年美国高调"重返亚太"以来,中国周边战略环境出现了较大幅度的波动,中美之间的摩擦明显增加。特别是美国推进"亚太再平衡"战略,加大在亚太地区针对中国的军事部署,同时力推 TPP,使中美在亚太地区战略竞争的一面上升。在美国"亚太再平衡"的影响下,部分周边国家与中国的关系也出现紧张。日本政府"购买"钓鱼岛和随后中日两国围绕钓鱼岛主权的争执使双边关系出现倒退,其后日本安倍政府在历史问题上的态度更使中日之间出现严重的对立。在南海,越南、菲律宾等国在岛礁的主权归属和海洋权益问题上立场明显转向强硬,在多数国际场合高调指责中国,菲还将中国上诉到国际海洋法法庭。在落实《南海各方行为宣言》(DOC)和磋商"南海行为准则"(COC)的过程中,实际上是中国为一方、东盟为一方的互动和谈判,南海问题多边化、国际化的趋势已经非常明显。从目前情况看,南海与东海争端的压力将在相当一段时期内存在,成为影响中国周边战略环境的一个重要因素。

与以往不同,2009 年以后中国周边战略环境的波动表现出政治安全与经济之间的"共振"。以中日关系为例,中日关系正常化后两国之间曾多次发生较大波动,但经济层面的交流未受影响,表现为"政冷经热"。而由日本政府"购岛"和"参拜靖国神社"引起的中日关系恶化则导致了"政冷经冷":2013 年中日贸易同比下降 5.1%,日本企业对华投资项目数同比下降 40.3%,直接投资流量减少 32.5%。① 与此同时,中国正经历经济上的转型和结构调整,国内劳动力价格上升,部分外资(特别是日资)开始从中国向越南等东南亚国家转移。这种经济格局的变化与中国同日、越等国的双边关系变化同步,显现出政治经济化、经济政治化的双重影响,尤其值得关注。在这样的背景下,基础设施互联互通建设虽然属于经济领域,但具有了一定政治和安全意义,对于营造有利的周边战略环境将发挥重要作用。

(一) 基础设施互联互通有助于强化与周边国家的共同利益纽带,进一步稳定双边关系

周边国家和地区与中国的关系从 20 世纪 90 年代开始进入一个全面的稳定发展期,其原因除中国奉行的睦邻外交政策外,也包括由中国对外开放造成的不断扩大的

---

① 资料来源于中国商务部、日本贸易振兴机构。

共同经济利益。进入21世纪以后,中国和周边国家的经济来往迅速上升,共同利益纽带进一步扩大,从而影响很多周边国家的对外政策取向。新加坡前国防部部长张志贤曾指出,东南亚地区与10—15年前最大的变化在于,以往经济和安全都靠美国,而现在则是"经济上靠中国、安全上靠美国",从而更倾向于在中美之间保持平衡。[①] 对于中国来说,巩固和扩大与周边国家的共同利益纽带已经成为睦邻外交的物质基础,也是稳定周边环境的重要战略途径。在美国实施"亚太再平衡"与南海、东海岛礁主权和海洋权益争端上升的背景下,这一物质基础和途径更显重要。在扩大共同利益纽带的过程中,基础设施互联互通建设与一般意义上的贸易和投资不同,其周期长,效果直观,更重要的是互联互通本身就为今后双边经济和社会交流提供了便利条件,打下了更加坚实的基础。伴随着互联互通建设的开展,中国与周边国家之间在商品、资本、人员、技术、文化的往来必然会提速,贸易和投资活动也相应增加。在整个建设过程中,由于中国将在投融资方面扮演主要角色,因此与周边国家基础设施的互联互通某种意义上属于中国对周边的一次重要的利益输送,将有效扩大共同利益。而且,互联互通建设本身就属于某种固定资产投资,稳定性较好,相当于将中国与周边国家的共同利益"固化"下来,使其更有效地影响所在国的利益判断和政策导向。对于不存在领土主权争议的国家来说,互联互通将进一步密切友好关系,对于存在领土主权争议的国家,则有助于促其认识到,争议尽管难以短期内解决,但在整个双边关系中只是很小的一个局部,与中国保持良好关系关系到其长远发展的大局。

(二) 基础设施互联互通重大项目涉及国防与安全,可以有效率引外交、经济、国防、安全等多项政策,有助于提升中国与周边国家的战略互信

对于大多数国家来说,跨境铁路、公路、信息光缆、大型港口等基础设施互联互通的重大项目平时为民用,战时则可转为军用,属于国家的战略性设施,事关整体国家安全和国防建设。在上述重大项目的建设过程中,又涉及所在国的水文、地质、人口与族群等详细数据,一些国家将其视为重要的国防和安全信息。因此,跨国互联互通重大项目的推进一般都需要以国与国之间良好的政治关系,特别是战略和安全上的互信为前提。目前,中国全面推进与周边国家和地区基础设施互联互通建设,所面临的困难不仅在于资金、技术方面,而且更多地来自周边国家在政治和安全方面的顾虑。尤其是随着中国实力的增长,一些周边国家担心中国会借机扩大势力范围,加强在周边采取军事行动的能力,从而实现对周边的控制。可以说,无论是在中亚还是在东南亚,对加大与中国互联互通,特别是铁路互联互通都多少存在这一类担心。从另一个角度来

---

① 新加坡国防部部长张志贤在第9届香格里拉对话会上的发言,http://www.iiss.org/en/events/shangri% 20la% 20dialogue/archive/shangri-la-dialogue-2010- 0oa26/sixth-plenary-session-d7fb/renewing-the-regional-security-architecture-qa-eeec。

看,基础设施互联互通也为中国的睦邻政策提供了一个良好的"抓手",使我们对周边国家的政治外交、安全和经济工作有一个着力点和汇聚点,实现利益牵动、政治沟通、安全保障的综合效果。在具体项目建设,特别是重大项目建设时,外交、商务、金融、国防等职能部门应加强协调,共同做外方工作,以促成项目的成功实施。针对一些国家的安全顾虑,可以同时推进两国战略伙伴关系建设和安全互信建设,在防务磋商机制、防务部门热线、危机管控机制、重大行动相互通报机制等方面加大力度,使国家间的战略互信与基础设施互联互通建设相互促进,共同提高。比如推动与中南半岛的东盟国家开展铁路、公路、水运基础设施互联互通,实际上也为中国参与湄公河次区域的多边安全事务合作提供了更好的动力和依托。中国可以采取将中、老、缅、泰四国联合巡逻等现有的安全合作机制进一步升级和扩大、开展湄公河次区域防务安全对话等途径,提高与相关国家的战略互信程度,从而在该地区打造更加紧密的政治、安全与经济合作。

(三)基础设施互联互通建设对中国倡导的"可持续安全"进行了直观的演绎,有助于进一步加强中国在亚太地区多边安全合作中的话语权

亚太地区多边安全合作的发展是当前亚太地区安全格局中的一个重要趋势,也是影响中国周边战略环境不可忽视的因素。从20世纪90年代开始,中国逐步加大对亚太地区多边安全合作的参与,在地区安全中发挥着越来越重要的作用,有力推动了周边环境的改善。然而,亚太多边安全合作进程仍以美国西方的价值观和安全理念占主导地位,整个话语体系主要为西方所掌握,周边国家很难跳出这种束缚。美西方在安全理念方面的优势影响到多边安全合作的具体开展,尤其影响到合作规则和相关法律规程的制定,使中国在其中的作用受到较大制约。2014年中国国家主席习近平提出的"共同、综合、合作、可持续的亚洲安全观"有效地扭转了这一局面。周边国家对"亚洲安全观"持认可态度,其中尤其对"可持续安全"的概念感兴趣。习主席在2014年5月21日亚信峰会上的发言中明确指出,可持续安全就是"发展和安全并重","对亚洲大多数国家来说,发展就是最大安全,也是解决地区安全问题的'总钥匙'"。① 在现实中,中国与周边国家基础设施互联互通建设正好支撑了中国倡导的"共同、综合、合作、可持续安全"理念,尤其是"可持续安全"的直观演绎。基础设施互联互通是中国大力推动的一项巨大工程,将对周边地区和国家的经济发展提供强大的刺激作用,一方面为部分国家,特别是欠发达国家解决了发展经济的重要瓶颈,激活其国内生产与投资能力,另一方面有助于加深区域和次区域的经济合作,进一步强化要素跨国流动,充分发挥中国等新兴经济体产能转移的优势,形成梯次发展、互利共赢的区域经济格

---

① 习近平阐述亚洲安全观(讲话全文),中国经济网,http://www.ce.cn/xwzx/gnsz/szyw/201405/21/t20140521_2850790.shtml。

局。基础设施互联互通建设一旦全面展开,对地区经济发展的贡献将更加突出,有助于地区安全与发展"两个轮子"的安全理念进一步深入人心。随着周边地区和国家逐步接受和拥护中国提出的安全理念,中国影响周边安全的"软实力"也将进一步增强,为塑造良好的周边战略环境提供有效的杠杆。

(四) 基础设施互联互通建设有助于拓展地区安全合作机制的功能,进一步发挥中国在其中的影响,为营造周边环境提供有效的平台和途径

在亚太地区,"东盟地区论坛"(ARF)和"上海合作组织"(SCO)是两大主要地区安全合作机制,长期以来是地区各国开展多边交流与合作、凝聚共识的重要平台。近年来,这些安全合作机制本身面临发展和深化的需求,推动这一过程不仅有助于拓展地区多边合作,同样也有利于增加中国在国际机制、国际规则方面的影响,使中国在营造周边战略环境时拥有更多"制度性权力"。中国推动与周边国家基础设施互联互通建设往往涉及多方利益,可以充分利用东盟地区论坛和上海合作组织等现有框架的多边属性,拓展上述机制的经济和金融功能。以上海合作组织为例,多年来其在安全领域的合作已经取得重大进展,但近期整体发展趋缓,需要寻求新的增长点。在中国向中亚方向的基础设施互联互通建设中,相关国家几乎全部属于上海合作组织的成员,利用上海合作组织框架推动互联互通建设的投融资合作正好发挥了已有平台的交流与协调作用。2012年,中国已经利用上海合作组织峰会向中亚国家承诺提供100亿美元贷款,用于后者铁路、公路、油气管道等基础设施建设。进一步在上海合作组织框架下推动互联互通建设,将为加快该平台的拓展和升级提供一个良好的"抓手",克服部分国家在上海合作组织发展方向上的分歧,进一步发挥中国在其中的优势。

"一带一路"倡议下全国城镇空间格局优化思路[*]

一、国家对外开放与城镇空间格局演变的历史回顾

（一）历史视野中的城镇空间格局演变

秦汉以后的中国大地上呈现出王朝统一与分裂不断更替的局面,以农耕经济为基础的经济体系始终没有动摇,而北方游牧民族不断向南袭扰造就了多个时期南北对峙的局面。但总体上,无论是陆上丝绸之路还是海上丝绸之路的兴衰演变,都没有显著改变我国的城镇空间分布大格局。在国力雄厚、疆域广阔的统一王朝时期,我国的对外开放程度高,显现出融合与包容的发展局面。此时,陆上丝绸之路与海上丝绸之路沿线的城镇呈现出繁荣发展的局面,多元民族的文化、宗教、技术交往也最为活跃。总结来看,历史视野中的中国城镇空间格局演变有如下特征:

一是国家首都是一个国际化程度很高的城市,如汉唐时期的长安是各国使臣朝拜、商人与宗教人士频繁光顾的大都市。二是陆上丝绸之路沿线地区,在军事戍边、屯田和商贸移民活动、宗教文化传播的影响下逐步发展出诸多城镇,特别是宋元以后形成了以驿站为主体的基层城镇网络。唐代的安西和北庭都护府是丝绸之路上重要的军事、政治管理中心;疏勒、于阗、楼兰、龟兹是四大佛教文化名城。但陆上丝绸之路西端的城镇由于受到气候变化与战火袭扰的影响,兴衰变迁较为频繁,如丝绸之路南道（塔克拉玛干沙漠南侧）的古代城镇楼兰、雅尼等,在宋元之后逐步荒废直至湮灭在沙

---

[*] 本文作者徐辉,中国城市规划设计研究院绿色城市研究所副所长,高级城市规划师;陈明,中国城市规划设计研究院区域规划研究所所长,教授级城市规划师;冯跃,中国城市规划设计研究院绿色城市研究所助理城市规划师。

漠之中。三是隋唐以后,特别是宋元时期,海上丝绸之路所依托的港口城市竞相繁荣,这些城市为国家经济发展奠定了基础,成为国家"榷货税"的重要载体,因此沿海城市在全国城镇体系中的地位日渐突出。与此同时,沿海城市通过内河航运或陆上交通线与内陆城市建立了"港口—腹地"的贸易体系,推动了内陆城市的发展。例如汉代我国沿海地区就形成了琅琊港(青岛)、褐石港(烟台)、徐闻(湛江)、合浦(防城港市)、南海港(广州)五大港口格局,到唐代又新增了东莱、永宁(今温州)、梁安(今泉州)等港口城市(杨保军等,2015年);又如景德镇通过长江水系及赣闽通道与沿海的宁波港、福州港、泉州港建立了陶瓷出口贸易运输体系。四是清朝以后,由于国家逐步实行沿海和内陆的封闭政策,导致陆上丝绸之路和海上丝绸之路的城镇逐步走向衰败。两次鸦片战争以后,我国沿海、沿江地区和内陆边境地区被迫向国外开放,我国开始被动参与了全球资本经济体系的大循环,全国城镇空间格局较过去两千多年有了较大变动。这个时期,沿海地区通商口岸逐步增多的同时,西方列强通过铁路建设将势力范围深入到内陆,并迫使内陆地区开放更多的通商口岸。如20世纪20—40年代,东北地区和山西省等资源富集地区逐步建立起较为完善的工业体系,带动一批工矿与工商业城镇发展。五是新中国成立以后的前30年里,我国实行自主发展的计划经济体系,除了重点投资的中心城市外,一批新兴的内陆工业城市发展较快。

(二) 改革开放以来的中国城镇格局演变

改革开放以来的30多年里,我国经济总量增长达80多倍,城镇化水平也迅速突破50%大关,形成了对外开放格局与城镇空间格局相互促进的局面。一方面,国家宏观经济政策引导了各类经济要素聚集,推动了交通等重大基础设施布局,促进了人口的聚集和城镇化发展;另一方面,城镇化发展也带来了空间的聚集效应,又进一步引导了重要国际门户与枢纽设施的布局,推动了开放的升级。总结来看,可概括为以下三个发展阶段:

第一个阶段,1978—1992年的改革开放起步时期。当时我国采取出口替代战略,国家宏观开放政策向东部沿海地区倾斜。1979年,广东、福建两省获"特殊政策、灵活措施"政策,其后深圳、珠海、汕头、厦门和海南相继获得经济特区特别待遇,成为我国第一批对外开放的窗口。之后,大连、秦皇岛、天津、烟台、青岛、连云港、南通、上海、宁波、温州、福州、广州、湛江、北海14个沿海城市相继开放,并建成一批承接国际产业和资本的经济技术开发区。特别是在"七五"计划以后,我国按照"梯度推移、非均衡发展"的开放政策思路,将资金、人才等资源向这些已开放的东部沿海地区、城市进一步倾斜,长三角、珠三角、厦漳泉发展速度明显加快。而中西部地区由于国家投资规模明显减少,城市发展速度逐渐落后于沿海地区。

第二个阶段,1992—2001年的改革开放探索时期。期间邓小平南方谈话,一系列财税、土地政策进一步促使我国融入全球资本市场,参与国际产业分工,这个时期我国的 GDP 年均增速高达 10.4%。① 沿海地区抓住历史发展的机遇,基本实现全面开放,涌现出长三角、珠三角和京津冀三大城市群,浦东新区也顺势确立了国家级战略地位。1998 年,沿海开放城市的 GDP 总量占全国的 17.74%,整个东部地区占全国外资利用的 85%—90%。② 沿海城市快速发展的同时也逐步对内陆腹地形成了溢出效应与辐射效应,空间上呈现出"沿边、沿江、梯度推进"的发展格局。1992 年我国开放了丹东、珲春、图们、绥芬河、黑河、满洲里、额尔古纳、二连浩特、阿拉山口、霍尔果斯、瑞丽、河口、东兴 13 个边境城市,开放了 6 个沿江和 18 个内陆省会城市③;2000 年又提出以重庆为中心的西部大开发战略举措。这个时期,我国的城镇空间格局由原来的绝对不均衡发展向着相对不均衡发展转变。

第三个阶段,2001 年至今的全面深化改革开放时期。中国加入 WTO 等重要事件进一步推动了对外开放政策向全国层面扩展,我国提出了东部、中部、西部和东北四大板块的空间发展战略。2006 年"十一五"规划纲要提出,要形成"以沿海及京广京哈线为纵轴,长江及陇海为横轴"的两横三纵城镇化发展格局,成渝、中原、关中、长江中游等中西部地区的城镇群逐步建立,成为我国内陆地区对外开放的新兴载体(见表 1)。总的来看,虽然我国的对外开放政策呈现出东部地区集中向全国范围内相对扁平化布局的转变态势,但城镇空间格局的区域差异依旧十分明显。

表 1　不同地区、不同时期设置的国家级综合保税区一览表

地区	2006—2008 年	2009—2011 年	2012 年至今
东部	苏州工业园综合保税区、天津滨海新区综合保税区、北京天竺综合保税区、海口综合保税区	上海浦东机场综合保税区、江苏昆山综合保税区、广州白云空港综合保税区、苏州高新区综合保税区、山东潍坊综合保税区	江苏盐城综合保税区、无锡高新区综合保税区、济南综合保税区、河北曹妃甸综合保税区、江苏淮安综合保税区、浙江舟山港综合保税区、南京综合保税区、江苏南通综合保税区、苏州太仓港综合保税区、山东临沂综合保税区
中部		河南郑州新郑综合保税区、武汉东湖综合保税区	山西太原武宿综合保税区、湖南衡阳综合保税区、湘潭综合保税区、江西赣州综合保税区、河南南阳卧龙综合保税区
西部	广西凭祥综合保税区	重庆西永综合保税区、成都高新综合保税区、西安综合保税区、新疆阿拉山口综合保税区	西安高新综合保税区、银川综合保税区、贵阳综合保税区、兰州新区综合保税区、新疆喀什综合保税区
东北	黑龙江绥芬河综合保税区	沈阳综合保税区、长春兴隆综合保税区	

---

① 资料来源于世界银行数据库。
② 资料来源于各时期的《中国统计年鉴》。
③ 剧锦文:《"一带一路"战略的意义、机遇与挑战》,《经济日报》,2015 年 4 月 2 日。

二、当前我国开放发展的总体战略部署

(一)对国家"一带一路"倡议的解读

面对当前更为复杂的国际发展形势和国内宏观经济发展局面,我国积极调整了区域战略部署的重心。根据《推动共建丝绸之路经济带和21世纪海上丝绸之路的愿景与行动》文件内容,我国将依托主要复合交通走廊,以沿线中心城市为支撑,以重点经贸产业园区为合作平台,打造新亚欧大陆桥、中蒙俄、中国—中亚—西亚、中国—中南半岛等国际经济合作走廊,并进一步协调与中国—巴基斯坦、孟加拉国—中国—印度—缅甸等两个经济走廊的关系。同时,国家提出要充分利用海上重点港口及所在城市,建设通畅安全的运输大通道。在全国范围既有的"四大经济板块"基础上,立足若干国际大通道的建设,制定差异性的区域对外开放政策。西北地区,将成为我国向西开放的桥头堡,是重要的能源物资运输大通道,也是古代灿烂的丝绸之路文化展示区;东北地区,更加强调能源通道、大宗物资通道的建设,着力建设成为东北亚经济圈的重要经济板块;西南地区,我国面向东南亚广大地区的商贸物流大通道,也是多元文化与旅游交流的重要功能区;沿海地区,推动全方位的对外开放机制创新,进一步凸显出具有全球影响力的金融商贸功能、文化旅游与先进制造业基地功能;内陆地区(非内陆边疆),将逐步融入全球经济,形成新型消费市场,并成为联动我国沿海与亚欧各国的重要大通道(见表2)。

表2 我国的对外开放战略布局一览表

地区	对应国际大通道	战略举措	既有跨境合作工作
西北地区	新亚欧大陆桥国际经济合作走廊 中国—中亚—西亚国际经济合作走廊	新疆:丝绸之路经济带上重要的交通枢纽、商贸物流和文化科教中心 陕甘宁青:打造西安内陆型改革开放新高地,加快兰州、西宁开发开放,推进宁夏内陆开放型经济试验区建设,建设面向中亚、南亚、西亚国家的通道,商贸物流枢纽,重要产业和人文交流基地	中国—亚欧博览会、中哈霍尔果斯边境经济合作中心、新疆中国—中亚科技合作中心、西安中亚教育培训基地、丝绸之路沿线国家经贸合作圆桌会议
东北地区	中蒙俄国际经济合作走廊,亚欧大陆桥分支	黑吉辽蒙:完善黑龙江、吉林、辽宁与俄远东地区陆海联运合作,推进构建北京—莫斯科欧亚高速运输走廊	黑瞎子岛边境合作区、中朝罗先经贸区、中俄珲春—扎鲁比诺跨境经济合作区、中韩自贸区启动区

(续表)

地区	对应国际大通道	战略举措	既有跨境合作工作
西南地区	中国—中南半岛国际经济合作走廊 中国—巴基斯坦、孟加拉国—中国—印度—缅甸经济走廊	广西:加快北部湾经济区和珠江—西江经济带开放发展,构建面向东盟区域的国际通道 云南:推进与周边国家的国际运输通道建设,打造大湄公河次区域经济合作新高地 西藏:推进跨国的边境贸易和旅游文化合作	大湄公河次区域经济合作(云南),西藏与尼泊尔边境合作区,瑞丽、磨憨、河口、临沧等开放试验区及边(跨)境经济合作区,昆明长水国际机场72小时过境免签
沿海地区(含港澳台)	环太平洋地区、东亚经济圈、东盟经济圈、印度洋经济圈、非洲地区等	上海:加快推进中国(上海)自由贸易试验区建设,强化上海国际枢纽机场功能 福建:建设21世纪海上丝绸之路核心区、福建海峡蓝色经济试验区 广东:充分发挥深圳前海、广州南沙、珠海横琴、福建平潭等开放合作区作用,深化与港澳台合作,建设广州国际枢纽机场 浙江:推进浙江海洋经济发展示范区、舟山群岛新区建设 海南:加大海南国际旅游岛开发开放力度 港澳台:进一步发挥全球经济节点重要纽带作用,建设金融、科技、文化交流区	上海浦东、天津、福建、广东自由贸易示范区,中韩自贸区,大湄公河次区域经济合作(广西),东兴国家重点开发开放试验区和中越跨境经济合作区,凭祥国家重点开发开放试验区,福建平潭开放合作区
内陆地区(非内陆边疆)	洲际铁路大通道、国际航空门户等	打造重庆西部开发开放重要支撑和成都、郑州、武汉、长沙、南昌、合肥等内陆开放型经济高地;支持郑州、西安等内陆城市建设航空港、国际陆港,加强内陆口岸与沿海、沿边口岸通关合作,开展跨境贸易电子商务服务试点 加快推动长江中上游地区和俄罗斯伏尔加河沿岸联邦区的合作 建立中欧通道铁路运输、口岸通关协调机制	

资料来源:《推动共建丝绸之路经济带和21世纪海上丝绸之路的愿景与行动》;"既有跨境合作工作"为作者根据网络资料数据整理。

(二)"一带一路"对我国宏观经济格局的影响评估

我国在2000年后加入WTO,以加工制造业与出口为基础,全面参与到国际经贸体系中。2010年我国已成为世界第二大经济体,2014年我国经济总量占世界GDP总量的13.3%。① 在2010年金融危机过后,新的世界经济增长点不断涌现,我国与全球的经贸增长区域主要集中在南亚、东南亚和非洲等区域。2010—2014年,中国、印度、新加坡、马来西亚、菲律宾的GDP平均增长率分别为8.6%、7.3%、6.4%、5.8%和6.3%。② 与此同时,我国与俄罗斯、哈萨克斯坦、蒙古等中亚国家贸易的增长也显著增加,目前俄罗斯位居我国贸易国家第十位,2013年我国与俄罗斯进出口总额为892.1亿美元。③ 在新的对外贸易格局中,我国由过去主要倚重欧盟、美国、日本等发达国家转向与周边毗邻国家或地区,如非洲、拉美等国家或地区开展经贸合作(见图1)。

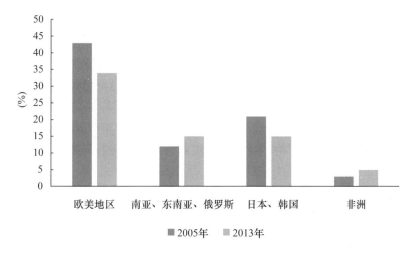

图1 我国与不同区域经济体之间经贸规模占全部经贸额的比重变化

2014年我国的境外投资规模达到了1 400亿美元,是2004年的25倍,成为资本净输出国家,标志着我国在全球贸易经济体系中的地位初步确立。相关研究表明,未来5年里我国的对外投资规模将超过5 000亿美元,进口数量超过10万亿美元,出入境人数将达到5亿人次。④ 而国家积极推进"一带一路"倡议,标志着以中国"走出去"为鲜明特征的全球化新阶段到来。⑤ 总体上,"一带一路"倡议对我国宏观经济格局的影响表现为以下三大方面:

---

① 资料来源于世界银行数据库。
② 同上。
③ 引自凤凰财经,http://finance.ifeng.com/a/20140302/11782846_0.shtml。
④ 陈文玲:《打造全方位对外开放新格局》,《经济日报》,2015年8月6日。
⑤ 刘卫东:《"一带一路"战略的科学内涵与科学问题》,《地理科学进展》,2015年第5期。

首先,东部沿海地区的高端服务中心将加快崛起,逐步具有全球经济的影响力。在国际经济贸易稳步发展和境外投资逐年上升背景下,我国东部沿海地区将承担起更多的国际金融、资本组织、技术输出等方面的枢纽作用。尤其是亚投行、丝路基金、金砖国家银行、上合组织开发银行等相继落户北京、上海等城市,一批融资租赁、离岸金融和商贸金融产业相继在自贸区落户,未来沿海地区将成为我国参与全球金融市场的重要阵地。与此同时,我国众多企业走出国门需要大量人力和技术服务的支撑,也为东部地区主要中心城市的产业升级提供良好支撑。

其次,内陆地区面向新兴国际市场寻求制造业转移、商贸发展与文化交流将有历史性的突破。当前我国内陆地区面向国际市场的商贸活动显著增强,一是以重庆、成都、西安为首的中心城市外向型经济得到长足发展,二是边境口岸地区的进出口额度也快速增长。在这一背景下,"一带一路"将加快推动我国东部沿海地区制造业向内陆地区转移;并为内陆口岸城镇建设提供良好机遇,如黑龙江的绥芬河、内蒙古的二连浩特、云南的瑞丽、新疆的霍尔果斯和喀什、广西的凭祥等地都已经成为面向各自境外区域的重要门户。由于我国内陆地区临界的国家往往具有文化多元特点,因此内陆地区的对外文化交流重要性尤为突出。如新疆借助于向西开放的"东风",提出了"背靠13亿、面向13亿"的"五大中心"发展定位,未来将建成跨国的交通枢纽、商贸物流、金融、文化科教和医疗服务五大中心。

最后,对外投资与跨境电商成为撬动区域经济均衡布局的重要动力。一方面,"一带一路"倡议的推进将逐步推动我国重化产业、制造业产能向外转移,处于跨境交通大通道上的城镇都将具备产能输出的条件。对外投资参与"一带一路"沿线国家的基础设施建设是我国企业"走出去"的重要举措,这将带动我国基础原材料、装备制造等产业链的跨国输出。相关研究表明,我国目前参与相关国家的基础设施建设投资仅占到投资对象国家基建投资的1%左右,预计到2030年将提高到5%—8%,这对于化解我国产能过剩意义重大。另一方面,跨境电商发展将使得我国的进口物资快速增加,拥有自贸区和海关特殊监管口岸型地区将成为全球商品物资进入中国的窗口。2014年我国跨境电子商务交易额达4.2万亿元,同比增长率达35.5%,占进出口总额的15.9%。[①] 跨境电商在我国进出口贸易中的地位不断加强,对我国产能与商品输出创造了有利条件。当前我国有跨境电商试点城市9个,除了上海、广州、深圳、青岛、杭州、宁波等沿海城市外,郑州、重庆、西安等内陆城市也在其列。

(三)融入全球市场的跨国产业经济合作趋势

国家大力推进"一带一路"倡议,是致力于维护全球自由贸易体系和构建稳定、开放的世界经济体系。随着"一带一路"的实施,以自贸区、综合保税区、跨境电商示范

---

① 中国电子商务研究中心:《我国跨境电商发展现状趋势及主要平台发展策略》。

区、国家级边境合作示范区等为主体的开放政策区,标志着我国对外开放全面升级。这些开放合作平台使得诸多原本的末梢地域转变为开放的前沿,使得内陆封闭的市场体系加速融入全球经济循环中来。从区域产业经济协作和跨国产业经济的合作来看,存在以下三种空间联动模式,这对于全国城镇空间格局的影响将是深远的。

1. 自贸区＋国内产业基地的联动模式

自贸区为双向开放提供了良好的制度环境,目前国家已经批准的上海、广东、天津、福建自贸区在推进投资管理制度、贸易监管模式、金融制度、事中事后监管制度以及负面清单等方面有新的创新突破。这些制度与政策为我国的产业组织和产业生产服务释放了大量发展空间,如《外商投资产业指导目录(2015年修订)》的限制类条目较2011年版的79条减少到38条,其中涉及服务业的电子商务、连锁经营、支线铁路、地铁、轻轨、海上运输、演出场所等股比要求取消或放宽了限制。① 因此,自贸区在我国的产业链组织中扮演了重要的枢纽作用,将外部的资本、技术和信息粘合在一起,并逐步与国内的众多产业基地建立起产业关联。自贸区通过产业生产服务组织,如融资租赁等形式将内陆诸多上下游产业群体链接在一起,这种链接具有"长程效应",超越了300千米范围的产业梯度转移临界效应。其他地区通过设立综合保税区、出口加工区等就可以通过关税减免而抵消交通成本、劳动力成本等不利因素。值得注意的是,自贸区为我国进口全球商品进一步敞开大门,尤其是跨境电商在自贸区落户,更有利于推动消费型的商品交易。目前"国际空港＋综合枢纽"形成的内陆开放高地和综合产业基地已经在内陆的重庆、成都、武汉、郑州、西安等区域中心城市建立起来。一旦自贸区政策落户这些地区,这些中心城市的对外开放度和辐射带动力将显著提升。

2. 沿海中心城市＋海外港口产业合作区

过去30年里我国实施出口替代战略,沿海地区成为环太平洋地区与欧亚大陆进行经贸活动的重要纽带。而我国通过开放制度设计,强化了门户节点的产业聚集效能,继而成为组织内陆地区产业的中心城市。一方面,沿海开放城市将从过去的简单生产组织中心向综合型服务中心城市升级,这些沿海中心将成为向外投资、转口贸易、技术服务输出的重要枢纽。另一方面,我国积极投资开发海外资源,拓展海外市场,也需要在具有洲际、国际影响的境外港口城市建设大规模的产业基地,作为国际贸易和中转加工制造的重要跳板,也是保障我国能源、战略物资安全运输的重要纽带。根据《推动共建丝绸之路经济带和21世纪海上丝绸之路的愿景与行动》,将在南亚、东南亚、非洲等国家或地区的沿海港口建设大型产业基地。如我国已获租巴基斯坦瓜达尔港2 000亩土地,为期43年的开发使用权。在这两方面动因下,未来将形成"沿海中

---

① 《从"末梢"变"前沿"——我国对外开放聚焦"全方位""高水平"》,新华社,http://www.gov.cn/zhengce/2015-08/10/content_2910678.htm。

心城市+海外港口产业合作区"的发展模式,我国沿海部分重要港口将向着国际中转贸易港转变,并推动国际航运服务、航运金融等功能发展。

3. 中心城市+内陆口岸+境外产业合作区

古代陆上丝绸之路的商贸体系主要联动了国内外的主要中心城市、边境口岸地区(港区)。在当今我国向西开放战略下,以国内中心城市为起点,串联沿线若干专业化城市,连接内陆边境口岸城镇,再延伸到国外主要城市的产业组织模式将是我国产能输出的重要载体。其一,当前我国已经建立起自重庆、成都、郑州、西安为起点的亚欧双线快铁运输体系。在通关便利化前提下,跨国铁路运输体系通过时间成本换取财务成本具有较大优势。以"渝新欧"为例,每个40英尺集装箱从重庆发往欧洲杜伊斯堡的运费为6 500美元,虽然高于海运成本1 500美元,但运输时间上却能节省宝贵的20天时间,使得企业资金得以有效周转,总体上企业的财务成本得以降低。其二,我国已经建立起一批边境开放政策平台,包括15个国家级边境合作示范区,喀什、伊宁—霍尔果斯国家级开发区,满洲里、绥芬河等国家综合保税区。这些边境开放政策平台有效促进了产业的聚集,推动了大宗物资的跨境集散与中转。当前内陆中心城市的枢纽集散功能与边境口岸地区的中转集散功能的协同效应开始形成,共同承担起国际商贸物流的重要纽带作用。哈尔滨—满洲里—绥芬河、乌鲁木齐—霍尔果斯、昆明—瑞丽、凭祥等"中心城市—口岸"的经贸联动体系在稳步推进(见表3)。跨国陆路交通运输通道所连接的境外主要中心城市、口岸或港口地区中具有区域辐射影响力的战略节点,是中资企业投资发展的首选。未来,可以开展双边合作共建境外产业合作区的模式,推动中转加工贸易、商品集散、创新服务发展和生活功能配套建设。如欧亚大通道上的波兰是欧洲的"心脏"地带,劳动力丰富且成本相对较低,波兰也拥有航空、农产品等比较优势产业,因此波兰既可成为中国商品物资进入欧洲各国的重要枢纽,也可成为波兰与中国产业链整合的跳板。

表3 我国主要内陆边境口岸一览表

口岸名称	2013年进出口总值(亿美元)	较上年增幅(%)	主要出口商品	主要进口商品
黑河	10.9	33	服装、汽车、纺织织物及制品、钢材、汽车零件	电力、大豆
绥芬河	84.3	1	机电产品、服装、农副产品、家具、纺织织物及制品、旅行用品及箱包、灯具、鞋类、瓜果蔬菜、钢材、玻璃制品、装饰用陶瓷制品、塑料制品	原油、肥料、原木、铁矿砂、锯材、煤、纸浆、成品油、牛皮纸、初级形状的塑料和合成橡胶

（续表）

口岸名称	2013年进出口总值（亿美元）	较上年增幅(%)	主要出口商品	主要进口商品
满洲里	101.0	持平	轻工产品、水果蔬菜、汽车	木材、铁矿砂、煤炭、化肥、矿产品
二连浩特	37.5	-9	金属、化工、沥青、矿建、饮食、集装箱	铁矿石、木材、铜矿粉、基础油、锌精矿、集装箱
阿拉山口	174.3	7	原油、天然铀	铁路机车、鞋类、焦炭
霍尔果斯	162.3	28	机电、服装及衣着附件、箱包	天然气、甘草、动物皮毛
瑞丽	106.0	20	天然气、农副产品	化工产品、日用百货、摩托车、电子产品、机电、建筑材料
凭祥	100.3	46	服装及其附件、机电产品、水果蔬菜等	鲜水果、矿产品、红木原木及红木家具

三、全面开放格局下的全国城镇空间格局优化思路

（一）总体策略

构建"两带、多轴"的城镇体系，促使全国城镇空间格局扁平化。 "两带"分别为沿海城镇开放发展带、京昆城镇开放发展带。沿海城镇开放发展带串联自辽宁、到广西的沿海省份，并向外联动朝鲜半岛、日本和中南半岛等境外地区，是我国城镇体系联动全球城市体系的重要纽带。该城镇发展带将承担起产业"走出去"和"引进来"的重要使命，承担国际交往、控制资本金融等重要全球性事务。城镇发展带上的主要中心城市应加快现代服务产业体系的升级。未来北京与上海之间、上海与广州和深圳之间均由两条高速铁路通道相连接，保障人流与商务流的畅通。京昆城镇开放发展带将是我国新时期向西开放的重要战略支撑，这条城镇发展带是我国地理上第二级台阶与第一级台阶交错的区域，尤其是北京—太原—西安—成都一线是我国古代都城和重要城市密集分布的区域，历史文化悠久；同时该条发展带也是我国20世纪"一五"时期到"三线建设"时期国家重点投资建设的区域。在新时期，这条发展带上的中心城市将承担起面向亚欧大陆和南亚次大陆的重要生产组织中心作用，推动跨区域经贸活动发展。其中关中—兰白西城镇走廊具有联动亚欧陆桥沿线国家和我国中东部地区的枢纽作用；成渝城镇群具有联动中南半岛、南亚国家和我国北方地区的枢纽作用(见图2)。"多轴"为国土层面主要中心城市之间、中心城市与重要口岸地区之间的城镇发展轴，未来这些城镇发展轴将实现高速或快速铁路、高速公路等交通设施的贯通。"多轴"

的发展格局将打破我国延续了两千多年的南北—东西方向的城镇发展格局,为了应对面向多个陆路的开放市场,需要增加西北—东南,西南—东北方向的若干条快速交通联系通道,以更好地对接全球市场。

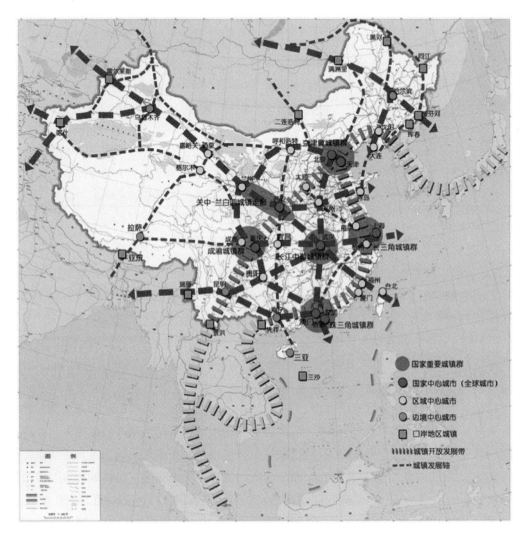

图2 响应"一带一路"倡议的全国城镇体系布局

构筑多极化的城市功能体系,引导开放型城镇群建设。虽然受国际政治、经济环境和文化、法律背景差异的影响,近期"一带一路"倡议的落脚点将以1—2条跨国交通走廊地带及相应的重点对接合作区为主,呈现出多点突破的局面。起步时期对于国内的过剩产能转移和技术输出相对有限,但长期来看,"一带一路"倡议必将促使我国的企业全面"走出去",也使得更大范围的资源和商品"引进来",组织走出去、引进来的载体就需要不同层级、不同专业分工的城市来承担。未来全国范围内将由国家中心城市(全球城市)、区域中心城市、边境中心城市—口岸地区城镇共同组成多极化的城市功能体系。其中边境中心城市与口岸地区城镇共同组织成为内陆对外开放窗口地区。值得重视的是,嘉峪关—酒泉、宜昌等城市分别在西北部地区、西南部地区具有独特的区域性组织作用,需要强化交通枢纽、产业基地的建设。由于我国是人口大国,未来城镇化发展的主体形态将以城镇群为主,以京津冀、长三角、珠三角、长江中游、成渝、关中—兰白西为重点的城镇群地区将构成我国对外开放的第一方阵。为了能承接更多的全球产业分工,更大范围组织生产,这些城镇群内部通过区域性枢纽(门户)和物流网络体系的重构,加快形成了产业分工合作的局面(见表4)。

表4 我国未来的全球城市体系及其所在城镇群的战略性节点识别

城镇群	全球城市序列	战略性节点
京津冀	北京(主中心)、天津(次中心)、石家庄	北京中关村及海淀后山、首都新机场周边、天津滨海新区、正定新区(空港地区)、曹妃甸港区、张家口枢纽
长三角	上海(主中心)、南京(次中心)、杭州(次中心)、无锡、宁波、合肥、苏州、常州、温州、金华—义乌	上海浦东新区、虹桥枢纽地区、南京空港地区、杭州空港地区、宁波沿海地区、无锡东部新区、合肥空港地区、金东新区
珠三角	香港(主中心)、广州—深圳(主中心)、佛山、珠海—澳门	广州南沙新区、广州空港地区、深圳前海地区、横琴新区
成渝	重庆(主中心)、成都(主中心)	重庆两江新区、重庆西部铁路枢纽、成都天府新区、成都北部铁路枢纽
长江中游	武汉(主中心)、长沙、南昌	武汉东湖新区、武汉空港新区、武汉新港、长沙空港地区、南昌空港地区
关中—兰州	西安、兰州	西咸新区、兰州新区
中原	郑州、开封、洛阳	郑东新区、郑州空港地区
辽中南	沈阳、大连、营口	沈阳空港地区、铁路枢纽地区、大连港区
山东半岛	青岛、济南、烟台	青岛西海岸新区、青岛空港地区、济南铁路枢纽
海峡西岸	厦门、福州、泉州	平潭岛、厦门湾地区、泉州湾地区

（二）加快推动重要的中心城市融入全球城市体系顶级序列

目前，以北京为首的我国中心城市在全球范围内的影响力迅速提升，未来随着我国经济实力的进一步提升，对外经贸活动、文化科技交往需求的进一步增加，将承担起更多的国际性事务，包括国际政治事务活动、国际交往、国际文化交流、科技创新服务等。从2012年的GaWC全球城市网络连接度排名来看，北京的排名迅速上升至第8，处于等级较高的全球城市金字塔顶端。未来以北京、上海、广州—深圳为主的中心城市将列为全球城市前10位；天津、武汉、重庆、成都、西安、杭州、南京等中心城市也将逐步迈入全球城市的顶级序列。处于我国城镇体系顶尖的全国中心城市，目前除了经济总量在全球城市体系中排名靠前外，其他服务于国际性事务的指标均相对靠后，这是未来的重要突破方向。根据AT. Kearney咨询公司提出的2014年版全球城市排名（Global City Index、Global Power City Index、City of Opportunities），北京、上海等中心城市在人力资本、信息交换、文化体验和国际政治影响等方面与四大世界城市差距显著。[①]

（三）培育边疆地区的区域化国际中心城市

历史发展经验表明，当国家实力强大的时候，必定有繁荣稳定的边疆支撑，边疆地区成为商贸、文化、宗教交流的重要跳板。特别是在当前国际政治、军事风云变化的时期，我国与他国相邻地区的繁荣发展也将对周边国家地区的稳定发展起到积极作用。未来我国应着重培育哈尔滨、乌鲁木齐、昆明、南宁、拉萨等内陆边境地区的区域化国际中心城市，并将三亚发展成为南海地区的国际化中心城市。这些边疆地区的国际中心城市还是跨境门户型城市，主要表现为空港门户和战略性物资的储备两方面。空港门户是实现跨国贸易便利化、实现空港保税物流与中转加工贸易的保障，而战略性物资储备基地建设将直接关系到我国的能源安全保障。目前我国的原油、天然气等进口能源物资90%采取海路运输，而80%的海运能源必须通过北印度洋和马六甲海峡，渠道较为单一，外部风险巨大。通过陆上跨国运输大通道建设，在边疆地区选择合适地点储备战略能源物资，能够为我国中西部地区的持续发展提供保障。在边疆地区培育国际中心城市也是保持国土安全、缩小我国区域差距的重大战略举措。第一，边疆地区需要有一个强大的中心城市来加强政治管理，推动文化互信，并联动其他边疆地区城镇形成繁荣稳定发展格局。特别是我国西北地区与周边7个国家相邻，目前相邻国家也存在政局不稳、极端宗教势力影响、恐怖活动威胁突出的地区，建设乌鲁木齐国际中心城市是提振新疆发展的重要堡垒。第二，当前边疆地区已经显现出人口持续减少

[①] 详细资料参见 The A. T. Kearney ;Global Cities, Present and Future, 2014 Global Cities Index and Emerging Cities Outlook，https://www.atkearney.com/research-studies/global-cities-index/2014。

的态势,长期来看将影响到边疆地区的稳定。如新疆建设兵团人口比重从1980年的17.8%下降至2010年的12.0%,考到内地的大学生回疆比例极低。通过边境地区口岸城镇建设能够稳定边境线地区的人口数量。第三,我国边疆地区往往是少数民族聚集区域,贫困问题十分突出,因此迫切需要若干带动辐射能力强的中心城市来实现少数居民的共同致富。

(四)将国家级新区、自贸区作为"一带一路"倡议承接主体

截至2015年7月,我国已经设立了15个国家级新区和上海、天津、广东、福建等自贸区,未来一批省级的重大战略地区也将逐步升级为国家级新区或自贸区。这些功能区的共同特点是拥有经济实力强大的区域性中心城市支撑,位于国家重要交通大通道上,且往往是国家规划的重要综合交通枢纽地区或空港、海港门户。因此,在国家双向开放战略下,这些功能区将优先获得国际与国内经济要素,形成聚集效应,成为带动区域发展的新引擎。未来国家级新区和自贸区应优先向沿海城镇开放发展带和京昆城镇开放发展带上聚集,保障我国"一带一路"倡议的落地。

(五)建设连通国内、通达亚欧各国的快速交通大通道与内陆门户

要稳固"一带一路"倡议下的全国城镇空间格局,就必须建立起将海洋与中国内陆腹地,乃至欧亚大陆各国连接的交通、能源等基础设施系统。高柏在《高铁与中国21世纪大战略》中阐述到,以高速铁路为主的交通设施建设,是我国对冲美国为首的海权大国战略封锁,谋求陆权发展的重要举措。[①] 在改革开放过去30年里,我国重要基础设施建设偏向东部沿海地区,中西部地区特别是边疆地区的交通基础设施建设明显滞后。近年来,随着第二轮西部大开发战略的实施和长江经济带黄金水道综合交通运输体系建设等重大国家战略的推进,以省会城市为核心的中西部省区的交通通达性得到明显提升。但只有国内交通运输廊道的建立,并不能完善实现向西开放战略。

未来我国的交通基础设施建设应该注重以下五个方面:第一,沿海城镇开放发展带全面升级国际客货运交通运输系统,强化国际空港与海港枢纽型门户建设,并加密国内中心城市之间的连接线。第二,立足京昆城镇开放发展带,健全跨境高速铁路大通道,使得北京直接能够联系东北亚地区和东南亚、南亚地区,同时全面提升城镇发展带上中心城市的国际化空港门户地位。第三,构筑新疆、青海、甘肃、内蒙古与我国中东部地区的多通道,并以新疆的乌鲁木齐、喀什为枢纽分别沟通中亚—欧洲、中亚—西亚—非洲的综合运输体系。第四,健全我国瑷珲—腾冲线以东地区的网络化交通体

---

① 凤凰卫视出版中心主笔玛雅专访西南交通大学中国高铁战略研究中心主任高柏的对话——中国高铁与"一带一路"战略深藏的大智慧,2015年4月2日。

系,全面提高中心城市之间的连接度。第五,边疆地区省区加强中心城市与口岸城镇的快速通道建设,如黑龙江省将以哈尔滨为中心,绥哈满、大满同、哈北黑、延边铁路四条铁路干线为支撑,全面接轨俄罗斯的西伯利亚大铁路网和远东港口群,着力打造东北亚的国际商贸物流带(见表5)。

表5　支撑全国城镇体系发展的重大交通基础设施规划引导

城镇发展带(轴)	重大交通基础设施
京昆城镇开放发展带 沿海城镇开放发展带 西安—武汉—南昌—福州城镇发展轴	规划预留高速铁路通道(其中沿海预留第二条高速铁路通道)
呼和浩特—包头—西安—宜昌—南宁城镇发展轴 太原—郑州—南京城镇发展轴 杭州—景德镇—抚州—赣州—深圳城镇发展轴 大连—烟台—青岛城镇发展轴	规划预留客货混行快速铁路通道
成都—西宁—格尔木—喀什城镇发展轴 呼和浩特—酒泉—格尔木—拉萨城镇发展轴 大连—丹东—珲春—绥芬河—同江口岸城镇发展轴	规划预留快速货运铁路通道,并分别连接内陆边境的口岸城镇
京津冀、长三角、珠三角、长江中游、成渝、关中—兰白西城镇群	围绕中心城市建设国际枢纽客运与货运机场、国际枢纽型海港或国际集装箱陆港
哈尔滨、乌鲁木齐、昆明、南宁、三亚、拉萨	建设面向周边国家或地区的国际空港与国际集装箱陆港

四、小结

鉴于国际政治、外交环境的不确定性,近期我国双向开放,"走出去"和"引进来"等策略的空间载体会择机选择合适的区域突破。但长远来看,"一带一路"对于我国宏观区域产业经济发展的影响是深远的,对于我国各级城镇发展建设的影响也是长期性的。总体上,我国的城镇空间格局将从当前的"沿海—内陆—边疆"梯度格局逐步向"沿海—腹地,内陆中心—边境口岸"的紧密联动格局转变。本文指出应通过城镇开放发展带、城镇发展轴及不同类型的中心城市体系来灵活应对"一带一路"倡议的落地。国家制定重大区域发展政策,推进国家重要功能区和交通等重大基础设施建设应与未来全国的城镇空间格局相契合,兼顾海陆联动发展,兼顾区域相对均衡发展,兼顾全球城市建设和边疆地区城镇的扶持发展。历史视野与世界大国发展的经验表明,一个伟大的国家必须有安定、多元的边疆地区来支撑,未来国家应着重统筹好瑷珲—腾冲线以东地区城镇的互联互通,并大力扶持瑷珲—腾冲线以西地区城镇的跨越发展和特色发展。

参 考 文 献

[1] 高柏:《高铁与中国21世纪大战略》,北京:社会科学文献出版社,2012年。
[2] 陆芸:《近30年来中国海上丝绸之路研究述评》,《丝绸之路》,2013年第2期。
[3] 王晓泉:《建设"丝绸之路经济带"的战略思考》,《国际战略》,2014年第3期。
[4] 杨保军、陈怡星、吕晓蓓、朱郁郁:《"一带一路"战略的空间响应》,《城市规划学刊》,2015年第2期。

"一带一路"与中国交通运输发展[*]

当前,我国政府以"一带一路"为主线,以互联互通和产业合作为支点,推动中国和沿线国家务实互利合作向宽领域发展。这要求国际运输从广度和深度上进一步打通或者提升我国与相关国家之间的空间联系,我国将统筹谋划国际陆、海、空交通运输基础设施互联互通建设,加快形成纵贯南北、横跨东西的国际综合运输体系。但互联互通绝不仅是交通基础设施、电信等物理上的联通,也需要以完善大通关制度为突破口,通过便利化运输、简化通关等,推进投资和贸易便利化,促进"软件基础设施"和标准的互联互通。

一、"一带一路"倡议下交通运输发展的基本情况

国际运输有利于实施互利共赢开放战略,进一步推进对内对外开放、加快"引进来"和"走出去"。

(一)深化对外合作

国际运输是推动国家对外开放战略的基础保障。自1991年6月我国与蒙古国政府签订汽车运输协议以来,我国与周边15个国家开展了双边道路运输合作,其中与12个国家(或地区)签署了11个双边和3个多边汽车运输协定,其中中亚区域4个双边和2个多边,东北亚区域2个双边,南亚区域5个双边和1个多边,实现了与相关国家汽车直达运输。此外,还参加了《国际铁路货物联合运输协定》《国际铁路货物运送公约》,积极加入《集装箱海关公约》(1972年)等国际便利运输公约。但是,我国还有《1975年国际公路运输公约》(TIR 公约)、《1956年国际道路货物运输合同公约》(CMR)、《道路标示和信号公约》《道路交通公约》(CRT)、《关于临时进口商用道路车

---

[*] 本文作者秦建国,交通运输部规划研究院高级工程师。

辆的海关公约》和《关于统一边境货物管理的国际公约》等6个尚未加入。

国内各沿边省份交通运输部门和口岸道路运输管理机构不断创新发展思路,与相关国家边境地区建立了定期会晤、会商和合作机制,促进了双边道路运输问题的有效解决。内蒙古自治区与蒙古国建立口岸汽车运输例会制度,黑龙江省与俄罗斯远东地区的多个州(边区)建立了会谈机制,云南省建立了云南—泰北合作工作组、云南—老北合作工作组、云南—越北边境四省联合工作组、云南—越南昆河经济走廊和滇缅合作论坛等合作机制,广东省加强与港澳在制定客货运输政策、优化运输组织领域的务实合作,促进了CEPA相关运输政策的落实。

(二) 我国国际道路运输稳步发展

我国交通运输在对外开放中的拉动和支撑作用不断增强,国际道路运输量总体呈平稳增长态势,2014年国际道路旅客运输达670.7万人次,国际道路货物运输达3957.9万吨,为国际贸易和经济文化交流提供了有力的交通运输服务(见表1)。

表1　近年来中国国际道路运输客货运量及中方占比情况

年份	国际道路旅客运输		国际道路货物运输	
	运输量(万人次)	中方占比(%)	运输量(万吨)	中方占比(%)
2005	795.7	53.4	973.0	43.5
2010	780.1	43.4	2963.1	52.3
2011	815.9	48.0	3531.7	41.2
2012	854.2	46.8	3371.6	25.3
2013	676.7	47.9	3573.2	30.1
2014	670.7	48.2	3957.9	32.0

2013年,开通国际道路运输客运线路136条,其中中亚、东北亚、南亚区域分别为44、68和24条,线路年平均客运量分别为1.2、5和11.8万人/条年。货运线路151条,其中中亚、东北亚、南亚区域分别为47、76和28条,线路年平均客运量分别为5.3、34.6和24.9万吨/条年。上述线路共涉及开放口岸75个,其中沿边开放口岸70个,沿海开放口岸5个。国际道路运输企业规模化、专业化程度不断提高,运输企业已近1400户,营运车辆超过2.8万辆,运输效率得到提升,增强了市场竞争力,加快了"走出去"步伐。在跨境运输领域,陆路口岸运输与陆海联运、"渝新欧"和"郑新欧"铁路运输等多式联运呈现出协调发展的良好局面。中欧班列运输业务快速发展,2014年共开行308列中欧班列,较上年增加228列,运行线由7条增加至19条,运行频次及线路数量大幅提升,多个班次实现常态化运行。

(三) 国际道路运输服务能力显著提升

为贯彻落实国家"一带一路"等战略,推进陆上和海上战略通道建设,推进区域交通互联互通和国际运输便利化,2014年10月,全国国际道路运输工作座谈会指出以实现通关便利化为主攻方向,以强化市场监管为抓手,以提高国际道路运输互联互通水平和服务能力为目标,把握"六个着力",谋求国际道路运输新发展。第一,着力推动"一带一路"国家倡议。加强国际道路运输合作统筹规划;带动区域互联互通和基础设施建设;促进形成国际物流大通道。第二,着力提高通关便利化水平。健全协同机制,推动依法履职,提高通关效率,实现信息共享。第三,着力促进国际道路客货运输稳步发展。推进基础设施互联互通,优化发展环境,促进市场诚信,引导、扶持有条件、有实力的国际运输企业拓展海外市场。第四,着力健全完善政策法规标准体系。推动签署修订双边(多边)运输协定,加快完善管理法规政策,加快相关标准的制定修订工作。第五,着力推进管理队伍正规化建设。理顺管理体制,加强教育培训,建设一支政治坚定、素质优良、纪律严明、行为规范、廉洁高效的口岸运管队伍。第六,着力提升国际道路运输行业治理能力。加强组织领导,落实事权责任,完善保障机制,加强应急管理,发挥协会作用,营造良好舆论环境。

2014年,各地方在促进国际道路发展方面取得了新进展:新疆在重点国际道路旅客运输线路、企业及客运站开展示范试点,打造一批精品线路,以点带面地促进新疆地区国际道路旅客运输规范化经营;广西、新疆道路运输管理局及吉林省运输管理局会同新疆社会科学院组成调研工作组,共同开展国际道路运输管理专题调研;同时,新疆在相应的口岸简化运输流程,广西对进出东兴、友谊关口岸的集装箱运输车辆实行通行费下调50%的优惠政策,有力促进了国际道路运输发展。

二、"一带一路"倡议下交通运输发展的设想

交通运输是"一带一路"倡议落实的"先行官",也是"一带一路"的基础条件和重要保障。交通运输行业要按照"一带一路"的要求,增强政治意识、大局意识和责任意识,坚持适度超前的原则,深化对"一带一路"中交通运输大布局定位、大通道发展、重要项目节点、运输便利化、多平台合作、双边关系以及政府引领作用等的研究,充分发挥交通运输在城镇布局、人口和产业集聚、区域协调发展中的先行和引导作用,推进重大任务和重点项目的实施,把"一带一路"要求落实到位,切实提升交通运输对经济走廊的支撑作用。

(一)构建互联互通的丝绸之路经济带交通运输走廊

1. 积极推进境外关键通道建设

近年来,我国产业梯度转移有序推进,内陆地区外向型经济发展迅速,但内陆地区在国际物流方面存在不靠海不靠边的客观制约和开放口岸少的短板。挖掘既有通道的潜力,特别是中蒙俄、新亚欧大陆桥、中国—中亚—西亚、中巴、孟中印缅等已经基本形成的国际运输通道潜能。逐步破解国际运输通道的瓶颈,既有的新亚欧大陆桥等通

道是公路、铁路、管道等组成的综合性运输通道,但大部分还是以公路为主的单一方式运输通道,且周边国家的公路等级低、通行能力差,因此,应以周边国家为重点,积极推进境外关键通道建设,充分利用亚投行、丝路基金等融资平台,统筹和创新融资渠道,综合利用多种手段,积极推进境外铁路、公路通道的缺失路段和瓶颈路段建设,畅通国际运输大通道。重点加强中蒙俄、中巴、孟中印缅、大湄公河次区域通道等北向、南向的陆上通道建设,加快额哈、中缅、中老泰、中越等铁路以及中缅公路建设,推动澜沧江—湄公河航道整治二期工程等。紧抓全球航海业"由西向东"转移的窗口期,与斯里兰卡共同打造印度洋海上航运中心,以及共同建设好汉班托塔港和科伦坡港口城等重点合作项目,将斯里兰卡打造成 21 世纪海上丝绸之路枢纽。

同时,密切对接各国自身的发展战略。哈萨克斯坦总统纳扎尔巴耶夫提出的"哈萨克斯坦—新丝绸之路"项目,初衷是把本国建成欧亚大陆的交通枢纽和经济中心,实现国内交通基础设施与国际运输体系的一体化,并推动"2050 战略"的实施,推动其成为欧亚地区最大的运输中心。土耳其也提出"2023 高铁战略",主要核心是以安卡拉为中心连接 14 个省的高铁网络,形成贯通东西的交通走廊,并形成包括远东、中亚、东南亚、中东、北非五条战略走向的国际铁路走廊建设,中国"一带一路"战略应与这些国家建立项目合作和战略对接。

2. 搭建更加开放的多元化基础设施投融资框架

亚洲地区基础设施发展依然滞后于其经济增长,且无论在质还是量上均低于国际标准,已成为亚洲地区经济发展的瓶颈。根据亚洲开发银行预测,未来 10 年,亚洲基础设施投资需要 8.22 万亿美元,即每年需要新增投入 8 000 亿美元基础设施资金,而 2013 年,亚洲除中、日、韩三大经济体的 GDP 总额约为 8 万亿美元,用于投资的仅为 1/4 左右,投资中用于基础设施投资方面的资金仅为 20%,约 4 000 亿美元,融资的缺口较大。以亚投行和丝路基金两大机构为投融资平台,搭建更加开放的多元化基础设施投融资框架,优化投资渠道,鼓励发行长期债券或设立各种创新融资工具,可以较好地满足亚洲各国基础设施建设的资金缺口。适时推进 PPP 模式,增强基础设施项目对于私人部门投资者的吸引力,动员更多的私人部门的资金。多边银行可以进一步推动本币债券的发行和/或地方债务融资的发展,帮助吸引长期投资者投资于基础设施 PPP 项目。此外,对一些投资金额大的基础设施项目,可以通过国际金融组织中长期贷款、本国政府财政资金、外国 ODA、本国企业及金融机构的"联合融资"方式予以推进。

3. 完善国内物流大通道

以沿海港口、内陆大城市、沿边口岸等为枢纽节点,以综合运输通道为支撑,构建若干条货畅其流、经济便捷、海陆双向开放的跨区域物流大通道,提升物流大通道的覆盖范围和物流服务能力,强化煤炭、矿石、原油、粮食和鲜活农产品等大宗战略物资运输通道建设。推进长江经济带综合立体交通走廊建设和京津冀区域综合运输大通道建设,重点打造长江经济带、欧亚大陆桥、中欧西进、京沪、京广、沿海等综合运输大通道以及粮食、煤炭、鲜活农产品、集装箱等重点物资运输通道,消除基础设施瓶颈制约。届时高等级航道、沿江铁路、沿江公路以及管线建设将进一步提升运输网规模,各种运输方式衔接更加畅通便捷,社会运输成本将进一步下降。根据国家城镇化、能源、粮食等相关战略布局,推进"西煤东运""北粮南运"等重点物资物流通道功能提升。推动既有大通道向中西部地区、口岸地区延伸,加密新增东北地区、中西部地区南北纵贯的货运通道,扩展海西等地区的通道覆盖程度;加快陆桥、京津冀、沪昆大通道等向西辐射线路以及与中亚、南亚、东南亚方向陆路口岸衔接支线的建设;加快二连浩特至北部湾物流大通道建设,建蒙西至华中铁路,推动焦柳铁路、黎湛铁路扩能改造,规划建设呼和浩特至北海高速公路;加快绥满物流大通道建设,推动滨洲—滨绥铁路、长白—长图铁路、绥满高速扩能改造;不断改善中西部地区交通运输条件,加强进出疆、进出藏、进出川等跨区域综合运输通道建设,加快推动宝成铁路、成昆铁路、南昆铁路、渝黔铁路、黔桂铁路扩能改造工程,全面改善长期制约西南通道的铁路能力制约问题等。加快大通道瓶颈路段扩能改造,推动长江燕子窝水道、江心洲水道、荆江河段等航道整治工程以及京杭大运河通航段扩能延伸;推动三峡枢纽扩能工程以及沿江货运铁路、青连盐沿海铁路建设,提高沿长江和沿海两条物流大通道陆路运输能力和可靠性。

4. 加快提升运输枢纽服务水平

完善铁路、公路、港口和内河航道重要港站节点的集疏运体系,促进物流基础设施的互联互通和协调配套运行,实现多种运输方式的"无缝衔接"。推进陆桥、沿海、京广、长江等大通道沿线的重要铁路、空港、物流园区等港站枢纽的集疏运体系建设,扎实推进"铁路进港区"等疏港衔接工程。重点支持位于沿边口岸、沿边口岸城市以及辽宁、山东、福建、天津等省市具有重要战略意义的沿海口岸城市的具有口岸功能的货运枢纽(物流园区)以及国际陆港建设。"一带一路"战略将使我国新疆、云南等边境省区从开放"末端"归位于"前沿",成为我国对外开放的重要门户,成为国际交通走廊的重要枢纽,未来应以这些省区内的重要节点城市、口岸为依托,进一步完善交通基础设施,提升国际运输服务能力,强化其对外门户枢纽功能。加强内陆地区综合运输枢纽城市建设,依托西安、郑州、武汉、重庆等重要节点城市的机场、国际物流园区、国际陆港等建设项目,强化枢纽城市在国内、国际运输中的客货流中转、集散的能力。重点推进具有公共服务性质的货运枢纽型物流园区建设,引导传统货运场站向物流园区转型升级,推动铁路集装箱中心站、"内陆无水港"、"公路港"、陆路口岸物流园区及邮政快递作业枢纽建设。以霍尔果斯、阿拉山口、友谊关、二连浩特、瑞丽、红其拉甫、满洲里、磨憨、樟木、绥芬河、双鸭山、佳木斯、黑河等重点口岸为节点,建设集产品加工、包装、集散、仓储、运输、报关、保税、代理等功能为一体的区域性商贸中心和配送物流中心。

以部分地区的发展目标来说,新疆着力于打造"五中心三基地一通道",定位为丝绸之路核心区。"五中心"是指区域性交通枢纽中心、区域性商贸物流中心、区域性金融中心、区域性文化科教中心、区域性医疗服务中心。而"三基地一通道"则立足新疆能源资源优势,加快建设国家大型油气生产加工和储备基地、大型煤炭煤电煤化工基地、大型风电基地和国家能源资源陆上大通道,积极承接产业转移,加快建设向西出口制造基地。甘肃则发挥丝绸之路"咽喉"要道作用,依托全省沿线支点接点城市多、产业集聚功能明显的优势和潜力,重点推进横贯全省的连霍高速公路沿线兰州、天水、平凉、张掖、酒泉等国家级公路运输枢纽建设。

(二) 建设畅通安全可控的海上运输通道

1. 完善海运服务网络

海上运输一直是我国对外贸易运输的主体,承担了对外贸易中约 2/3 的运输任务,在我国对外能源资源、集装箱贸易中发挥了重要作用。海上丝绸之路主要涉及西线、中线和南线三条航线,而海上丝绸之路推动着港口基础设施的完善配套,是我国建设海洋强国和海运强国的重要抓手。完善沿线国家间海运服务网络,积极开拓新的海上航线,积极推动海上互联互通。以大连、天津、青岛、上海、宁波—舟山、厦门、深圳、广州等港口为重点,拓展现代港口服务功能,推进高端化、国际化发展,推动港口由运输枢纽向国际物流枢纽、商贸交易中心、国际资源配置中心、对外开放政策创新高地的高水平国际门户发展。国际集装箱干—支网络运营模式,将会影响未来港口格局,一体化运输方式、多式联运等提出更高的要求,带动支线运输及海铁联运的发展。优化海运船队结构,提高集装箱班轮国际竞争力,培育我国游轮运输品牌。

2. 加强海上运输通道的安全保障能力建设

近年来国际形势复杂多变,我国对外国际贸易运输面临的安全形势日益严峻。建设 21 世纪海上丝绸之路,需要积极推进境外海上战略支点建设,鼓励、支持、引导企业通过投资、参股、长期租赁等方式参与境外港口建设和经营,提升对战略性港口的控制力和话语权,建设一批海上战略支点。比如,我国对以马六甲海峡为核心的东南亚海上通道的需求发展转变,即从过去确保海上运输线的畅通,扩展到为配合海上力量走出去而加强沿岸的后勤补给与保障能力,因此,选取通道沿岸的重要港口作为战略支点,加强投资、建设以及与所在国开展密切的合作尤为必要。另外,不断深化与有关国家在航行安全、搜救合作等方面的合作,增强海上安全保障和应急处置能力,提升海上运输的畅通能力,保障我国能源资源等战略物资运输安全。

(三) 积极推动国际物流发展

1. 大力发展多式联运

要以提高运输组织效率为导向,依托主要港口、铁路物流中心、公路货运枢纽、枢纽机场及主要口岸,在29个一级物流园区布局城市、70个二级物流园区布局城市建设或改造一批具有公共服务属性和多式联运功能的货运枢纽,为国际性或区域性货物提供中转服务,推动公路货运枢纽(物流园区)与港口、铁路等运输方式的有效衔接,积极推进多式联运发展。要进一步完善沿海港口的集疏运体系,推进公水联运、铁水联运,扩大港口的辐射范围,提高海上运输的服务效率。要充分利用铁路运能增长和长江黄金水道建设的机遇,提高铁路和内河水运在大宗散货运输中承担的比例。随着我国内陆腹地经济发展,箱源生成的增量也将随着产业分布和结构调整逐渐内移,将对内贸集装箱产生有力的支持。同时,船舶大型化和联盟化的发展趋势,推动产生新的干线枢纽与网络状的支线运输服务相结合的"轴辐式"运营组织模式,水水转运比重进一步增加。加快老旧重型货运车辆报废更新,积极鼓励厢式化、模块化、轻量化等先进车型的发展,全面推广使用安全有效、技术先进、绿色环保的货运车型。推广应用集装箱及半挂车等标准化运载单元,研发并推广基于标准运载单元的专用载运机具、快速转运装备,提高转运效率。近几年,中欧集装箱班列发展较快,目前,已经开通了"渝新欧""郑新欧"等十余条中欧班列,但各省各自为政、争抢货源等问题突出,下一步应从国家层面整合中欧、中亚国际集装箱运输班列资源,优化运输线路,延伸服务链条,并积极推动公路为铁路班列提供集疏运服务。提高标准化托盘在物流大通道重点企业中的普及率,鼓励其探索标准化托盘与供应链、共同配送、多式联运、甩挂运输相结合。推动托盘标准化及其循环共用,使用和更新标准化周转箱、笼车等标准化物流设备。

2. 推动跨国物流信息共享

习近平主席提出的"五通"中的"商贸流通"离不开信息化的支撑,要推动建设区域性国际物流信息平台,加强与周边国家的物流信息共享合作。加大信息化建设投入,建立完善国际道路运输管理与服务信息系统,实现出入境车辆信息与口岸管理部门信息共享。与"一带一路"沿线国家积极开展在物流信息化技术标准、动态数据交换、信息安全等方面的务实合作,推动跨国物流信息互联共享。积极推广我国与日本、韩国共同推动的东北亚物流信息服务网络(NEAL-NET)的经验,推动在更大范围内推广应用,重点推动与海上丝绸之路沿线重点国家港口与企业物流信息系统的有效衔接,提高中国港口与亚太地区港口间的信息互联互通水平,进一步完善通道运输管理信息体系。加快车辆GPS监控、道路运输GIS信息查询、道路运输IC卡电子证件、电子标签(RFID)等新型信息技术在国际道路运输管理和企业运营管理中的运用,提升公路口岸国际道路运输监管与服务水平,提高企业运营管理效率。

3. 进一步优化通关环境

跨国运输通道基础设施贯通,但通关便利化等方面还存在很多问题,"通而不畅"的问题较为突出,其中有政治、文化、政策、管理等多方面的原因。发展国际运输,重点是要推动国际运输的便利化。运输便利化是全面而统一的做法,降低运输全过程的复杂性和成本,在国际可接受的范围、规制及最佳实践的基础上,保证所有的运输活动在有效、透明和可预见的过程中进行。运输便利化的核心是简化与协调相关程序,加速人员、货物以及运输装备的跨境流通,终极目标是实现"运输无国界和运输自由化"。因此,运输便利化的措施包括交通运输政策的协调、口岸检查程序的简化、行业管理措施的高效、国际运输市场的规范、交通基础设施的统一、运输装备的标准、市场主体竞争的公平等内容。要充分利用现有合作机制,推进国际运输便利化,加快制定并推动落实与周边国家的运输便利化措施。同时,还要完善与海关、边防、检验检疫等口岸管理部门的合作机制,加快形成边检、海关、检验检疫与运管一体化、一站式的口岸通关模式,推动开展"信息互换、监管互认、执法互助",进一步改善口岸通关环境。参照"海关+边防检查+检验检疫+运管"的陆路口岸通关模式,依法将国际道路运输管理机构纳入口岸联检序列,明确并落实运管机构进入口岸限定区依法履行职责的政策和法律依据,实现口岸各联检部门一次申报、一次查验、一次放行的便利化通关。加快推进国际道路运输管理体制改革,实现省级垂直管理模式,形成部、省、口岸国际道路运输管理机构监管服务的三级管理体系。

(四) 推动交通运输"走出去"

1. 营造良好发展环境

交通运输是国民经济的基础性、先导性、服务性行业,"一带一路"为国内企业走出去提供了很好的平台,政府把"走出去"战略的各项要求落实到交通运输工作中,切实支持企业参与"一带一路"建设,要做好统筹布局,做好宣传引导,做好协调服务,为企业走出去营造良好发展环境,做好企业走出去的后盾,同时还要有具体的支持政策,有的项目经济效益差,但在国家层面具有重要的战略意义,企业参与的积极性较差,国家应该在资金、财税、土地、人才等方面出台相关支持政策,支持企业走出去,及早占领创新的高地。

2. 提升"走出去"水平

充分发挥国内交通运输领域规划咨询、工程建设、技术装备、运营管理、人才技术等方面的优势,推动基建、疏浚和装备制造企业逐步向策划、设计、咨询等高附加值和高利润率的产业链上游过渡,带动资本、装备、技术、标准等走出去,提升走出去的水平。要深入了解当地文化、法律及相关政策,做到知己知彼,同时要规范走出去的经营行为,树立社会责任意识,实现与当地的融合发展、共同发展。另外,企业走出去要注重提高自身的组织管理水平,加强与国内企业的联合,形成合力,提升竞争力。鼓励快递企业聚焦北美、欧洲,拓展服务网络,促进寄递服务与跨境电子商务联动发展,支持建设一批国际快件转运中心。当前,世界主要发达国家高速铁路正在进入新一轮快速发展期,并呈现多强竞争格局。我国已经在轨道技术、车辆装备、移动信号等各方面拥有过硬的实力。我国应建立高铁装备"走出去"统筹协调机制,明确高铁装备"走出去"的战略路径,整合国内力量资源,带动我国设计咨询、建设施工、装备制造、技术服务等全方位对外合作,促进铁路"走出去"从单一产业向产业链和价值链的高端方向发展,积极推动中国标准国际化,努力打造我国铁路"走出去"升级版。通过异地投资、兼并重组、合资合作等资本运营手段,实现由产品输出到产品、技术、资本、服务输出的转变。建议政府主导成立包括设计、施工、整车、关键部件、运营等相关单位在内的联合体,发挥高铁行业的整体优势,形成国际级产业力量,以及从设备出口到系统标准输出的转换。

"一带一路"跨国投融资体制研究*

一、"一带一路"跨国投融资体制的现状及问题

2013年3月28日,国家发改委、商务部、外交部联合发布了《推动共建丝绸之路经济带和21世纪海上丝绸之路的愿景与行动》。2013年9月,习近平主席提出了建设"丝绸之路经济带"和"21世纪海上丝绸之路"的战略构思,称为"一带一路"。"一带一路"建设是一项系统的工程,其中,资金融通是发展"一带一路"中重要的一项内容,也是建设"一带一路"的重要支撑。为此,国家已经成立了丝路基金为"一带一路"战略方针保驾护航。2014年10月,包括中国在内的21个成员国共同决定成立亚洲基础设施投资银行,重点支持亚洲地区基础设施的建设工作。这一点又与"一带一路"倡议高度契合。因此,"一带一路"经济建设势在必行,而"一带一路"沿线国家有着迫切的金融需求,如何将投融资体制建立好、完善好、运用好,实现资源的合理配置,关系到"一带一路"倡议的推进,乃至周边经济的未来的发展。

(一)"一带一路"下的跨国投融资需求

"一带"依托国际大通道,以重点经贸产业园作为合作平台,共同打造中巴经济走廊、孟中印缅经济走廊、新亚欧大陆桥、中蒙俄经济走廊、连云港到圣彼得堡亚欧交通运输大通道,总长度近8 500千米。中国—哈萨克斯坦连云港物流合作基地已经启用,这是"一带一路"经济带的首个实体平台。

"一路"主要依托于港口城市,建设中印经济走廊、泛北部湾沿海国际经济走廊、中越经济走廊、中新经济走廊,打造通畅安全高效的运输大通道。"一带一路"将以通路、通航、通商为突破口,建立经济区域一体化,加强我国产业结构调整,力推优势的产业发展。

---

* 本文作者冯科,北京大学经济学院副教授。

一带一路 ▎The Belt and Road
全球价值双环流下的区域互惠共赢

铁路是"一带一路"关键的"互联互通"的主体。据估计，未来，"一带"沿线区域包括中俄高铁等线路总长在1万千米左右，总投资规模在3 000亿到5 000亿元，将为中铁、铁建等铁路公司带来可观的营业收入。中国高铁也可以利用自身成本优势和技术优势，迎来非常大的发展机会。全球高铁规划超过4.3万千米，在建设之中的高铁超过2.8万千米，仅东南亚轨道交通项目的总投资规模就接近9 800亿元。如果没有沿路各国的陆路互联互通，海路互联互通则不可能发挥最大的贸易通道效应。这都会极大程度带动跨国投融资。

另一方面，通航将为航海、航空相关行业提供较大的发展空间。海上丝绸之路沿各国之间的海路贸易通道建设是海上丝绸之路建设的基础领域，主要包括对于沿路的贸易港口和交通干线进行投资，提供港口的吞吐能力和交通干线的物流运输能力，在东南亚、南亚、西亚、非洲和欧洲之间形成边界的商品运输网络。"一带一路"交汇点落定江苏，全省启动对出海口连云港的全面规划，意在产生港口、产业、城市的联动效应。沿路的贸易港口和交通干线建设，以及配套设施服务类行业将会产生巨大的跨国融资需求。

此外，"一带一路"的"通商"政策将惠及能源、核电、农业、化工等领域。沿线基础建设工程需求增长，更多的管道也因此保证了我国能源的输送。大陆桥辐射区域是全球主要的能源和战略资源供应基地，内部资源互补性强，资源大国通过与中国的油气合作，增加了当地财税收入和就业机会，有极高的投资回报价值。

因此，"一带一路"倡议的推进，有利于促进基础设施、装备制造等产能过剩的行业重组和优化，刺激新技术和新商业模式加快发展，势必要引发周边国家和地区的融资需求。

全方位基础设施建设为突破，实现互联互通是"一带一路"倡议的核心。但是，受到发展水平和经济发展差异化的制约，很多基础设施还无法满足"互联互通"的经济建设需求。主要表现在：交通基础设施，包括铁路干线建设、公路网建设和港口改造；资源基础设施，包括能源与矿产资源的勘探开发、道路与管线运输、冶炼加工领域；线网基础设施，包括电信固网宽带的升级和改造。在"一带一路"倡议的带动下，随着融资需求不断增大，我国金融机构在基础设施建设上对外的直接投资将出现爆发式的增长。

"一带一路"沿线各国的经济资源、产业结构互补性强。随着区域经济一体化、贸易自由化进程的推进，各国在工业、农业、能源、科技等众多领域开展贸易的前景广阔。数据显示，2013年中国与"一带一路"国家的贸易总额超过1万亿美元，占中国外贸总额的1/4。而未来10年，中国对外贸易的年均增长率将超过20%。其中不可忽视的是，贸易带来的融资需求是巨大的，而国内金融机构在贸易融资方面具备领先优势。

"一带一路"倡议还表现在财富管理的需求上。周边国家及地区在咨询服务、税务咨询、房地产规划、风险管理、资产管理上有极大需求。在过去的10年中，亚洲财富管理的水平落后于欧洲,大量外汇储备流至欧洲金融市场,而亚洲中小企业成长的融资需求难以满足。"一带一路"倡议的推进,将促进区域化生产要素的流动和优化配置。

除此之外,"一带一路"的战略下,我国企业面临不确定性,包括外国经济、政治局势,金融危机等引起的资产贬值、汇率限制和变化等金融风险。为了缓解这些风险所带来的损失,需要保险来减少风险,如政策性保险维护资金安全,信用保险有效撬动信贷杠杆,商业保险保障人身财产安全等。

(二)"一带一路"下跨国投融资的发展现状和问题

1. "一带一路"跨国投融资的发展现状

我国外汇储备非常高。受高额的外汇储备影响,我国的海外资产规模格外庞大,但资产结构却非常畸形。从对外资产结构来看,截至2014年第三季度,我国对外投资所形成的海外资产总额达6.29万亿美元,储备资产达3.95万亿美元,占比高达62.8%(其中外汇资产为3.88万亿美元,占据了储备资产的98.5%),证券投资占比4.1%,对外直接投资10.6%,两者均占比较低(见图1)。从对外负债结构看,截至2014年第三季度,外国直接投资占对外负债比例高达56.7%,证券投资(以QFII为主)占比10.2%。

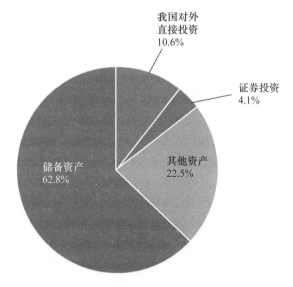

图1 我国对外投资情况

资料来源:Wind数据库。

不对称的对外资产负债结构使我国净投资收益常年为负,更凸显了我国对外投资回报率较低的问题。以储备资产为主的对外资产结构决定了资产回报率只能处于相对低位,因为储备资产对于流动性的要求制约了它的投向。我国外汇储备中持有美国国债 1.27 亿美元，而当前的美国 10 年期国债收益率始终徘徊于 2%—3% 的水平。相反，对外负债中由于包含了外资在中国的大量直接投资，投资回报率显著高于中国（世界银行 2005 年的调查显示，外资企业在中国投资回报率高达 22%），这就决定了我国对外资产回报率大大低于对外债务的成本。

对比发达国家情况来看，截至 2013 年，美国 22 万亿美元的海外资产中，持有储备资产占比只有 2.4%，对外直接投资占比高达 28.9%，证券投资占 39.7%；日本是外汇储备大国，其海外投资结构更具可比性：在日本 791.7 万亿日元的对外债权中，储备资产占比 16.8%，直接投资占比 14.8%，证券投资占比 45.1%。可见，虽然我国海外资产庞大，但中国企业没有真正"走出去"，仍停留在"请进来"的阶段，中国的跨国公司无法形成全球布局，无法为中国的产业转移和过剩产能的消化提供可能。

目前，我国跨国的投资现状是，虽然外汇存储量巨大，但是存在资产结构不合理，导致回报率很低，亟待多元化运用。根据国家外汇管理局和商务部数据，2014 年中国对外直接投资总额为 1 160 亿美元，比 2013 年增长了 15.5%，如果把第三地融资再投资包括在内，2014 年中国对外投资总量则为 1 400 亿美元左右，超过利用外资 200 多亿美元。实际上，2014 年中国已经进入资本净输出国行列。2014 年对外投资总量中，地方企业投资额为 451.1 亿美元，占同期总额的 43.8%。从全球来看，2012—2014 年，中国连续 3 年对外直接投资规模保持世界第 3 位，2014 年首次突破 1 000 亿美元。中国对外直接投资总的存量超过了 6 600 亿美元，排名世界第 11 位；在境外投资的中资企业数量超过 2.5 万家。实践中，中国一些具备优势的装备制造业如电力、高铁、船舶、电信设备等受到许多国家的欢迎。但同时，我们也要清楚，中国的对外直接投资总量仅占世界总量的 2.5%，仅相当于美国的 10.2% 左右、英国的 29.4%、德国的 34.4%、法国的 35.5%，中国海外的净资产也仅为日本的 50% 左右。

只有以长期债权和股权等方式重新投入资本市场和实体经济，外汇储备才能实现保值增值，这也是外汇储备合理有效运用和全球经济及资本循环的必然要求。近年来，国家也一直在积极探索和拓展外汇储备使用渠道和方式，例如 2003 年利用外汇储备通过汇金公司向进行股份制改革试点的国有商业银行注资，2007 年积极参与清迈倡议多边化合作，同贸易伙伴国签订双边货币互换协定，参与基金组织等国际金融组织对危机国家的救助和支持，参与国际货币体系改革和重建，由外汇储备出资成立主权财富基金等，这些方式都丰富了外汇储备的应用渠道，有力支持了人民币国际化进程，并对国家宏观经济运行起到了支撑、推动作用，但从规模上而言，我国外汇储备仍需寻找具备持续性、有益了国家经济利益的投向。

目前，同"一带一路"密切关联的四大资金池为丝路基金、亚洲基础设施投资银行、金砖组织开发银行和上合组织开发银行，如何有效发挥四个平台的投融资渠道作用，优化我国资金结构，是"一带一路"建设的重要议题。

2. "一带一路"跨国投融资体制存在的问题

"一带一路"建设过程中涉及经济、政治、安全、环境、文化等多方面问题。

经济增长不确定性与市场竞争为"一带一路"下的跨国投融资增加了不确定性。"一带一路"周边国家和地区的资源、经济发展水平、产业及市场结构存在非常大的差异。如果不能够评估风险带来的损失以及制定好相关的应对策略,必定会带来负面的影响和不必要的损失。对于投资者,需要很好评估企业面临的市场风险再进行投资行为。然而如何规避不确定风险是投资者主要考虑的问题。

政治稳定性和地区安全也会带来风险。"一带一路"经济带建设过程中,由于各国政治体制不同所带来的不确定性,特别是中亚、西亚的一些国家,政治制度多样,政治稳定性相对较差,时有政治事件和政治骚乱发生,必然影响各国之间的经济合作和经济发展。比如,吉尔吉斯斯坦的颜色革命就对中吉双边合作产生了消极影响。外高加索地区的格鲁吉亚、亚美尼亚和阿塞拜疆三国也是冲突高发的国家。南亚地区的印度、巴基斯坦和阿富汗三国存在领土争端。阿富汗有美国驻军,也给跨国合作带来较大的政治风险。西亚地区的伊朗、伊拉克、叙利亚存在民族和宗教冲突。东欧的乌克兰和俄罗斯有领土争端问题。东南亚、南亚、北非地区航行的海盗也构成安全隐患。

生态变迁与环境破坏给人民币国际化带来了环境风险。丝绸之路经济带由欧亚大陆上处于不同地理区位、自然环境各异的多个经济体组成,生态环境差异较大,不少地方是生态环境脆弱地区,例如中亚和西亚存在大量的沙漠与干旱缺水地区,生态环境保护的压力较大。丝绸之路经济带建设涉及道路与通信系统、贸易网络和能源通道等基础设施建设,还涉及矿产资源、能源与原材料资源的开发利用,必然对当地的生态环境产生消极影响。"一带一路"建设面临的环境风险包括三个方面:一是生态脆弱地区的经济开发风险,例如中亚沙漠和干旱地区的能源开发导致的水资源短缺、环境承载力下降等风险;二是能源开发的环境约束,例如中亚和西亚地区作为全球重要的化石能源基地,以石油、天然气为重点的能源开发受到环境的约束,大规模开发会对本地区的生态环境产生破坏性影响;三是原材料和矿产资源开发也面临环境约束,中亚、南亚和西亚地区也是重要的矿产地区,以铁矿、铜矿和贵金属为重点的矿产资源开发也面临生态环境约束。

安全与利益冲突给人民币国际化带来了安全冲突风险。"一带一路"沿路各国都不同程度受到暴力恐怖主义、民族分裂主义和宗教极端思想的影响,存在各种类型的恐怖组织和宗教极端组织,对沿线各国的政治稳定和社会安全构成威胁,也直接影响到丝绸之路经济带的形成和发展。丝绸之路沿线各国的安全风险突出表现在四个方面:一是暴力恐怖主义威胁沿线多国民众生活和经济建设。例如阿富汗地区持续多年的暴力恐怖活动,中亚地区费尔干纳盆地存在的暴力恐怖活动,对当地的经济活动和投资具有明显的消极影响。二是极端民族分裂势力威胁沿线各国的国家统一与民族团结,成为制约当地经济发展的障碍。例如,2014年2月巴基斯坦俾路支民族分裂主义武装分子炸毁了三条由俾路支省输往人口密集的旁遮普省的天然气管道,导致数百万居民的天然气供应中断;俄罗斯外高加索的车臣地区持续多年的民族分裂运动成为阻碍该地区经济建设的力量;我国南疆地区外部的民族分裂势力存在破坏性影响;等等。三是极端宗教思想蔓延成为阻碍本地区经济发展的重要制约因素。例如中亚地区存在以泛伊斯兰主义和泛突厥主义为突出表现的"双泛"极端宗教思想和势力,是影响本地区各国之间及各国与中国之间区域合作的重要破坏性力量。阿富汗、巴基斯坦和西亚地区也活跃着各种各样的宗教极端势力,阻碍本地区发展与进步。四是传统文化和意识形态冲突对本经济带经济造成的消极影响。"一带一路"各国分布着具有不同历史文化传统和意识形态的民族,有的民族之间存在历史恩怨、文化与意识形态冲突,例如伊斯兰文化民族和基督教、东正教文化民族之间的差异和冲突,阿拉伯文化民族与波斯文化民族、突厥文化民族之间的差异和冲突,都成为影响本地区安全与稳定的消极因素。

货币与金融不稳定给人民币国际化带来了金融市场波动风险。"一带一路"沿线各国,除了中国、印度、俄罗斯、土耳其作为较大的新兴经济体经济发展水平相对较高外,大多数国家的经济发展水平有待进一步提高,货币币值不稳定,金融机构抗风险能力弱,容易产生货币信用与金融风险。丝绸之路经济带建设中面临的货币与金融风险在三个领域最为显著:一是汇率波动风险。中亚、西亚和东欧的一些经济规模小、产业结构单一的经济体,容易受到世界经济与国际金融市场波动的影响,本币汇率波动频繁,容易产生汇率波动风险。二是信贷违约风险。大规模的基础设施建设需要大量的资本投入和良好的信用保证,在形成良好信用担保制度以前,丝绸之路经济带沿线各国的政府和企业都可能出现信用违约现象,导致一系列的违约风险。三是货币贬值风险。小规模经济体的货币很容易受到本国经济增长变化和国际金融市场波动的影响,也更容易成为国际流动资金的投机对象。

外部力量干预可能给人民币国际化带来了系统性与非系统性风险。"一带一路"建设必然影响到欧亚地区的地缘政治经济格局调整,影响到全球主要大国权力与利益配置,导致主要大国和利益集团的利益博弈。实际上,在2013年习近平主席提出建设丝绸之路经济带倡议以前,已经有日本、美国、俄罗斯、印度、欧盟、伊朗、哈萨克斯坦等国提出了与丝绸之路经济带相关的发展战略和构想。例如,1997年,日本提出了丝绸之路外交战略;2002年,俄罗斯、伊朗和印度提出了北南走廊计划;2009年,欧盟提出了新丝绸之路计划;2011年,美国提出了新丝绸之路战略;2011年,伊朗提出了铁路丝绸之路计划;2012年,哈萨克斯坦提出了新丝绸之路项目。丝绸之路经济带建设面临各种政治经济力量的战略与政策博弈态势。当前,中亚地区作为丝绸之路经济带建设的关键地区,已经成为全球主要大国和政治经济力量的战略博弈之地。美国和北约以反恐战争名义深度介入阿富汗事务并长期驻留军事力量。俄罗斯作为苏联遗产的主要继承者,始终把中亚地区视为自己的特殊利益区。欧盟试图通过能源战略介入中亚事务。土耳其和伊朗则凭借民族、宗教和地理区位优势积极介入中亚事务。巴基斯坦、印度、日本等也积极介入该地区政治经济事务。外部力量的干预,加上本地区各国的政治经济利益的不完全一致性,必然增加丝绸之路经济带建设的外部干预风险。

简言之,"一带一路"建设面临市场竞争的不确定性、政治稳定性与政策变动、生态变迁与环境破坏、安全与利益冲突、货币与金融外部力量干预等多方面的风险,这些都直接对人民币国际化产生影响并增加人民币国际化投融资的风险。

(三) 小结

综上所述,"一带一路"战略为跨国投融资的建设带来很大的机遇。面对巨大的投融资需求,无论是亚投行还是丝路基金都扮演了十分重要的角色。当然,机遇伴随着挑战。在巨大的投融资需求面前,如何解决经济、政治、安全、环境、文化等一系列问题,如何推进"一带一路"经济区域一体化的进程,包括完善基础设施建设,增强相关合作关系,达到真正"互联互通",优势互补,互利共赢,还需要与"一带一路"沿线国家和地区共同努力。

二、"一带一路"下跨国投融资体制发展路径

(一) "一带一路"现阶段跨国投融资方式研究

1. 丝路基金

2014年11月4日,习近平主席在中央财经领导小组第八次会议上提出设立丝路基金,明确指出将借此利用我国资金实力直接支持"一带一路"建设,此举旨在以建设融资平台为抓手、打破亚洲互联互通的瓶颈,为"一带一路"沿线国家基础设施、资源开发、产业合作和金融合作等与互联互通有关的项目提供投融资支持。

丝路基金总规模为400亿美元,首期资本金100亿美元中,目前初定资金来源于外汇储备以及中国进出口银行、中国投资有限责任公司、国家开发银行三家机构,其中外汇储备出资占比65%,中国进出口银行和中投公司各出资占比15%,国家开发银行出资占比5%。

从模式来说,丝路基金更接近于主权投资基金,与多边合作机构相比,中国具有决策权,因而具备效率上的优势,但仍需面临法律环境、税收政策等国别风险。基金先期将以交通、电力、通信等基础设施规划投资为主,起点为国内相关省份,项目也以铁路、公路、管道等基础设施的新建和扩建为主,后期或将在文化、旅游、贸易方面有更多进展。

2. 亚洲基础设施投资银行

亚洲基础设施投资银行的最初设想由中国财政部于2013年年初提出,筹备工作

在 2014 年骤然提速，2014 年 10 月 24 日，中国、印度、新加坡等 21 个首批意向创始成员共同签署了《筹建亚投行备忘录》，自此，亚投行作为一个专为亚洲量身打造的基础设施开发机构正式登上了国际舞台。

2015 年 1 月 4 日，中国财政部对外宣布，新西兰决定加入由中国主导的亚投行，至此，包括中国在内，亚投行参加国将增至 24 个，包括孟加拉国、文莱、柬埔寨、中国、印度、印度尼西亚、哈萨克斯坦、科威特、老挝、马尔代夫、马来西亚、蒙古国、缅甸、尼泊尔、新西兰、阿曼、巴基斯坦、菲律宾、卡塔尔、新加坡、斯里兰卡、泰国、乌兹别克斯坦和越南。预计各国将在 2015 年 6 月底之前完成章程谈判和签署工作，明确各国在亚投行的股权分配比例，并在 2015 年年底前投入运作，总部将落户于北京。

亚投行的法定资本金为 1 000 亿美元，中国从外汇储备出资 50%，即 500 亿美元。注册资本金由成员分期缴纳，一期实缴资本金为初始认缴目标的 10%，即 50 亿美元，其中中国出资 25 亿美元，其他创始成员共同筹集一期资本金的其余 25 亿美元，其中部分国家或由中国提供的贷款出资。

就资金管理方式而言，亚投行是一个政府间的金融开发机构，要按照多边开发银行的模式和原则运营，是迄今为止中国规模最大、规格最高的政府多边合作基金，并且中国已表明将持开放的态度，不追求亚投行的绝对主导地位，因此其他国家的资本投入仍存在进一步增加的空间。

首批推进的项目或将集中于与中国基本没有领土纠纷、没有历史问题的传统友好国家，而在中长期，亚投行牵头提供融资方案能够被更多的区域内国家所接受，便于推进更大规模的基建项目，也便于建立起更具普遍适用性的融资模式。

3. 金砖国家新开发银行

2014 年 7 月 15 日，"金砖五国"在巴西福塔莱萨宣布成立金砖国家新开发银行，宗旨是对成员国、新兴市场国家和其他发展中国家提供基础设施和项目建设融资，在不到两年的时间内，金砖国家新开发银行完成了从概念提出到签署建立协议，且将于 2016 年成立，总部设于上海。

金砖国家新开发银行法定资本金 1 000 亿美元，首批到位资金 500 亿美元，"金砖五国"平分金砖国家新开发银行的股权，这意味着中国出资额将达 100 亿美元。金砖国家成员将就治理结构进行讨论，关键战略决策由理事会做出。首任理事会主席将由俄罗斯提名，首任董事会主席将由巴西提名，首任行长将由印度提名，另于南非设立非洲区域办事处。五个成员国商定将事先选定各自的基础设施项目，确保金砖国家新开发银行一旦投入运作，便能快速在首批的项目实施上取得成功。

4. 上海合作组织开发银行

上海合作组织成员国元首理事会第十四次会议于 2014 年 9 月 11 日至 12 日在塔吉克斯坦首都杜尚别举行，与会元首共同签署并发表了《上海合作组织成员国元首杜尚别宣言》。李克强总理2015年12月15日在上海合作组织成员国政府首脑理事会第十四次会议上表示,将稳妥推进组建上合组织开发银行进程。上合组织成员国为中国、俄罗斯联邦、哈萨克斯坦、吉尔吉斯斯坦、塔吉克斯坦、乌兹别克斯坦。

上合组织开发银行的建立有助于支持成员国进一步扩大本币结算范围,从长远来看,这将为合作组织内部形成自由贸易区的框架打下坚实的基础。而自由贸易区的组建,将促进各成员国互惠互利的发展,为世界经济注入新的增长活力,进而改变世界经济的格局。与此同时,上合组织开发银行也有助于通过加强不同货币之间、区域性财金的合作,弱化美元的骨牌效应,规避可能的美元风险。通过打造安全、产能、互联互通、区域贸易六大合作平台,成立上合组织电子商务联盟,上合组织开发银行的建立对发展区域产业合作链也有着积极的促进作用。

目前,"一带一路"战略涉及的项目主要集中在基础设施建设,例如,铁路、公路、水运港口等项目上,还有能源、油气田和电力项目。

5. 国家主权基金

国家主权基金,又被称作主权财富基金,是指一国政府通过特定税收与预算分配、可再生自然资源收入和国际收支盈余等方式积累形成的,由政府控制与支配,通常以外币形式持有的公共财富。主权财富基金可以理解为一个国家或地区政府设立的官方投资基金,目前国际的发展趋势是通过成立主权财富基金管理这些公共财富,并通常会设立独立于央行和财政部的专业投资机构管理这些主权财富基金。

中国的主权财富基金主要是中国投资有限责任公司,其次也包括中国华安投资有限公司(隶属于中国外汇储备管理局)、中国社保基金、中非基金(隶属于国家开发银行)等准主权财富基金。截至2014年,中国投资有限责任公司和华安投资有限公司分别以6 527亿美元和5 679亿美元的财富规模在全球的主权财富基金中位列第四、第五位。主权财富基金为我国的外汇管理和跨国投融资提供了平台和支持。讨论"一带一路"下的跨国投融资体制的发展路径,有必要首先分析研究我国的主权财富基金,这里着重讨论中国投资有限责任公司和中国华安投资有限公司。

中国投资有限责任公司2007年成立于北京,是经国务院批准设立的从事外汇资金投资管理业务的国有独资公司,其注册资本金为2 000亿美元,资金来源于财政部通过发行特别国债筹集的15 500亿人民币。中国投资有限责任公司采用商业化的运作模式,以境外金融组合产品投资为主要业务,追求长期投资收益。中国投资有限责任公司成立后,成立于2003年的中央汇金投资有限责任公司整体并入中国投资有限责任公司,成为其全资子公司。作为中国投资有限责任公司100%控股的金融控股公司,中央汇金投资有限责任公司自设董事会与监事会,负责持有并投资国有重点金融企业的股权。目前,中国投资有限责任公司下设三家子公司,包括中投国际有限责任公司(中投国际)、中投海外直接投资有限责任公司(中投海外)、中央汇金投资有限责任公司(中央汇金)。中投公司的境外投资和管理业务分别由中投国际和中投海外承担。中投国际和中投海外开展的境外业务与中央汇金开展的境内业务之间实行严格的"防火墙"措施。

中国投资有限责任公司的投资原则是基于商业目的,在可接受风险范围内实现股东权益最大化。中国投资有限责任公司坚持长期投资的理念,发挥长期投资者对短期市场波动风险承担能力强的优势,获取非流动性溢价;坚持风险分散化的理念,通过在各风险因子间的分散化投资,降低组合波动性,控制组合下行风险。中国投资有限责任公司通过投资决策委员会指导公司的投资决策和管理,并根据投资业务线的特点,按照"权责匹配、产品导向、循序渐进"的原则对投资决策进行适度授权。中国投资有限责任公司下设资产配置与战略研究部、股权策略投资部、债券与绝对收益投资部及私募股权投资部。投资范围覆盖全球公开市场股票,发达国债,新兴市场国债,机构债,现金,隔夜存款,短久期美国国债,对冲基金策略,风险均配策略,泛行业私募基金、直投和跟投,房地产直投、基金,以及信用机会类投资等。截至 2014 年 12 月 31 日,中国投资有限责任公司的境外投资组合 44.1% 分布于公开市场股票,26.2% 分布于长期资产,14.6% 分布于固定收益,11.5% 分布于绝对收益,剩余的 3.6% 分布于现金产品。基于长期投资的理念和相应的投资策略,2014 年,中国投资有限责任公司的境外投资净收益率为 5.47%,自公司成立以来境外投资的累计年化净收益率为 5.66%,较好地实现了受托外汇资产的保值增值。在风险管理方面,中国投资有限责任公司建立了一系列风险管理政策、制度、系统和流程,以确保投资在可接受的范围内有序运作。中国投资有限责任公司提倡全面风险管理理念,风险管理活动覆盖所有部门和岗位,贯穿投前、投中、投后各个阶段,涉及投资总组合、资产大类、投资策略/子策略等各个层级。中国投资有限责任公司的全面风险管理体系包含三个层次的制度体系:基本制度、具体制度(各风险类别管理办法)、操作制度(风险管理指引),为公司科学、规范、有序开展风险管理提供坚实制度保障。三级流程的管理体系则覆盖公司层面、跨部门和部门内部的三级流程管理体系;规范了投资类、管理与支持类、监督检查类活动的业务流程和操作细节,提升了公司经营管理的规范化水平和效率。三道防线的组织架构则是:第一道防线——投资部充分了解投资产品风险,并在投资过程中遵循公司各项风险管理规章制度。第二道防线——风险管理部负责根据公司风险预算,对不同资产类别设定风险限额;制定、完善风险管理框架、制度和流程;会同法律合规部、公关外事部等进行全面风险管控。第三道防线——内审部和纪检监察部负责监督、检查、评价公司投资程序合规性和风险管理及内控体系的有效性,并督促、指导整改工作。

与中国投资有限责任公司相比,中国华安投资有限公司 1997 年在香港注册,注册资本金 1 亿港元,是中国主权财富基金在香港的分支,其董事会是中国外汇储备管理局,主要功能是获得投资回报、增加控股多元性、减少中国对于美元价值的风险敞口。

中国华安投资有限公司投资各种金融工具,包括证券、外汇和商品等;代理外汇储备管理局管理外汇储备及经外汇储备管理局所授权批准的其他所有相关货币财务事宜;在全球范围内管理投资基金,并管理国家外汇储备或从事其他经中央银行授权批准的业务。中国华安投资有限公司在英国证券市场表现活跃,目前持有英荷壳牌石油公司、力拓矿业集团、巴克莱银行、必和必拓公司等的股票。

分析中国投资有限责任公司和中国华安投资有限公司,两者均为国家设立的从事外汇资产投资管理的投资公司,追求资产的长期收益。两家公司都采用积极管理的模式,在全球范围内配置资产,资产组合的范围十分广泛,包括股票、债券、现金市场、私募、房地产、商品等。同时,两者也存在区别。第一,中国投资有限责任公司资金来源于财政部发行的特别国债,而中国华安投资有限公司的资金来源于外汇储备管理局,隶属于外汇储备管理局。第二,两者的投资功能分工存在区别,中国投资有限责任公司负责境外投资以及其全资子公司中央汇金负责的重要金融机构控股。中国华安投资有限公司负责追求收益性回报的那部分我国外汇储备的境外投资。第三,两者的透明度存在差异。中国投资有限责任公司的透明度高于中国华安投资有限公司。根据主权财富基金研究所(Sovereign Wealth Fund Institute)的评分,中国投资有限责任公司的透明度得分为7,中国华安投资有限公司的透明度得分为4(满分为10)。综合来看,这两家主权财富基金在现行的金融体制下,承担着我国外汇资产的投资保值增值责任,是我国目前跨国投资格局下的重要组成成分。

从融资和投资的结合角度看,国家开发银行作为三大政策性银行之一,承担着重要的职责。国家开发银行成立于1994年,自成立以来,贯彻国家宏观经济政策,发挥宏观调控职能,支持经济发展和经济结构战略性调整,在关系国家经济发展命脉的基础设施、基础产业和支柱产业重大项目及配套工程建设中,发挥着长期融资领域主力银行作用。国家开发银行作为政府的开发性金融机构,坚持把融资优势与政府的组织优势相结合,用建设市场的方法实现政府的发展目标,构建支持中国经济发展的体制动力,以实现项目建设和体制建设双成功的目标。国家开发银行的主要任务是为国家基础设施、基础产业和支柱产业("两基一支")提供长期资金支持,引导社会资金投向,缓解经济发展瓶颈制约。电力、公路、铁路、石油石化、煤炭、邮电通信、农林水利、公共基础设施等是国家开发银行的主要业务领域和贷款支持重点。成立以来,国家开发银行积极发挥政府和市场之间的桥梁纽带作用,支持了长江三峡、国家石油储备基地、西电东送、南水北调、西气东输、京九铁路、北京奥运、秦山核电站等一大批国家重点工程。

分析中国投资有限责任公司、中国华安投资有限公司、国家开发银行等我国重要投融资机构的职能、业务、投融资渠道,可以发现,我国目前的跨国投融资体制仍存在问题。

其一，我国目前的跨国投融资以政府资金为主，缺少其他资金的引入，资金多元化程度依然有限。从国内的投融资发展过程来看，改革开放前，政府作为投资主体，财政拨款是企业投资资金来源的唯一渠道。改革开放后，"单一主体，单一渠道"的投融资格局逐渐被打破。投资主体由传统的国有经济变为多种经济成分并存的新格局。但这种多元化的格局依然由国有经济主导。国有经济在投资上的所占比例过高，投资领域宽泛。从跨国投融资的角度看，这种现象更为明显。投资资金缺乏国有资金以外的资金渠道和支持，从而出现投资铺张、融资紧张的情况。

其二，资产负债结构不够合理，存在风险。以国家开发银行为例，由于国家开发银行的主营业务是中长期贷款，贷款的资产质量难以准确计量，存在坏账风险。同时，国家开发银行的负债主要来源于发行长期金融债券和来自中国人民银行的长期借款，负债渠道单一，还款期限较为集中，也存在债务风险。

其三，我国的跨国投融资渠道和平台仍待完善。目前，我国的跨国投融资平台较为局限，融资渠道狭窄，投资模式缺乏创新。在未来的跨国投融资渠道、策略、平台方面尚存较大的规划和改进空间。

回顾亚洲基础设施投资银行、丝路基金的建立，我国银行外汇业务的拓展，以及国家主权财富基金、国家开发银行等目前多形式的跨国投融资已建和在建平台和渠道，我国的跨国投融资体制已呈现一定的雏形。在"一带一路"的战略构想下，基于目前的跨国投融资体制布置，考虑前述的现状及问题，有必要进一步勾勒我国投融资体制的发展路径。

(二) 企业跨国债券融资平台完善和发展

目前，我国融资结构中突出的问题是企业债券融资发展滞后，企业融资结构中银行贷款的比重过大，企业债券比重过小。

我国的融资结构主要呈现出四大特点：

其一，在只包括通过资本市场证券直接融资和通过银行贷款间接融资的融资总量中，虽然直接融资的发展速度较快，但是其所占的比重仍然较小，通过银行贷款的间接融资比重依然占绝对优势。

其二，在只包括股票和企业债券的证券融资中，股票的发展速度要快于企业债券的发展速度。虽然企业债券在19世纪末经历过快速发展的阶段，但是规模增长远低于股票。

其三，在企业外部融资的总量中，银行贷款的比例在总体上超过80%，仅不足20%的融资来源于直接性的融资。同时直接融资中的股票融资又远大于企业债券融资比重。

其四，在包括银行贷款和企业债券的企业债券融资总量中，银行贷款的比重占据绝对优势。

基于以上四点企业的融资现状,反映出企业债券的发展相较于股票发展的滞后,这使得企业融资过分依赖于银行贷款,债券融资在企业融资的结构中处于薄弱的地位。

发展企业的跨国债券融资平台,有助于使得企业的融资方式向多元化发展。融资方式的多元化能够为企业提供多渠道、低成本筹资的市场基础。在健全的市场体系下,企业可以根据自身的风险敞口及实际需要选择相应的融资方式。通过推动跨国债券融资平台的发展,对企业的发展大有裨益。与此同时,企业可以利用跨国债券融资获得负债经营的好处,克服过度依赖于银行贷款融资可能带来的问题。对于我国,企业负债尚未真正发挥正面效应,负面效应却很严重。就国有企业而言,由于国有企业外部融资的80%以上来源于国有银行贷款,而国有银行贷款的80%以上集中于国有企业,国有银行又占全部金融资产的70%以上和全部贷款市场份额的60%以上,这样,形成了国有企业对国有银行的高负债,从而国有企业的财务杠杆效应不断恶化。而在银行低利率和信贷软约束作用下,财务杠杆效应越是恶化的企业越是依赖国有银行的贷款。同时我国的上市公司负债融资的财务杠杆效应也处于不合理的状态。在企业治理效应方面,由于国有银行的信贷软约束,破产机制和退出机制尚未真正建立起来,无论是国有企业还是上市公司,负债都没有起到像发达市场经济国家所具有的那种对企业治理的作用。国有银行对国有企业的预算软约束及国有企业财务效应的恶化在一定程度上会通过示范效应和连带效应影响到整个企业系统的财务效应及整个银行系统对企业系统的预算约束,从而导致整个社会企业财务效应的不合理与银行预算的软约束。因此,要改变这样的现状,除了改革国有银行和国有企业的效率问题、增强银行的预算约束外,还必须大力发展企业债券融资,从而增加企业债券在企业外部融资中的比重。

在发展企业跨国债券融资的过程中,需要注意以下几点:第一,政府需要改变管制政策。通过放松化、灵活化企业跨国债券融资的行政流程,可以方便企业进行跨国投融资。第二,需要注意提升企业的整体素质水平。目前,我国企业债券融资的主体是国有企业,而国有企业的经营效益较差、资产负债率较高,并且国有企业的治理结构不完善,存在较为严重的委托代理问题和所有者缺位问题。因此,有必要提升企业的素质从而促进企业债券的发展。第三,我国企业债券市场本身存在一定的问题。我国的企业债券在结构、期限、利率方面总体单一、缺乏创新,企业选择发行跨国债券进行融资的品种较少。与此同时,我国企业债券市场的二级市场建设较为滞后。由于二级市场的发展不够充分和活跃,投资者不能及时转让被投资企业的债券,从而债券相当于一笔有风险的定期存款。需要克服这种情况,开拓债券产品的种类,活跃企业债券市场。

从政策上看,需要注意的问题是要完善市场机制。完善市场机制包括两个环节,企业债券的发行和流通。在企业债券发行市场上,不再实行规模控制,将发行的审批权逐步放松,最终形成市场化的发行方式,各个行业的企业都可按照各自的需要,通过公正、公开、透明的规则,在市场化的中介机构的帮助下,自行选择相应的发行价格和数量。管理部门的责任只是完善市场法规,实行合规性审核,做好市场裁判,并加强市场监管,保护投资者利益,而不是直接干预企业和中介机构的内部事务。在交易市场上,各市场主体地位平等并按市场化原则行事,形成一个充满竞争性的、交易活跃的、统一的市场体系。

通过完善和发展企业的跨国债券融资,为企业提供了更为广阔的融资渠道,同时也为企业的生产、投资提供必要的资金,盘活企业的投融资渠道,从而增加企业的活力,为企业在"一带一路"战略下顺应跨国投融资模式的发展提供必要的帮助。

(三) 推动国企民企合作,建立投资基金

为了拓宽跨国投融资的渠道,应当推进国企和民企的合作,建立相应的投资基金,从而促进企业的业务拓展和规模壮大。

对于国有企业,投资基金作为一种新型的产权形式和集合投资制度,有利于企业股份制的建立与完善。解决国有企业股份制改造中的治理问题的可能突破口在于引入产业投资基金,重点发展企业重组基金,建立"股东—基金—公司"型的产权结构,进行公司治理机制创新。

发展产业投资基金能够促进国家股和法人股流通转化,同时充分利用基金的资金优势和管理优势,加强对未上市公司的培育和辅导,能够为资本市场输送高素质企业,改善上市公司的结构。目前,我国亟须发展产业投资基金,其中重点发展企业重组基金来推动企业的改组改造。但由于我国各经济主体的市场行为尚未规范和完善,因此发展产业投资基金可能仍面临各种问题。因此,首先,要完善投资基金的法律和法规,并加强监管,构建包括政府、行业、托管人、投资人的四层监管体系。其次,要注意投资基金的风险问题,尽管投资基金风险相对于其他投资工具来说可能会小一点,但其客观存在的系统性风险和非系统性风险使我们在利用时仍需慎重,尤其是对国企的改造,风险一旦出现关系到改革的全局,因此必须严格防范。此外,组建高素质的基金管理公司,是通过投资基金重组企业取得成功的关键。一方面,应加快高素质的基金管理人才培养;另一方面,也可以考虑组建中外合资基金管理公司,学习国外基金管理的经验。

对于民企,可以建立创新型的民企互助基金,来进行风险的规避和跨国投融资。创新型民企互助基金是指在传统型民企互助基金基础之上,通过对其组织架构、信用控制体系、引入独立第三方专业机构管理和银行托管、信息透明公开、建立风险偿还机制等进行一系列创新,规范化运作,真正实现其"互助救急、信用管理、资金安全、透明规范、专业管理"特点的民企互助基金。创新型民企互助基金是建立在民企协会或商会基础之上。创新型民企互助基金可以在民企面临融资难、贷款难、资金周转不灵甚至破产倒闭的尴尬局面时,借助协会平台或商会,增强协会凝聚力,帮助会员解决融资难问题,缓解资金燃眉之急,改善融资环境,利用创新融资体系帮助会员做大做强。借助这个平台,出资人获得相应利益,基金成员取得迅速发展,同时又吸引更多企业加入协会大家庭,实现多方共赢。通过联合互助,创新型民企互助基金增强了民企的抗风险性。在防险性资金的基础上,增加更多的投资性资金可以进一步扩大民企的投融资资金,从而推动民企的发展。

对于中小型企业,可以通过建立股权投资基金的方式,促进中小型企业的融资。股权投资基金是一种新兴的投融资方式和工具,作为一种新的企业成长方式和一种新的市场力量,对促进科技、经济和社会发展发挥着重要的作用。股权投资基金以其特有的投资方式,为中小型企业尤其是高科技中小型企业的成长和发展开辟了新的融资渠道,不仅解决了风险企业融资问题,也为获得高额的投资回报提供了可能。获得资金的风险企业能不断增加研究与开发投资,带动科技投入和技术创新水平的提升。通过设计合理的政策机制,为中小型企业提供建立股权投资基金的通道,促进中小型企业的蓬勃发展。

(四)国家开发银行的作用

国家开发银行作为全球最大的开发性金融机构不仅在国内建设中冲在前面,同时也是我国最大的对外投融资合作银行。截至目前,国家开发银行总资产已经超过了1.6万亿美元,外资贷款余额近3 200亿美元,业务覆盖100多个国家和地区,是"一带一路"跨国投融资体系的助力银行。在"一带一路"构想提出后,国家开发银行从规划设计、项目开发、多边金融合作等角度深度介入"一带一路"建设,发挥开发性金融独特优势,大力推进"一带一路"战略的实施。如今在"一带一路"沿线国家,人们随处可见由国家开发银行规划先行、融资推进的工程项目。在此过程中国家开发银行也逐步形成了支持"一带一路"沿线国家项目建设的做法和经验。

国家开发银行规划先行,发挥融资优势。早在2013年12月,即"一带一路"倡议提出的2个月后,国家开发银行就建立了"一带一路"建设工作机制,细化任务分工,统筹全行力量推进工作。此后,国家开发银行以服务国家战略为宗旨,与有关部委合作,及早启动"一带一路"规划和研究,制订"一带一路"战略规划行动方案,推动开展"一带一路"国别规划、区域规划、专项规划、战略研究等工作,分层次落实"一带一路"战略。国家开发银行开展了"一带一路"项目下的"孟中印缅四方合作研究"和"中巴经济走廊远景规划",推动构建"中蒙俄经济走廊"和重点国别规划的编制工作,并同步推进国内和毗邻地区国家有关规划的研究与衔接,最终促成条件成熟的重大项目实施。

国家开发银行建立储备库,加强项目开发。"一带一路"战略顺应了沿途各国加快发展的强烈愿望。2013年9月以来,国家开发银行先后配合国家领导人出访"一带一路"国家18次,配合相关外国领导人来访10次,签署的协议涵盖油气、矿业、电力、电信、基础设施、农业等领域。近年来,围绕上合组织元首峰会和总理会晤等多边重大政治外交活动,以及北部湾、大湄公河次区域、中俄、中土等多双边政府间合作机制,累计签署80余份多领域合作文件。国家开发银行在"一带一路"沿线国家融资支持的项目超过400个,涉及能源、矿产、交通基础设施、产业园区、装备制造、农业等领域,贷款余额约占该行国际业务总额的近三成。这些成果是国家开发银行服务国家"一带一路"战略实施的真实写照,为我国与合作国搭建起了经贸合作桥梁。如国家开发银行大力扩展与俄罗斯、土库曼斯坦等能源国家的业务合作,成功实施了中俄石油融资合作、中哈原油管道、中亚天然气管线以及与缅甸合作的中缅油气管线等重大战略项目,通过融资推动能源资源方面的合作。这些原油管线和天然气管线,既可以满足中国经济发展的能源需求,又可以拓宽合作国能源出口渠道,促进中国与合作国互利共赢。同时,国家开发银行积极支持"一带一路"国家产业发展与民生合作,促进民心相通。结合所在国资源禀赋,国家开发银行积极支持产业项目及工业园区开发,实施了印尼纸浆厂、印尼青山镍铁工业园区、俄罗斯列宁格勒州水泥厂等产业及园区项目,支持了当地的产业发展,经济活力提升。同时,国家开发银行还通过直接融资、银行授信等方式,支持当地农业、林业、中小企业发展,有效增加就业、改善民生。通过相应的融资业务,国家开发银行大力扩展境外人民币业务,推动货币流通。截至目前,国家开发银行累计向相关国家22个项目发放境外人民币贷款余额逾100亿元,有力地推动了人民币国际化进程。需要强调的是,国家开发银行坚持推行"绿色信贷",注意项目当地的社会效益,扎紧授信评审制度的环保篱笆,管控国际项目的贷前贷后环境风险,始终把资源和环境的承载力作为重要原则和约束边界,从而促进多方共赢。据了解,为加强项目开发,2015年,国家开发银行落实"一带一路"重点工作及项目和"三年滚动计划",建立了"一带一路"重点项目储备库,涉及项目90个,总投资超过了5000亿美元。

国家开发银行推动中国企业"走出去"。在大力支持"一带一路"沿线国家基础设施建设的过程中,国家开发银行积极支持中资企业通过设备出口、工程承包、投资等方式参与印度、印尼、老挝等国的基础设施建设。这些项目为所在国经济发展奠定了良好的基础,同时有效支持了中资企业"走出去"。在马来西亚,国家开发银行重点支持当地中资企业在基础设施、电信、农业等领域的合作项目,通过银行贷款等方式开展与当地金融机构的合作。2013年10月,也就是习近平主席访问马来西亚期间,在两国元首的见证下,国家开发银行与厦门大学签订了《厦门大学马来西亚分校项目投融资协议》。截至2015年2月,国家开发银行累计向有关项目发放贷款4.18亿美元。在陕西省,国家开发银行担当了省内企业与丝绸之路沿线国家业务合作的桥梁,从而加快推进省内企业"走出去",进而也在提高陕西省经济对外合作水平上发挥了重要的作用。从2011年开始,国家开发银行陕西分行连续4年举行国际合作业务宣介会,推进"银行—企业—项目"的对接。2014年11月20日,国家开发银行与法国大众储蓄银行在巴黎联合举办"中法金融—企业合作与发展论坛",帮助陕西省省内多家企业开展在法国的合作机会。目前,国家开发银行陕西省分行外汇贷款超过15亿美元,支持了陕煤集团在吉尔吉斯斯坦的炼油厂项目等一批重点项目,推动陕西省内企业的对外业务合作。福建省是21世纪海上丝绸之路重要的桥头堡,与东盟地区隔海相望。因东盟各国有大量祖籍福建的华人华侨,福建与东盟开展经贸合作兼具天时地利人和。国家开发银行福建分行通过加强与当地政府、金融同业、中资企业、华人华侨企业的沟通联系,积极跟踪培育基础设施、民生等领域项目,因地制宜开展业务。在此过程中,国家开发银行提供融资和信息咨询保障,支持紫金矿业、武夷实业等闽企走出国门,并发挥福建远洋渔业集团公司的产业比较优势,支持自主品牌企业到境外建立生产加工基地。

国家开发银行深化多边金融合作。建立多边金融合作机制,是国家开发银行国际合作业务的一大特点。目前国家开发银行已经与近100个区域、次区域金融机构以及合作国中央银行、开发性金融机构、主力商业银行等开展密切合作,为"一带一路"战略的推进筑牢金融的基础。"国家开发银行现在是上合组织国家银联体、中国—东盟银联体、金砖国家银行合作机制的成员行,我们要发挥这个优势,加强多边合作,共同支持'一带一路'建设。"国家开发银行董事长胡怀邦表示。在东盟,国家开发银行在2010年10月就已经发起建立了中国—东盟银联体。如今,在"一带一路"的框架下,中国—东盟银联体将进一步以深化金融合作为手段,推动中国与东盟地区互联互通建设。如在新加坡,国家开发银行积极应对当地金融行业激烈的市场竞争,与新加坡企业发展局、星展银行、大华银行签订了有关合作协议,积极参加国际银团业务,牵头组建贡沃尔国际银团,与当地国际知名的多家银行保持良好的合作关系。截至2015年2月底,该行向新加坡项目累计发放贷款7.5亿美元。2014年12月25日,国家开发银行行长郑之杰在该行贯彻落实"一带一路"战略专题会上曾经指出,全行要开拓思路,坚定信心,把服务"一带一路"作为2015年国际合作业务的重中之重,加强国内项目和国际项目的结合,加强与国内外金融机构的合作,完善相关工作机制,加大政策倾斜力度,为"一带一路"战略顺利实施提供有力的融资支持。可以预见,沿着古老的丝绸之路,各国的经济合作将会更加紧密,而在这个过程中,国家开发银行作为支持中国企业走出去力度最大的银行,也将发挥出巨大的作用,承担起光荣而艰巨的历史使命。

(五) 小结

本节介绍了亚洲基础设施投资银行、丝路基金、银行外汇业务的拓展等目前我国"一带一路"战略下跨国投融资体制的路径尝试和探寻。通过介绍分析中国投资有限责任公司、中国华安投资有限公司和国家开发银行等目前我国依托的跨国投融资平台与渠道，为我国跨国投融资体制发展路径提供了借鉴。目前我国跨国投融资面临的主要问题包括：跨国投融资的资金缺乏多元化、资产负债结构存在风险以及目前的跨国投融资渠道和平台仍待完善。在进行发展路径选择的时候，需要考虑和改善这些问题，逐步完善我国的跨国投融资体制。

为了解决目前跨国投融资的问题，值得借鉴的办法是，完善和发展企业债券融资平台，促进国企和民企合作，建立基金以及充分发挥国家开发银行的作用，引导投融资过程的有序进行。对于促进企业债券融资，需要政府转变管理政策，同时提升企业的整体素质水平。而根据国企、民企和中小型企业划分，又可以分别建立产业投资基金、创新型的民企互助基金和股权投资基金来支持相应企业的投融资需求。在此基础上，进一步增强国企与民企的合作。

基于上述内容的分析，对于我国"一带一路"战略下的投融资体制发展路径，建议在现有的投融资平台的基础上，开拓和发展亚洲基础设施投资银行、丝路基金、银行外汇业务，认识到原有的问题并进行改进。同时，对于微观企业而言，要注意发挥债券融资的作用，并强调国企与民企的合作，建立相应的基金，从而丰富和扩展我国的跨国投融资渠道。

三、"一带一路"对跨国投融资体制要求

（一）"一带一路"下对资金需求的融资渠道创新

"一带一路"，作为由中国提出的战略构想，旨在通过加强中国对外直接投资，消化国内产能过剩，推动区域经济的共同发展。"一带一路"的建设在目前中国经济增速放缓的前提下有着重要的意义，是中国在新旧经济模式下的慎重选择。在未来，中国希望实现经济的结构性转变和对外进一步开放，让中国经济更多地参与到世界经济之中，那么"一带一路"将会成为很好的起点，引领中国经济改革。

目前，"一带一路"的融资渠道较为单一，表现在资金主要由国家外汇储备供给。"一带一路"的资金主要由丝路基金、亚洲基础设施投资银行、金砖国家开发银行和上海合作组织新开发银行四个机构提供。这四个机构的共同特点是都由中国政府参与建立，以中国目前的外汇储备为主要资金来源，这些机构将外汇储备直接投资于海外的基础设施建设或其他项目，为其他国家的经济发展扫除资金支持不足的障碍。而这样的融资渠道在未来无法满足日益增长的各国基础设施建设的投资需求。根据亚洲开发银行测算，2020年前亚洲地区每年基础设施建设投资需求将高达7 300亿美元，这是组织所不能提供的巨大数额。因此，资金融资渠道的创新具有现实意义，扩大融资渠道，增加资金数额成为"一带一路"建设的重要关注点。

融资渠道的创新体现在社会资本参与"一带一路"战略的融资，作为外汇储备的

补充,为中国在海外的投资提供必要的资金支持。以商业银行资金、保险资金和私人资金为主的社会资本,作为支撑中国国内经济发展的重要力量,在过去的十年里提供了资金支持,保障中国经济的稳定高速发展。在"一带一路"倡议提出的今天,这些资金如果能够进入海外投资项目,将为战略的资金提供必要的支持作用。

政府或者项目建设公司可以以债券或股票的形式吸收社会资金,将资金运用于"一带一路"的项目建设,通过分享基础设施的运营收益来偿还社会资本的投入。这样的形式有利于社会资本拓宽投资渠道,分散投资组合,减少投资风险。

保险资金作为社会资本中不同于商业银行资金和私人资金的资本,它投资的渠道和比例受到中国保监会的严格控制。在投资过程中,在考虑保险资金安全性原则的前提下,保险资金作为社会资本的一项参与海外投资,是值得重点关注的。

根据中国保监会2014年保险统计数据报告披露,2014年中国原保险保费收入20 234.81亿人民币,同比增长17.9%,资金运用余额93 314.43亿人民币,较年初增长21.39%,中国保险业正在高速发展中,而逐年增长的保险资金却没有得到有效运用,因各方面原因,近十年来保险资金投资中银行存款和债券投资之和平均占比79.277%,排除2007年因股市波动带来的收入大幅增加外,保险资金投资平均收益率也仅有4.34%,与一般5.5%的寿险产品精算假设相比,收益缺口较大。这使得中国的保险资金亟须找到适合的投资方向,满足保险资金特点的同时,保证投资收益,"一带一路"战略的提出正好为保险资金提供了合理、高效的投资渠道。

"一带一路"的投资对象是海外各国的基础设施建设。首先,基础设施计划拥有投资周期长、收益率高、风险较低、受利率风险影响小的特点,正好符合保险资金投资的需求,保险公司可以通过购买此类产品匹配寿险资金的久期。除此之外,"一带一路"提出的海外投资战略让保险资金能够参与海外各国的经济红利的分配,保险公司通过增加海外的投资可以分散资金风险,确保资金的安全性。同时通过保险资金的引入,"一带一路"的资金筹集渠道得到了拓宽,增速达到21.39%的93 314.43亿人民币将进一步扩大"一带一路"的融资金额。可见,保险资金参与"一带一路"战略的投资对于中国保险业和"一带一路"战略都有着重要的促进作用,是双赢的策略。

除此之外,保险资金进入"一带一路"的融资渠道也为保险企业融入"一带一路"战略铺垫了基础。"一带一路"战略需要大量中国企业走出国门,在海外其他地区进行基础设施建设,设施建设过程中需要大量的保险项目来分散建设带来的风险。中国的保险公司可以为基础设施建设承保,保证工程的安全进行,规避可能存在的各种风险。

因此,保险资金适合进入"一带一路"战略,中国保监会可以适量放宽保险资金允许投资海外市场的份额,增加保险资金的海外投资渠道,使其能够分享"一带一路"战略带来的红利。

"一带一路"覆盖地区设立自己的地方基金,以地方财政支持战略的融资。"一带一路"是中国提出的重要战略,它覆盖了中国的18个省、自治区、直辖市,通过三条线路加强了这些地区与沿线国家的沟通磋商,推动了与沿线国家的务实合作,使得这些地区的经济结构得到优化与发展。因此,"一带一路"战略不仅是国家层面的战略,更是各地区经济发展的重要战略,各地区也需要积极参与"一带一路"战略的资金筹集工作。

各地区可以从地方财政收入中抽取部分资金建立地方基金,效仿丝路基金的运营模式,将基金合理有效地运用在"一带一路"战略的投资。各地政府可以将基金投资在本省内企业对外开发的项目上,推动企业的发展,加强与海外市场的磋商交流,为今后更多的投资合作项目打下友好坚实的基础。

除此之外,从国家的角度入手,需要推动人民币国际化,逐步开放中国企业在海外融资、发放债券的限制,为筹措资金提供新的渠道。支持"一带一路"沿线的国家和信用等级较高的企业以及金融机构在中国境内发行人民币债券,同时符合条件的中国金融机构可以到境外发行人民币债券和外币债券,中国企业到海外发行的债券融得的资金可以鼓励用在"一带一路"沿线国家当中去。中国政府需要加强与沿线各国的经济磋商,以便能够签署多边的本币互换协议,加强人民币在国际上的地位,取消宽中国企业、商业银行在海外发放人民币债券的地域限制,减少融资的难度,使得融资方式多样化,以满足"一带一路"战略的资金需求。

(二)"一带一路"下跨国投资模式和范围创新

伴随着经济全球化趋势的加快,在过去的十年里,雄厚的外汇储备,对能源、矿产资源的巨大需求促使中国在海外投资的规模日益扩大。中国对海外投资主要是对外直接投资和承揽工程项目两种方式。直接投资是中国资金直接入股国外的公司或者当地的企业,帮助其经营与发展,承揽工程是中国企业承揽海外的大型基础设施建设,例如铁路、公路、水电建设等。

根据国家统计局披露的数据,2014年全年非金融领域中国对外直接投资额6 321亿元,按美元计价为1 029亿美元,比上年增长14.1%。由表1可得,对外直接投资除采矿业和制造业外,其他行业都有明显增长,其中与"一带一路"战略相关的电力、热力、燃气及水产品和供应业以及建筑业分别增长36.3%和7.5%,存在继续发展的空间。国家的直接投资需要配合"一带一路"战略,加强对亚非拉发展中国家基础设施建设的支持,其中投资电力、热力产业和建筑业是最直接的支持举措。

表1　2014年非金融领域对外直接投资额及其增长速度

行业	对外直接投资额（亿美元）	比上年增长（%）
农、林、牧、渔业	17.4	19.2
采矿业	193.3	-4.1
制造业	69.6	-19.8
电力、热力、燃气及水产品和供应业	18.4	36.3
建筑业	70.2	7.5
批发和零售业	172.7	26.3
交通运输、仓储和邮政业	29.3	17.2
信息传输、软件和信息技术服务业	17.0	100.0
房地产业	30.9	45.8
租赁和商业服务业	372.5	26.5
总计	1028.9	14.1

资料来源：国家统计局。

承揽工程是中国对外投资的另一种途径，也是"一带一路"战略实施的直接途径。"一带一路"战略要求中国扩大对海外地区基础设施建设的支持，最主要的手段就是通过承揽海外地区的基础设施建设，以达到解决中国国内产能过剩、实现全球各地区经济共同发展的目的。国家统计局数据显示，中国2014年共签署了7740份工程合约，合同总价值高达1917.60亿美元，相比2013年增长了11.73%，对外承包工程实际完成营业额1424.10亿美元，相比2013年增长了3.84%。所以，目前中国的承保合约的增长率较高，符合"一带一路"战略的基本规划。

在2005年，美国传统基金会和美国企业研究机构联合推出了"中国全球投资追踪"数据库（The China Global Investment Tracker，CGIT）。该数据库记录了从2005年到现在中国对海外项目投资在一亿美元的所有工程，通过对数据库的整理分析，发现存在问题需要解决。

观察2014年1月到2015年6月的部分数据，从投资公司分布来看，一年半时间发生了364投资项目，其中排名前十位中除阿里巴巴与复星国际外，其余八家为大型国有公司，中国建筑工程总公司以28个项目排名第一，占项目总数的7.69%。根据图2显示，项目数量排名前五位的企业是建设型的超大国企，且项目个数差距不大。项目多集中于工程建设、铁路、工业机械制造、电力建设等行业，致力于加强海外各地区的基础设施建设。通过观察CGIT可以进一步发现，这些项目投资国家多集中于亚非拉地区，以发展中国家为主。这也符合2014年提出的"一带一路"战略的基本要求，中国加强对海外各地区的基础设施建设，帮助其弥补因资金不足带来的经济发展限制。

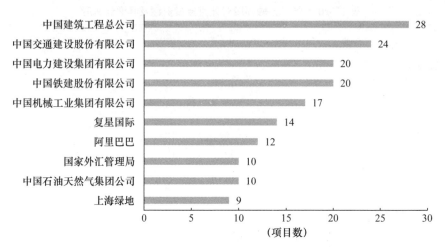

图 2　中国海外投资前十位项目数量排名

资料来源：The China Global Investment Tracker.

从投资金额分布来看，投资额前十名的公司中，前九名都是超大型的国企。其中中国铁建股份有限公司以237.5亿美元超过第二名一倍，排名榜首。根据图3显示，海外投资金额排名靠前的依然也是国有企业，除排名第一的中国铁建股份有限公司以外，其余的国有企业投资额差距不大，最多的是排名第二的中国交通建设股份有限公司的115.5亿美元，最少的是排名第九的中国化工集团公司的85亿美元。通过投资

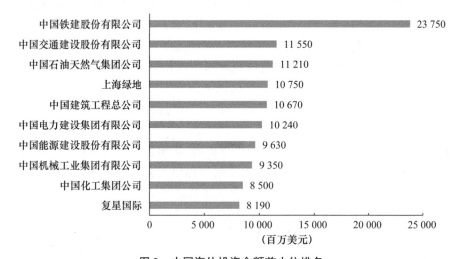

图 3　中国海外投资金额前十位排名

资料来源：The China Global Investment Tracker.

金额的分析,中国目前的海外投资还是以国有企业为主角,以工程建设项目为主要的投资方向。

下面重点分析投资金额排名第一的中国铁建股份有限公司的投资地区分布。由图4可见,66.11%的资金投资于撒哈拉以南非洲地区;16.97%的资金投资于中东和北非地区;13.39%的资金投资于西亚地区;剩余的3.54%的资金投资于美洲地区。数据显示,中国铁建股份有限公司在近一年半的时间里,响应国家的"一带一路"战略,积极投资于亚非拉地区的发展中国家,促进这些地区的铁路建设。

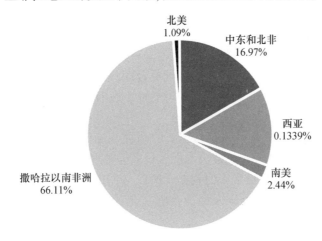

图4 中国铁建投资金额比例

资料来源:The China Global Investment Tracker.

因此,中国目前的投资情况是中国海外工程投资多以大型国企为主,而大型国企的资金来源基本上是国家外汇储备。国家提供大量的资金给国有企业,让国有企业进行海外建设投资。

为解决中国目前对外投资结构的问题,需要引入新的投资模式,以改善大型国企唱主角的现状。

民间兴建后转移(Bnild-Operaie-Transfer,BOT)模式,是一种公共建设转移模式。其主要运行步骤为:由项目发起人通过投标从委托人手中获取对某个项目的特许权,随后组成项目公司并负责进行项目的融资,组织项目的建设,管理项目的运营,在特许期内通过对项目的开发运营以及当地政府给予的其他优惠来回收资金以还贷,并取得合理的利润。特许期结束后,将项目无偿地移交给政府。

然而BOT模式在不断的实践中会发现存在一些问题,其中最主要的是风险规避问题。BOT模式下,项目管理人或项目建设公司需要承担过大的风险,致使项目建设推进产生阻力。为了弥补BOT模式的不足,近年来,出现了一种新的融资模式——

PPP(Public-Private-Partnership)模式,即公共政府部门与民营企业合作模式。PPP模式是公共基础设施建设中发展起来的一种优化的项目融资与实施模式,是一种以各参与方的"双赢"或"多赢"为合作理念的现代融资模式。其典型的结构为:政府部门或地方政府通过政府采购形式与中标单位组成的特殊目的公司签订特许合同(特殊目的公司一般由中标的建筑公司、服务经营公司或对项目进行投资的第三方组成的股份有限公司),由特殊目的公司负责筹资、建设及经营。政府通常与提供贷款的金融机构达成一个直接协议,这个协议不是对项目进行担保,而是向借贷机构承诺将按与特殊目的公司签订的合同支付有关费用,从而使特殊目的公司能比较顺利地获得金融机构的贷款。采用这种融资形式的实质是,政府通过给予私营公司长期的特许经营权和收益权来换取基础设施加快建设及有效运营。PPP在项目初期就可以实现风险分配,同时由于政府分担一部分风险,使风险分配更合理,减少了承建商与投资商风险,从而降低了融资难度,提高了项目融资成功的可能性。政府在分担风险的同时也拥有一定的控制权。

PPP模式与BOT模式是目前较为创新的两种基础设施建设的模式,这两种模式的共同特点是将大型的基础设施建设与私人民营企业联系起来,让民营企业参与基础设施建设,分享基础设施建设带来的利益。所以,将BOT模式与PPP模式引入"一带一路"战略有助于改变海外投资大型国企唱主角的现状,让中国的民营企业参与到"一带一路"的红利分配中去。

"一带一路"战略引入新的投资模式的优势有以下几点:

第一,消除费用的超支。在初始阶段,私人企业与政府共同参与项目的识别、可行性研究、设施和融资等项目建设过程,保证了项目在技术和经济上的可行性,缩短前期工作周期,使项目费用降低。PPP模式和BOT模式都只有当项目已经完成并得到政府批准使用后,私营部门才能开始获得收益,因此有利于提高效率和降低工程造价,能够消除项目完工风险和资金风险。研究表明,与传统的融资模式相比,PPP项目平均为政府部门节约17%的费用,并且建设工期都能按时完成。

第二,有利于转换政府职能,减轻财政负担。政府可以从繁重的建设工作中抽身出来,仅仅做好工程项目的监督者。解放了政府的职能有利于政府效率的提高,同时通过BOT模式和PPP模式可以减轻政府的财政负担,在"一带一路"战略中,民营企业可以自行在全球筹集资金,对基础设施进行建设,而不是再由国家财政给予主要的支持。

第三,促进了投资主体的多元化。利用民营企业来提供资产和服务能为政府部门提供更多的资金和技能,促进了投融资体制改革。同时,民营企业参与项目还能推动在项目设计、施工、设施管理过程等方面的革新,提高办事效率,传播最佳管理理念和经验。

第四,政府部门和民营企业可以取长补短,发挥政府公共机构和民营机构各自的优势,弥补对方身上的不足。双方可以形成互利的长期目标,可以以最有效的成本为公众提供高质量的服务。

第五,使项目参与各方整合组成战略联盟,对协调各方不同的利益目标起关键作用。

第六,风险分配合理。PPP模式不同于BOT模式的特点,PPP模式能够帮助民营企业规避建设过程中的部分风险,有利于基础设施建设的安全高效建设。

第七,应用范围广泛。新型模式的特点在于其不仅可以运用于基础设施建设,同时还可以参与城市的多项设施建设,比如医院、学校等。这就为中国海外投资的范围拓宽做好了准备。在未来,"一带一路"战略促使中国的海外投资范围扩大,新的模式能够更好地应用于不同的投资建设中。

(三)"一带一路"下跨国投融资体系的监管

"一带一路"政策的实施伴随着风险与挑战。除了关注"一带一路"跨国投融资体系给我国和周边各国带来的好处之外,我们还应该看到其中存在的风险与挑战。"一带一路"体制下,国内企业要实施"走出去"战略,进行跨国经营,必须研究世界各国的基本经济政策,掌握并恰当使用外汇冻结险、资产征用险、合同中止险和战争险等险种来确保境外资产及经营安全;同时,还要寻求专门的境外投融资机构的扶持,以及通过加强对国有跨国投资经营企业的财务监管等渠道来确保境外投资安全以及获取利润最大化。"一带一路"下跨国投融资体系需要政府部门完善相应的服务和监管政策体系。如为了鼓励本国企业对外投资,一些国家常常通过政府所属或政府资助的机构对企业开展投资咨询指导,提供商情和信息,并对与投资有关的可行性研究费用、投资前调查的开支予以赞助。我国目前就需要在进一步建立对外投资法律保障与国际政策协调体系、理顺国务院各部门的职能、简化对外投资审批管理内容和程序的同时,建立一套对外直接投资的信息咨询服务系统。一是加速建立政府主导的对外投资国别地区项目库,为希望对外投资的企业提供及时有价值的信息。二是成立对外直接投资专门服务机构(中介机构),全面提供世界各国的政治、经济等投资环境,当地外商投资条件,当地投资程序、政策法规、合同形式等基础信息,提供介绍合作伙伴、合作项目等直接贸易促进服务。三是由政府资助,由相关机构(包括中介机构)对境外投资企业提供立项建议书和可行性研究报告等技术层面的帮助。同时我国对于跨国公司跨国投资监管也应建立完善的法律体系,加大执法力度。围绕一定的监管目标(即减少税收流失、遏制资本外逃、防止国有资产流失、确保宏观调控政策有效性、防范公司欺诈和金融风险等任务)对跨国公司境内投资活动的各个环节进行监管。相关法律规范主要由外商投资法和海外投资法所组成,并有涉外投资的有关外汇管理、证券监管、税收征管和国有资产管理等法律法规相配套。

一带一路 | The Belt and Road
全球价值双环流下的区域互惠共赢

"一带一路"体制下跨国投融资体系的监管还需要财务方面的政策措施。世界各国对海外公司的跨国投资经营行为都有一系列财务监管措施,一方面防止海外企业偷税、漏税,保证本国政府税收收入;另一方面加强审计,掌握海外企业的业务实绩,防止资产流失,保证投资收益的完整。一些发展中国家的稽核制度非常周密,如韩国规定对外投资厂商只能把一定数额的利润作为增资,其他部分均需汇回国内。在国外投资的厂商必须定期向韩国银行提出年度财务报表,并经投资地合格会计师签证,如果发现经营问题,由财政部派员调查。目前,我国国有跨国公司的境外监管,主要通过加强驻外经商参处对境外企业的管理,授权其调查我国在驻在国投资的企业是否有非法逃汇,或未经申报的投资行为;调查投资者是否有违反驻在国法律或其他不正当行为,指导在驻在国投资企业的成立、运作;要求投资企业向有关部门提供年度经营报告。同时,大力提倡非国有企业对外投资,对非国有企业,不必采用国有企业的前置审批方式,而是采用事前备案。

"一带一路"跨国投融资体系下的监管主体是国家对跨国公司的法律监管职能的落实者,商务主管部门是核心的监管主体,负责外商投资项目和境外投资项目的审批登记和监督管理,又因监管目标具有综合性,所以还需要由多个监管主体共同推动法律监管体系的运转。具体而言,国家外汇管理局及其分支机构负责监管跨国公司对境内投资中资本跨境流动的外汇管理问题;境内对跨国公司的资产或股权转让需要接受工商和税务管理部门的监管;涉及境外间接上市的,需由证监会行使审批权;涉及国有资产的,需要受到国有资产管理部门的监管等。可见,我国对跨国公司跨国投资监管的法律体系,主框架是由外资法、涉外投资金融监管法和涉外税收征管法中的有关法律规范所共同构建的。其中外资法主要是指外商投资法和海外投资法(虽然跨国公司跨国投资在我国主要表现为外商跨国公司对境内的投资,但鉴于中国概念跨国公司中,境内投资者可成为跨国公司的注册者或其最终控制人的情况,仅有外商投资法是不全面的,因为在此情况下我国是跨国公司跨国投资的投资者母国,所以还需要通过海外投资法相应地加以规制)。我国海外投资法主要是从海外投资审批管理、境外投资外汇管理、境外投资企业财务管理、境外投资税收管理四个方面着手规制的。

我国在"一带一路"跨国投融资体系下监管遇到的难题主要有跨国投融资可能会加速资本外逃,跨国公司可转嫁金融风险,进行公司欺诈等。资本外逃是指资本所有者基于规避风险或保全资产的目的将其财富通过非正常的途径转移到国外的隐性金融行为。资本外逃是国际游资的重要组成部分和来源,持续的资本外逃将导致一国国际收支失衡,造成资本和金融账户逆差,使外汇储备减少,并导致国内货币供应量减少,货币总量、利率、汇率等变得不稳定,货币政策的有效性也会被大大削弱。我国人民币汇率面临的压力与大规模资本外逃后的国际游资内流有很大关系。资本外逃的途径有多种,但跨国公司设立的便宜性与保密性,为逃脱监管的资本外流打开了方便之门。尽管我国实行比较严格的外汇管制,但有商务部专题研究报告指出,中国资本外逃规模极为可观。英属维尔京群岛、百慕大、开曼群岛等加勒比离岸金融中心是中国大陆资本外逃然后回流的"中转站"。跨国公司加剧资本外逃是我国在对跨国公司跨国投资的金融监管实践中面临的首要难题。外汇管制能够起到遏制资本非正常流出的作用,但是无论一个国家的外汇制度如何,都难以禁绝资本外逃的问题。在跨国投资当中,资本项目外汇管理上的严格有利于遏制资本外逃,但同时也阻碍了投资的流动性。"一带一路"下公司跨国投资的复杂性及正负作用,使得我国外汇管理在对其进行规制时难以把握好尺度的宽严。至于跨国公司转嫁金融风险和进行公司欺诈,是我国在"一带一路"跨国投融资的金融监管实践中面临的又一难题。随着外资企业在华投资的增长和对外资企业国内信贷政策的日趋宽松,外资企业的信贷风险问题也日益显著。由于跨国公司无须公布其资产负债情况,社会公众和金融机构难以得知其真实负债水平,并且,跨国公司之间、跨国公司与其他非跨国公司之间的资产和人事关系无公开,社会公众和金融机构难以得知跨国公司的资金调度情况。外资企业借助离岸金融中心推行高负债经营,最终发生债务违约甚至破产而殃及在华子公司,最终会损害中国金融机构利益。转嫁金融风险利用了跨国公司的财务不透明,同一原因还可能导致利用跨国公司进行公司欺诈。由于注册地对跨国公司的管理制度宽松,容易出现皮包公司、骗子公司,我国境内企业与其进行经济往来时对其资信能力调查非常困难,难以知悉其真实财务情况,并且损害发生后,跨国公司的海外性又使得对其进行责任追究困难。

针对我国在"一带一路"跨国投融资体系下监管可能会遇到的问题,有以下几点建议:

首先,我国可以放宽外汇管制的力度,完善关于外汇管制的规定。外汇管理严格程度有两面性作用,外汇管理制度趋于严格虽然对遏制资本外逃、平衡国际收支有积极作用,但是对于投资的流动性有消极作用,所以外汇管理绝不是越严越好;同时,跨国公司跨国投资中的资本外逃和资产流失也绝不容忽视,从而也不能在跨国投资的外汇管理上有所疏忽。所以,一方面要放宽外汇管理的力度,另一方面又要完善外汇管理的规定。目前世界上多数发达国家,包括部分发展中国家都放宽或者取消了外汇管制,其目的就是使国家的外汇管制更适应于本国的对外贸易和投资活动。因此,我国应当不断地根据国民经济发展的状况,特别是我国境外投资的发展速度和规模,逐步放宽外汇监管的力度,疏通资本流出渠道,这样做,反而能避免或减少因我国投资者利用跨国公司规避我国外汇管理而带来的外汇和资本流失。同时,要进一步完善外汇管理的规定,特别是加强对资产项目中海外投资的外汇管理。一方面我们要肯定海外投资,促进我国企业走向世界,另一方面对跨国公司设立过程中的外汇进行审查,这种审查的对象不应只局限于特殊目的公司,还应包括境内投资者基于其他目的而设立的跨国公司，但应该简化这种审查程序。

其次，应该加强对跨国公司境内关联企业的财务监管。鉴于跨国公司财务信息的不透明所带来的风险，我国应加强对跨国公司境内关联企业的财务管理，密切关注其资金筹集、使用和分配，并对其业务经营和相关活动进行严格的会计核算，以求真实反映公司资产的运营情况，维系公司的资本充实，在保护股东合法的投资利益的同时，防范公司债权人交易风险的扩大。针对跨国公司境内关联企业的特殊性，可通过各家银行对离岸账户管理信息交流的改善，掌握境外跨国公司及其所属集团的整体资产负债等财务状况，尤其是对属于同一集团的多家跨国公司和投资企业，应当努力掌握集团总体资产负债结构，实行并表监管。跨国公司在境外投资不同于进出口贸易，一般金额大，资本回收期长，面临的环境风险较高，须在官方的海外投资风险保险公司投保，以便企业在海外投资出现风险时，由保险机构对投保的对外投资项目损失给予100%或一定比例的补偿。跨国公司需要投保的范围包括外汇冻结险、资产征用险、合同中止险、战争险等。（1）外汇冻结险又称通货不能自由兑换险，指由于东道国实行账户封锁而致使投资者的收益和本金无法汇回本国的风险。如发生以下情况，多边投资担保机构将按合同约定的货币给予赔偿。如投资者无法将其资本、利息、本金、利润、技术转让费以及其他与投资有关的收益兑换成外汇汇出东道国或者东道国政府修改外汇管制的法律法规，其结果不利于投资者，造成外汇兑换和汇出过于拖延。（2）资产征用险是指因东道国征用、没收或国有化而引起的投资财产遭受全部或部分损失的风险。东道国政府部分或全部征用投资者对投资的所有权、控制权以及与投资有关的其他权利，包括实行国有化、没收投资者的资金或有形财产以及结果相同的其他行动，其损失由担保机构赔偿。（3）合同中止险即当东道国政府宣布中止或解除与投资者签订的项目合同时，投资者应该有权授用合同规定的争议解决机制（例如仲裁条款），获得损失赔偿。如果赔偿期限已过，或东道国政府的故意行为使投资者无法获得赔偿，担保机构负责补偿投资者的实际损失。（4）战争险指的是东道国发生战争、革命、内战及武装冲突和市民暴动，致使投资者的有形财产受到破坏、损失或消亡，担保机构负责损害赔偿。除以上四险种外，跨国公司还可根据自身情况选择投保技术支持、合作管理、特许权或专利转让的投资保险。

再次，"一带一路"政策的顺利实施也需要境外投融资机构的扶持。当前，推进"走出去"的开放战略，进一步扩大境外投资的一个突出问题是企业融资困难。企业资金紧缺，开展境外投资和跨国经营心有余而力不足。有关资料统计，我国90%以上的境外投资项目投资金额在300万美元以下，境外加工贸易项目平均投资金额为220万美元，其中一半以上在100万美元以下；而发达国家对外投资项目的平均金额在600万美元左右，发展中国家在450万美元左右。

最后，我国境外投资的对象国大多为发展中国家，风险相对较高。这些情况表明，实施"走出去"的开放战略当务之急是要加大国家的政策扶持力度,帮助企业解决资金融通方面的困难。国家要帮助企业解决资金困难,应该充分发挥进出口银行这个国家出口信用专门机构的作用,为企业到境外投资建厂提供必要的资金支持和风险保障,其重点是进出口银行的信贷或中央专项外贸发展基金的支持。

(四) 小结

"一带一路"战略下的投融资体系创新需要以中国目前的投融资模式为基础,在此之上对不合理的政策与措施进行改进发展。结合中国目前融资渠道较为单一、国家外汇储备为主要资金来源的特点,提出将社会资金引入"一带一路"战略,并参与红利分配;针对中国投资渠道多集中在基础设施建设以及投资模式大多以国有企业为主的现状,提出在"一带一路"战略下,中国可以将成熟的国内基础设施建设的模式加入到海外投资项目,通过 BOT 模式、PPP 模式等一系列创新的模式,让民间企业进入"一带一路"战略的投资中去;再分析中国目前融资难、投资风险大的特点,提出中国需要在政府监管方面努力做到逐步放宽外汇储备的管制力度,疏通资本流出,完善外汇的管理规定,同时通过要求企业参与保险,规避投资建设中的各种风险。

"一带一路"倡议下中国与发展中国家贸易模式的深化

——以中国—东盟、中国—非洲贸易为例[*]

当前,"一带一路"构想已成为中国对外经济战略的核心,与之相配套的许多制度设计与政策措施都在规划实施当中。其中,丝路基金已经成立并开始运作,亚投行也已完成签字程序即将开始运营。中国与"一带一路"周边国家和地区的经济合作正在迅速升温,相关实施规划也在磋商拟定之中。这一切都显示了"一带一路"战略构想在当前国际经济中的重要地位和影响力,显示了"一带一路"倡议与当前世界经济发展需要的高度契合,也预示了以"一带一路"为核心的中国对外经济战略的广阔前景。

然而,从习近平主席正式提出"一带一路"构想到现在只有一年多时间,学术界和政策研究界对它的研究和认识仍不够深入和充分。有些理论研究较为空泛,总体上研究滞后于实践。至于企业界则更多的是从过剩产能转移与企业海外投资机会角度来理解和认识"一带一路",以为找到了落后产业转移的场所,多少有点盲动与莽撞,或者一厢情愿。基于以上情况,我们有必要从不同角度对"一带一路"做更深入的思考和研究,谋定而后动,使这一倡议顺利实施并取得最大效益。

本文主要从中国与"一带一路"沿线的东南亚国家(东盟国家)和非洲国家为例,分析中国与有关国家贸易关系和贸易模式方面存在的问题与不足,以及在"一带一路"战略实施的大背景下,如何利用"一带一路"的契机,加快中国与有关国家贸易关系的发展与质量提升,并通过中国与相关国家贸易关系的进一步发展和贸易模式的优化,促进"一带一路"倡议的落实。

---

[*] 本文作者王跃生,北京大学经济学院国际经济与贸易系主任、教授。

今年以来,中国的对外贸易发展遇到严峻挑战,对外贸易增速大幅度下滑甚至绝对额下降。这表明,传统的驱动中国外贸发展的因素已经随着中国经济转型而不复存在,而新的驱动因素作用尚不充分。必须找到新的贸易发展方向,获得新的增长动力。同时,在保障对外贸易一定增长速度的同时,着力提升贸易质量,增加贸易利益,将为我国经济转型升级与可持续健康发展做出贡献,这比单纯贸易规模增长更为重要。我们认为,"一带一路"战略恰恰提供了这样的动力与机遇。如果中国与"一带一路"沿线国家的经贸关系能够借助"一带一路"战略获得实实在在的发展,将很大程度上弥补我国外贸发展动力的不足,特别是对于改变贸易模式、提升贸易质量发挥积极作用。

一、中国与东南亚国家既有贸易模式的不足

随着中国经济的快速发展,中国同包括"一带一路"国家在内的广大发展中国家的贸易和投资迅速增长,为加强双方经贸合作奠定了坚实基础。但是,必须注意到,中国和这些国家都属于发展中国家,相似的经济发展阶段和产业结构水平使得双方经贸合作存在一些问题。特别是从"一带一路"经济战略的角度看,既有贸易关系和贸易模式仍处于较低水平,未能充分发挥各自优势和潜力,也有碍于贸易关系的可持续发展。

根据国际贸易理论和国际经济学理论,国际贸易活动的基础主要在于两方面:一是基于生产效率差异或要素禀赋差异产生的比较优势,二是基于产品差别和规模经济因素产生的规模经济优势。这两种基础所产生的贸易模式各不相同。由比较优势产生的贸易主要是产业间贸易,即不同行业间产品的交换活动;而由规模经济优势产生的贸易主要是产业内贸易,即同一行业内部产品的交换活动。产业内贸易形式反映了贸易参加国相对更高的生产力发展水平和产业分工水平,其贸易结果也比产业间贸易能带来更大利益。

具体来讲,首先,产业内贸易的产生源于产品差别和规模经济,这两项因素均与更高的生产力发展水平相关,尤其以产品差别更为明显。更高的生产力发展水平既是产品差别产生的基础,也使产品差别的产生有其必要性。一方面,只有生产力发展水平更高,国际分工才能更细,产品差别才有可能产生;另一方面,只有在生产力发展到一定水平,人们的收入水平提高到一定层次之后,消费者才会对多样化的产品产生需求,产品差别才有了产生的必要。

其次,产业内贸易更大的利益来自规模经济。由于规模经济的存在,企业通过贸易活动在更大的规模上生产,可以降低生产成本,提高效率。而且,消费者也从更低的产品价格和更广泛的产品选择中获益。而产业间贸易以比较优势为基础,生产者获益依靠的是出口产品相对价格的上升,这样会减少消费者的利益,因而使贸易参加国的整体获益较小。

最后,产业内贸易是依靠规模经济和增加的产品选择使贸易参加国获益,并不依赖于产品相对价格的变化,因而对贸易参加国不同利益集团的收入分配影响较小。而产业间贸易恰恰是依靠产品相对价格的变化使贸易参加国整体获益,但产品相对价格的变化却会对贸易参加国不同利益集团的收入分配产生强烈的影响。根据萨缪尔森定理,相对价格上升行业(出口部门)密集使用的生产要素会受益,而相对价格下降行业(进口部门)密集使用的生产要素则会受损。

从上述国际贸易理论基础的角度看问题,中国与发展中国家包括"一带一路"国家的贸易虽然获得较大发展,但贸易模式仍处于较低水平,更多的是基于比较优势的产业间贸易,因而也影响到贸易各方所获得的贸易利益。

以中国在"一带一路"沿线主要的发展中贸易伙伴东盟为例。东盟国家是中国在发展中国家中最重要的贸易伙伴,也是"一带一路"倡议最重要的支点之一。自从中国与东盟建成自由贸易区以来,双边贸易获得迅速发展。然而,从可持续发展以及获得最大贸易利益的角度看,从全球价值链与国际分工利益最大化的角度看,双边贸易关系也存在诸多问题与隐忧。这里主要从中国东盟产业内贸易深度和贸易附加值程度两方面分析中国与东盟贸易的现状和问题。

1. 中国—东盟产业内贸易——以矿产品为例

中国于1996年成为东盟全面对话伙伴国;2002年中国与东盟共同签署《中国—东盟全面经济合作框架协议》,正式开启了建立中国—东盟自由贸易区的进程;2003年中国率先加入《东南亚友好合作条约》,为巩固与东盟经贸关系奠定了政治法律基础;2004年中国与东盟又签署了《中国—东盟货物贸易协议》和《争端解决机制协议》,东盟10国还承认了中国的完全市场经济地位,这为中国与东盟国家进一步加强合作构筑了重要平台;2007年中国与东盟贸易总额达到2 025亿美元,双方互为第四大贸易伙伴。经过十年努力,中国—东盟自由贸易区于2010年1月1日全面建成。中国—东盟自贸区是中国对外建立的第一个自贸区,也是东盟作为整体对外建立的第一个自贸区。

依靠日益紧密的经贸合作关系,中国东盟的贸易规模迅速扩张,2010年双边贸易额达到2 927亿美元,较十年前增长了6.4倍。在2010年中国对东盟贸易总额中,与马来西亚贸易额居第一位,达742.15亿美元,占25.3%;与新加坡贸易居第二位,570.58亿美元,占19.5%;与泰国贸易居第三位,529.47亿美元,占18.1%;与印度尼西亚贸易居第四位,427.50亿美元,占14.6%;与越南贸易居第五位,300.94亿美元,占10.3%;这五个经济体加在一起,已占到中国对东盟贸易的87.8%,说明中国对东盟贸易高度集中于这五个国家。

然而,虽然中国与东盟国家的贸易关系迅速发展,贸易规模不断扩大,结构不断改善,但从双边贸易的可持续发展角度看,从贸易模式与贸易利益角度看,从全球产业分工日趋细化导致的贸易深化的趋势看,中国与东盟贸易总体上仍处于较低发展水平,规模大而深度不足,贸易模式较为落后。根据前述产业内贸易与产业间贸易的思想,中国东盟贸易主要是产业间贸易,产业内贸易虽有发展但仍显薄弱。同时,双边贸易附加值基于中国与东盟国家的产业分工具有一定优势,但近年来也呈下降趋势,有待进一步提高。我们分别以双边比较发达的矿产品贸易和制成品贸易来分析产业内贸易的发展和附加值有待进一步提高的情况。

随着国际贸易的发展,中国—东盟贸易由原始的产业间贸易朝着产业内贸易和产品内贸易转变,这在中国—东盟矿物产品贸易上表现比较明显。《海关进出口税则》将矿产品划分为第五大类,具体包括许多品种,如盐、硫黄、泥土及石料、石膏料、石灰、水泥、矿砂、矿渣、矿灰、矿物燃料、矿物油、沥青物质、矿物蜡等。整体来看,我国与东盟的矿物产品贸易明显加快。我国出口到东盟的矿物产品数量从 2005 年的 150 亿千克增加到 2010 年的 300 亿千克,而自东盟的进口数量则从 2005 年的 394 亿千克增加到 2010 年的 1 732 亿千克,东盟已经成为我国矿物产品需求的重要来源地。2012 年 1 月,我国自东盟进口的矿砂、矿渣及矿灰达 6.27 亿美元,矿物燃料进口达 19.21 亿美元。矿物燃料的主要进口国是印度尼西亚、马来西亚、新加坡、泰国和越南,五国累计进口总值达 19 亿美元,占自东盟十国进口矿物燃料总额的 98.9%。出口方面,我国对东盟矿产品出口的主要目的国为印度尼西亚、新加坡、越南、菲律宾、马来西亚和泰国。

根据产业内贸易理论,可以将产业内贸易分为同质产品的产业内贸易和差异产品的产业内贸易两大类,通常用产业内贸易指数(IIT)来衡量产业内贸易。表 1 为根据 GL 法则测算的中国和东盟矿产品产业内贸易指数。

表 1 2005—2011 年中国与东盟国家矿物产品的产业内贸易测算结果

国家	2005 年	2006 年	2007 年	2008 年	2009 年	2010 年	2011 年
越南	0.6794	0.7703	0.7117	0.6463	0.8990		
老挝	0.0159	0.0150	0.0240	0.0336	0.0108		
泰国	0.1295	0.0734	0.1305	0.1710	0.2331	0.3362	0.3529
新加坡	0.7334	0.7195	0.9143	0.5575	0.9045	0.8333	0.5775
马来西亚	0.6720	0.2968	0.1452	0.2081	0.0852	0.2209	0.1565
缅甸	0.0658	0.0653	0.0684	0.0735	0.4928		
印度尼西亚	0.6285	0.5195	0.2802	0.1813	0.2004	0.2089	0.1423
综合平均	0.3827	0.3234	0.3323	0.2817	0.4376	0.3998	0.3073

由表 1 可见,中国与越南、新加坡的 IIT 指数比较大,2009 年的 IIT 指数都超过 0.8。尽管 2011 年中国与新加坡的 IIT 指数有所下降,但还是表现出了产业内贸易特

征。中国与泰国、缅甸的产业内贸易趋势越来越明显,与泰国的 IIT 指数从 2005 年的 0.1295 上升到 2011 年的 0.3529,与缅甸的 IIT 指数从 2005 年的 0.0658 上升到 2009 年的 0.4928。中国与老挝矿物产品的产业内贸易非常不明显,基本上表现为产业间贸易。同时,中国与马来西亚和印度尼西亚矿物产品的 IIT 指数都表现出明显的下降趋势,分别从 2005 年的 0.6720 和 0.6285 下降到 2011 年的 0.1565 和 0.1423,产业内贸易较弱,产业间贸易的特征更为明显。然而,在东盟国家中,马来西亚和印度尼西亚是中国与东盟矿物产品贸易中的最主要来源国,中国与这两个国家矿物产品的贸易表现出非常明显的逆差,2011 年的逆差额分别达到 20.37 亿美元和 108.75 亿美元。由于与印度尼西亚和马来西亚的矿产品贸易是中国与东盟矿物贸易的主体,从整体来看,中国与东盟矿物产品的贸易仍然处于产业间贸易阶段。这显示了双边矿产品贸易模式的较低水平。

2. 中国—东盟工业制成品贸易——附加值的视角

工业制成品是中国—东盟贸易中的重要商品。根据联合国 UNCTAD 数据库数据计算,1995—2011 年中国对东盟工业制成品出口占中国对东盟总出口的比重年均为 83.1%。同期,中国从东盟工业制成品进口占中国总进口的比重年均为 66.7%。机械运输设备(SITC7)是中国—东盟工业制成品贸易的主要产品。1995—2011 年,中国—东盟工业制成品的出口商品结构中,机械运输设备占了中国出口到东盟工业制成品的一半以上,纺织纤维、纱线、面料和服装(SITC26,SITC65,SITC84)则是第二大主要出口工业制成品;中国自东盟的主要进口产品也是机械运输设备,其次是化学产品(SITC5)。

按照 UNCTAD 数据库的数据计算,中国对东盟的工业制成品贸易逆差主要来源于化学产品、机械运输设备。2000—2006 年,中国—东盟工业制成品贸易为逆差,2007 年开始变为顺差;中国对东盟自 1997 年开始化学产品贸易持续逆差,1998 年开始机械运输设备贸易持续逆差。中国—东盟工业制成品贸易逆差的来源地主要是马来西亚、泰国和菲律宾。中国与马来西亚、中国与泰国在化学产品、机械运输设备贸易上都存在逆差;中国与菲律宾在机械运输设备贸易上存在逆差;中国与新加坡在工业制成品贸易上逆差趋势不明显,但是,在化学产品贸易上存在很大逆差。

中国—东盟工业制成品贸易逆差的商品结构具有零部件贸易的特征。例如,机械运输设备是中国对东盟工业制成品贸易逆差的第一大来源产品,当该组产品细分到 SITC 二、三位数时,就可以看出具有零部件的特征了。这说明了一个现实:东盟国家扮演着零部件生产者和提供者的角色,为中国快速增加的最终产品组装生产环节提供中间产品。大量的来自东盟的零部件在中国组装完成,以最终产品的形式出口到世界其他地方,其中大部分出口到美国和欧盟。

在中国与东盟这样的产业分工机制明显、零部件贸易发达、加工贸易特征显著的贸易关系中,仅从贸易总额或者贸易差额并不能准确表现双方贸易关系的本质和贸易利益状况。比如,中国对东盟的制造业产品逆差对应的是对美欧的顺差。也就是说,对发达国家的贸易顺差是以对东盟的逆差为条件的。这方面,从贸易附加值角度进行研究能够比较好地衡量贸易利益。

贸易附加值是指出口产品中使用的进口投入品(包括原材料、中间产品、最终产品),在经过国内加工、组装等产业间循环之后形成的价值增加。零部件贸易是全球垂直专业化分工的结果,全球垂直专业化分工的本质是某一产品的生产过程被分解成多个环节在全球不同区位完成。因此,该产品的生产过程中会出现来自不同国家的投入反复进出国境的情形,即出口产品中包含外国成分。贸易附加值不仅解决了进口中间产品价值重复计算问题,而且考虑到了进口投入在国内的产业间循环效应,故能够较全面地反映真实贸易利益。目前,有许多研究致力于进行贸易附加值的测算。韦倩青的研究进行了中国与东盟贸易的附加值的计算。①

表2、表3分别计算了21世纪以来中国与东盟六国及其他主要贸易伙伴的贸易附加值和附加值率。

表2　中国与世界、东盟六国及美、日、韩的贸易附加值　(单位:百万美元)

年份	世界	东盟六国	新加坡	泰国	马来西亚	菲律宾	印度尼西亚	越南	美国	日本	韩国
2000	816.9	83.2	11.3	10.7	6.6	38.9	10.3	5.3	62.4	90.4	56.8
2001	851.8	51.9	9.5	10.7	6.0	8.1	12.9	4.7	61.7	95.5	54.1
2002	1 041.0	66.6	11.2	11.2	8.7	9.7	14.7	11.1	87.8	98.6	59.1
2003	1 584.8	105.7	16.3	17.6	13.4	14.8	22.2	21.4	149.2	132.9	71.8
2004	1 969.3	141.2	18.6	22.5	20.5	19.9	29.5	30.2	189.4	148.7	80.1
2005	2 418.4	184.5	22.0	28.7	24.1	23.5	41.2	45.1	290.0	165.4	97.1
2006	2 868.0	230.1	25.8	34.6	25.5	26.9	56.0	61.4	331.4	182.1	116.9
2007	3 301.0	300.5	31.9	41.5	34.7	31.7	69.4	91.3	358.9	185.6	126.1
2008	1 289.6	126.8	11.3	18.2	16.0	12.4	29.4	39.6	133.4	70.6	41.2
2009	1 180.2	130.0	10.2	17.1	18.4	14.3	26.1	43.9	126.5	75.8	36.2
2010	1 516.6	183.7	8.9	24.8	19.1	18.9	39.1	73.0	167.2	77.7	48.8
2011	1 862.6	244.7	11.7	28.9	25.1	27.6	53.4	98.0	186.4	97.8	57.6

资料来源:韦倩青:《中国东盟制成品贸易的附加值及其影响因素分析》,《经济问题探索》,2013年第9期。

---

① 参见韦倩青:《中国东盟制成品贸易的附加值及其影响因素分析》,《经济问题探索》,2013年第9期。

表3　中国与世界、东盟六国及美、日、韩的贸易附加值率　　　（单位：%）

年份	世界	东盟六国	新加坡	泰国	马来西亚	菲律宾	印度尼西亚	越南	美国	日本	韩国
2000	0.45	0.62	0.26	0.60	0.34	1.99	0.47	0.45	0.18	0.31	0.76
2001	0.43	0.38	0.21	0.52	0.23	0.72	0.64	0.34	0.17	0.30	0.64
2002	0.42	0.38	0.21	0.43	0.21	0.68	0.62	0.75	0.18	0.28	0.55
2003	0.46	0.46	0.22	0.55	0.26	0.67	0.74	1.07	0.21	0.30	0.51
2004	0.41	0.40	0.15	0.46	0.30	0.58	0.65	0.95	0.19	0.27	0.38
2005	0.39	0.42	0.15	0.43	0.26	0.62	0.70	1.08	0.22	0.26	0.37
2006	0.36	0.40	0.13	0.41	0.24	0.58	0.78	1.03	0.20	0.26	0.34
2007	0.32	0.39	0.12	0.41	0.22	0.51	0.71	0.90	0.19	0.23	0.28
2008	0.11	0.13	0.04	0.14	0.09	0.17	0.21	0.31	0.07	0.08	0.07
2009	0.12	0.15	0.04	0.15	0.11	0.22	0.23	0.34	0.07	0.10	0.08
2010	0.11	0.17	0.03	0.15	0.10	0.23	0.23	0.39	0.07	0.08	0.08
2011	0.12	0.19	0.04	0.14	0.11	0.24	0.24	0.42	0.07	0.08	0.08

资料来源：韦倩青：《中国东盟制成品贸易的附加值及其影响因素分析》，《经济问题探索》，2013年第9期。

根据表2和表3数据，2000—2011年间，就单个国家而言，中国从对美国工业制成品贸易中获得的贸易附加值最多，其次是对日本的贸易，再次是对韩国的贸易。当然，这与中国和这几个国家的贸易规模巨大密切相关。所以，附加值虽高，贸易附加值率都比较低。相对而言，中国自东盟六国工业制成品贸易中获得的贸易附加值和附加值率总体较高。因为，美国、日本、韩国是中国工业制成品的主要出口目的地，中国出口到这些国家的制成品，只是在中国进行加工、组装，大部分投入品来自海外，这种贸易结构决定了附加值率不高。而对东盟国家的出口，一般说来较少依赖从国外中间品的进口，因而总体附加值率高于美、日、韩。同时，还要看到，中国整体的对外贸易附加值率都在下降，从2000年的0.45%下降到2011年的0.12%，降幅巨大。其中，对东盟贸易的附加值率降幅更大，从0.62%下降到0.19%。所以，虽然我国通过国际贸易获得的总体贸易利益在增加，但更多的是依靠贸易规模扩张带来的。如果剔除出口扩张数量效应之后，贸易附加值率在下降。

通过以上分析，我们认为，我国的对外贸易，特别是对东盟等发展中国家的贸易，有着巨大的提质增效空间，其途径就是通过更深入的产业内分工合作提升产业内贸易份额以及提高贸易的附加值率。"一带一路"建设带来的产能转移和东亚产业链的重构，将为我国对东盟的贸易深化提供良好的机遇。

二、中非贸易结构、互补性与竞争性

在"一带一路"战略规划中,非洲国家也是一个重点地区。这一方面是由于"海上丝绸之路"本来就包含非洲国家,同时也是由于中非之间经贸关系的发展具有极大的潜力和互补性,对于中国和非洲国家各自经济问题的解决乃至世界经济的可持续发展,都具有重要意义。

21世纪以来,特别是首届中非论坛以来,中非经贸关系明显进入了一个高速发展的新阶段。据统计,2009年,中国成为非洲第一大贸易伙伴。这一年,中国从非洲进口商品总计达到463亿美元,中国向非洲出口433亿美元,给非洲带来贸易顺差30亿美元。2010年中非双边贸易额达到1 269.11亿美元,再创历史新高。

不过,中非贸易的发展也面临诸多问题,其中最大的问题体现在贸易结构进而贸易的可持续性上面。

在经典国际贸易理论中,赫克歇尔-俄林贸易模型强调要素禀赋对贸易的驱动作用。该理论的基本结论在于,一个国家将出口具有自然禀赋优势的商品,进口自然禀赋劣势的商品。虽然当代贸易理论的发展早已超越了自然禀赋和比较优势的思想,进入了产业内贸易、产品内贸易和异质企业贸易理论的时代,但就中国与非洲国家贸易而言,仍然主要停留在自然禀赋和比较优势时代。从整体上看,中非贸易结构与中国的总体贸易结构基本一致,也符合赫克歇尔-俄林原理的思想。中国从非洲进口的能源及矿产品比例(87.08%)显著高于从全世界进口的平均水平(24.91%),而制成品进口仅占进口总额的6.02%,显著低于世界平均水平的67.14%(见表4)。

表4 2009年中国与世界及非洲的贸易构成　　　　（单位:10亿美元）

	出口额		进口额	
	世界范围	非洲	世界范围	非洲
农产品	40.88(3.40)	1.59(3.43)	76.62(7.62)	2.09(4.82)
食品	35.32	1.48	45.25	0.63
原料	5.56	0.11	31.37	1.46
燃料及矿产品	34.33(2.86)	0.85(1.83)	250.46(24.91)	37.73(87.08)
矿石及其他矿产品	1.86	0.04	88.77	6.36
燃料	20.38	0.31	123.96	27.89
有色金属	12.09	0.51	37.72	3.48
制造产品	1 124.74(93.60)	43.86(94.67)	675.17(67.14)	2.61(6.02)
钢铁	23.66	2.38	26.48	1.04
化学品	62.01	2.69	111.97	0.55

(续表)

	出口额		进口额	
	世界范围	非洲	世界范围	非洲
其他半成品	89.2	6.08	28.59	0.66
机械及运输设备	591.13	18.29	408.26	0.26
办公及电信设备	346.45	4.87	214.05	0.2
运输设备	64.75	4.42	51.97	0.01
纺织品	59.82	5.68	14.94	0.01
服装	107.26	3.09	1.84	0.06
其他制造产品	191.66	5.65	83.09	0.03
商品总价值	1 201.65	46.33	1 005.56	43.33

注:括号中数据表示所占总额的百分比。
资料来源:世界贸易组织《2010年国际贸易统计数据》。

其次,从贸易差额来看。总体上中国在与非洲贸易中处于逆差地位,2010年逆差近80亿美元。不过,中国与非洲国家的贸易也极不均衡。非洲对中国贸易顺差前十国依次是安哥拉、苏丹、刚果(布)、南非、利比亚、赞比亚、刚果(金)、赤道几内亚、毛里塔尼亚和加蓬,十国对中国的贸易顺差分别达到122.90亿美元、29.79亿美元、13.72亿美元、13.28亿美元、11.71亿美元、11.20亿美元、8.15亿美元、6.97亿美元、6.12亿美元和5.59亿美元。非洲对中国贸易逆差前十国依次是尼日利亚、埃及、阿尔及利亚、利比里亚、贝宁、摩洛哥、加纳、肯尼亚、多哥和埃塞俄比亚,十国的贸易逆差分别为45.79亿美元、43.55亿美元、32.34亿美元、18.78亿美元、18.59亿美元、17.54亿美元、14.54亿美元、12.48亿美元、10.93亿美元和10.38亿美元。

值得注意的是,非洲国家对华贸易顺差的前十国主要都是资源、能源出口国,其中安哥拉、苏丹、刚果(布)、利比亚、赤道几内亚和加蓬等都是非洲重要的产油国。非洲对中国逆差的前十国中,除尼日利亚、阿尔及利亚和埃及外均为非石油输出国家。以石油为主的资源和能源产品仍是非洲对外贸易中最具比较优势的产品,这些产品的出口在非洲的对外经济中仍然占据着比较重要的地位。

最后,从贸易依存度来看。在中非贸易中,与中国贸易依存度最高的10个国家中有6个属于资源丰富型,包括毛里塔尼亚、安哥拉、刚果(布)、赞比亚、加蓬和赤道几内亚。进口依存度最高的国家有多哥、贝宁、苏丹、冈比亚。其中安哥拉、刚果(布)和赤道几内亚在进口和出口依存度方面均位居前十(见表5)。

表5 2009年非洲国家对中国的贸易依存度　　　　　　（单位:%）

出口		进口	
苏丹	58.0	多哥	36.58
刚果(金)	46.8	贝宁	35.62
毛里塔尼亚	41.1	苏丹	21.87
安哥拉	35.6	冈比亚	20.45
刚果(布)	30.2	赤道几内亚	19.97
赞比亚	21.4	安哥拉	17.37
加蓬	16.0	尼日尔	16.32
马里	13.2	尼日利亚	14.89
贝宁	12.7	科摩罗	14.66
赤道几内亚	12.6	刚果(布)	14.54

资料来源:根据国际货币基金组织国际贸易统计数据计算。

对于非洲国家与中国的贸易依存度,还可以从不同类型国家的情况加以分析。我们按照经济地理学的方法,将撒哈拉以南非洲国家区分为三类:资源富有类、内陆资源匮乏类和沿海资源匮乏类。总体上,三类国家与中国的贸易强度(依存度)都在增加,但三类国家的增幅有所不同,进出口依存度也不相同。资源匮乏的沿海和内陆国,进口依存度高于出口依存度,而资源富有国正好相反(见表6)。

表6 撒哈拉以南非洲国家与中国的平均贸易强度

	向中国出口		从中国进口	
	2000年	2009年	2000年	2009年
资源富有类	6.05	15.44	2.24	10.51
内陆资源匮乏类	0.30	5.49	2.44	8.23
沿海资源匮乏类	0.24	2.92	4.04	11.36

资料来源:根据国际货币基金组织"Direction of Trade Statistics"(2010)数据计算。

以上情况清楚地表明,中非贸易结构存在很大的不合理。非洲国家对中国出口以资源为主,中国对非出口则以加工制成品占绝大部分。这种贸易结构特征虽然短期内可以带动非洲国家资源开发,增加收入,也有助于改善资源出口国的贸易条件。但从长期来看,过分单一的资源出口会压抑当地的工业化和经济发展,也无助于双边贸易的可持续发展。

中非贸易中的问题,还有一个比较显著的就是双边贸易的互补性与竞争性问题。从理论上来说,贸易伙伴之间贸易对经济发展的影响具有直接性、间接性、互补性和竞争性等特点(见表7)。

表7 贸易伙伴的贸易影响

	直接影响	间接影响
互补性影响	出口市场发展	贸易转移效应
竞争性影响	本土生产替代	第三方出口市场竞争

依据以上分析框架,中非贸易既有互补的一面,又有竞争的一面。在互补性上,中非虽然都属于发展中国家,但非洲大多数国家(特别是撒哈拉以南非洲国家)尚处于工业化前期或者初期,资源优势明显,但存在明显的资金、技术和制度约束,经济发展比较困难。而中国正处于大规模工业化中后期,制造业发展水平较高,资金较为充裕,技术具有一定优势。中国和非洲的比较优势差异决定其贸易结构差异较大,不存在直接的竞争。中国的大规模资源进口,促进了非洲的资源开发和出口扩展,也实现了非洲资源出口的多元化,有助于改善贸易条件。特别是,如果相应的资源开发与资源在当地的加工、制造结合起来,就不仅可以实现资源效应,更有助于加快当地的工业化进程。这也正是中国与非洲经济合作的方向。

然而,至少在理论上,中非贸易也存在竞争的一面。中国的制成品出口可能会与当地制造业发展形成竞争,同时,中非也有可能在第三方出口市场上形成竞争。不过,这些可能的竞争关系主要是理论上的、潜在的。由于中国与非洲国家在产业结构、资源禀赋、发展水平等方面都存在不小差异,这种竞争局面并未出现。虽然也有一些言论认为中国制成品的进口抑制了非洲国家制造业的发展和出口,但大多数国内外研究都证明,中国制造产品出口并未对非洲相关产品的出口带来持续威胁[1];中非的产业结构差异决定中国的出口并不会对非洲国家的产业发展带来不利影响[2]。

以上,我们分析了中国与东南亚国家和非洲国家的贸易关系与贸易结构。我们发现,虽然中国与这两个地区的贸易关系在过去十几年间都获得长足发展,但是也都存在一些问题。这些问题,很可能制约中国与相关国家和地区贸易关系的进一步发展。它也表明,中国与这些国家和地区的既有贸易模式,在中国经济进入新常态以后一定程度上已经不再是推动贸易快速发展的动力。我国外贸的发展,需要注入新的动力,探索新的发展模式。

"一带一路"倡议为中国与东南亚和非洲等国家经济贸易关系的发展开拓了广阔的空间。"一带一路"倡导的政策沟通、道路联通、贸易畅通、货币流通、民心相通,为

---

[1] Shafaeddin, Mehdi, "Is China's Accession to the WTO Threatening Exports of Developing Countries", *China Economic Review*, 2004, Vol. 15, pp. 109—144.

[2] Stevens, Christopher, and Jane Kennan, "Opening the Package: the Asian Drivers and Poor-Country Trade", Brighton: Institute of Development Studies, 2005, p. 2.

加快与有关国家经贸关系的全方位发展与经济合作提供了深厚的基础。我们认为,在中国与东南亚国家和非洲国家贸易领域,"一带一路"倡议至少可以通过提升贸易深度、扩展贸易广度几个途径,加强经贸联系,推动贸易发展。

三、提升贸易深度:从产业间贸易到产业内贸易、产品内贸易

1. 动态比较优势与贸易深化

如上所述,中国同东南亚、非洲等发展中国家的贸易模式,更多地表现为中国从发展中国家进口原材料、资源能源产品和中低端零部件,出口制成品特别是中低端制成品的格局。照此发展下去,中国和亚非拉地区将陷入国际经济学所谓的"比较优势陷阱",而不能使本国贸易保持持续的竞争力和促进本国经济的可持续发展。改善中国与发展中国家的贸易结构,就必须跳出简单发挥比较优势的逻辑,遵循"动态比较优势"的思想,实现中国同亚非拉国家国际贸易结构的升级优化。

动态比较优势理论是对静态比较优势理论分析的延伸和发展,其核心思想在于放松静态比较优势的一些前提假设条件,加入新的假设,如资源禀赋随时间可变、要素地位在新的经济环境下的变化、新要素的形成等。与传统的比较优势理论相比,可以借用动态经济学的思想来理解动态比较优势:当一国在某一部门生产活动的机会成本增长率比其他国家低时,该国在此部门的生产活动才具有动态比较优势。与静态比较优势不同的是,动态比较优势更加强调在一定的条件下,后发国家潜在的、未来可能形成的优势。通过对动态比较优势理论的研究,可以总结出动态比较优势理论的基本特征。

第一,比较优势的成因既包括要素禀赋的差异,也包括规模经济、产品差异及专业化分工等因素,但作用大小略有不同。在分析要素禀赋结构不同的发达国家与发展中国家间的国际分工模式时,要素禀赋的差异仍是决定比较优势的主要因素;而在分析要素禀赋结构相近的发达国家间的国际分工模式时,规模经济、产品差异及专业化分工等因素则会显著影响比较优势的形成。而且,在产品内分工日益深化、要素流动更加频繁、技术更新换代日新月异的条件下,像中国这样的发展中大国拥有更多构建动态比较优势的机会。我们不仅可以充分利用后发优势吸收国外的先进技术,同时,还可以利用大市场分摊庞大的研发费用,降低技术创新的成本。大市场意味着我们可以利用规模经济优势积极参与国际产品内分工;大市场可以促进国内分工的深化、提高产品的差异化程度,在此基础上有效对接国际分工。

第二,在动态比较优势中,资源、劳动力、资本和技术是逐步递进的关系。不论是动态比较成本说还是内生比较优势理论,都在某种程度上默认了比较优势在资源、劳动力、资本和技术上的递进关系。这是由其在国际分工中的地位所决定的,在经济发展过程中,上述各要素往往代表了逐步递增的生产率,进而也意味着相应产品附加价

值的逐步增加。因此，各国都有将自身比较优势从资源、劳动力向资本和技术转换的动力。而且，动态比较优势更加强调各种要素之间的合理配置，产业结构的升级、技术水平的提升均是动态比较优势的显性表现。

第三，绝大多数的动态比较优势理论都认可政府在比较优势转换中的积极作用，即政府的政策能够有意识地引导或推动比较优势的动态转换。尽管诸多研究都认为一国在资源、劳动力、资本和技术上存在升级关系，然而，学术界对于一国比较优势在各要素禀赋间顺次转换的过程能否自发形成并没有达成共识。部分学者认为，遵循现有的比较优势发展，资本积累的速度将远高于劳动力和自然资源增加的速度，要素禀赋结构得到较快的提升。随着要素禀赋结构和比较优势的动态变化，一个经济的产业和技术结构也会自然而然地升级。但更多的学者认为，一国经济的初始比较优势更容易被强化、锁定而非转换，后发国家若想摆脱过去形成的在低增长部门的锁定状态，必须依靠政府有意识的政策介入。实际上，动态比较优势的形成有赖于对传统比较优势路径的突破，其需要借助一定外力来打破原有的经济平衡，只不过，这种有意识的介入并不是反市场的行为，而是着力于纠正那些扭曲动态比较优势形成的机制，克服动态比较优势形成的障碍，为动态比较优势的建立创造条件。

根据动态比较优势的理论，构建动态比较优势的重点在于打破低附加值固化的路径，实现产业升级与价值链的攀升，强调尊重比较优势动态转换内在规律。从形成机制来看，首先，动态比较优势离不开基础的资源、资本、劳动力、技术水平等禀赋条件。其中，技术要素是动态比较优势形成的核心和关键，自然资源和资本是基础，而劳动力则是技术发挥作用的中介。因此，从动态比较优势的整个形成机制来看，技术始终是贯穿其中的重要变量。技术的升级也是整个经济体得以转型的基础，如何利用基本的资源，通过合理的机制提升技术水平是动态比较优势形成的关键。其次，与传统比较优势相比，动态比较优势的形成需要这些要素实现最佳的配置。丰富的资源禀赋并不必然能获得比较优势，为了避免这一过程落入"资源诅咒"以及传统比较优势的陷阱，就需要一定的转化机制与推进机制，将资源禀赋的数量优势转化为质量优势。而对于一个后发国家来说，"干中学"机制是追赶发达国家的重要机制，而创新机制则是实现超越的原动力所在。从两种主要机制的作用来看，"干中学"是一种短期作用机制，它能使一个国家、产业或企业凭借后发的学习机制在短期内获取动态比较优势；而创新机制则是一种长期作用机制，通过创新，不断积累技术优势，实现长久技术领先，在一段比较长的时间内保持比较优势。

对于后发国家而言，在建立新的动态比较优势的过程中，完全凭借市场与企业的自发行为难以跨越技术的鸿沟，此时，政府就需要给予一定的补贴与支持。以此为杠杆撬动市场，激发市场这只"无形的手"发挥作用，进而激发创新主体的积极性。同时，后发国家向新的潜在优势产业的跃升也是一个创新的过程，面临市场风险，也需要政府对这种尝试提供支持和鼓励。在经济全球化的今天,相对落后的发展中国家不能再简单地利用现有的比较优势,特别是基于自然资源的外生的比较优势,可以利用战略性的政策、措施,在短期内违背现有的、外生的比较优势,推动资本积累和技术进步,通过各种手段来获得长期的、内生的比较优势。以此来提升比较优势等级,从而在较优的国际分工地位上参与国际分工,这样才能实现经济的持续发展,缩小与发达国家的差距。

综上所述,比较优势动态变化的过程可以表述为:生产率的初始水平决定了一国的比较优势,进而决定了国际分工的地位,国际分工的模式通过资源配置决定了技术水平与生产率,而生产率的变化进一步作用于分工模式,由此形成了一国比较优势的动态变化。在这一过程中,在比较优势变化机制中存在两种力量:一方面,自身要素积累和技术进步使原有优势不断加强;另一方面,技术转移、产业间累积知识的速度差异和政府的逆向扶持可能促成比较优势发生转变。而对于技术处于落后状态的后发国家来说,由于比较优势的初始状态较低,因此,后发国家需要通过创新机制实现资源禀赋的升级以及比较优势的转换。但后发国家的一个显著特征就是市场经济体制的不完善,因此,政府就需要打破传统经济制度的痼疾,为比较优势的升级创造条件。

从动态比较优势角度看,我们发现,中国与东南亚、非洲以及其他发展中国家之间的比较优势关系,随着中国经济起飞,特别是近十几年来中国经济的结构进步而出现了较为明显的变化。

从中国方面来看,这种变化主要表现为中国在制造业成本上的优势正在不断弱化,而在技术、资本、管理和附加值方面的优势在不断强化。随着中国进入上中等收入国家行列,中国制造业的劳动力成本显著上升,从以往低于大多数东南亚国家到目前明显高于大多数东南亚国家,劳动力成本优势不复存在。同时,资源成本、环境成本较低的优势也消失殆尽,劳动保护、社会责任等方面的成本也在不断上升。总体上,中国与亚非拉大多数发展中国家相比已经没有低成本方面的比较优势。近年来诸如越南、印度尼西亚等国家低端制成品出口对中国产品的替代,就是这种状况的反映。然而,与此同时,中国最近若干年来提升产业附加值和在国际分工与产业链中地位、不断优化产业结构的努力收到一定成效。在许多制造业产业、高科技产业、战略性新兴产业,中国都具有相当的技术水平和产业竞争力,产品附加值不断提升,在发展中国家处于领先地位,形成了在技术、加工制造、资本、管理等方面的综合比较优势。这为中国与发展中国家贸易结构与贸易模式的变化提供了基本的经济基础。

从亚非拉发展中国家方面看,虽然不少经济发展水平较低的发展中国家依然具有资源、成本方面的优势,但越来越多的国家意识到仅靠资源出口长期来看必将使经济发展陷入困境。越来越多的发展中国家希望走上工业化道路,通过自身资源的深加工,通过劳动力成本、资源成本、环境成本等方面的比较优势,发展本国的制造业,提升经济发展模式,走上经济良性发展轨道。这方面,它们特别希望学习和借鉴中国的发展经验,通过与中国的合作加速本国经济发展。也就是说,这些发展中国家虽然仍有资源禀赋方面的比较优势,但它们期待更多发挥自身潜在的成本优势,从单纯资源出口国变为工业国和制成品出口国。这也改变了中国与这些国家之间的贸易基础。

上述比较优势的动态变化,为中国与这些国家贸易关系的深化提出了客观需求,也创造了实现条件。随着"一带一路"规划的展开,随着中国与周边发展中国家互联互通的进步,中国理所当然地应当加快与相关国家的产能合作,把中国相对过剩、不再符合中国比较优势,同时又符合其他发展中国家比较优势、适合其经济发展需要的产业和生产环节转移出去,实现双方的互惠互利、共同发展。

随着这一进程,中国与有关国家的贸易结构和贸易模式也将发生较大改变。

在认识这种产能转移和贸易模式改变时,有几点应当更加清楚地认识和强调。

其一,中国对亚非拉发展中国家的产业转移,绝不是落后产业的倾销,而是能够发挥各自比较优势的适应性产业的转移。有人认为,中国对发展中国家的产业转移是将中国不需要的落后产业,比如污染严重的、消耗资源的、附加值低的产业转移出去。这种认识绝对是误解。且不说中国自身不应当在国际产能合作中采取这种以邻为壑、嫁祸于人的做法,即使我们想这么做,相关国家也不可能接受这些产业,当地市场也不可能接受这种转移,这样的产业在国际产业转移竞争中也必定会败下阵来,被其他新兴国家或者发达国家的产业转移击败。所以,"一带一路"下中国对相关国家的产业转移,应当是有国际竞争力的优势产业转移。它不一定是最先进的,但一定是最适合的,而且是较少负外部性的。至于我们的有些高污染、高消耗的产业,则该淘汰淘汰,该关闭关闭,该改造改造。中国的对外投资和产业转移,其理论基础不应是"边际产业转移"理论。

其二,中国对亚非拉发展中国家的产业转移,不必然是整个产业或整个产品的转移,而有可能只是某些生产环节的转移。中国作为大国,可以形成全产业链的产业聚集和产业发展。而某些发展中国家,经济发展水平较低,经济规模和国家规模都较小。这些国家未必适合发展整个产业,中国也不可能、不必要将某个产业的所有生产环节转移到这些国家。此时,中国对相关国家的产能转移,可能只是某些生产环节的转移,另一些适应环节则留在国内。随着"一带一路"带来的道路联通、贸易畅通、货币流通,这种国内外结合的布局不会有太大的地理距离障碍和额外成本,因而是完全可行的。而在这种产业布局下,中国与这些国家的分工就从产业间分工发展到产业内分工,贸易也必定会从产业间贸易发展成为产业内贸易和产品内贸易。这就是贸易模式的深化。

其三,如果说以往中国与亚非拉发展中国家之间的贸易模式主要是基于自然禀赋和比较优势的,那么,未来,这种贸易模式将更多地依赖于产业分工和价值链分工;以往的贸易模式主要是产业间贸易,未来将更多地转变为产业内贸易和产品内贸易。其中,中国与周边发展中国家("一带一路"国家)更是如此。这种贸易模式的转变是符合贸易发展一般规律的,也符合当代国际产业分工和全球经济一体化的大趋势。这种转变并非完全来自"一带一路"倡议,不过"一带一路"倡议的提出和实施肯定会加速这一过程,这是毫无疑问的。

2. 贸易投资一体化与贸易结构深化

在当代国际经济关系中,随着国际直接投资的高速发展,贸易投资一体化已经成为一个非常鲜明的特征。许多贸易活动不再是单纯的货物贸易,而是基于跨国公司海外投资与生产活动展开的。跨国公司内部国际贸易在全球国际贸易中所占比重不断上升就是证明。

国际贸易与国际投资一体化并相互促进的现象在国际经济相关理论中是可以得到解释的。根据国际直接投资理论,国际贸易和对外出口常常成为国际投资产生的引导者;而国际直接投资虽然对国际贸易具有"贸易创造"和"贸易替代"双重效应,但伴随原材料、半成品、产成品和最终产品等的大规模流动,总体上是促进贸易发展、扩大贸易规模的。特别是,随着跨国公司产业内和产品内分工的深化发展,在全球范围内已经形成了几个大规模的跨国生产体系。其中,东亚生产体系就是最重要和最著名的之一。在这一生产体系下,任何一个最终产品的生产都被分解为多种零部件制造和组装过程。譬如著名的苹果手机的生产销售就涉及美国、日本、韩国、中国内地、中国台湾、中国香港等多个国家和地区,在其生产和销售过程中频繁地进行着零部件、原材料、半成品和产成品的进进出出,带来这些国家和地区之间巨大的贸易额。未来,随着国际竞争加剧、降低成本压力增大,分工会越来越细,带动的相关贸易额也会越来越大。

中国与周边发展中国家之间的贸易投资关系发展也具有类似的性质。仅以中国和东南亚国家为例,不难发现,国际直接投资对于中国与东南亚国家贸易的发展以及贸易模式深化起着重要作用。

我们首先观察一下中国与东盟国家对外贸易深度与直接投资增长的一致性。贸易深度用产业内贸易指数来表示,它表明某一产业内相互贸易的程度。自2002年中国与东盟签署《中国—东盟全面经济合作框架协议》后,中国与东盟的投资迅速发展,如今,东盟已成为中国第四大对外投资目的地。2002年年底,中国与东盟的双向直接投资存量为301亿美元,2012年年底则达到1 007亿美元。其中东盟国家对中国投资771亿美元,中国对东盟投资近300亿美元。与此同时,中国与东盟双边贸易也迅速发展,2013年贸易额为4 436亿美元,对东盟贸易占中国对外贸易总额的1/10以上。目前,东盟是中国第三大贸易伙伴、第四大出口市场和第二大进口来源地。尤其是中国—东盟自由贸易区的建设启动以后,双方在产业结构调整中逐渐从产业间贸易转向产业内贸易,中国与东盟十国总体的产业内贸易指数从2003年的0.69上升到2011年的0.76,双方的产业内贸易达到了一个比较高的水平。图1和图2分别显示,中国对东盟的直接投资和双边产业内贸易指数的上升趋势,表明了两者整体水平的一致性,双边贸易正逐渐由基于要素禀赋差异的产业间贸易向基于产品差异和规模经济的产业内贸易模式转变。不过,也应当注意到,双方的产业内贸易指数IIT波动很大,表明产业内贸易模式仍是不稳定的,还有很大的提升空间。

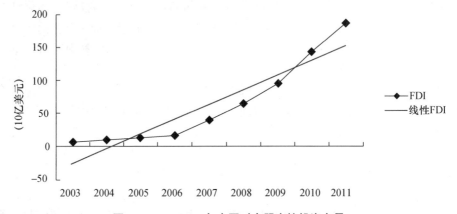

图1　2003—2011年中国对东盟直接投资存量

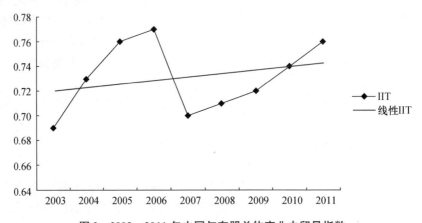

图2　2003—2011年中国与东盟总体产业内贸易指数

再从国别情况看,东盟十国经济发达程度具有较大差异,大致可分为三个梯度。对于第一阶梯的新加坡,我国企业主要是以市场导向型的投资为主,同样对处于第一阶梯的文莱,中国则主要是资源导向型的投资;对于第二阶梯的泰国、马来西亚、菲律宾、印度尼西亚,我国企业以市场导向和资源导向型两者结合为主;而对于第三阶梯的越南、老挝、柬埔寨、缅甸,我国则是以生产要素导向型为主。通过对中国对东盟直接投资与产业内贸易的国别研究可以看出,中国对新加坡的直接投资金额最高,占据绝对首位,其产业内贸易指数也是最高的,而文莱两者均处于最低;对缅甸的直接投资增长速度与其产业内贸易指数的增长速度相对来说是成正比的,虽然产业内贸易指数的增长速度没有直接投资那样明显。中国对东盟各国的直接投资与中国和东盟各国的产业内贸易指数在国别上具有一致性(见图3、图4)。

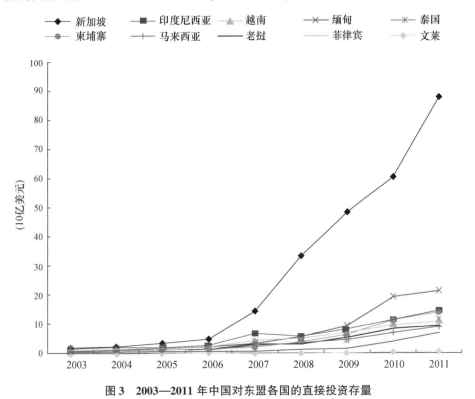

图3　2003—2011年中国对东盟各国的直接投资存量

从以上情况可见,中国与东盟国家的贸易,随着双向投资特别是中国对东盟国家的投资而不断从产业间贸易向产业内贸易发展。这种发展的基础是产业内的国际分工,体现了当代国际分工的发展趋势。如果说东盟国家由于经济规模较小,对中国的投资(包括产业内分工引致的投资)多以零散投资为主,那么中国在"一带一路"框架下对周边国家包括东盟国家的产业转移,则是大规模、系统性、全方位的投资,投资的重点产业又恰恰是过去几十年产业内分工发展最为普遍的运输机械、计算机、电子产品、家用电器等制造业部门。中国在这些产业拥有明显技术水平和规模经济优势,对东盟国家的生产环节、工序、区段的转移,必定会大大提升产业内贸易程度,使中国与

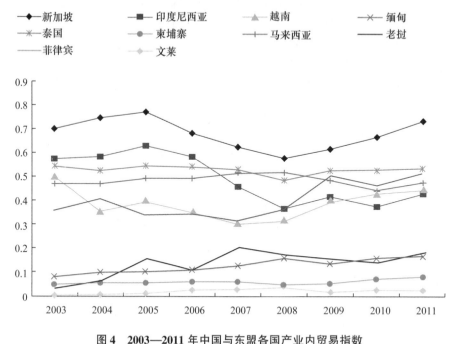

图4 2003—2011年中国与东盟各国产业内贸易指数

相关国家和地区的贸易向纵深发展。对东盟国家的投资贸易关系经验,在对南亚、中亚、西亚以及非洲等"一带一路"国家的贸易投资关系发展中,也都同样适用。

四、扩展贸易广度:中非产业间贸易多元化探索

以上我们主要分析了中国与发展中国家特别是东南亚国家产业内贸易模式深化的问题。对于另外一个对外经济合作重点地区非洲来说,除了随着"一带一路"建设和中国对外投资发展逐步发展中国与非洲国家的产业内分工和贸易之外,在近期,实现产业间多元化贸易也是发展中非贸易的一个主要方向。如前文分析所表明的,中非贸易过去的模式主要表现为原材料和制成品的交换,这一贸易模式具有过分单一和层次较低的问题,很难持续发展。如果能在产业间贸易上推进中非贸易的多元化,对于双边贸易的发展也具有重要意义。以下几个领域,将是近期贸易多元化的可行方向。

1. 中非农业合作促进农产品贸易的发展

我国政府非常重视中非农业合作和农产品贸易。近年来,随着南南合作和中非经贸论坛等活动的开展,中非农产品贸易得以迅速发展。中非由于在农业资源禀赋上的差异及产品贸易结构的互补性,使双边存在巨大的合作潜力。综观中非农产品贸易现状,主要具备以下几个特点:

其一,中非农产品贸易不断扩大,特别是自中国入世以来增长尤为迅速。2000—2002年,中国农产品向非洲的出口比较稳定,维持在4亿美元左右;2003—2012年,出现了较大幅度的上涨,由2003年的6.49亿美元增加到2012年的24.80亿美元,增长了3.82倍,年均增长30%以上。中国对非农产品的出口在中国对外出口农产品贸易总额中的比重由2000年的1.97%上升到2012年的3.97%;中国从非洲的进口占中国农产品进口总额的比重由2000年的1.13%增长到2012年的2.51%。

其二,中非农产品贸易顺差、逆差分段交替。纵观中非农产品贸易近十多年的变化趋势,2000—2003年,中国在中非农产品贸易中处于顺差地位,且顺差趋势明显;但2004年是中非农产品贸易额发生转折的一年,中国由顺差变为逆差,这一状态一直持续到2006年;2008年,非洲对中国农产品的出口受到国际金融危机的极大影响,贸易额大大缩减,使中国又回到顺差状态,并一直持续到2011年;2012年非洲逆转局势,对中国农产品的出口额大幅度增加,中国回到逆差状态。

其三,中非农产品贸易产品类别互补性强。近十年来,中非双边的主要贸易农产品种类基本稳定,呈现较强的互补性。中国出口到非洲国家的主要是茶叶、大米、蔬菜、番茄罐头、调味料等劳动密集型产品。中国从非洲进口的农产品主要集中在活动物、棉花、芝麻、烤烟、羊毛、可可豆、植物油等,绝大部分是资源密集型产品,这与非洲具有得天独厚的资源密切相关。

其四,中非农产品贸易的市场集中度较高。中国进口农产品的来源国主要是南非、津巴布韦、马里、埃塞俄比亚、布基纳法索等,2012年中国从这5个国家进口的农产品占其在非洲农产品进口总额的约60%。中国对非洲农产品出口主要集中于南非、尼日利亚、摩洛哥、埃及、加纳等,2012年中国对上述5个国家的出口占向非洲总出口的57%,市场集中度较高。

综观中非农产品贸易,虽然近十几年来取得不小进展,但仍有较大发展空间。这主要是基于中非得天独厚的自然条件、良好的政治经济关系和悠久的农业合作历史。非洲地域广阔,纵跨多个气候带,地貌环境多样,农业地理条件十分优越。非洲有主要耕地1.9亿公顷,大部分地区水资源丰富,为农业生产提供了得天独厚的自然条件。可可、咖啡、棉花、天然橡胶、棕榈仁、剑麻等热带经济作物的产量和出口量在世界农产品市场上都占有较大份额。这些农产品与我国具有优势的茶叶、水产品、蔬菜、水果、畜产品等互补性较强。与此同时,农产品贸易是国际贸易中较为敏感、政治性很强的领域,而良好的中非政治关系,为农产品贸易关系的发展提供了良好条件。通过中非合作论坛等合作机制,中国对非洲主要国家取消包括农产品在内的约4000种商品的进口关税,这必定有利于中非农产品贸易的快速发展。此外,悠久的中非农业合作历史也为农产品贸易发展奠定了基础。中非农业合作已有五十多年,中非之间的农业互助合作中,我国输出的大部分是实用技术和培育经验,这对非洲农业发展有很大帮助。

实践证明,中非农业合作,促进了双边农产品贸易种类和贸易量的增长。

2. 中非服务贸易正在蓬勃发展

中非贸易多元化不仅包括货物贸易,还包括服务贸易。近年来,中非货物贸易的快速发展带动了相关服务领域贸易的发展。中非间的服务贸易既涵盖传统意义上的建筑工程承包和劳务合作、旅游、运输、医疗卫生等领域,也包括金融、保险、计算机和信息技术以及新能源等现代新兴服务贸易领域。

进入21世纪以来,随着中非友好往来的不断深入和非洲旅游基础设施建设的加强,非洲等长线旅游目的地越来越受到中国游客的欢迎。近年来,越来越多的中国游客开始前往非洲,虽然赴非旅行的中国游客在出境总人数中所占的比例不高,但增速显著。2009—2011年间,中国大陆公民首站到访非洲共计200多万人次,同比增长均明显高于平均水平。同期,非洲来华旅游人数也达到近150万人次,非洲游客主要来自南非、埃及、尼日利亚和阿尔及利亚等国。从长远来看,中非旅游服务增长空间广阔。

在服务贸易领域,中非航空服务成为发展的一个亮点。从2006年中国南方航空股份有限公司开辟了第一条中非航线北京—迪拜—拉各斯后,近7年来中非间新增十多条直飞航线。截至2011年年底,往返于中国和非洲国家的定期航班已达每周44班次。2012年,中非航线又有新进展,南非航空公司开通了北京至约翰内斯堡的航线;肯尼亚航空公司与荷兰皇家航空公司正联手开通中非间首条货运航线;中国国际航空股份有限公司与南非航空公司开展代码共享,实现中国与南非的无缝隙旅行。可以预见,随着中非贸易和旅游等人员往来的进一步发展,中非之间的航空服务量将会显著增长。其中,作为中非贸易的主要进出口地,广州将有可能成为下一个去往非洲的中转和直航的热点城市。

3. 中非金融服务贸易的发展

近年来,随着越来越多的中资企业和机构拓展非洲市场的深入,迫切要求中资金融机构进入非洲以满足其越来越多的金融服务需求。为此,中国银行业及时跟进,在非洲国家开展公司信贷、结算和现金管理、国际贸易结算等业务,在电信、基建、交通、能源等行业开展银团贷款和融资支持,并积极探索人民币结算、大宗贸易货物补偿等新方式,促进了中国企业在非洲业务的开展。中国金融机构产品和服务已经覆盖五十多个非洲国家,中国工商银行、国家开发银行、中国建设银行、中国进出口银行等参与了合作,并在南非、赞比亚、埃及等国设立了分支机构和代表处。

目前,中非贸易往来多以美元为结算货币,但近年来美债信用评级被降低、美元信誉受到挑战,非洲国家又面临外汇短缺困境,中非贸易存在较大风险。为此,中资金融机构积极探索跨境人民币结算业务,推动人民币国际化进程。跨境人民币结算被视为未来最具前景的银行业务之一。2011年,尼日利亚央行将5亿美元外汇储备转换为人民币资产；中国工商银行和南非标准银行也成功为尼日利亚央行提供首笔人民币资产管理服务。这一成功在诸多非洲国家具有良好的复制前景。中国人民银行的一份针对700家企业所做的调查报告显示，77%的企业相信到2015年跨境人民币贸易比重会占到进出口贸易的1/3。南非标准银行的研究报告也显示，随着人民币国际化的稳步推进，到2015年，至少四成的中非贸易额将使用人民币计算。因此，未来中国金融机构在非洲推进人民币跨境结算、离岸人民币业务等方面将拥有广泛的合作空间。

值得指出的是，非洲金融机构也在积极拓展在华业务。截至2011年年底，共有南非、埃及、摩洛哥、尼日利亚、喀麦隆5个非洲国家的6家银行在中国设立了1家分行和5家代表处。

4. 通过援助项目带动商品贸易

在中非经贸关系中，中国对非洲国家的经济援助是一个主要方面。这一重要领域在"一带一路"倡议实施中不仅不会削弱，而且还会进一步增强。不过，援助的方式应当与时俱进，特别是将援助与市场机制联系起来，通过援助带动双边贸易的发展。因为与"依赖性援助"相比，旨在促进贸易发展的"合作性援助"会给非洲经济带来更多的发展机会。据测算，非洲国家的国际贸易额每增加1%，其所得到的利益相当于单纯获得援助资金的5倍。同时，合作性援助也是互利的，不仅有利于受援国，也有利于援助国的出口和贸易增长。

中国对非洲的援助活动可以直接带动中国对非洲出口的增长。主要的途径有两个：一是在一般物资援助项下出口到非洲的货物；二是利用中国政府的援非优惠贷款和合资合作项目基金方式下出口到非洲的货物。另外，部分中国商品可以利用欧美发达国家给予非洲的优惠出口政策，带动中国原材料出口到非洲，再以非洲生产成品的形式出口到欧美，避开了与欧美的贸易摩擦，直接带动了中国对非洲出口的增加。

一般物资援助是指中国政府在援助资金项下，向受援非洲国家提供的为满足其生产生活需要的物资、技术性产品或单项设备，并承担必要的配套技术服务，承办企业代政府进行对援外物资进行采购和运送。一般物资援助项下的出口货物是指中标企业为执行物资援助而向非洲国家出口的货物。例如，在中非合作论坛部长级会议上，中国与津巴布韦就援外化肥项目展开了广泛的交流，签订了专项协议。2006年11月，装载着2万多吨高质量化肥的轮船从天津港开赴津巴布韦。这批化肥是中国开展对外援助以来数额最大的一批化肥援助项目，直接带动了总量多达20万吨的化肥出口。又如，2012年5月，福建闽东亚南电机有限公司承接了向几内亚援助大型柴油发电机组的合同，该合同项下共向几内亚提供发电机组22台，出口金额达到2500多万元，闽东亚南公司负责将这批货物运送到福州马尾港，再运往几内亚，用于解决当地政府和民众的缺电问题，改善当地的生产生活条件。另外，在这种方式下援助的许多物资都是我国具有自主知识产权的名优商品或技术含量较高的产品，质优价廉，性能可靠，在得到受援国认可的同时,也直接带动了我国产品和设备对非洲的出口。

第二种援非出口的方式是援非优惠贷款和合资合作项目基金方式下出口到非洲的货物。企业利用政府的优惠贷款和合资合作项目基金在非洲进行项目投资,从而带来国内大型成套设备和机电产品等的出口,或是利用政府提供的优惠贷款向非洲出口我国的机械、设备等商品。例如,2005年11月,中国进出口银行同苏丹电信局签署了合作备忘录,同意向其提供2亿美元的优惠贷款,用于购买中国通信运营商中兴通讯的设备,此举既帮助苏丹实现了其通信设施的改善,又有助于中兴通讯扩大其在非洲的市场。按照中国进出口银行的规定,申请对外优惠贷款的条件之一是贷款项下的设备、材料等应优先考虑中国的产品和服务,原则上来自中国的部分不少于50%,这在很大程度上促进了中国相关材料、设备、技术对非洲的出口。这种"捆绑式援助"(tied aid)虽然近年来受到一些质疑,但仍被许多国家所采用。中国的产品相对于欧美产品和非洲当地产品而言,具有非常明显的价格优势,许多品牌在IMF和世界银行的援非项目招标中都能中标,可见现阶段,我国采取"捆绑式援助"不会对中国援非的效果产生大的负面影响,相反,在实现援非目标的同时还会直接带动我国对非出口的增长。

另外,随着中非经贸合作的加深,中国商品可以利用美国和欧盟给予非洲部分国家的出口优惠待遇,先将商品出口到非洲受惠国,然后享受部分商品以零关税、零配额出口到欧美的待遇,因为这些条款对于大多数产品并没有制定严格的原产地规则,特别是美国的AGOA,只要求出口商品中有35%的附加值由受惠国创造即可。AGOA对中国扩大中非之间的经贸合作、深度开拓非洲市场具有重要意义,与此同时还能间接扩大对美国出口。

最后,应该特别强调的是,对非援助也有助于促进非洲出口更多货物到中国市场。

进入21世纪以后,随着中国援非政策逐渐成为中非建立新型战略伙伴关系的重要内容,中非逐渐探索出了一种新的中非经济合作模式。这种合作模式主要是针对资源相对比较丰富的非洲国家,具体的操作办法是,中国向非洲国家提供贷款,并承担对交通、学校、医疗等基础设施以及其他项目的援建,非洲国家则采用资源作担保,或者是直接采用以资源偿付的方式。在这种情况下,直接带动了非洲资源类产品对我国的出口。此外,中国给予非洲国家的关税优惠待遇也直接带动了非洲对华出口的增长。据统计,自2005年免关税政策实施起至2010年上半年,非洲在零关税项下出口我国的商品超过13亿美元,促进了非洲对华出口的增长。这些在未来仍有很大的发展空间。

中国与亚非拉产业协同实现路径研究[*]

一、中国与亚非拉产业协同的必要性

改革开放以来,中国广泛地参与到全球分工体系中去,并逐步成为全球的制造业中心以及贸易节点,全球化浪潮加速了中国经济的繁荣。过去的数十年间,中国也以人口红利的优势,向世界各国出口质优价廉的产品,令世界各国受益。然而当前,全球经济增长乏力,不仅是发达经济体复苏疲软,诸多发展中国家的经济增速也出现下滑。中国自身的产能过剩、产业结构亟须优化和升级的困境也对经济的运行造成了很大的问题。

在国家开发银行—北京大学第二期合作项目——《全球治理格局变动下的国际竞争与合作研究》中,我们回顾了近五百年来西方大国的发展史,发现各大国在其崛起初期、中期均在全球范围内确定了海外密切合作区域,这是它们国力迅速壮大和国势崛起的重要历史条件。因此,我们提出,寻找并建立中国自己的海外密切合作区域,将成为中国经济对外战略的首要任务,同时二期课题选取了亚非拉广大发展中国家作为中国的海外密切合作区,尤其以撒哈拉以南非洲最为重要。

中国的海外密切合作区的实质,是以中国为中心的国际经济合作体系当中的一元化区域,以实现中国和亚非拉国家的共同发展、共同繁荣的合作共赢为最终目标。密切合作区的相互滋养,需以双方密切的产业协同来维系。中国与广大亚非拉发展中国家的资源禀赋各异,经济结构尤其是产业结构和贸易结构的互补性较强,同时都有着寻找新的经济增长点的迫切需求,拥有广阔的合作潜力与合作空间。

当前,中国的经济发展面临深刻的挑战,工业化和城市化上升过程中产业结构升

---

* 本文作者张辉,北京大学经济学院副院长、教授。

级遇到瓶颈。与此同时,中国与世界的经贸联系日益紧密,形成以中国为中心节点的"8"字形双环流结构,其中一个循环位于中国与发达国家之间,另一个循环存在于中国与亚非拉等发展中国家之间。目前学界针对第一个循环的研究较为充分,但是对于第二个循环即中国与亚非拉之间的循环研究得比较少。而现在中国的经济发展已经离不开亚非拉的支撑,这就需要我们对存在于中国与亚非拉发展中的环流结构进行研究,从产业的视角深入刻画这一循环。通过研究中国产业的发展在双循环结构下面临的问题与机遇,以及中国与亚非拉国家在产业协同与贸易协同的过程中的关系,为中国与亚非拉的产业协同发展做出有益探索。

二、中国与亚非拉产业协同的基础

目前学界对于产业协同并没有统一界定的概念,"产业协同"一词也多见于政府的区域规划中,强调地区与地区之间的产业配套对接。根据协同理论,属性不同的系统间存在相互影响又相互合作的关系,这种相互作用将产生整体效应,即协同效应,从而形成系统的内驱力。由此可以得出,协同作用的产生源于不同系统的相互影响与合作,因而产业协同主要源于产业结构的互补性,考虑到国与国之间的经济交流往往以贸易的形式进行,因此本研究认为,贸易的互补在产业协同中同样占有重要的地位,共同构成产业协同的基础。本部分内容主要搜集了中国与部分亚非拉国家的产业和贸易数据,分析中国与亚非拉国家的产业互补性和贸易互补性,产业的互补与贸易的互补构成中国与亚非拉产业协同的基础。

(一)中国与亚非拉国家产业结构互补性研究

在产业结构比较部分,研究共计选取了亚非拉地区具有代表性的国家42个。其中,亚洲地区国家共计14个,包括日本、韩国、新加坡、马来西亚、印度尼西亚、菲律宾、泰国、老挝、越南、印度、巴基斯坦、伊朗、伊拉克、沙特阿拉伯。非洲地区国家共计14个,包括南非、安哥拉、乌干达、埃塞俄比亚、肯尼亚、尼日利亚、坦桑尼亚、赞比亚、刚果(布)、莫桑比克、津巴布韦、纳米比亚、喀麦隆、马达加斯加。拉丁美洲国家共计14个,包括巴西、阿根廷、墨西哥、尼加拉瓜、洪都拉斯、智利、哥斯达黎加、委内瑞拉、秘鲁、哥伦比亚、玻利维亚、厄瓜多尔、乌拉圭、巴拉圭。

1. 中国与亚洲国家的产业结构比较

尽管中国已经成为亚洲乃至全球最大的制造业中心,然而就东亚地区内部来看,中国与马来西亚、泰国等在国际分工体系中依然存在竞争关系。表1显示了按2005年不变价格计算的中国与部分亚洲国家的三次产业结构现状。可以看出,单就三次产业结构的现状而言,中国与马来西亚、印度尼西亚、泰国以及伊拉克最为接近,这几个国家,第二产业的比重在50%以上,第三产业的比重在35%左右。此外,第二产业比重超过50%的国家还包括韩国和沙特阿拉伯。

表1　按2005年可比价计算的2012年中国与部分亚洲地区国家产业结构对比

(单位:%)

国家	第一产业	第二产业	第三产业
中国	7.70	58.29	34.02
日本	0.99	38.15	60.87
韩国	2.01	53.97	44.02
新加坡	0.03	39.30	60.67
马来西亚	8.16	52.85	38.99
印度尼西亚	11.65	57.20	31.15
菲律宾	9.82	42.84	47.34
泰国	8.05	52.77	39.18
老挝	24.18	38.49	37.32
越南	16.76	47.72	35.53
印度	15.31	34.60	50.09
巴基斯坦	21.34	31.86	46.79
伊朗	8.45	44.56	46.98
伊拉克	4.00	61.90	34.10
沙特阿拉伯	1.70	66.01	32.29

资料来源:联合国数据库。

进一步考察细分的经济部门所占比例。表2显示,按2005年可比价计算,中国制造业部门占经济的比重为23.72%,排名第一。韩国、泰国、马来西亚、印度尼西亚几个制造业大国制造业比重也较高。可以预见,中国与这部分国家的制造业在国际市场上存在一定的竞争关系。而对于伊朗、伊拉克、沙特阿拉伯等西亚国家,采矿业占经济的比重较高,而制造业比例极低。其中伊拉克制造业占经济的比重仅为1.69%,伊朗和沙特阿拉伯的数值也不及10%。且对于上述国家,无一例外地均以采矿业构成经济的主要部门,与中国的产业结构互补性较强。

表2　按2005年可比价计算的2012年中国与部分亚洲地区国家各经济部门比例

(单位:%)

国家	ISIC A-B	ISIC C、E	ISIC D	ISIC F	ISIC G-H	ISIC I	ISIC J-P
世界平均	2.95	19.91	14.85	4.41	12.67	6.93	38.29
中国	7.70	29.35	23.72	5.22	8.80	3.67	21.55
日本	0.99	17.64	15.76	4.74	11.74	8.75	40.38
韩国	2.01	25.82	23.69	4.45	8.98	5.40	29.64
新加坡	0.03	18.51	17.15	3.63	16.17	9.56	34.94

(续表)

国家	ISIC A-B	ISIC C、E	ISIC D	ISIC F	ISIC G-H	ISIC I	ISIC J-P
马来西亚	8.16	30.03	19.68	3.14	13.23	5.15	20.61
印度尼西亚	11.65	29.45	19.31	8.43	11.22	5.38	14.56
菲律宾	9.82	20.94	17.05	4.85	16.07	5.38	25.89
泰国	8.05	27.87	22.86	2.04	13.87	5.21	20.10
老挝	24.18	22.73	9.53	6.24	18.39	4.04	14.89
越南	16.76	28.13	14.81	4.78	14.33	3.22	17.97
印度	15.31	15.54	11.92	7.14	16.44	6.00	27.65
巴基斯坦	21.34	17.53	12.62	1.70	18.03	8.84	19.92
伊朗	8.45	30.36	9.40	4.80	10.47	8.78	27.74
伊拉克	4.00	54.70	1.69	5.52	6.25	4.63	23.22
沙特阿拉伯	1.70	52.84	9.15	4.03	7.47	4.24	20.58

资料来源：联合国数据库。

2. 中国与撒哈拉以南非洲国家的产业结构比较

丰富的自然资源是非洲发展经济的先天优势。在众多非洲国家中，采矿业是重要的产业部门，对经济发展做出了重大贡献。撒哈拉以南非洲矿产资源丰富，然而受制于落后的制造业基础，采矿业的生产条件较为恶劣。数据显示，非洲大陆工业化水平居五大洲末位，撒哈拉以南非洲地区工业产值仅占全球的0.7%，如果排除南非，这一比例会进一步降低到0.5%，这一经济经济结构也阻碍着非洲的发展。

表3显示了按2005年可比价计算的2012年中国与部分撒哈拉以南非洲国家产业结构对比。南非是撒哈拉以南非洲经济发展水平最高的国家，其三次产业结构也最为独特，第三产业的比重超过60%。非洲国家三次产业结构的差异性较大，其中刚果（布）的第二产业的比重达78.49%，而第一产业的比重仅为3.51%，而埃塞俄比亚第一产业的比重高达46.75%，第二产业的比重仅为13.11%。尽管数据显示，撒哈拉以南非洲国家的第二产业比重并不低，其中安哥拉、刚果（布）的第二产业比重均超过了60%，然而非洲地区发展中国家的第二产业主要是采矿业，而并非制造业。因此，并不能单纯地以第二产业的比重来判断撒哈拉以南非洲国家的工业化基础。

表3 按2005年可比价计算的2012年中国与部分撒哈拉以南非洲国家产业结构对比

(单位:%)

国家	第一产业	第二产业	第三产业
中国	7.70	58.29	34.02
南非	2.28	36.30	61.42
安哥拉	8.89	65.20	25.91

(续表)

国家	第一产业	第二产业	第三产业
乌干达	22.29	31.91	45.79
埃塞俄比亚	46.75	13.11	40.15
肯尼亚	26.84	24.98	48.19
尼日利亚	32.47	41.68	25.84
坦桑尼亚	25.98	30.36	43.66
赞比亚	16.85	43.72	39.43
刚果(布)	3.51	78.49	18.00
莫桑比克	26.44	31.54	42.02
津巴布韦	14.84	44.34	40.82
纳米比亚	6.74	38.89	54.37
喀麦隆	20.19	39.13	40.67
马达加斯加	24.04	29.68	46.28

资料来源:联合国数据库。

进一步将非洲国家三次产业分解,得到各经济部门所占的比例。表4显示,按2005年可比价计算,非洲国家制造业的比重普遍低于世界平均水平。其中,埃塞俄比亚、尼日利亚以及刚果(布)制造业占经济的比重不足5%,这三个国家的经济部门结构在撒哈拉以南非洲发展中国家中又具有典型性与代表性,其中尼日利亚的农林牧渔业和采矿业占经济的比重超过70%,刚果(布)采矿业的比重占经济的比重超过70%,而埃塞俄比亚尽管采矿业不发达,但农林牧渔业的比重达到31.20%。从非洲国家的普遍情况来看,农林牧渔业、采矿业和服务业构成经济最大的三个部门,是经济增长最大的动力所在,然而这三个部门的增长均需以制造业为基础,但撒哈拉以南非洲的发展中国家,制造业的比重明显偏低,这一方面可能因落后的生产技术而造成环境污染;另一方面落后的制造业基础也可能导致非洲国家第三产业的发展不能得到有效支撑,只能选择发展技术较低、没有创新性的低端服务业,在长期层面对经济的发展不利。而中国具有较好的制造业基础,可以与这部分国家形成良好的互补。

表4 按2005年可比价计算的2012年中国与部分撒哈拉以南非洲国家各经济部门比例

(单位:%)

国家	ISIC A-B	ISIC C、E	ISIC D	ISIC F	ISIC G-H	ISIC I	ISIC J-P
世界平均	2.95	19.91	14.85	4.41	12.67	6.93	38.29
中国	7.70	29.35	23.72	5.22	8.80	3.67	21.55
南非	2.28	21.75	11.02	3.53	14.21	8.09	39.12
安哥拉	8.89	52.13	5.71	7.35	14.17	4.28	7.46

（续表）

国家	ISIC A-B	ISIC C、E	ISIC D	ISIC F	ISIC G-H	ISIC I	ISIC J-P
乌干达	22.29	11.76	7.84	12.31	20.56	5.51	19.73
埃塞俄比亚	31.20	3.89	2.29	2.56	11.99	2.74	12.06
肯尼亚	26.84	11.44	9.35	4.18	12.00	9.48	26.70
尼日利亚	32.47	38.53	1.84	1.31	15.58	2.42	7.83
坦桑尼亚	25.98	13.96	8.35	8.05	14.47	7.54	21.64
赞比亚	16.85	12.31	7.45	23.97	13.89	3.36	22.18
刚果（布）	3.51	71.45	3.32	3.72	5.24	4.23	8.53
莫桑比克	26.44	17.06	11.81	2.67	15.48	8.68	17.86
津巴布韦	14.84	28.56	15.11	0.68	9.10	12.30	19.41
纳米比亚	6.74	24.33	11.11	3.46	13.04	4.68	36.65
喀麦隆	20.19	21.09	13.51	4.53	17.66	5.88	17.13
马达加斯加	24.04	14.15	12.46	3.08	9.66	18.64	17.97

资料来源：联合国数据库。

3. 中国与拉丁美洲国家的产业结构比较

表5显示了按2005年可比价计算的2012年部分南美洲国家三次产业结构，与中国不同，拉丁美洲国家产业结构的一个普遍现象是第三产业的比重大于第二产业的比重。对于研究涉及的国家，仅委内瑞拉呈现第二产业的比重高于第三产业，"二三一"的产业结构，而其余国家均呈现"一二三"的产业结构。拉丁美洲国家三次产业结构的另一个重要特点表现为第一产业的差异性较大，尼加拉瓜、洪都拉斯、玻利维亚和巴拉圭第一产业的比重均超过10%，这部分国家是拉丁美洲重要的农业产品出口国，例如厄瓜多尔、洪都拉斯是世界上排名前列的香蕉出口国。当然，必须说明的是，第一产业的比重并不能直接说明第一产业产品出口在世界市场的地位，巴西（第一产业比重4.63%）、阿根廷（第一产业比重7.53%）也是世界上重要的农产品出口国，巴西的咖啡豆出口量，阿根廷的肉类出口量，均在世界排名第一位。

表5 按2005年可比价计算的2012年中国与部分南美洲国家产业结构对比（单位：%）

国家	第一产业	第二产业	第三产业
中国	7.70	58.29	34.02
巴西	4.63	34.91	60.46
阿根廷	7.53	41.57	50.91
墨西哥	2.99	46.05	50.96
智利	3.27	42.38	54.35

(续表)

国家	第一产业	第二产业	第三产业
哥斯达黎加	5.12	34.39	60.49
尼加拉瓜	17.17	37.07	45.76
洪都拉斯	11.82	37.62	50.56
委内瑞拉	4.94	54.23	40.83
秘鲁	6.10	43.75	50.15
哥伦比亚	5.77	44.70	49.53
玻利维亚	10.92	44.02	45.06
厄瓜多尔	8.29	45.55	46.16
乌拉圭	6.77	33.31	59.92
巴拉圭	18.66	37.56	43.78

资料来源：联合国数据库。

进一步将三次产业分解，考察各经济部门所占的比例，可以看出，不同于非洲地区农林牧渔业、采矿业和服务业驱动经济发展的模式，对于大部分拉丁美洲国家，采矿业、制造业以及服务业为最大的三个经济部门，只有乌拉圭和尼加拉瓜这两个国家，农林牧渔业的比重超过制造业。研究涉及的拉丁美洲国家制造业比重均在10%以上，但同时仅有阿根廷、墨西哥以及洪都拉斯这三个国家的制造业比重高于世界平均水平，说明拉丁美洲的定位并非属于世界的制造业集中地。

表6 按2005年可比价计算的2012年中国与部分南美洲国家各经济部门比例

（单位：%）

国家	ISIC A-B	ISIC C、E	ISIC D	ISIC F	ISIC G-H	ISIC I	ISIC J-P
世界平均	2.95	19.91	14.85	4.41	12.67	6.93	38.29
中国	7.70	29.35	23.72	5.22	8.80	3.67	21.55
巴西	4.63	18.18	11.70	5.04	18.78	7.24	34.44
阿根廷	7.53	20.31	16.30	4.96	13.16	6.62	31.13
墨西哥	2.99	23.98	15.16	6.90	15.06	7.28	28.62
智利	3.27	24.91	10.03	7.44	10.55	5.97	37.83
哥斯达黎加	5.12	15.95	13.86	4.58	14.05	8.25	38.19
尼加拉瓜	17.17	17.96	14.11	5.01	14.17	5.57	26.03
洪都拉斯	11.82	17.28	15.30	5.04	14.46	5.46	30.64
委内瑞拉	4.94	33.17	12.55	8.51	14.38	5.41	21.04
秘鲁	6.10	24.31	12.70	6.73	16.25	8.16	25.74
哥伦比亚	5.77	25.71	11.50	7.49	10.95	5.64	32.93

(续表)

国家	ISIC A-B	ISIC C、E	ISIC D	ISIC F	ISIC G-H	ISIC I	ISIC J-P
玻利维亚	10.92	29.75	11.37	2.90	9.85	8.88	26.32
厄瓜多尔	8.29	23.68	11.47	10.40	11.17	6.93	28.06
乌拉圭	6.77	12.77	11.82	8.73	14.51	6.54	38.87
巴拉圭	18.66	20.58	10.92	6.06	17.71	5.74	20.33

资料来源：联合国数据库。

4. 小结

从全球产业的分布现状来看，亚洲地区主要为世界的制造业集中地，同时也是世界重要的原材料提供地，而拉丁美洲地区和非洲地区的农林牧渔业和采矿业占比较高。中国的产业结构与亚非拉地区的资源性国家表现出良好的互补性，尤其是对于撒哈拉以南非洲的发展中国家，这部分国家采矿业、农林渔牧业在经济增长中扮演了相当重要的角色，然而非洲国家的制造业基础普遍落后，很多国家的制造业占经济的比重不及10%，部分国家的数值甚至低于5%，仅为2%的水平。落后的制造业基础已经成为制约这部分国家经济增长的重要原因之一。而中国的制造业发达，是世界的制造业中心与贸易节点，同时又有因经济发展催生的对资源的强烈需求，能够与这部分国家形成良好的产业互补机制。

(二) 中国与亚非拉国家贸易互补性研究

产业的互补性最终需要以贸易的互补性来体现。这部分内容中，研究将对中国与亚非拉国家的贸易互补性做出分析。所采用的数据均源自联合国贸易数据库，考虑到数据的可得性，以及产业部分的分析结果，分析的样本量进一步缩减为14个国家，主要为亚非拉地区的发展中国家，除中国外，还包括印度尼西亚、马来西亚、菲律宾、泰国、印度、巴基斯坦、沙特阿拉伯、坦桑尼亚、尼日利亚、马达加斯加、巴西、墨西哥、阿根廷13个国家。

1. 贸易竞争力指数比较

所谓贸易竞争力指数，也称为TC（Trade Competitiveness）指数，是对国际竞争力进行分析时比较常用的测度指标之一，它表示一国进出口贸易的差额占进出口贸易总额的比重，即TC指数=（出口额－进口额）/（出口额＋进口额）。该指标作为一个与贸易总额的相对值，剔除了经济膨胀、通货膨胀等宏观因素方面波动的影响，即无论进出口的绝对量是多少，该指标均在－1至1。其值越接近于0表示竞争力越接近于平均水平；该指数为－1时表示该产业只进口不出口，越接近于－1表示竞争力越弱；该指数为1时表示该产业只出口不进口，越接近于1则表示竞争力越强。

表7显示在初级产品贸易竞争力指数方面，南亚地区的发展中国家与中国的贸易

竞争力指数结构最为类似,西亚、非洲以及拉丁美洲国家依赖本国在某一独特的资源禀赋方面的优势,在相应的初级产品上大都具备较强的贸易竞争力,东亚地区的发展中国家均为重要的4类产品出口国,而其余初级产品的竞争力指数构成则大相径庭。其中泰国的农业与种植业较为发达,0类及1类产品的贸易竞争力较强;印度尼西亚和马来西亚3类产品的贸易竞争力指数为正值。

表7 中国与亚非拉国家初级产品贸易竞争力指数比较

STIC Rev.3	年份	0类	1类	2类	3类	4类
中国	2008	0.400	−0.113	−0.873	−0.684	−0.894
	2012	0.193	−0.259	−0.899	−0.820	−0.916
印度尼西亚	2008	−0.001	0.070	0.333	0.130	0.981
	2012	−0.108	0.018	0.344	0.195	0.983
马来西亚	2008	−0.221	0.069	−0.026	0.363	0.832
	2012	−0.271	−0.007	−0.094	0.250	0.734
菲律宾	2008	−0.430	−0.085	−0.012	−0.777	0.621
	2012	−0.314	0.109	−0.027	−0.836	0.485
泰国	2008	0.527	0.144	0.171	−0.534	0.444
	2012	0.472	0.386	0.281	−0.524	0.243
印度	2008	0.623	0.644	−0.138	−0.558	−0.689
	2012	0.631	0.524	−0.147	−0.547	−0.830
巴基斯坦	2008	0.101	0.083	−0.723	−0.839	−0.837
	2012	0.328	0.317	−0.407	−0.959	−0.826
沙特阿拉伯	2008	−0.900	−0.880	−0.707	1.000	−0.804
	2012	−0.704	−0.653	−0.794	0.998	−0.540
坦桑尼亚	2008	0.239	0.681	0.760	−0.944	−0.619
	2012	0.237	0.556	0.750	−0.964	−0.696
尼日利亚	2008	−0.500	−0.368	0.372	0.988	−0.953
	2012	−0.038	−0.258	0.920	0.986	−0.988
马达加斯加	2008	0.038	−0.439	0.516	−0.698	−0.987
	2012	0.065	−0.372	0.352	−0.764	−0.969
巴西	2008	0.709	0.772	0.752	−0.294	0.601
	2012	0.720	0.683	0.860	−0.206	0.427
墨西哥	2008	−0.128	0.567	−0.370	0.264	−0.797
	2012	−0.024	0.584	−0.036	0.220	−0.763
阿根廷	2008	0.914	0.824	0.325	0.227	0.980
	2012	0.912	0.770	0.537	−0.283	0.974

资料来源:联合国商品贸易数据库。

表8显示,工业制成品贸易竞争力指数方面,中国总体而言表现为竞争优势。资源型国家以及特色农牧业生产大国的贸易竞争力结构与中国具有较强的互补性,研究涉及的沙特阿拉伯、坦桑尼亚、尼日利亚以及阿根廷均表现出这一特点。

表8 中国与亚非拉国家工业制成品贸易竞争力指数比较

STIC Rev.3	年份	5类	6类	7类	8类	9类
中国	2008	-0.200	0.420	0.208	0.550	-0.441
	2012	-0.223	0.391	0.193	0.595	-0.960
印度尼西亚	2008	-0.395	0.007	-0.423	0.557	0.917
	2012	-0.381	-0.137	-0.472	0.449	-0.054
马来西亚	2008	-0.075	-0.076	0.006	0.309	0.200
	2012	-0.084	-0.083	0.001	0.295	-0.362
菲律宾	2008	-0.643	-0.106	0.084	0.405	0.162
	2012	-0.554	0.000	0.059	0.420	0.289
泰国	2008	-0.175	-0.208	0.134	0.243	-0.280
	2012	-0.016	-0.167	0.012	0.117	-0.233
印度	2008	-0.254	0.132	-0.448	0.468	-0.832
	2012	-0.127	0.109	-0.331	0.410	-0.921
巴基斯坦	2008	-0.792	0.390	-0.885	0.618	-0.784
	2012	-0.753	0.411	-0.911	0.703	-0.025
沙特阿拉伯	2008	0.586	-0.689	-0.729	-0.692	-0.692
	2012	0.400	-0.681	-0.818	-0.735	-0.735
坦桑尼亚	2008	-0.819	-0.549	-0.851	-0.533	0.977
	2012	-0.775	-0.582	-0.849	-0.614	0.817
尼日利亚	2008	-0.501	-0.716	-0.716	-0.620	0.916
	2012	-0.860	-0.449	-0.778	-0.626	0.654
马达加斯加	2008	-0.858	-0.887	-0.847	0.642	0.057
	2012	-0.855	-0.552	-0.918	0.383	-0.335
巴西	2008	-0.458	0.226	-0.196	-0.295	0.999
	2012	-0.475	0.029	-0.383	-0.511	0.988
墨西哥	2008	-0.496	-0.286	0.056	-0.064	-0.103
	2012	-0.461	-0.299	0.079	0.004	0.081
阿根廷	2008	-0.283	-0.143	-0.459	-0.547	0.743
	2012	-0.258	-0.188	-0.409	-0.663	0.729

资料来源:联合国商品贸易数据库。

2. 基于显示性比较指数的贸易互补性研究

显示性比较优势指数,即 RCA 指数,是由巴拉撒(Balassa)于 1965 年提出的,可用以下公式来表示 RCA 指数的大小。

$$\text{RCA}_{xik} = (X_{ik}/X_i)(W_k/W)$$

式中,X_{ik} 表示国家 i 出口产品 k 的出口值,X_i 表示国家 i 的总出口值;W_k 表示世界出口产品 k 的出口值,W 表示世界总出口值。

RCA 值接近 1 时,该国出口这种商品的比例与世界平均水平相当,没有相对优势或者相对劣势;当 RCA 值大于 1,该国出口这种商品的比例大于世界的平均水平,根据比较优势原理,可以认为该国对于这类商品的生产具有相对优势,具有一定的国际竞争力;反之亦然。

在显示性比较优势指数理论的基础上,国内学者于津平 2003 年又提出了显示性比较劣势指数,将分子的出口数据替换为进口数据,即得到产品 k 的显示性比较劣势:

$$\text{RCA}_{mjk} = (M_{jk}/M_j)/(W_k/W)$$

式中,M_{jk} 表示国家 j 进口产品 k 的进口值,M_j 表示国家 j 的总进口值。RCA_{mjk} 指数越大,表明国家 j 对产品 k 的进口比例越高,即在此产品的生产上表现为显示性比较劣势。[①]

考虑到显示性比较优势指数的内涵实际上是一国平均水平与国际平均水平的比较,本研究将于津平提出的显示性比较劣势的计算公式进行微调,将分母的出口数据一并替换为进口数据。如果显示性比较劣势指数大于 1,表明 j 国进口 k 产品的比重高于世界平均水平,从生产和消费结构上讲不具备优势,表现为显示性比较劣势,同时该指数越大,比较劣势越明显。

(1)显示性比较优势指数

根据前述章节的内容,表 9 的贸易竞争力指数计算结果显示,初级产品方面,中国仅在 0 类产品的贸易竞争力指数大于 0,即是 0 类产品的净出口国,具有贸易竞争优势;而对于其余四类初级产品,中国均为净进口国,具有贸易竞争劣势。典型的资源型国家以及典型的农业大国在这部分数值的计算中表现出了巨大的优势,东非的坦桑尼亚以及拉丁美洲的阿根廷均有四类初级产品的显示性比较优势指数大于 1。其中坦桑尼亚的优势主要表现在 2 类产品以及 3 类产品上,主要为矿产以及矿物资源;而阿根廷的优势主要表现在 0 类产品以及 4 类产品上,主要为动植物资源。

[①] 于津平:《中国与东亚主要国家和地区间的比较优势与贸易互补性》,《世界经济》,2003 年第 5 期。

表9 中国与亚非拉国家初级产品的显示性比较优势指数

国家	年份	0类	1类	2类	3类	4类
中国	2008	0.436	0.144	0.225	0.136	0.075
	2012	0.429	0.162	0.168	0.098	0.047
印度尼西亚	2008	1.099	0.540	3.080	1.772	20.406
	2012	0.953	0.595	2.331	2.169	18.971
马来西亚	2008	0.512	0.494	0.758	1.120	15.367
	2012	0.497	0.681	0.703	1.327	14.771
菲律宾	2008	0.907	0.646	0.700	0.200	3.921
	2012	1.015	0.717	0.821	0.156	3.621
泰国	2008	2.392	0.379	1.503	0.392	0.675
	2012	2.123	0.618	1.332	0.423	0.482
印度	2008	1.659	0.576	1.905	1.103	0.626
	2012	1.563	0.499	1.570	1.221	0.587
巴基斯坦	2008	3.183	0.127	0.757	0.370	1.488
	2012	2.658	0.243	1.238	0.087	1.468
沙特阿拉伯	2008	0.036	0.013	0.026	5.301	0.028
	2012	0.139	0.074	0.028	5.680	0.145
坦桑尼亚	2008	3.640	8.185	5.858	0.135	3.014
	2012	3.031	5.428	5.780	0.081	1.566
尼日利亚	2008	0.191	0.121	0.324	5.601	0.007
	2012	0.808	0.267	1.838	5.466	0.001
马达加斯加	2008	3.694	0.326	1.608	0.332	0.066
	2012	5.279	0.723	3.818	0.439	0.136
巴西	2008	3.602	1.940	5.651	0.576	2.685
	2012	3.751	1.793	6.249	0.710	1.701
墨西哥	2008	0.822	1.491	0.451	1.051	0.109
	2012	0.790	1.293	0.523	0.914	0.089
阿根廷	2008	6.523	2.060	2.783	0.572	17.621
	2012	6.565	2.260	1.979	0.399	11.608

资料来源:联合国商品贸易数据库。

工业制成品方面,表 10 显示,研究涉及的国家中,仅南亚地区的印度以及巴基斯坦表现出了与中国较为相似的特性,在两项以及更多的工业制成品上表现出了较为明显的显示性比较优势。资源型国家以及农业大国在工业制成品的出口贸易方面与中国不构成明显的竞争关系。沙特阿拉伯以及坦桑尼亚所有五类工业制成品的出口比例均低于世界平均水平,与中国具有较好的契合性。

表 10 中国与亚非拉国家工业制成品的显示性比较优势指数

国家	年份	5 类	6 类	7 类	8 类	9 类
中国	2008	0.530	1.334	1.365	2.269	0.026
	2012	0.508	1.295	1.397	2.319	0.015
印度尼西亚	2008	0.483	1.087	0.367	0.902	0.136
	2012	0.511	0.948	0.355	0.771	0.227
马来西亚	2008	0.564	0.632	0.960	0.769	2.596
	2012	0.601	0.719	1.126	0.866	0.175
菲律宾	2008	0.219	0.587	1.951	0.807	0.184
	2012	0.335	0.852	1.743	1.003	0.199
泰国	2008	0.749	0.913	1.225	1.013	0.432
	2012	0.923	0.999	1.200	0.758	0.626
印度	2008	1.076	1.990	0.393	1.160	0.350
	2012	1.092	1.841	0.407	1.327	0.196
巴基斯坦	2008	0.324	3.066	0.082	2.445	0.004
	2012	0.346	3.346	0.045	2.490	0.261
沙特阿拉伯	2008	0.434	0.045	0.039	0.308	0.706
	2012	0.772	0.106	0.045	0.014	0.034
坦桑尼亚	2008	0.286	0.845	0.186	0.295	5.809
	2012	0.259	0.571	0.145	0.183	7.416
尼日利亚	2008	0.133	0.099	0.076	0.037	0.055
	2012	0.021	0.119	0.039	0.018	0.007
马达加斯加	2008	0.120	0.313	0.175	5.509	0.161
	2012	0.156	1.060	0.056	2.487	0.109

（续表）

国家	年份	5类	6类	7类	8类	9类
巴西	2008	0.610	1.129	0.612	0.273	0.656
	2012	0.567	0.871	0.467	0.175	0.737
墨西哥	2008	0.374	0.598	1.529	0.912	0.310
	2012	0.381	0.604	1.612	0.756	0.724
阿根廷	2008	0.794	0.610	0.404	0.152	0.667
	2012	0.806	0.528	0.473	0.100	1.138

资料来源：联合国商品贸易数据库。

（2）显示性比较劣势指数

从表11中可以看出，中国的初级产品进口比例与世界平均水平相比，偏高的为2类和4类初级产品，主要对应矿产资源以及动植物油脂。对于研究涉及的资源型国家，大多有一至两类初级产品的显示性比较劣势指数较大，沙特阿拉伯0类产品的显示性比较劣势指数，坦桑尼亚5类产品的显示性比较劣势指数分别达到2.498和4.516。而农牧业大国初级产品的显示性比较劣势指数普遍偏小，阿根廷与巴西的情况均如此。

表11 中国与亚非拉国家初级产品的显示性比较劣势指数

国家	年份	0类	1类	2类	3类	4类
中国	2008	0.235	0.235	3.513	0.851	1.805
	2012	0.349	0.319	3.264	0.921	1.300
印度尼西亚	2008	1.165	0.513	1.373	1.351	0.219
	2012	1.252	0.583	1.037	1.192	0.171
马来西亚	2008	1.022	0.564	0.856	0.623	1.926
	2012	1.071	0.821	0.904	0.759	2.869
菲律宾	2008	1.842	0.640	0.489	1.207	0.796
	2012	1.673	0.477	0.643	1.154	1.106
泰国	2008	0.728	0.288	0.880	1.187	0.274
	2012	0.754	0.261	0.638	1.034	0.297

(续表)

国家	年份	0类	1类	2类	3类	4类
印度	2008	0.222	0.074	1.216	2.090	2.095
	2012	0.223	0.095	1.150	2.031	4.084
巴基斯坦	2008	1.241	0.053	1.892	1.891	8.579
	2012	0.807	0.072	1.516	1.947	9.422
沙特阿拉伯	2008	1.284	0.413	0.242	0.002	0.523
	2012	2.498	1.060	0.653	0.014	1.553
坦桑尼亚	2008	0.860	0.616	0.259	1.677	5.284
	2012	0.944	0.752	0.359	1.744	4.516
尼日利亚	2008	1.663	0.784	0.361	0.090	0.850
	2012	3.713	1.850	0.281	0.127	1.032
马达加斯加	2008	1.480	0.372	0.186	0.755	4.771
	2012	2.275	0.746	0.774	1.239	4.338
巴西	2008	0.699	0.294	0.768	1.128	0.818
	2012	0.707	0.376	0.472	0.963	0.809
墨西哥	2008	1.002	0.400	0.777	0.539	0.968
	2012	0.885	0.349	0.517	0.481	0.720
阿根廷	2008	0.355	0.249	1.449	0.410	0.232
	2012	0.382	0.355	0.647	0.693	0.195

资料来源:联合国商品贸易数据库。

工业制成品方面,表 12 显示,作为制造业大国,中国工业制成品的显示性比较劣势指数中,仅 7 类产品的数值约超过 1,表现为显示性比较劣势;而其余产品的指数均在 1 以下。研究涉及的国家均为欠发达国家,整体表现为 8 类产品的显示性比较劣势指数低于 1,而 5—7 类工业制成品均有一项以上表现为比较劣势,即进口比重大于世界平均水平。综合来看,马来西亚、菲律宾同中国的情况较为类似,主要在 7 类制成品上表现为显示性比较劣势,而另一个重要的发展中国家印度,除 9 类商品外,其余工业制成品的显示性比较劣势指数均较小。

表 12 中国与亚非拉国家工业制成品的显示性比较劣势指数

国家	年份	5类	6类	7类	8类	9类
中国	2008	0.983	0.710	1.172	0.837	0.094
	2012	0.885	0.688	1.093	0.730	0.951
印度尼西亚	2008	1.154	1.171	0.995	0.274	0.007
	2012	1.112	1.334	1.008	0.319	0.293
马来西亚	2008	0.818	0.968	1.253	0.520	2.393
	2012	0.811	1.060	1.337	0.601	0.506
菲律宾	2008	0.800	0.608	1.387	0.279	0.117
	2012	0.926	0.741	1.282	0.364	0.104
泰国	2008	1.027	1.415	0.955	0.610	0.820
	2012	0.870	1.396	1.115	0.610	1.091
印度	2008	1.019	0.908	0.615	0.243	2.389
	2012	0.820	0.943	0.491	0.361	3.324
巴基斯坦	2008	1.311	0.665	0.661	0.278	0.017
	2012	1.356	0.845	0.563	0.268	0.180
沙特阿拉伯	2008	0.211	0.479	0.490	3.240	8.008
	2012	0.951	1.756	1.339	0.297	0.764
坦桑尼亚	2008	1.085	1.155	0.924	0.376	0.028
	2012	0.950	1.101	0.860	0.398	0.414
尼日利亚	2008	1.140	1.800	1.390	0.455	0.007
	2012	1.083	1.344	1.291	0.343	0.007
马达加斯加	2008	0.662	2.337	0.948	0.523	0.067
	2012	0.904	1.821	0.612	0.561	0.118
巴西	2008	1.836	0.841	1.079	0.575	0.000
	2012	1.702	0.963	1.168	0.645	0.006
墨西哥	2008	1.026	1.050	1.338	0.981	0.391
	2012	1.016	1.204	1.412	0.824	0.720
阿根廷	2008	1.695	1.025	1.374	0.634	0.130
	2012	1.588	0.982	1.366	0.644	0.246

资料来源:联合国商品贸易数据库。

(3) 贸易互补性指数

在显示性比较优势指数以及显示性比较劣势指数的基础上,可进一步研究贸易双方的贸易互补指数。

具体而言,如果国家 i 在产品 k 上的比较优势明显,而国家 j 在产品 k 上比较劣势明显,则在产品 k 的贸易上 i 国的出口与 j 国的进口呈互补性,互补性的大小可用 i 国的比较优势指数乘以 j 国的比较劣势指数来衡量。但在实际的计算过程中,学者并未考虑显示性比较优势指数以及显示性比较劣势指数的相对大小。[①]

因此,i、j 两国在 k 类产品的贸易互补性指数的计算公式如下:

$$C_{ijk} = \text{RCA}_{xik} \times \text{RCA}_{mjk}$$

式中,RCA_{xik} 代表 i 国 k 类产品的显示性比较优势指数,RCA_{mjk} 代表 j 国 k 类产品的显示性比较劣势指数。

将之前计算的显示性比较优势和显示性比较劣势指数代入贸易互补性指数的计算公式中,得到表13至表16。

表13反映了初级产品方面中国的出口贸易与研究涉及的亚非拉国家进口贸易之间的互补性指数变化,由于中国初级产品的比较优势指数较小,这部分数值普遍较小;仅有尼日利亚以及沙特阿拉伯在0类产品方面与中国初级产品出口互补性的指数大于1,且就短期而言,这一指数稳定性不强。

表13 亚非拉国家与中国初级产品出口贸易的互补性

国家	年份	0类	1类	2类	3类	4类
印度尼西亚	2008	0.508	0.074	0.309	0.183	0.016
	2012	0.537	0.095	0.174	0.117	0.008
马来西亚	2008	0.445	0.081	0.193	0.085	0.144
	2012	0.459	0.133	0.152	0.075	0.134
菲律宾	2008	0.803	0.092	0.110	0.164	0.059
	2012	0.717	0.077	0.108	0.114	0.052
泰国	2008	0.317	0.041	0.198	0.161	0.020
	2012	0.323	0.042	0.107	0.102	0.014
印度	2008	0.097	0.011	0.274	0.283	0.156
	2012	0.096	0.015	0.193	0.200	0.191

---

① 潘青友:《中国与东盟贸易互补和贸易竞争分析》,《国际贸易问题》,2004年第7期。

(续表)

国家	年份	0 类	1 类	2 类	3 类	4 类
巴基斯坦	2008	0.541	0.008	0.426	0.256	0.640
	2012	0.346	0.012	0.254	0.192	0.440
沙特阿拉伯	2008	0.560	0.059	0.054	0.000	0.039
	2012	1.071	0.172	0.109	0.001	0.072
坦桑尼亚	2008	0.375	0.089	0.058	0.227	0.394
	2012	0.405	0.122	0.060	0.172	0.211
尼日利亚	2008	0.724	0.113	0.081	0.012	0.063
	2012	1.591	0.300	0.047	0.012	0.048
马达加斯加	2008	0.645	0.054	0.042	0.102	0.356
	2012	0.975	0.121	0.130	0.122	0.202
巴西	2008	0.305	0.042	0.173	0.153	0.061
	2012	0.303	0.061	0.079	0.095	0.038
墨西哥	2008	0.436	0.058	0.175	0.073	0.072
	2012	0.379	0.057	0.087	0.047	0.034
阿根廷	2008	0.154	0.036	0.326	0.056	0.017
	2012	0.164	0.058	0.108	0.068	0.009

资料来源：联合国商品贸易数据库。

表 14 反映了工业制成品方面中国的出口贸易与研究涉及的亚非拉国家进口贸易之间的互补性指数变化。相比初级产品出口贸易的数据，这部分数值显著增大。就具体数值而言，中国的 6 类制成品以及 7 类制成品的出口贸易与研究涉及的国家互补性更强，而 8 类制成品在不同地区具有较强的相异性。分区域来看，拉丁美洲地区国家与中国工业制成品出口贸易的互补性最为契合，6—8 类三项制成品的数值均大于 1，且整体呈上升趋势。

表 14 亚非拉国家与中国工业制成品出口贸易的互补性

国家	年份	5 类	6 类	7 类	8 类	9 类
印度尼西亚	2008	0.612	1.563	1.359	0.621	0.000
	2012	0.564	1.727	1.407	0.740	0.004

(续表)

国家	年份	5类	6类	7类	8类	9类
马来西亚	2008	0.434	1.291	1.711	1.180	0.063
	2012	0.412	1.373	1.867	1.394	0.008
菲律宾	2008	0.424	0.811	1.894	0.632	0.003
	2012	0.470	0.959	1.790	0.843	0.002
泰国	2008	0.545	1.888	1.304	1.384	0.022
	2012	0.442	1.808	1.557	1.414	0.016
印度	2008	0.540	1.211	0.840	0.552	0.063
	2012	0.417	1.221	0.686	0.838	0.049
巴基斯坦	2008	0.695	0.887	0.903	0.630	0.000
	2012	0.688	1.094	0.786	0.623	0.003
沙特阿拉伯	2008	0.112	0.640	0.670	7.350	0.212
	2012	0.483	2.274	1.870	0.689	0.011
坦桑尼亚	2008	0.576	1.541	1.262	0.853	0.001
	2012	0.482	1.425	1.201	0.923	0.006
尼日利亚	2008	0.605	2.401	1.898	1.033	0.000
	2012	0.550	1.740	1.803	0.796	0.000
马达加斯加	2008	0.351	3.119	1.294	1.186	0.002
	2012	0.459	2.358	0.855	1.302	0.002
巴西	2008	0.973	1.122	1.474	1.304	0.000
	2012	0.864	1.247	1.631	1.496	0.000
墨西哥	2008	0.544	1.401	1.827	2.227	0.010
	2012	0.516	1.559	1.972	1.911	0.011
阿根廷	2008	0.899	1.367	1.877	1.438	0.003
	2012	0.807	1.271	1.908	1.493	0.004

资料来源:联合国商品贸易数据库。

再看进口贸易互补性,表15显示,初级产品方面,研究涉及的亚非拉国家与中国的进口贸易互补性较强,数值较出口贸易互补性的指数明显偏大。其中,互补性最强的两类产品为2类和4类初级产品。互补结构方面,研究认为有两类国家最为典型,一类是以巴西以及阿根廷为代表的农业大国,一类是以坦桑尼亚为代表的资源型国家。前者除 2 类和 4 类产品外,在 0 类初级产品上与中国的进口贸易互补性也较强,后者则在 1 类初级产品方面与中国保持了一定的互补性。

表 15　亚非拉国家与中国初级产品进口贸易的互补性

国家	年份	0 类	1 类	2 类	3 类	4 类
印度尼西亚	2008	0.259	0.127	10.820	1.509	36.843
	2012	0.333	0.190	7.608	1.997	24.657
马来西亚	2008	0.121	0.116	2.664	0.954	27.746
	2012	0.173	0.217	2.294	1.222	19.198
菲律宾	2008	0.214	0.152	2.458	0.170	7.080
	2012	0.354	0.228	2.681	0.143	4.706
泰国	2008	0.563	0.089	5.278	0.334	1.219
	2012	0.741	0.197	4.347	0.390	0.626
印度	2008	0.391	0.135	6.692	0.939	1.129
	2012	0.545	0.159	5.126	1.125	0.763
巴基斯坦	2008	0.749	0.030	2.658	0.315	2.686
	2012	0.928	0.077	4.043	0.080	1.908
沙特阿拉伯	2008	0.008	0.003	0.091	4.513	0.050
	2012	0.048	0.024	0.091	5.231	0.189
坦桑尼亚	2008	0.857	1.922	20.576	0.115	5.442
	2012	1.058	1.731	18.868	0.075	2.035
尼日利亚	2008	0.045	0.028	1.137	4.768	0.012
	2012	0.282	0.085	6.001	5.033	0.002
马达加斯加	2008	0.870	0.077	5.648	0.282	0.119
	2012	1.842	0.231	12.463	0.404	0.177
巴西	2008	0.848	0.455	19.849	0.491	4.847
	2012	1.309	0.572	20.400	0.654	2.211
墨西哥	2008	0.193	0.350	1.583	0.895	0.196
	2012	0.276	0.412	1.709	0.842	0.115
阿根廷	2008	1.536	0.484	9.774	0.487	31.814
	2012	2.290	0.721	6.461	0.367	15.088

工业制成品的进口贸易方面,表 16 显示,中国与巴基斯坦在 6 类商品,与马来西亚、菲律宾、泰国和墨西哥在 7 类商品,以及与巴基斯坦和马达加斯加在 8 类商品上,具有较强的互补性。

表 16 亚非拉国家与中国工业制成品进口贸易的互补性

国家	年份	5 类	6 类	7 类	8 类	9 类
印度尼西亚	2008	0.475	0.772	0.430	0.755	0.013
	2012	0.452	0.652	0.388	0.562	0.216
马来西亚	2008	0.555	0.449	1.125	0.644	0.243
	2012	0.532	0.494	1.231	0.632	0.166
菲律宾	2008	0.215	0.417	2.287	0.675	0.017
	2012	0.296	0.586	1.905	0.732	0.190
泰国	2008	0.737	0.649	1.436	0.847	0.040
	2012	0.817	0.687	1.311	0.553	0.596
印度	2008	1.058	1.414	0.461	0.971	0.033
	2012	0.967	1.266	0.444	0.968	0.186
巴基斯坦	2008	0.318	2.179	0.096	2.045	0.000
	2012	0.306	2.300	0.050	1.817	0.248
沙特阿拉伯	2008	0.426	0.032	0.046	0.258	0.066
	2012	0.684	0.073	0.049	0.010	0.032
坦桑尼亚	2008	0.282	0.600	0.218	0.247	0.543
	2012	0.229	0.393	0.158	0.134	7.054
尼日利亚	2008	0.131	0.071	0.089	0.031	0.005
	2012	0.018	0.082	0.043	0.013	0.007
马达加斯加	2008	0.118	0.223	0.205	4.609	0.015
	2012	0.138	0.729	0.061	1.815	0.103
巴西	2008	0.600	0.802	0.718	0.228	0.061
	2012	0.502	0.599	0.511	0.128	0.701
墨西哥	2008	0.368	0.425	1.792	0.763	0.029
	2012	0.337	0.415	1.762	0.552	0.689
阿根廷	2008	0.781	0.434	0.473	0.127	0.062
	2012	0.714	0.363	0.517	0.073	1.082

资料来源：联合国商品贸易数据库。

3. 小结

中国与亚非拉发展中国家均具有较强的贸易互补性。总体而言,在初级产品方面,主要表现为与中国的进口贸易具有较强的互补性;而在工业制成品方面,主要表现为与中国的出口贸易具有较强的互补性。这也很好地印证了中国在双环流体系中的地位。

三、中国与刚果(金)产业协同的可行性

在第二部分中,研究已经通过产业结构的对比以及进出口贸易的分析,指出中国与广大亚非拉国家,尤其是与制造业并不发达的国家之间具有产业协同的基础。在本部分内容中,研究将进一步选取刚果(金)进行相关分析。

(一)刚果(金)产业结构概述

1. 刚果(金)产业结构概述

刚果(金)经济发展起步较晚,工业基础薄弱,加上其拥有得天独厚的自然资源优势,因此长期以来,第一产业在刚果(金)经济结构中占据绝对主导地位。刚果中央银行的相关数据显示,2003年以及之前,刚果(金)的国民经济呈现"一二三"的产业结构,其中第一产业占有绝对优势,在国民经济中的比例高达70%—80%;余下20%—30%的比例基本由第二产业构成,而第三产业的比例基本为0。2003—2004年间,刚果(金)的第三产业出现了一次爆发性增长,产值超过第二产业,第二产业在国民经济中的比例大幅降低,第三产业比例迅速提升,产业结构变为"一三二";其中第一产业的比重依然超过60%,第三产业大致占30%的比例,第二产业的比例降至10%左右。这一第三产业的反常增长可能是由于刚果(金)产业部门分类的异动造成的,这里不去细究,但自2000年以来刚果(金)的产业结构比例变动中我们可以看出,第一产业在刚果(金)的国民经济中占有绝对主导地位。2001—2010年国民经济三个产业的比例如图1所示。

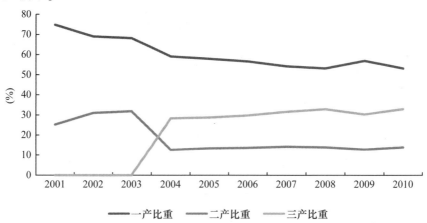

图1 刚果(金)2001—2010年三次产业占国民经济比重

资料来源:刚果中央银行。

根据刚果中央银行的相关数据，2002—2010 年间，刚果（金）国民经济比例相对较高的六部门中，第二产业相关的部门比例多在 5% 以下，说明国内工业经济极度不发达；工业相关部门中，电力、燃气和水的生产业是整个工业的重要支撑，然而就刚果（金）的数据来看，该行业在国民经济中的波动较大，其中 2004—2008 年间的比例低于 1%。就刚果（金）国内的能源生产情况来看，电力生产指数存在明显的波动，能源供应的不稳定也在一定程度上制约着刚果（金）宏观经济和工业生产的进行。

在服务业部门中，贸易、餐饮和住宿业在国民经济中的比重长期维持在 20% 以上，表明刚果（金）国内存在一定的消费基础。从国内经验来看，贸易、餐饮和住宿业对扩大内需、促进经济发展具有重大作用，并且能够成为吸纳就业的重要产业。同时，刚果（金）具有得天独厚的自然优势，也可以依赖该行业发展观光旅游业。2001—2010 年几大产业部门的结构变化情况如图 2 所示。

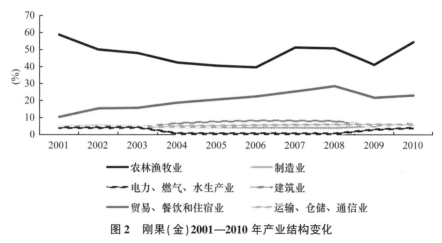

图 2　刚果（金）2001—2010 年产业结构变化

资料来源：刚果中央银行。

综上，在刚果（金）现有的产业结构体系中，第一产业占到 50% 的比例，占据绝对主导地位。在工业方面，通过其他途径获取的采掘业比例大致为 25%，这也是刚果（金）的主要特色产业；然而就工业生产的条件来看，剧烈波动的电力、燃气和水的生产业难以支撑国内制造业的蓬勃发展，在长期也势必影响到采掘业优势的发挥。在服务业方面，刚果（金）具备发展服务业的基础，贸易、餐饮和住宿业的繁荣说明国内具备一定的消费能力，也能够以此为基础，依靠刚果（金）独特的自然资源优势发展国际旅游业，并以此为基础，进一步衍生和完善国内的服务业体系。

2. 特色产业

(1) 采矿业

采矿业历来是刚果(金)经济的重要支柱,在国民经济中的比重一度占到25%左右。然而,由于国内政局不稳,刚果(金)的矿业产出波动较大,尤其是1997年和1998年,国内的两次战争均发生在矿产资源丰富的东部地区,致使矿业的生产条件遭到严重破坏,产量骤减,在国内生产总值中的比例一度跌至7%。[①] 近年来,随着国内局势不断缓和,尤其是新政府成立后对于矿业立法的推进,外资纷纷进入刚果(金)并投资矿业,矿业生产开始逐渐恢复(见表17)。

表17 2006—2012年刚果(金)主要矿产资源产量

	2006	2007	2008	2009	2010	2011	2012
铜(吨)	98 585	96 391	335 066	309 181	497 537	499 198	635 561
钴(吨)	15 384	17 886	42 461	56 258	97 693	99 475	86 021
锌(吨)	33 784	33 809	15 465	19 636	9 223	14 758	10 572
钻石(千克拉)	28 949	28 270	20 953	17 880	16 963	18 598	20 157
黄金(千克)	254	122	150	220	178	286	2 403

资料来源:刚果中央银行。其中2012年为估算值。

(2) 农林渔牧业

由于得天独厚的自然资源优势,刚果(金)非常适宜农业生产,也一度是非洲的农业大国。然而,由于长期以来国内采取重矿轻农的发展思路,刚果(金)的农业处于较为落后的状态。刚果(金)的农业发展主要采取以个体农民生产为主的小农经济方式,加之生产工具落后,因此尽管农业产值在国民经济中占有较高比重(2008年为40.8%),然而其粮食生产不能自足,每年均需要进口玉米、大米等粮食100万吨左右。

刚果(金)的主要特色经济作物包括咖啡、可可、棕榈、棉花、橡胶、烟草等。从刚果(金)主要经济作物产品走势来看,由于受到重矿轻农的发展战略影响,近年来经济作物产量均有不同程度的下降,其中可可产量下降尤为明显,和蓬勃发展的采矿业形成了鲜明的对比(见表18)。

---

① 中华人民共和国驻刚果(金)参赞处:刚果民主和国经济形势概述,http://cd.mofcom.gov.cn/article/ddgk/201202/20120207947134.shtml。

表18 2006—2012年间刚果(金)主要农林牧渔业产品产量

	2006	2007	2008	2009	2010	2011	2012
咖啡(吨)	8 155	11 979	12 146	9 070	9 607	9 905	8 206
可可(吨)	950	990	55	57	44	38	15
橡胶(吨)	3 269	6 678	2 505	2 594	2 429	1 817	1 092
棕榈油(吨)	13 024	16 110	7 176	5 908	6 621	8 872	7 181
棕榈仁油(吨)	128	369	361	370	366	418	571
原木(立方米)	150 505	213 308	140 711	107 415	203 528	183 468	186 234
锯材(立方米)	25 253	35 959	46 650	40 538	24 951	33 431	33 943

资料来源:刚果中央银行。其中2012年数据为估算值。

(3) 轻加工业

刚果(金)的加工业以轻加工业为主,主要有食品、纺织、制鞋、木材加工和建材等轻加工业,但具有一定规模的只有面粉厂、啤酒厂和水泥厂,以下是这三个轻加工行业的产量情况(见表19)。① 总体而言,面粉产量呈下降趋势,而酒精饮料和软饮料加工行业产品呈上升趋势。结合刚果(金)国内粮食生产不能自足的情况,食品加工业的发展趋势并不乐观。

表19 2006—2012年刚果(金)主要制造业生产情况

	2006	2007	2008	2009	2010	2011	2012
面粉(万吨)	18.6	17.9	19.6	19.4	17.3	16.0	15.6
酒精饮料(十万升)	2 617	2 951	3 321	3 575	3 911	4 118	4 245
软饮料(十万升)	1 245	1 303	1 554	1 795	1 831	1 957	2 109
水泥(万吨)	52.1	51.9	53	41.1	44.4		
港口装卸量(千吨)	2 183	2 330	2 516	2 622	2 598	3 188	3 103

资料来源:刚果中央银行。其中水泥生产2011年、2012年数据暂缺。

(二) 中国与刚果(金)产业结构比较研究

1. 三次产业结构的横向对比

刚果(金)和中国的三次产业结构存在很大的不同,刚果(金)的第一产业占据绝对主导地位,此外第三产业也具有一定的比重,然而其国内缺乏第二产业基础。

表20数据显示刚果(金)第三产业比重出现了异动,且一产占比较高,二产比重

---

① 中华人民共和国驻刚果(金)参赞处:刚果民主共和国经济形势概述,http://cd.mofcom.gov.cn/article/ddgk/201202/20120207947134.shtml。

极低,三产发展不足,预期这与刚果(金)期望达成的产业结构升级结果存在较大的差距。

表20　2001—2010年中国与刚果(金)产业结构比较　　　（单位:%）

年份	刚果(金)			中国		
	第一产业	第二产业	第三产业	第一产业	第二产业	第三产业
2001	74.8	25.2	0.0	14.4	45.2	40.5
2002	69.0	31.0	0.0	13.7	44.8	41.5
2003	68.2	31.8	0.0	12.8	46.0	41.2
2004	59.1	12.6	28.3	13.4	46.2	40.4
2005	57.9	13.4	28.7	12.1	47.4	40.5
2006	56.6	13.6	29.8	11.1	47.9	40.9
2007	54.2	14.2	31.6	10.8	47.3	41.9
2008	53.2	13.9	32.9	10.7	47.4	41.8
2009	56.9	12.8	30.3	10.3	46.2	43.4
2010	53.2	13.9	32.9	10.1	46.7	43.2

资料来源:根据刚果中央银行、中经网统计数据库数据计算。

究其原因,本研究认为主要是由于工业基础薄弱,一三产业的优化升级缺乏制造业的支撑所致,而中国恰好具备制造业中心这一双循环结构中的功能定位,通过双方的产业协同,可以帮助刚果(金)实现产业结构优化升级。

2. 基于SHHI指数的中刚产业比较研究

SHHI指数来源于赫芬达尔指数,是借用产业组织理论来考察地区产业的总体专业化程度的指标之一,其计算公式为:

$$SHHI = \sum_{k=1}^{n} S_k^2$$

式中,n为地区的全部产业数,S_k为k产业所占的比例。SHHI的值在$1/n$到1之间变动。若其值为$1/n$,表明地区的产业高度多样化;若其值取1,表明地区产业集中在一个部门。因此,SHHI数值越大,说明地区的产业结构越不均衡,专业化程度越高。但是,SHHI值并没有确切的意义,只能衡量地区的相对专业化程度。

由于在刚果(金)中央银行对应的年鉴中仅给出了前面表格中的6个产业部门,因此在这里只用这6个部门的数据进行计算,结果如表21所示。

表21　刚果(金)与中国主要地区SHHI指数对比

年份	刚果(金)	北京	天津	上海
2002	0.282222	0.126595	0.192964	0.190401
2003	0.262459	0.099541	0.201728	0.166917
2004	0.224891	0.098523	0.190975	0.159297
2005	0.217553	0.095102	0.186302	0.155367
2006	0.219403	0.107205	0.179629	0.153029
2007	0.339460	0.091912	0.174896	0.157070

可以看出,刚果(金)的SHHI指数明显高于我国三大主要城市的数值。这主要源于其经济结构中,农林牧渔业占据了约50%的比例,对指数的贡献值也达到90%以上。正如前面所提到的,农林牧渔业生产率的提高需依赖于制造业的基础。刚果(金)的农业尽管在国民经济中的比例极高,却出现了粮食生产无法自给自足的情况。这也是该国目前亟须解决的主要问题之一。

(三) 中刚双边贸易分析

贸易政策方面,中国与刚果(金)政府分别于2007年12月6日、2010年1月5日和5月28日签订了关于中方给予原产于刚果(金)部分输华产品零关税待遇的换文。根据换文,原产于刚果(金)的65%的输华商品将享受免关税待遇,并逐步将享受零关税的商品比例扩大至95%。2011年8月11日,双方在金沙萨签署了《关于促进和保护投资协定》,将政策覆盖范围进一步扩大,预期未来双边政策将覆盖更多的方面。投资合作方面,中国企业早在20世纪80年代就开始进入刚果(金)进行投资合作业务,90年代由于刚果(金)政局动荡,中资机构相继撤离,投资合作一度处于停滞状态。2000年之后,随着政局趋于稳定,中刚双方投资合作业务也呈现快速发展的良好势头,目前双方的投资合作主要集中于能源、电信和农业等领域,预计未来合作领域将进一步拓宽。

经贸合作最主要的内容为双方的商品进出口贸易,2002—2010年间,中刚双方进出口总额由最初的3 000万美元增加至29.6亿美元,整体保持了良好的走势(见图3)。由于统计口径的差异,刚果(金)统计的中刚双方贸易数据远大于上述数值。刚果中央银行的数据显示,2013年,中刚双方贸易额达到60.92亿美元,远高于同期中国海关的统计数据。

在刚果(金)主要贸易伙伴国排序中,无论是从进口还是从出口统计看,中国均占有重要地位。2011年,中国在刚果(金)进口来源国中排名第三,占比9.98%;在刚果(金)出口目的国中排名第三,占比11.94%。到2012年,中国在刚果(金)进口来源国中的排名跃升为第一,占比提高到17.80%;同时中国在刚果(金)出口目的国中的排

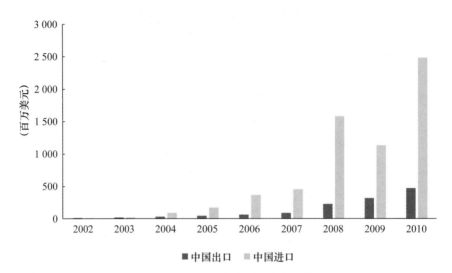

图3 2002—2010年中刚双边贸易情况

资料来源:中国海关总署。

名也跃升为第一,占比提升为19.80%。2013年,中国在刚果(金)进出口贸易中的份额进一步提升(见表22)。

表22 2011—2013年中国在刚果(金)进/出口贸易中的份额变化

年份	刚果进口额(百万美元)	中国占比(%)	中国排序	刚果出口额(百万美元)	中国占比(%)	中国排序
2011	619.23	9.98	3	504.03	11.94	3
2012	1487.65	17.80	1	1691.13	19.80	1
2013	2364.00	22.04	1	3728.00	34.06	1

资料来源:刚果(金)海关总署。

在中刚双方进出口商品品类方面,刚果(金)自中国进口的主要产品为车辆以及机电设备等工业制造品,2011年刚果(金)自中国进口最多的5类商品如表23所示。

表23 2011年刚果(金)自中国进口排名前5的商品

品名	进口额(百万美元)	占比(%)	排名
电气设备	102.2	16.50	1
机械设备	100.6	16.25	2
车辆	72.8	11.76	3

(续表)

品名	进口额(百万美元)	占比(%)	排名
金属制品	33.0	5.34	4
化工产品	28.4	4.58	5
小计	337.1	54.43	

资料来源:刚果(金)海关总署。

刚果(金)对中国出口的产品主要为矿石和原木等。2011年刚果(金)对中国出口排名前5的商品如表24所示。

表24　2011年刚果(金)对中国出口排名前5的商品

品名	出口额(百万美元)	占比(%)	排名
钴矿砂	313.4	62.17	1
铜	71.8	14.25	2
无机化工原料	30	5.95	3
铜矿砂	28.6	5.67	4
原木	28.4	5.63	5
小计	492.2	93.67	

资料来源:刚果(金)海关总署。

总体来说,中刚双边贸易有着两国政府有力的政策支持,中国在刚果(金)对外贸易合作中的地位,刚果(金)在中国对外贸易合作中的地位均在不断加强和上升,双方在未来进一步扩大经贸合作有着乐观的前景。在投资合作方面,合作的领域日益扩大;在商品贸易方面,双方进出口总额保持了良好的增长势头,分产品种类分析亦显示双方的贸易产品存在明显的互补特征。

(四) 小结

分析表明,中国与刚果(金)之间存在明显的互补性特征。刚果(金)的三次产业结构以第一产业为主,同时有着极具特色的采矿业,然而由于缺乏制造业基础的支撑,刚果(金)国内粮食生产不能自足,很大一部分生活消费品依赖进口,同时特色采矿业的生产条件与生产效率也尚待进一步提高。而中国作为双循环结构下的制造业中心,具备以自身制造业驱动刚果(金)提高第一产业生产率,改善特色采矿业生产条件的能力和条件。从中刚双方的贸易结构来看,近年来也呈现出这样的趋势,刚果(金)自中国进口的机械和电气设备的比例日益增加,双边贸易的产品种类有着明显的互补性,基于比较优势的外贸结构有利于双方产业的协作。因此,中国与刚果(金)的产业协同若能达成,将使双方达成共同发展、共同繁荣的美好愿景。

四、案例分析——英国与澳大利亚产业协同的启示

在前面的内容中,研究已经从产业和贸易的互补性方面论述了中国与广大亚非拉发展中国家具有产业协同的基础,同时以刚果(金)为具体案例,阐述了中国与亚非拉国家合作具有广泛的前景。本部分内容主要以英国与澳大利亚的产业协同历史做案例研究,从案例中获得启示,探讨中国与亚非拉产业协同的持续发展机制。

本研究选取英国与澳大利亚的产业协同做案例分析主要基于以下两点考虑:

(1)澳大利亚的资源禀赋与刚果(金)类似,刚果(金)所希望达成的产业结构升级结果也与澳大利亚现阶段的产业结构相吻合。现阶段澳大利亚的主要支柱产业为服务业、采矿业、农业以及制造业,其产业结构体系建立的基本逻辑是以优势第一产业(主要为特色畜牧业)以及矿产资源为支撑,配套相关制造业,并最终发展大规模的服务业(70%),这与刚果(金)完成产业结构转型升级的内在逻辑一致。

(2)英国与澳大利亚的产业协同是以英国雄厚的制造业基础为支撑的,通过两国间的产业协作、贸易协作实现了各自产业结构的转型升级。目前中国为双循环结构下的制造节点和贸易节点,具备驱动两国间产业对接的条件;同时,中刚双方具有良好的外交基础以及密切的贸易往来,更为双方实现产业协同,完成各自的产业结构转型升级提供了条件。

(一)澳大利亚产业现状

澳大利亚是一个以服务业为主的发达国家。2012年澳大利亚实现生产总值14 517亿美元,排名世界第12。人均生产总值67 723美元,排名世界第6,在人口超过2 000万的国家中排名世界第一,远高于加拿大、美国、日本等国家。从三次产业结构来看,2012年澳大利亚第三产业所占比值最高,为70.99%;其次为第二产业,占GDP比重为26.64%;第一产业比重仅2.38%。从1986年至2012年间,澳大利亚第三产业在国内生产总值中的比重不断增加,从1986年的67.7%增长到2012年的70.99%;第一产业、第二产业的比重呈现震荡下降的趋势(见图4)。

(二)英国与澳大利亚产业协同实现路径分析

1. 第一产业发展路径——依托英国纺织业,培育壮大优势产业(畜牧业)

澳大利亚农业基础非常薄弱,发展起步较晚。相较于欧洲资本主义国家产业循序渐进的建立过程,澳大利亚的产业基础主要是通过英国的移民和资本输入以及对外贸易等生产要素的流动而建立起来的。

澳大利亚建立以出口导向型农业体系,很大程度上是受到国际贸易的影响。澳大利亚农产品绝大多数用来出口,农产品出口创汇额度曾经最高达到商品总出口创汇额的75%—80%,其中英国又是澳大利亚农产品的主要进口国,20世纪中期澳大利亚农产品的1/3销往英国,其中羊毛出口量的50%销往英国。英国将本土基础农业转移

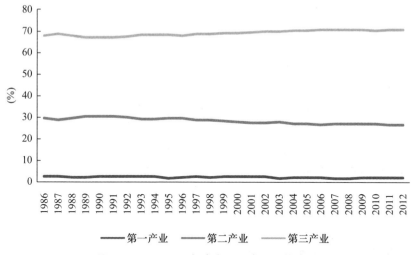

图4　1986—2012年澳大利亚产业结构变化

资料来源:澳大利亚统计局统计报告。

到澳大利亚等国家,从而实现劳动力向第二、三产业转移,符合英国后工业化的发展目标。

早期,英国资本家看到澳大利亚牧羊业带来的丰厚利润,纷纷将资本、技术、人力等要素投入到澳大利亚,帮助澳大利亚建立起特色的畜牧业;远洋冷冻船的发明解决了肉的冷冻问题,英国资本再次投入到澳大利亚畜牧业,将生产的牛肉、羊肉、奶酪等产品运回英国,既满足了国内市场需求,又为澳大利亚赚回大量外汇储备和工业品,而且在整个过程中,英国不断帮助澳大利亚实现产业链以及基础设施的完善。澳大利亚先后借助英国的直接投资建立起自己的交通运输网、通信网、金融网等,这些是澳大利亚早期服务业的雏形。

2. 第二产业发展路径——积极承接产业转移

澳大利亚制造业基础一直很薄弱,通过国际贸易获取的大多是工业品,但是自20世纪50年代以来,澳大利亚的工业经济发展迅速。其原因主要在于第二次世界大战后英国投向澳大利亚的资本主要流向了制造业,制造业的法人资产40%以上由外国人投资,制造业中外资较集中的化学品业、石油及煤炭产品业、运输设备业、机器及设备业和基本金属业,多是关键行业和大型企业。

从1941年到1966年的25年间,澳大利亚制造业工厂雇佣工人翻了一倍,由最初65万人增长为130.9万人;同期加工制造业的总产值则由不足13亿英镑上升为接近150亿英镑,增长了11倍;奠定了澳大利亚工业发展的基础。

3. 第三产业发展路径——合理引导与政策配合

20世纪70年代开始英国、美国、日本在澳大利亚资本输入发展迅速，纷纷将资本投入到传统的农牧业、采矿业和石油开采、制造业以及服务业等，但是投资的结构发生了很大变化。外资在农牧业、采矿业以及制造业等传统产业的比重逐渐下降，下降幅度很大，而在金融不动产业、公共基础设施等服务业比重逐渐上升，尤其是金融业。这与澳大利亚政府在产业与外资利用政策方面的规划有很大关系，同时也与英国等资本主义国家发展服务业尤其是金融投资业务相关，英国的资本一如既往地大量投入到澳大利亚经济建设中，伴随着自身产业结构的调整，英国更看重第三产业的发展，与澳大利亚在旅游业、金融业、信息咨询业等服务业领域的贸易额逐步提高。

同时澳大利亚奉行自由经济理论，尽力为企业之间公平竞争创造良好环境。尽管如此，历史上澳大利亚对公共服务业部门(如交通运输、通信系统等)的贸易保护还是比较严重的，企业的生产和服务效率较低。20世纪80年代以来，在全球自由化和私有化浪潮的冲击下，自由化和私有化的情况才有所改善。随着基廷上台执政，为使澳经济走出衰退的困境，自由化和私有化步子较以往更大。例如在空运业有三点改革比较明显：一是继续进行自1990年11月就已开始的自由化，允许国际航空公司与国内航空公司的业务交叉，即国际航空公司可以从事国内空运，国内航空公司也可以从事国际空运。二是私有化，澳大利亚国营航空公司(从事国内空运)和快达国际航空公司都在私有化计划之中。三是不限制飞入澳大利亚境内的外国航空公司投资从事澳国内空运的资本数量。[①] 服务业出口竞争力不断加强，占国民生产总值的比重不断提高，成为澳大利亚经济的支柱产业。

(三) 英国与澳大利亚产业协同启示

1. 特色产业是产业协同的重要基础

畜牧业和种植业是澳大利亚的第一产业的支柱行业，为澳大利亚发展提供了大量的外汇，吸引了大量的外资，占据着澳大利亚出口产品的主要份额，极具国际竞争力。

英国在澳大利亚产业发展的过程中，首先帮助其建立起符合澳大利亚实际情况的特色农业，同时将其作为自己纺织业、冶金业等相关产业的换材料供应链的重要一环，为英国纺织产品、工业产品占领世界市场奠定坚实的基础。

从澳大利亚的产业形成过程中我们可以看到，正是由于羊毛在英国纺织业的畅销，继而吸引了大量英国生产要素的进入，不仅带来了技术、资本、人力，同时还带来了先进的制度。规模经济的出现，对于基础设施、交通运输、金融、工业、教育等很多行业提出了要求，于是，伴随着澳大利亚养羊业的崛起，畜牧业开始快速发展；人口的增多，农场的建立，带动了种植业的蓬勃发展；农产品与英国的贸易，带来了铁路、公路、航运

---

① 石康：《澳大利亚垄断行业是如何引入竞争机制的》，《经济管理文摘》，2001年第6期。

等交通运输业的起步,也开启了澳大利亚金融业的大门。

2. 抓住产业升级转型机遇,实现英澳产业协同发展

英国是老牌资本主义国家,一直处于世界经济发展的前沿。19 世纪末,英国产业高度发展,国内产业成本逐渐增高,市场容量矛盾日益突出,于是把纺织业等传统产业开始向欧洲、北美、澳大利亚等国家转移。

尽管澳大利亚并没有经过类似英国等资本主义国家的资本积累与技术积累,但通过与英国之间密切的产业协同与贸易合作,依然走出了一条快速进入发达国家行列的经济发展路径。20 世纪 50 年代后,澳大利亚吸收英国资本大力发展本国制造业,投资主要集中在化学品业、石油及煤炭行业、运输设备业等关键行业,此次英国产业结构调整升级,主要从资本密集型开始向生物医疗、航空航天等技术密集型产业发展。

从 70 年代开始,随着英国、美国、日本大量外资纷纷投入到澳大利亚第三产业,尤其是金融信贷业,到 70 年代中期,吸引外资投入到第三产业的比重已经达到 54%。进入 80 年代后,得益于英国等发达资本主义国家金融信贷、银行保险等服务业投资的快速提升,实现了澳大利亚基础工业,尤其是水、电、气等行业的快速增长,加速了澳大利亚产业结构升级转型,第三产业逐渐成为澳大利亚支柱产业。

3. 培育壮大优势产业,建立具有比较优势产业链

在英澳产业协同过程中,英国与澳大利亚根据比较优势,形成了合理的产业链,促进了产业协同发展。英国充分发挥在技术、资本、人才等方面的优势,每个阶段发展更高层次的产业。而澳大利亚充分发挥了在资源等方面的优势,积极加入到英国构建的产业链条。主要产业链有纺织产业链、冶金产业链、化工产业链、汽车产业链乃至航空航天等,达到互利共赢的局面。

(四)依托国外投资,全力发展第三产业

澳大利亚的第三产业在外资的大量进入中发展迅猛,到 20 世纪 70 年代,服务业占国民生产总值比重已经仅次于美国,超过 70%,已经达到后工业化社会标准,建立起完善的第三产业体系:水、电、煤气;建筑;批发及零售商业;运输及仓储;交通和通信;金融、保险及商业性服务;公共行政及国防;社会服务;娱乐、文体和旅游。

(五)制度协同是产业协同的保证

澳大利亚走出了一条英国模式本土化的产业发展模式。早期的产业建立过程中的制度明显从英国移植过来,如土地、政治、社会、贸易等制度,这些制度都是当时英国本土先进的制度,对于解放生产关系,促进澳大利亚快速发展起到了重要作用。

虽然澳大利亚已经建立起完整的工业体系,相对较为独立,但是产业规模普遍较小,竞争力不强。到 20 世纪中后期,为了达到工业国际化的目标,澳大利亚产业政策开始调整,放弃了原来的产业保护政策,鼓励产业专业化,参与国际竞争,逐渐增强了产业国际竞争力。此外,还在财政政策、货币政策等制度上推陈出新,不断适应产业的

发展需求,为产业发展提供制度保证。

五、中国与亚非拉产业协同的实现路径与意义

目前,国内学者对于产业协同或者产业对接的基本共识是,产业协同是以区域间产业合作为主要出发点的,然而不同学者不同的出发点对产业对接的主导模式有不同的认识。有的学者认为应该以市场为导向,企业为载体,通过市场规律使企业为了共同利益或者利益互补而实现跨地区(企业所在地)的合作;而有的学者认为应该以政府为主导,通过合理的产业政策措施来引导企业投资,并最终实现产业的合理布局和融合发展。

本研究发现,中国与亚非拉地区发展中国家,尤其是资源型发展中国家的产业互补性以及贸易互补性较强,具备产业协同的基础。另一方面,城市是产业的载体,产业协同所带来的经济效益最终表现为城市以及城市群规模的扩张以及产业结构高度化的演进。

通过对全球产业结构的考察,以及世界商品进出口贸易的研究,结合国家开发银行在刚果(金)的实践,本研究主要通过案例研究,总结在已有的产业协同中,是否存在经济落后的一方跳过了重工业化阶段(或者重工业化过程较短),直接进入经济发展的高级阶段,从而快速实现产业协同双方产业结构优化升级的案例。

而案例研究的结果表明,英国与澳大利亚之间的产业协同就具备了上述特点。通过案例研究,课题组总结了英国与澳大利亚之间产业协同案例的三个主要特点。第一,是以产业承接方的特色产业为基础。第二,依赖产业转移方外资的大量注入,让经济落后的一方建立与特色产业配套的服务业,并最终形成完善的服务业体系。第三,建立长期的制度协同以及贸易协同机制,保证产业协同双方长期的相互滋养。

综上,课题组认为中国与亚非拉发展中国家的产业可以实现协同对接。以中国与刚果(金)的产业协同为例,产业协同的实现路径如下。

(1)以刚果(金)的特色采矿业、种植业,中国的制造业为基础,充分发挥双方的比较优势,实现产业的分工协作与相互滋养。

(2)依靠国家开发银行的资金注入,以及中国制造业的技术注入,提高刚果(金)特色采矿业与种植业的生产条件,改进生产技术,提高生产率,进一步巩固产业竞争力,降低原本粗放的生产方式对于环境的破坏,保障刚果(金)经济增长的可持续性。

(3)刚果(金)在中方外资和技术的基础上,优先建立并发展与特色产业配套的服务业,并根据特色产业的前后向关联性,逐步建立和完善国内的服务业体系,最终建立合理且完善的三次产业结构。

(4)中刚双方开放商品贸易市场,发挥各自国内商品生产的比较优势,以商品贸易为纽带,实现洲际的协同产业间的相互滋养,同时建立长期合作关系,为产业之间的

相互滋养、商品市场的长期开放提供保障,保障双方经济增长的连续性。

(5)依托城市与城市之间的互动,实现中国城市群与刚果(金)的对接,建立城市与城市之间、城市群与城市群之间的友好合作关系,以城市群的对接带动产业协同,通过产业间的滋养、商品贸易的往来增强中刚城市群的经济联系,形成跨区域的城市群协作机制。

中刚双方的产业协同对于双方的经济发展具有重要意义。首先,刚果(金)国内的经济部门以农林牧渔业、采矿业和服务业为主,由于落后的制造业基础,一方面农林牧渔业和采矿业的生产条件相对落后,效率不高,另一方面没有工业基础的支撑,服务业只能选择发展低端服务业,从长期来讲对刚果(金)经济增长的连续性不利。而中国的技术创新与发达的制造业能够帮助刚果(金)改善农林牧渔业的生产条件,支撑刚果(金)国内服务业走向高端。其次,伴随着刚果(金)经济的发展,未来刚果(金)的城镇化水平也将快速推进。目前,刚果(金)的城镇化水平较低,但未来刚果(金)国内薄弱的工业基础将不足以支撑快速增长的城镇化水平。工业化与城镇化不匹配导致的各自社会问题和经济问题已经有拉美的先例,刚果(金)在未来的经济发展中也需避免这种情况的出现。目前,刚果(金)的农林牧渔业和采矿业占到经济50%以上的比重,若不能推进产业的现代化,由于生产条件的落后,这部分经济活动的生产效率将持续底下,造成资源的浪费和环境的破坏等问题;但若快速推进产业的现代化,则可能步拉美的后尘。因此,刚果(金)的经济发展与产业现状间存在一定的矛盾。但这一矛盾能够通过中刚双方的产业协同得以解决,中国可以以技术援助的方式帮助刚果(金)实现产业现代化,同时依托强大的工业基础支撑刚果(金)经济增长中快速推进的城镇化水平,从而实现刚果(金)产业结构的良性演进,也实现中国自身产业结构的不断优化升级。

参 考 文 献

[1] 100 years of change in Australian industry, http://www.abs.gov.au/AUSSTATS/abs@.nsf/Previousproducts/1301.0Feature%20Article212005? opendocument&tabname=Summary&prodno=1301.0&issue=2005&num=&view=.

[2] Bernard Attard, The Economic History of Australia from 1788: An Introduction, http://eh.net/encyclopedia/the-economic-history-of-australia-from-1788-an-introduction/.

[3] Clark C., *The Conditions of Economic Progress*, Macmillan, 3rd edition, 1957.

[4] Gardner, Lloyd C., *Economic Aspects of New Deal Diplomacy*, the University of Wisconsin Press, 1964, pp.106—107.

[5] J. M. Finger and M. E. Kreinin, A Measure of Export Similarity and Its Possible Use, *The Economic Journal*, 1979(12), pp.905—912.

[6] Simon Kuznets, *Modern Economic Growth:Rate, Structureand Spread*, New Haven and London, Yale University Press,1980.

[7] Simon Ville, Business Development in Colonial Australia, *Australian Economic History Review*, March 1998.

[8] W. W. Rostow, *The Stages of Economic Growth, A Non-Communist Manifesto*, New York:Cambridge University Press,1990.

[9] 戴宏伟:《产业转移研究有关争议及评论》,《中国经济问题》,2008年第3期。

[10] 康华:《英国产业结构调整经验可鉴》,《全球科技经济瞭望》,2000年第3期。

[11] 李松志、刘叶飙:《国外产业转移研究的综述》,《经济问题探索》,2007年第2期。

[12] 李晓俐:《新西兰和澳大利亚农业发展的特点及做法》,《世界农业》,2012年第10期。

[13] 罗斯托:《从起飞进入持续增长的经济学》,成都:四川人民出版社,1988年。

[14] 克拉潘:《现代英国经济史》,北京:商务印书馆,1997年。

[15] 刘伟、李绍荣:《产业结构与经济增长》,《中国工业经济》,2002年第5期。

[16] 曼宁·克拉克:《澳大利亚简史》,广州:广东人民出版社,1973年。

[17] 潘悦:《国际产业转移的四次浪潮及其影响》,《现代国际关系》,2006年第4期。

[18] 潘青友:《中国与东盟贸易互补和贸易竞争分析》,《国际贸易问题》,2004年第7期。

[19] 石康:《澳大利亚垄断行业是如何引入竞争机制的》,《经济管理文摘》,2001年第6期。

[20] 汪斌、赵张耀:《国际产业转移理论述评》,《浙江社会科学》,2003年第6期。

[21] 王秀芳:《澳大利亚农业发展的回顾》,《国外农业》,2008年第12期。

[22] 王宇博:《战后澳大利亚后工业化社会初探》,《江苏教育学院学报(社会科学版)》,2001年第11期。

[23] 于津平:《中国与东亚主要国家和地区间的比较优势与贸易互补性》,《世界经济》,2004年第5期。

[24] 中华人民共和国外交部:南非国家概况,http://www.fmprc.gov.cn/mfa_chn_603914/gj_603916/fz_605026/1206_605994/。

[25] 中华人民共和国外交部:埃塞俄比亚国家概况,http://www.fmprc.gov.cn/mfa_chn_603914/gj_603916/fz_605026/1206_605076/。

[26] 中华人民共和国外交部:刚果民主共和国国家概况,http://www.fmprc.gov.cn/mfa_chn/gjhdq_603914/gj_603916/fz_605026/1206_605390/。

[27] 中华人民共和国外交部:肯尼亚国家概况,http://www.fmprc.gov.cn/mfa_chn/gjhdq_603914/gj_603916/fz_605026/1206_605656/。

[28] 中华人民共和国驻刚果(金)参赞处:刚果民主共和国经济形势概述,http://cd.mofcom.gov.cn/article/ddgk/201202/20120207947134.shtml。

文化历史篇

历数唐尧千载下
斯路往来尽风尘

"一带一路"这个名称本身就有着厚重的历史观感。其历史不仅脱胎于古代中国的陆上丝绸之路和海上丝绸之路，同时也是中国与周边国家甚至其他国际政治经济体交流沟通的缩影。不同国家的经济形态、文化特质以及政治风貌对于合作模式有重要的影响。有价值的国际合作应以彼此间深厚的了解为基础，因此，对其他民族、国家的深入研究是开启国际合作的第一步。与此同时，借助"一带一路"倡议，中国应当向世界传递什么样的文化和价值？应当如何从历史的角度看待历史和文化对于倡议推进的作用？如何将"一带一路"的历史文化内涵与当今社会经济现实结合，实现高屋建瓴而又脚踏实地的发展？这些都是在历史文化课题之下亟须解决的问题。

Chapter of Culture and History

The name Belt and Road enjoys a tremendous itself. The name of it comes not only from the ancient Silk Road both on the land and sea, but also an epitome of the communication between China and its neighborhood. The meaningful cooperation between countries is based on the well knowing about each other. The differences between economic patterns, cultural characteristics and political style of different countries may influence their cooperation a lot. As a result, the in-depth research about the neighboring countries should be the first step. At the same time, during the progress of the Belt and Road, China needs to think over the following questions. What kind of culture and value should we convey to the world? How should we look at the effect of the history and culture in promoting the initiative? How can we combine the inner value of history and culture with the social economic facts and realize development with a strategic view and steady pace? These are all the urgent problems that need to be solved under the topic of history and culture.

"一带一路"的历史转换与现实启示*

一、引言

在 2014 年年末的中央经济工作会议上,优化经济发展空间格局成为未来中国经济改革攻坚的重要内容。"一带一路""京津冀协同发展""长江经济带"被作为国家的三大战略提上新阶段发展的议程。① 三大战略中,"一带一路"的概念是最新的,也是历史最为久远的。其余两大战略,"京津冀一体化"的提法早在 1982 年即以"首都经济圈"的名义出现过,"长江经济带"的战略构想也出现于 20 世纪 80 年代。而"陆地丝绸之路"和"海上丝绸之路"两个概念在学术界已多有论述,但将陆海丝绸之路结合为"一带一路"赋予新的时代意义并上升到国家战略层面,这在数千年的丝路历史上还是第一次。

现实政策层面上的"一带一路"概念缘起于 2013 年。当年 9 月,国家主席习近平在哈萨克斯坦纳扎尔巴耶夫大学演讲时首次提出"丝绸之路经济带"设想:"为了使我们欧亚各国经济联系更加紧密、相互合作更加深入、发展空间更加广阔,我们可以用创新的合作模式,共同建设'丝绸之路经济带'。"②随后 10 月,习近平在印度尼西亚国会演讲时又首次提出了"21 世纪海上丝绸之路":"东南亚地区自古以来就是'海上丝绸之路'的重要枢纽,中国愿同东盟国家加强海上合作,使用好中国政府设立的中国—东盟海上合作基金,发展好海洋合作伙伴关系,共同建设'21 世纪海上丝绸之路'。"③

---

* 本文作者张亚光,北京大学经济学院经济学系副主任、副教授。
① 2015 年 9 月,发改委、外交部、商务部联合发布了有关"一带一路"英文译法的规范,不再使用"战略"(Strategy)表述,而采用"倡议"(Initiative)。
② 习近平:《弘扬人民友谊 共创美好未来——在纳扎尔巴耶夫大学的演讲》,《人民日报》,2013 年 9 月 8 日。
③ 习近平:《携手建设中国—东盟命运共同体》,《人民日报》,2013 年 10 月 4 日。

一带一路 | The Belt and Road
全球价值双环流下的区域互惠共赢

在此后的一年中,习近平和李克强先后访问俄罗斯、比利时、塔吉克斯坦、德国、蒙古、土库曼斯坦、马尔代夫、斯里兰卡、印度等二十多国,重申了关于"丝绸之路经济带"和"21世纪海上丝绸之路"的设想。此时"一带一路"作为国家愿景已经呼之欲出了。

2014年12月的中央经济工作会议、2015年2月的"推进'一带一路'建设工作会议",特别是国家发改委、外交部、商务部在3月28日联合发布的《推动共建丝绸之路经济带和21世纪海上丝绸之路的愿景与行动》,标志着"一带一路"开始正式进入大众视野,"一带一路"迅即成为新闻界的热词和焦点。各国媒体也纷纷加以报道,绝大多数国家表现出积极支持和参与的态度,然而也有的忧虑担心,或者抱有疑问。比较具有代表性的如布莱恩·埃勒尔(Brian Eyler)的文章《谁在害怕中国的"一带一路"?》[1],该文对东南亚国家关于"一带一路"的各种观点进行了梳理,其中不乏偏颇之见。在这样的背景之下,一些误解也不时出现,比如"新马歇尔计划论""中国中心主义论""重回朝贡体系论",甚至将"一带一路"等同于日本军国主义时期的亚洲政策等错误的解读在海外占有了一定的市场。在此类颇有些混淆视听的言论中,相当部分的论证是基于所谓的"历史经验"展开的。要想解答这些疑惑和消除误解,就十分有必要回到"一带一路"真实的历史中去加以澄清。

二、"一带一路"的历史概念和文献

在文化学意义上,"一带一路"不过是"丝绸之路"的另外一种表述。事实上,"丝绸之路"这个极具东方色彩的概念并不是中国人命名的。尽管这条古老的商业贸易通道至迟在公元前3世纪就被明确地记载,然而中国古代文献在提及这些地区时,或者冠之以"西域",或者以具体的山川、城镇或行军路线标注,从未综合成丝绸之路这样的概念。19世纪70年代,德国地理学家李希霍芬(Ferdinand von Richthofen)正式提出"丝绸之路"(Seidenstrassen)的概念——"自公元前114年至公元127年间连接中国与河中以及印度的丝绸贸易的西域道路"[2]。19世纪末至20世纪初,进入中亚的探险家已经开始使用"丝绸之路"的称呼。日本学者长泽和俊指出,李希霍芬笔下的"丝绸之路"在地理范围上是狭隘的,直到1910年另外一位德国学者赫尔曼(A. Herrmann)才在《中国与叙利亚间的古代丝绸之路》中认为应该把"丝绸之路"的含义一直延长到通向遥远西方的叙利亚地区。[3] 李希霍芬注意到了"海上丝绸之路"的存在,但是没有进行阐释。1903年,法国汉学家沙畹(Edouard Chavannes)在《西突厥史料》(*Documents sur les Zou-kiue(Zurcs) occiden taux*)中提出:"中国之丝绢贸易,……其商

---

[1] Brian Eyler, "Who's Afraid of China's One Belt One Road Initiative?", *East by Southeast*, April 24, 2015.
[2] Richthofen, F. V., China., Bd. 1, Berlin, 1877, 454 ff.
[3] 〔日〕长泽和俊:《丝绸之路史研究》,天津:天津古籍出版社,1990年,序言,第2页。

道有二:其一最古,出康居之一道;其一为通印度诸港之海道,而以婆庐羯泚为要港。……为求丝绢曾谋与印度诸港通市易,而不经由波斯,曾于五三一年遣使至阿剌壁(Arabie)西南Yémen方面,与Himyarites人约,命其往印度洋购丝,而转售之于罗马人,缘其地常有舟航赴印度也。"①

20世纪30年代,国民党南京政府聘请瑞典人斯文·赫定(Sven Hedin)为铁道部顾问,率勘探队从北京出发赴中国西北地区考察。考察结束之后,赫定撰写了《丝绸之路》一书,自1936年至1939年先后以瑞典文、德文、英文和日文出版,在世界范围内引起了广泛影响。赫定在该书中明确写道:"丝绸之路全程,从西安经安西、喀什噶尔、撒马尔罕和塞流西亚,直至推罗,直线距离4 200英里,如果加上沿途绕弯的地方,总共约有6 000英里,相当于赤道的四分之一。"②他同时廓清了"海上丝绸之路"的概念:"在楼兰被废弃之前,大部分丝绸贸易已开始从海路运往印度、阿拉伯、埃及和地中海沿岸城镇。"③在此之后,"丝绸之路"的地理范围基本被确定下来。

1963年,法国学者布尔努瓦(Lucette Boulnois)出版了《丝绸之路》的专著,该书的法文版再版三次,并被译成德文、英文、西班牙文等多国语言发行。布尔努瓦首次将"丝绸之路"的时空范围扩展到前人没有达到的维度:"研究丝路史,几乎可以说是研究整部世界史,既涉及欧洲大陆,也涉及北非和东非。如果再考虑到中国瓷器和茶叶的外销以及鹰洋(墨西哥银元)流入中国,那么它还可以包括美洲大陆。它在时间上已持续了近25个世纪。"④

与其他研究者的认识不同,布尔努瓦有一个特别值得注意的观点——海上丝绸之路几乎从一开始就承担了重要的运输交通职能。"它从中国广州湾(今湛江市)的南海岸出发,绕过印度支那半岛,穿过马六甲海峡……在1世纪末以前,地中海地区所进口的大部分丝绸似乎都是通过海路而运输的,并不经由穿过波斯的陆路。"⑤无论这个判断能否得到证实,中国古代陆地和海上两条丝绸之路的真实性和重要性都是毋庸置疑的。

日本学者对"丝绸之路"的研究也起步较早。20世纪上半叶,白鸟库吉、桑原骘藏、羽田亨、石田于之助等东洋史学的学者从地理学、民族学等角度对西域史和东西交通史进行了深入研究。前文所述赫尔曼的《中国与叙利亚间的古代丝绸之路》以及斯文·赫定的《丝绸之路》也在1944年分别由霞关书房和高山书院翻译出版。1950年之后,木原均、岩村忍、吉田光邦等人的西域游记重新勾起日本学界的"大陆情结",东

---

① 〔法〕沙畹:《西突厥史料》,冯承钧译,北京:中华书局,1958年,第208—209页。
② 〔瑞典〕斯文·赫定:《丝绸之路》,江红、李佩娟译,乌鲁木齐:新疆人民出版社,1996年,第214页。
③ 同上。
④ 〔法〕布尔努瓦:《丝绸之路》,耿昇译,济南:山东画报出版社,2001年,第2页。
⑤ 同上书,第45页。

洋史学界的松田寿男、江上波夫、羽田明、小林高四郎、长泽和俊等人发表了大量有关丝绸之路历史和文化交流的论著,研究阶段从"启蒙时代"进入了"专门化时代"。[①] 1955年前后,奥运会火炬从雅典通过丝绸之路传到东京,随后著名作家井上靖在1959年先后发表短篇小说《楼兰》和长篇小说《敦煌》,将"丝绸之路热"扩散到日本全民层面。这种对"丝绸之路"关注的热度一直持续到20世纪80年代之后。自1979年开始,日本NHK电视台和中国中央电视台联合拍摄制作了大型纪录片《丝绸之路》系列,播出之后在全球引起了巨大轰动。

相较而言,中国学者对"丝绸之路"的关注和研究要比西方及日本稍稍滞后。1989年出版的《丝绸之路文献叙录》收入了国内20世纪90年代之前"丝绸之路"的相关研究条目,共计764条。[②] 其中20世纪20年代4条,30年代33条,40年代57条,其余均为新中国成立之后的研究条目。也就是说,1910—1949年的前40年和1950—1989年的后40年相比,有关丝绸之路研究的数量之比是1∶7。总体而言,中国学者早期的研究稍显薄弱。

民国时期最著名的贡献当属张星烺先生编纂的《中西交通史料汇编》(六册,1930年),此书影响深远,可谓开启了中国学者研究丝绸之路的新起点。在此之前,目前能够看到的国内学者最早关于"丝绸之路"的研究,是陈垣先生在1923年《国学季刊》第1卷第1期和第2期先后发表的《火祆教入中国考》和《摩尼教入中国考》。其后整个20年代少有学者涉及这一领域。《中西交通史料汇编》刊出之后,包括冯承钧在1932年翻译了前述法国汉学家沙畹所撰《西突厥史料汇编》,在国内掀起了一股研究"丝绸之路"相关问题的热潮。20世纪30年代初,顾颉刚先生创立禹贡学会,出版《禹贡》半月刊,发表了诸多研究西北地区历史地理的论文,其中不乏国内丝绸之路研究的经典之作。例如,贺昌群在1936年第5卷第3、4期发表的"汉以后中国人对于世界地理知识之演进",白寿彝发表在1936年第5卷第11期的"从怛罗斯战役说到伊斯兰教之最早的华文记录"。顾廷龙先生则为禹贡学会辑印了《西域遗闻》《敦煌杂钞》《哈密志》等重要资料。此外,国内许多其他刊物也开始刊登东西方交通历史问题的文章,像杨宪益的《唐代东罗马遣使中国考》[③]、岑仲勉的《释桃花石(Taugas)》[④]、周谷城的《西域交通之历史的观察》[⑤]、朱杰勤的《华丝传入欧洲考》[⑥]等研究都是后来研究相关领域

---

① 〔日〕长泽和俊:《丝绸之路史研究》,天津:天津古籍出版社,1990年,序言,第6页。
② 甘肃省社会科学学会联合会、甘肃省图书馆合编:《丝绸之路文献叙录》,兰州:兰州大学出版社,1989年。
③ 杨宪益:《唐代东罗马遣使中国考》,《西北文化》,1947年第1卷第3期。
④ 岑仲勉:《释桃花石(Taugas)》,《东方杂志》,1936年第33卷第21号。
⑤ 周谷城:《西北交通之历史的观察》,《东方杂志》,1945年第41卷第11号。
⑥ 朱杰勤:《华丝传入欧洲考》,《文史汇刊》,1935年第1卷第2期。

的基础文献。

新中国成立后的50年代和60年代,有关"丝绸之路"的研究主要是从对外友好关系和边疆民族团结等角度展开的,在研究的广度和深度上都有所欠缺。[①] 直到改革开放之后,随着国际经贸、学术交流的日益扩大,特别是在日本学术界的积极推动参与下,国内的"丝绸之路"研究迅速蓬勃地发展起来。以《敦煌学集刊》(创刊于1980年)为代表的一大批专业性学术期刊相继出现,各类专题研讨会定期召开,为研究"丝绸之路"提供了良好的平台和广阔的空间。社会公众也通过不同渠道了解了这条千年商路的伟大文明历程,"丝绸之路"终于深入人心。

三、"一带一路"的历史真相和时空转换

考察"丝绸之路"的观念史和学术史,对于理解"一带一路"的现实内涵有重要的参考意义。至少从辞源的角度来说,"一带一路"并不是中国人自己的发明,而是凝结了世界不同国家和地区众多学者共同智慧的思想结晶。那么随之而来的问题则是,假如这条道路对于我们如此重要,为什么在历代史书中没有明确为这条贸易通道命名呢?

这个看起来有些无厘头的问题,实际上内藏着深刻的历史逻辑。一方面,它和中国古代的"天下"(费正清等人谓之为"中国中心主义")观念有关,与之相联的是延续近千年的贡纳体系。另一方面,这个问题揭示了丝绸之路背后的经济模式和东西方文明的交融与分野。

中国古代的"天下"观念来自《诗经》的"溥天之下,莫非王土"。冯友兰先生认为古代中国人心中的"天下",意思就是今天的"世界",只不过当时人们对世界的了解还没有超出中国的范围。[②] 正因如此,西方学者强调中国传统的天下观实质上是"中国中心主义"的——帝国中央为本位,四方为蛮夷。在这种观念之下,中国的历代政府不认为与西方的贸易是平等的关系。费正清将以中国为中心的对外关系分为三个大圈[③]:第一个是汉字圈,由几个最邻近而文化相同的属国组成,如朝鲜和越南;第二个是内亚圈,由亚洲内陆游牧或半游牧民族等属国和从属部落构成;第三个是外圈,由关山阻绝和远隔重洋的外夷组成,最典型的例子是欧洲。所有这些中国以外的国家和民族,在理论上都应该向"中央之国"的天子朝贡,这就是中国古代特有的贡纳体系。在这样的"中央"逻辑之下,统治者和社会精英们不愿承认或者不会意识到在遥远的西方还存在一条贸易通道,而这条通道的另一端,是一个或若干个同样强大的拥有平等

---

① 当然也有季羡林先生《中国蚕丝输入印度问题的初步研究》此类少数奠基性文章。
② 冯友兰:《中国哲学简史》,北京:北京大学出版社,1996年,第156页。
③ 费正清:《中国的世界秩序——传统中国的对外关系》,北京:中国社会科学出版社,2010年,第2页。

地位的帝国。

众多的考古发现已经表明,西域地区同中国内地的联系至少可以追溯到新石器时代。公元前3世纪希腊人和罗马人称中国为"赛里斯国"(Serice),足以证明中西方经济交往的悠久历史。亨利·裕尔在《东域纪程录丛》中有公元前4世纪中国丝绸就已出口到印度的记录。① 尚存疑的《穆天子传》更是记载周穆王在公元前985年就曾经到遥远的西方各国旅行,并带回了能工巧匠和各种珍宝。② 不过作为一条完整的通道,学者们仍然倾向于"丝绸之路"形成于张骞"凿空西域"之后。杨巨平的观点较有代表性:"到公元前4世纪,欧亚大陆诸文明之间有的已有所接触,有的也有所耳闻,但一条连接东西方两端的纽带或通道还未形成……张骞之行,标志着后来所称之的'丝绸之路'的全线贯通,西域的信息首先传入内地中原。"③

从汉代的历史来看,丝绸之路作为一条流动的贸易通道,最初无疑是由纯粹的商业利益驱动的。然而如果我们将丝绸之路作为一个相对固定的区域(比如俗称的"西域")来对待,其形成和发展与汉代的对外关系政策及政治诉求有更直接的关系。众人熟知的张骞出使西域显然并不是为了拓展贸易和为汉代政府谋求经济利益而成行的,甚至与谋求经济利益恰恰相反。余英时先生指出:为了将匈奴纳入汉代的贡纳体系并维系下去以保障西北边疆的安定,中央政府付出了巨额的经济代价,这些经济代价既包括直接的货币转移,也包括被西域各国奉为珍宝的丝绸。他通过估算得到的结论是:"汉代中国维持贡纳体系的费用大约是每年政府发放的工资额的1/3,或者是帝国总收入的7%,这一估算仍然没有考虑维持贡纳体系很好运转所必需的军事和行政管理开支。实际上,它肯定构成了政府开支的主要项目之一。"④

也就是说,所谓的"丝绸之路"的正式开辟并不是为了汉代政府更方便地出口丝绸、谋求经济利益,而是为了达到边疆稳定、宣扬汉威的政治目的,丝绸只不过是达到这一目的的其中一项手段或重要工具而已。荷兰学者胡四维强调:"汉朝向中亚扩张只有一种动机,即希望阻止匈奴人的入侵,'断其右臂',夺取匈奴人在西部地区的基地……汉朝政府把越来越多的丝绸运到匈奴和中亚其他地区,主要是没收大地主和富商的财产,源头则是群众用丝绸缴纳的赋税。汉朝政府限制而不是鼓励对外贸易,丝绸是由政府的代理人,而不是由商人运出国境的。中国丝绸运到罗马,是由西方和西

---

① 〔英〕亨利·裕尔:《东域纪程录丛》,北京:中华书局,2008年,第7页。
② 郭璞注:《穆天子传》。原文"吉日甲子。天子宾于西王母……",参见裕尔:《东域纪程录丛》,第10页。
③ 杨巨平:《亚历山大东征与丝绸之路开通》,《历史研究》,2007年第4期。
④ 余英时:《汉代贸易与扩张——汉胡经济关系结构研究》,上海:上海古籍出版社,2005年,第59页。《史记·大宛列传》记载:"乌孙使既见汉人众富厚,归报其国,其国乃以重汉。其后岁余,骞所遣使通大夏之属者皆颇与其人俱来,于是西北国始通于汉矣。"《汉书·西域传》提到:"元康间,龟兹王遂来贺……赐以车骑旗鼓,歌吹数十人,绮绣杂缯琦珍凡数千万。"《汉书·匈奴传》也记录元寿二年,乌珠留若鞮单于,汉政府"赐衣三百七十袭,锦绣缯帛三万匹,絮三万斤"。

域商人转手运去,而不是汉族商人运去的。"①《后汉书·西域传》比较模糊地描述了汉代开辟丝绸之路的政治企图和实施效果:"汉世张骞怀致远之略,班超奋封侯之志,终能立功西遐,羁服外域。自兵威之所肃服,财赂之所怀诱,莫不献方奇,纳爱质,露顶肘行,东向而朝天子。故设戊己之官,分任其事;建都护之帅,总领其权。先驯则赏籝金以赐龟绶,后服则系头颡而衅北阙。立屯田于膏腴之野,列邮置于要害之路。驰命走驿,不绝于时月;商胡贩客,日款于塞下。"从另外一些历史记录中也可以得到贡纳体系颇有成效的反面证明:公元前3年,王莽出于经济原因断然拒绝了匈奴单于入朝觐见;公元45年,刘秀削减了回贡的供给,坚决拒绝扩大贡纳体系。这些都表明汉代在丝绸之路沿线采取的贡纳制度得到了西域国家良好的回应。

贡纳体系和丝绸之路交互重合,自汉代开始对中国后世影响深远,历代政府都借鉴和采用了这一制度来维护对外关系的稳定。武功显赫如初唐的李世民,也同样认为和少数民族政权"结以婚姻,缓辔羁縻,亦足三十年安静"②。但是正如余英时所指出的那样,中央政府推行贡纳体系并非出于经济考虑,而是出于政治考虑,这种制度带来的后果往往是不经济的。"就国家财政而言,贡纳体系对汉代中国来说显然是一种债务而不是资产。如果它有经济价值的话,其经济价值远不如它的政治意义。"③直到明朝时期,政府仍然固执地坚持着违背经济规律的礼仪性的规定:"有贡舶即有互市,非入贡即不许其互市。"④《明史》卷三二五记载:满剌加(马六甲)国王受郑和邀请,率五百四十多人与大明进行友好朝贡,明政府回赐各种丝绸达一千三百多匹,瓷器一万九千件。这在经济价值上显然是严重不对等的交易。然而明朝政府花费巨大获得的这种宗主国地位却是徒有虚名的:马六甲王国在1511年被葡萄牙攻占时,曾向明朝政府求援,希望能派兵帮助复国。但是明朝政府只是在口头上对葡萄牙进行了谴责,并没有派兵相助,事实上当时明朝的国力也不允许派兵相助。一千多年来靠经济输出来维系的政治地位和国际关系,在新兴西方世界的冲击下,一触而溃。

明清时期贡纳体系的脆弱和溃败,源自"丝绸之路"的空间转换。尽管存在布尔努瓦提出的异议,学术界的主流意见还是认为历史上的"丝绸之路"发生了从陆路到海路的交替。长泽和俊曾经做过学术史的检索,发现早期围绕草原路的东西交通的比重较重,而近代以后围绕南海路的东西交通的比重则增大了。"因此丝绸之路的古代史是以草原路为中心,自古代后期至中世纪是以绿洲路为中心,而近代以后则是以南海路为中心了。"此处的"近代"并非中国史学界所谓鸦片战争之后的时期,应当是内

---

① 〔荷〕胡四维:《汉代丝绸贸易考》,《中国史研究动态》,1980年第11期。
② 《旧唐书·北狄·铁勒传》。
③ 余英时:《汉代贸易与扩张——汉胡经济关系结构研究》,上海:上海古籍出版社,2005年,第57页。
④ 王圻:《续文献通考》卷三十一,《市籴考》。

藤湖南所指宋代之后的"近世"之概念。长泽和俊复言："由于葡萄牙、西班牙、荷兰、英国、法国的东渐而发展起来的东西贸易，包括非洲及美国，成为近代丝绸之路的中心课题。"①

季羡林先生在1955年的《中国蚕丝输入印度问题的初步研究》一文中较早地指出，中国丝传入印度的道路有五条：一为南海道，二为西域道，三为西藏道，四为缅甸道，五为安南道。在五条道路中，以西域道和南海道开拓最早，利用时间最长，利用率最高。从时间上看，大致唐以前，以西域道为主，唐以后多走海路，到了宋元明时期，海路占据垄断地位。②

学界对于唐代之后丝绸海路崛起的原因多有阐释，主要有二：第一是宋代以后经济重心南移，陶瓷业中心南移，方便沿海港口输出；第二是技术的进步，比如罗盘导航的应用和造船业发展。南宋吴自牧《梦粱录》卷十二记载道：宋时海船大者载重达五千料(一料约60千克)，载五六百人。《全球通史》的作者斯塔夫里阿诺斯(Leften Stavros Stavrianos)也认为③：宋朝期间，中国人在造船业和航海业上取得巨大进步，12世纪末，开始取代穆斯林在东亚和东南亚的海上优势……因而宋朝时的中国正朝成为一个海上强国的方向发展。

陆上丝绸之路到海上丝绸之路的转换还需要置于更宏大的背景中去思考。古代中国人利用丝绸之路以及随之而来的贡纳体系，将中国的地理范围不断向西扩展，汉代和唐代是最典型的例子。及至两宋时期，国家军力孱弱，难以突破西北游牧民族的屏障，加之经济重心南移，自海路向西方出口丝绸的通道开始繁荣。蒙古帝国凭借强大的军事力量打通了欧亚大陆的交通障碍，先是破坏性的提高，后来又极大地降低了丝绸之路的交易成本，促成了陆上丝绸之路最后的辉煌。④但是随后中亚各国很快陷入了战乱，阻碍了这条贸易通道的顺利运转。《剑桥欧洲经济史》对此有准确的分析："从地中海到达远东的两条路线——陆地经过中亚、海上绕过印度——在不同时期都繁荣过，而且这两条路线很少直接竞争……相应地，西亚、东南欧和俄罗斯大草原上蒙古人的征杀导致了远东古代陆上贸易路线的破坏与转向。大体而言，当中国(或蒙古人)的政治控制扩张到西方——突厥斯坦——时，当波斯、近东和地中海东部较为安宁时，陆地路线的确开始繁荣……拜占庭丝绸工业的发展是以东方手艺人披露的工艺

---

① 〔日〕长泽和俊：《丝绸之路史研究》，天津：天津古籍出版社，1990年，序言，第9页。
② 季羡林：《中国蚕丝输入印度问题的初步研究》，《历史研究》，1955年第4期。
③ 〔美〕斯塔夫里阿诺斯：《全球通史》(第7版)，北京：北京大学出版社，2005年。
④ 这完全符合新制度经济学的逻辑。《剑桥欧洲经济史》指出："蒙古统治期间，安纳托利亚的贸易繁荣并没有急剧衰落，贸易的部分重新转向土耳其现有城市的损害也没有那么大。因此，蒙古统治以某种代价带来了一定的利益。它带来了额外税收；但反过来贸易路线受到保护。"〔英〕波斯坦等主编：《剑桥欧洲经济史》第2卷，北京：经济科学出版社，2004年，第384页。

秘密为基础的,伊斯兰在前罗马和萨珊土地上的崛起导致了陆地贸易路线的衰退。"①

到了 15 世纪,西方进入了它们的扩张时代,新航路不断开辟。丝绸仍然是中西贸易的主要对象之一,但是海上贸易往来成为历史的主角,"一带"(陆上丝绸之路)的地位和重要性彻底让位于"一路"(海上丝绸之路)。从此,中国在农业文明时代的独尊地位逐渐衰落,从海洋文明中驶来的西方各国陆续变成了世界的霸主。西方建立在航海技术基础上的海洋文明,是一种先发积累的优势,工业革命之后迅速爆发出巨大的活力和威力。中国的航海技术尽管也不落后,但总体上仍然是大陆文明为主,体现为不重视海洋权益,闭关锁国,从而丧失了与西方列强保持同等地位对话的资格。近代以来,西方人一如既往地痴迷于中国的丝绸,然而态度再也不那么谦恭了。当东西方不同制度、不同发展程度的文明发生直接碰撞时,古老的贡纳体系便很快轰然倒塌了。

四、基于"一带一路"历史的现实回应与启示

回到开篇提到的海外学者对于"一带一路"的几个认识误区,其中借中国古代历史之题而趁机发挥的当属"中国中心主义论"和"朝贡贸易体系论"。台湾成功大学政治系教授宋镇照认为:"一带一路战略结合文化、历史、经济、外交等互联互通的观念,虽然让华侨华人网络联结的战略更为凸显,却也让东南亚国家出现朝贡经济体系的历史不安情结心理。"②新加坡著名学者王赓武和郑永年也在不同场合提到"一带一路"和朝贡贸易体系的类似以及"中国中央论"的论调。

根据两汉以来的古代历史经验,上述说法显然是有问题的。第一,贡纳制度或者说朝贡贸易体系属于传统国际关系的范畴。前文已经反复论证,贡纳体系绝非简单的经济关系,而是将政治、经济、文化融为一体的复杂制度,更主要的是体现为一种宗主国和朝贡国的政治关系。第二次世界大战之后,全球格局发生了根本性的变化,国家与国家之间处于平等的地位,不可能再出现传统国际关系的模式。第二,即便真的恢复到朝贡贸易制度中,获益最大的也绝非中国,而是周边的小国。因为这种关系的维持需要中国投入巨大的财力和物力,在现代国际环境下,完全是得不偿失的。无论从哪方面考虑,中国都不可能再走过去的老路。事实上,习近平主席在 2015 年 3 月 28 日博鳌亚洲论坛开幕式上的讲话就是对这些疑问的最好回答:"'一带一路'建设秉持的是共商、共建、共享原则,不是封闭的,而是开放包容的;不是中国一家的独奏,而是沿线国家的合唱。"③

---

① 〔英〕波斯坦等主编:《剑桥欧洲经济史》第 2 卷,北京:经济科学出版社,2004 年,第 371 页。
② 宋镇照:《一带一路丝绸经济跨区域战略下的中国与东南亚关系发展:机会与挑战》,台北论坛,2015 年 5 月 26 日。
③ 《习近平主席在博鳌亚洲论坛 2015 年年会上的主旨演讲》,新华网,2015 年 3 月 28 日。

一带一路 | The Belt and Road
全球价值双环流下的区域互惠共赢

理解"一带一路"的概念源流和历史转换,也能够为现实带来有益的启示。

首先,丝绸之路的兴起,是当时交易成本最小化的选择。尽管商旅在陆路上面临众多艰险——来自自然的风暴,来自强盗的掠夺,来自沿途国家的盘剥,等等,但是陆上丝绸之路之所以能够延续千年,根本原因还是在于没有一种效率更高、代价更小的交易方式出现。这种交易方式的决定是与交通工具的发明、交通技术的进步、贸易内容的变化、政府对外关系的调整等众多因素紧密联系在一起的。从某种程度上说,正是由于传统丝绸之路充满了阻碍和不确定性,使得西方人对东方以丝绸为代表的消费品的需求得不到有效满足,才推动了航海技术的进步。正如《剑桥欧洲经济史》指出的那样:"5、6世纪远东的独立发展慢慢产生了海上贸易路线。中国南北朝的分离使外国人到中国南方很不容易,至少从陆上前往更不容易。"①这提醒我们,今天的"一带一路"建设,特别是陆地的"一带"建设,要想取得良好的效果,必须降低"一带"沿线的交易成本,其中最重要的是降低来自政治和社会不安定的风险。两千多年过去了,这条传统的陆上丝绸之路风云变幻,宗教力量与国际局势的发展早已不是汉唐时期的人们所能想象和应对的。在这个意义上说,丝绸之路的畅通,首先是内部政治安定和降低外部政治风险。社会安定这个上层建筑不仅是由经济基础决定的,还和其他的上层建筑有密切关系,比如政府管理能力、公共服务能力等。尽管政府层面的用意是以经济发展带动社会进步以及民族团结,但是历史经验告诉我们,国际局势不稳定,会妨碍甚至堵塞丝绸之路。目前中国在"一带一路"沿线并没有建立起美国那样的军事政治保障,这意味着投入到沿线国家和地区的大量资产面临较大的政治风险。②

其次,历史上陆地丝绸之路的繁荣和成功,一部分原因在于中国政府予多取少,宁愿拿出巨额的财政来补贴,以维系西域的政治社会安宁。除此之外,历史上西方人对中国丝绸的兴趣远远大于中国人对香料玻璃的兴趣。换言之,这是由外力拉动形成的一条贸易通道,而非中国主动向外输出。古罗马博物学家普林尼(Gaius Plinius Secundus)曾说:"赛里斯人并不等待出售商品,贸易都由外国人到来成交。"③以吉本(Edward Gibbon)为代表的不少西方学者也承认:在早期的东西方贸易中,东方商品大量输入罗马,而东方各国并不需要罗马的商品。④ 正因如此,在这条通道沿途不同的族群国家会自动调整其与这条路上参与各方的关系,通过外交、战争等各种手段,为了各自利益的最大化达到某种均衡,而且参与各方都是当时最发达的文明和力量。欧洲历史上,罗马帝国和安息人的多次贸易战争以及拜占庭帝国与波斯人的多次战争,很

---

① [英]波斯坦等主编:《剑桥欧洲经济史》第2卷,北京:经济科学出版社,2004年,第384页。
② 参见《经济学人智库(The EIU)白皮书:愿景与挑战——"一带一路"沿线国家风险评估》,2015年4月。
③ 转引自李明伟:《丝绸之路贸易史》,兰州:甘肃人民出版社,1997年,第79页。
④ 齐思和:《中国和拜占庭帝国的关系》,《北京大学学报(哲学社会科学版)》,1955年第1期。

大程度上是希望直接获得丝绸贸易的控制权。例如拜占庭和波斯征战不休的重要原因就在于公元3至4世纪萨珊王朝吞并贵霜帝国,控制了陆路和海路,迫使东罗马帝国必须从波斯人手里购买中国丝绸。而波斯人借机制定极高的税率,获取了巨大财富。现在我们将"一带一路"上升为国家意志,颇有些内力外推的意思。从贸易对象的角度来看,古代丝绸之路的动因是西方人需要我们的丝绸,而今天"一带"的战略是我们需要西方的石油天然气等战略资源,两者的地位也发生了转换。所以"一带"通道沿途的国家和地区绝没有古代时期那样足够的积极性与动力来配合中国。我们所要付出的代价会比古代更高。此外,古代丝绸之路连接的是当时世界上最发达的两个区域,但是今天最发达的是环太平洋区域,而"一带一路"并没有明确包含世界上最发达的美国和日本等国家的利益关系。由此"一带一路"的活跃程度和维系长度可能都会受到这一因素的阻碍及影响。

再次,古代丝绸之路和现代"一带一路"都是跨区域、跨文化的,因而要特别注意政治、文化、宗教与经济等因素之间的互动关系。长泽和俊认为,丝绸之路之所以能够引起世界范围内的关注,主要有三个原因:"首先,作为贯通亚非大陆的动脉,是世界史发展的中心。第二,丝绸之路是世界主要文化的母胎。第三,丝绸之路是东西文明的桥梁。"[1]唐宋之前,西域各国愿意同中国合作,除了经济利益之外,初始的动因还包括谋求中国的保护以对抗游牧民族(匈奴以及后来的阿拉伯人)的冲击,文化、宗教差异和冲突已经包含在内。而后来丝绸之路得以绵延千年,更是和宗教因素有莫大关系。僧侣和朝圣者构成了丝绸之路历史的重要组成部分,法显、玄奘等人都在中西交流史上留下了浓墨重彩的记录。"除了商人、外交人员和军人之外,还有僧侣和朝圣者也在旅途中穿过各个绿洲城市。他们在寺院中歇宿,免费吃饭,并得到旅途上所需的食物。不过,尽管某些朝圣者在一个地点住了几个月,但他们在绿洲中停留的时间终究是有限的。当他们重新踏上旅途时,前面又会有难以预测的困难。"[2]季羡林先生亦指出:"商人们积极出钱出物,供应僧伽。结果是佛教徒得到衣食之资,商人得到精神上的慰藉,甚至物质上的好处,皆大欢喜,各得其所。"[3]还有的学者判断汉代佛教东传极有可能是与粟特商人相伴而来的。[4] 可以认为,宗教因素是维系古代丝绸之路的重要无形力量。考察古代阿拉伯国家和近代欧美国家的扩张,宗教文化都是相伴相随的,是政治、经济、文化、宗教的全方位输出。中国的"一带一路"在经济输出上的巨大优势毋庸置疑,但是在软实力方面,尽管有学者和官员呼吁"建设'一带一路'要文化

---

[1] 〔日〕长泽和俊:《丝绸之路史研究》,天津:天津古籍出版社,1990年,序言,第3页。
[2] 〔德〕克林凯特:《丝绸古道上的文化》,乌鲁木齐:新疆美术摄影出版社,1994年,第15页。
[3] 《季羡林商人与佛教》,《季羡林学术著作自选集》,北京:北京师范大学出版社,1991年,第496页。
[4] 李瑞哲:《古代丝绸之路商队的活动特点分析》,《兰州大学学报(社会科学版)》,2009年5月。

先行"①,而由于传统儒家思想的中庸温和天性,目前我们国家还没有可以同基督教和伊斯兰教在跨文化背景中抗衡的力量。

最后,在有限的财政约束下,"一带一路""京津冀协同发展""长江经济带"三大战略相互之间可能会存在先后次序的问题。即便是"一带一路"本身,也有"一带"与"一路"孰先孰后的矛盾。一百多年前,清政府内部发生过海防与疆防之争,也足为我们所镜鉴。当然,今天中国的国力远非积贫积弱的晚清可比,但西北与东南的不安定因素依旧突出。无论是侧重于西北西南地区的"一带"还是偏重于东南地区的"一路",我们不能简单地期望"一带一路"发展之后这些问题能够自然消解。相反,国际上对"一带一路"持有疑惑甚至敌对态度的不乏其人。"一带一路"的发展既要为区域安定之"因",也是区域安定之"果"。不处理好这个关系,盲目以经济手段去推动"一带一路"的建设和发展是不乐观的。也正是由于上述原因,三大战略中难度最大的就是"一带一路",基础薄弱、贫困片区、边疆安定、国际关系等问题,都是京津冀和长三角完全不会遇到的困难。然而要实现中国梦,就应该均衡发展。中国未来经济要想平稳增长,离不开稳定的国际局势和安定的国内社会环境,这两点都与西北、西南边疆以及南海区域有着极为密切的关系。"一带一路"面临的挑战是最多的,而这一战略处理得当,将来给中国带来的红利也是最大的。

历史上的丝绸之路对中西方文明的发展都具有重大的意义。中国通过丝绸之路吸纳了西方文明的先进因素,变得更加多元和包容。西方世界的兴衰和近代资本主义国家的崛起也与丝绸之路有密切关系。奥斯曼土耳其帝国的扩张很重要的原因在于控制了陆路丝绸贸易,获得了充足的财政来源。而荷兰、英国在商业制度上的变革也是直接来自东印度公司经营海上丝绸之路的现实需要。"一带一路"在历史上就不是哪一个国家单边获益,今天也同样会惠及多方,取得共同发展和繁荣。

---

① 蔡武:《文化先行建设"一带一路"》,《求是》,2014年第9期。

世界历史视野下的"一带一路"*

"一带一路"是近期的热门话题,实务界和理论界对此都表示了高度的兴趣。但是浏览一下各种讨论,会发现多数是在就事论事的层面上展开的。"一带一路"作为一个国家倡议,倘不能提升到历史的高度来理解的话,其意义便难以真正地呈现出来——所谓提升到历史的高度,并不是指回溯到丝绸之路的历史起点,而是要在历史哲学的层面上,对"一带一路"倡议与世界秩序的演化逻辑之间的可能关联,做出内在分析。

本文便是要在这样一种角度展开讨论。文章会尝试分析当今世界秩序的内在机理,以及其软肋所在,在此基础上,呈现出"一带一路"倡议可能具有的世界历史意义。

一、美国主导下的当代世界秩序

对"一带一路"的讨论要从世界秩序谈起,因为任何战略都不是凭空出现的,而是要在外部约束环境当中展开,不理解外部环境,便难以理解该战略本身。"一带一路"首先是一个经济方案,必须在马克思意义上的世界市场①当中落实其可行性。卡尔·波兰尼曾经提到现代世界的一大特征,就是"脱嵌"。这一现实使得一切政治方案都要顺应经济的逻辑,否则便无法落实;所以政治—法权意义上的世界秩序也必须与世界市场的逻辑有同构性。这正是美国所主导的当代世界秩序的根本特征,也是我们讨论"一带一路"时,绕不开的约束条件。

---

* 本文作者施展,外交学院外交学系副教授。
① "资产阶级,由于开拓了世界市场,使一切国家的生产和消费都成为世界性的了。……过去那种地方的和民族的自给自足和闭关自守状态,被各民族的各方面的互相往来和各方面的互相依赖所代替了。物质的生产是如此,精神的生产也是如此。……民族的片面性和局限性日益成为不可能。"参见马克思:《共产党宣言》,辑于《马克思恩格斯选集》,北京:人民出版社,1994年,第149页。

一带一路 | The Belt and Road
全球价值双环流下的区域互惠共赢

当代全球秩序是由美国所主导的,但它却不仅是美国的,而是超越于包括美国在内的任何单个国家之上的普遍秩序。它以世界市场作为其最基本的约束条件;以国际安全秩序提供最根本的保障;以全球几大经济组织为世界市场提供基本的法权架构,约束、引导着国际贸易秩序和国际金融秩序,这些法权架构又伴随着现实的国际商品、资本的流动过程而缓慢地调整着自己;国际价值观体系则为前述所有这些提供正当性的辩护,以及作为外在的衡量标准,国际舆论依此对于现实状况加以评判。

放大一些历史纵深的话,我们可以看到,地理大发现以来的世界秩序,一直是由盎格鲁-撒克逊国家所主导的,它在缓慢变迁着,但是变迁中却总是可以看到类似前面所说的一种超越于主导国之上的普遍秩序特征。一直持续到20世纪前半段的英国主导阶段,嗣后的美国主导阶段,皆是如此。期间曾经有几次大陆国家对于这一秩序的反抗,包括拿破仑法国通过大陆封锁对抗英国、德国对抗英国、苏联对抗美国等,但其结果都是反抗者被主导者所主导的秩序所包围,而从未发生过主导者被包围的情况。

问题是,为什么拿破仑的大陆封锁与苏联的经互会体系都是一种自我封锁,而盎格鲁-撒克逊国家对于对抗者的封锁却成为世界对它的封锁呢?仅仅用军力的强弱或得道、失道来解释,是远远不够的。这背后有着更深层的机理,那就是,海洋国家与陆地国家有着不同的国家建设历程及不同的法权叙事结构,它们带来了大不相同的政治空间观、不同的财政汲取手段,以及国家与市场间的不同关系,从而其在内政、外交的贯通性上,以及其政治行为与世界市场的协调性上,都有着巨大的差异。

两种政治空间观在1648年建立起来的威斯特伐利亚体系中开始显现。一种空间观是欧陆以主权国家为基本单位、多元并立的非连续政治空间。威斯特伐利亚体系第一次确立了国家主权平等的原则,主权国家成为国际法的主体。格劳修斯(Hugo Grotius)在其指导着威斯特伐利亚诸条约的巨著《战争与和平法》中提出:"为了使战争具备万国法所要求的形式,必须具备两个要件:第一,它必须是双方基于国家主权权力进行的,第二,它必须附带一定的形式。"①格劳修斯力图通过对战争之正当性的论证,来克服中世纪以来的无序混乱状态,要为战争确立规则,从而为和平找到前提。在这个体系中,主权国家与战争是共生的,或者说是相互规定的,法权主体为主权国家,世界由多个对峙的实体构成,形成一种割裂的空间。各国的法律"是来自国内权力的。国内权力就是指国家的主权权力"②。个体的权利以主权权力为前提。这与此前欧陆思想家所构造出来的主权学说相匹配,是对于欧陆诸多主权实体这一现成事实的法权认可与规范。

另一种空间观是海洋上以个体自然权利为基本单位的连续性政治空间。在主权

---

① 〔荷〕格劳修斯:《战争与和平法》,何勤华等译,上海:上海人民出版社,2005年,第83页。
② 同上书,第38页。

国家关系之外,格劳修斯还提出另外一个重要的面向,即主权并不是覆盖全球的。"根据自然,海洋似乎是抵制所有权的。"①因为不同于陆地,海洋无法被占有,而占有是主权存在的前提。海洋分隔开了大陆与大陆、国家与国家,格劳修斯进一步提出:"我们称之为头等重要的法则或首要的原则,其精神不证自明且永恒不变,即每个民族均可与另一民族自由地交往,并可自由地与之从事贸易。"②那么,作为全球贸易所必需之通道的海洋,就不能服从主权国家的管理原则,而应依照自然法来进行管理。"自然法是正当理性的命令,它指示任何与合乎本性的理性相一致的行为就是道义上公正的行为,反之,就是道义上罪恶的行为。"③各国主权权力所颁定的国内法律在此失效;人类在海洋上所拥有的是自然权利,这包括出于自然理性而非主权意志的自由权、财产权④等,这些权利的主体是无差别的人类个体。所以,海洋秩序与无差别的人类自由(权利)是天然结合的,海洋的自由本性同时也就意味着秩序的个体性基础。这是一种区别于陆地上的主权国家秩序的海洋自由秩序,其所构造出来的是一个连续的、无差别的均质空间,以全球为单位,国际法权依托于个体以及个体自由结合起来的诸种共同体而存在。

这样一种连续性的空间秩序并立于威斯特伐利亚体系以来割裂性的欧陆主权国家秩序。盎格鲁-撒克逊传统,通过普通法实践理性构造出来,国家在其叙事结构中表达为一种司法过程,而不是一个绝对意义上的实体。在其顶层内蕴着一种超越主权国家的普遍性取向,在其底层则是通过陪审团个案个议的方式,将权利落实到个体与个案上来理解,恰与追求连续空间与个体自由的海洋秩序相匹配。在美国国际政治学者鲁杰看来,海洋秩序是超越于单个国家之上的多边秩序最早的起源⑤,这种所谓超越,会使得规则超越规则制定者,消解掉主权的硬度,使得在某种意义上去国家化的一种普遍秩序,亦即连续空间成为可能。

从这些差异中我们可以看到,欧陆传统的非连续性陆地空间观,其思考是国家—政治本位的,主权的意志决断是基础,主权者的垄断暴力为其提供支撑;盎格鲁-撒克逊传统的连续性海洋空间观,其思考则是个体—法律本位的,规则的一般实施过程是基础,贸易的广泛扩展为其提供支撑。

对于任何国家来说,其政策最终都要通过某种财政方案获得落实,而其财政方案

---

① 〔荷〕格劳修斯:《论海洋自由,或荷兰参与东印度贸易的权利》,马忠法译,上海:上海人民出版社,2005年,第33页。
② 同上书,第9页。
③ 〔荷〕格劳修斯:《战争与和平法》,何勤华等译,上海:上海人民出版社,2005年,第32页。
④ 格劳修斯认为:"根据自然法,在财产权被引入之前,每个人都有权使用他所发现没有被占有的任何东西;在法律被制定之前,每个人都有权通过武力报复其所受到的人身伤害。"(《战争与和平法》,第35页)自然法之下人们可以有某种对于人与物的权力,但它与成文法意义上的那种财产权和自由权并不是一回事。
⑤ 参见〔美〕约翰·鲁杰:《多边主义》,苏长和等译,杭州:浙江人民出版社,2003年,第16—17页。

又是基于该国具体的经济状况的。但一国的经济状况却不是这个国家自己的政策能够直接控制得了的,它基于这个国家内部的经济与世界经济之间的互动关系而运转。这就意味着,一个国家的内政,面对一个非常硬的外部约束条件,那就是世界市场;而世界市场却又是超脱于任何国家的控制力之外的。世界市场本身就构成了一个最大的"自生秩序",在其中活动着的既有国家,也有个体。各种各样的力量都在为自己所认定的利益而努力着,但是所有的活动都会在一个超越于所有人、所有国家之上的网络当中才得展开。于是,其结果便无法事先预料与规划。因为对于特定的行为主体而言,其他主体的行为是在自己的规划能力之外的,而后者的行为恰好成为前者行为的外部约束条件。

相应地,这也就要求,对于世界秩序的主导国家来说,其诸种政策制定与战略规划,必须与世界市场的运转之间有着内在的契合关系,从而使得它们在内政层面的各种政策都与世界市场的变化近乎同步地波动,其外交政策也就能够依托于世界市场的波动而借力打力,四两拨千斤,形成前述的对于对抗者的包围。

对主导国来说,这样一种与世界市场的契合关系,一方面在政治空间观上需要前面所谈到的那种合作式的、连续性的海洋空间观,而非对抗式的、断裂性的陆地空间观。另一方面,它也需要基于特定的法律技术而衍生的政策生成机制。

对盎格鲁-撒克逊国家来说,由于其政治思考规则是个体—法律本位的,因此其国家利益便不是可以预先定义出来的,而是其社会内部各种各样的微观力量、利益、矛盾等彼此冲突博弈磨合出来的,每一次的磨合结果都被识别为当下的国家利益。磨合过程需要一个共通的规则平台,就是普通法法律平台,同时其最高层面的博弈,体现在国会的辩论当中。各种利益集团都可以去雇用院外游说公司去替自己游说国会议员,使得自己的利益在议会当中得到表达。[①] 游说公司可以受雇于任何人。而作为主导国,其经济利益遍及全世界,世界市场上的各种声音都可以通过游说的方式而在主导国的政策制定过程当中发声,使得政策的生成反映着世界市场的变化;同时,外国政府也可以雇用游说公司来做游说,这种游说也要参与到其他各种力量的辩论、博弈过程当中。这就使得主导国——在今天就是美国——的政策生成过程,已经内在地包含着其他国家的政策。这些政治过程便近乎是对于世界秩序的一种模拟,美国的内政、外交因此便是打通起来的,并且对于世界市场的变化有着最敏感的反应。这就是为什么美国会作为世界秩序的主导国存在的最根本的原因。

当然,这种主导国的政策生成机制,相对于其他国家而言,经常是走"后手棋"——不是它刻意地要走后手,而是其政策生成过程中独特的"刺激—反应"机制,

---

① 参见〔美〕奥恩斯坦、埃尔德:《利益集团、院外活动和政策制定》,潘同文、陈永易、吴艾美译,北京:世界知识出版社,1981年。

使得其政策的变化很多时候是以其他国家的政策变化为前提的,从而在其面对突如其来的挑战时,往往显得应对很缓慢、笨拙。但只要给定足够长的时间,则其应对又一定是恰如其分的,在比拼耐力的过程中落实自身的主导地位。①

二、断层国家的困境与海洋国家的不足

从其政治—法权逻辑上来说,美国主导的世界秩序是普世取向的。但在迄今的现实世界当中,它却无法普遍地覆盖到所有人。

美国战略学家托马斯·巴尼特在21世纪前十年里相继出版了两本姊妹著作《五角大楼的新地图:21世纪的战争与和平》②和《大视野大战略:缩小断层带的新思维》③,在书中提出了理解世界秩序的一种新视角。巴尼特将世界分为两种国家,一种是由充分参与到全球化进程当中的"核心国家"构成,包括西欧、北美、日本等"老核心国家",以及"金砖四国"、东欧国家等"新核心国家",这些国家的内部规则与正在出现的全球性的民主规则、法治以及自由市场接轨,从而可以保证产品、资本、信息、人口等的有序流动。另一种国家则是由未能参与到全球化进程的"断层国家"构成,它们集中在中东、中亚、东南亚、非洲、中美洲以及安第斯山脉诸国,在那里,几乎一切都与核心国家相反。一个国家究竟属于核心抑或断层,与意识形态抑或政体无关,只与其对全球化的参与程度有关。

通过自己对于世界的新划分,巴尼特建立了在根本上区别于冷战原则的新战略。他认为:未来世界真正的威胁在于断层国家中隐匿的极端势力与恐怖组织,它们想要使得断层国家永远隔绝于全球化的世界,方法就是通过各种恐怖活动来打击核心国家,以及威吓断层国家的居民。那么,美国的战略就应当是努力帮助断层国家融入到全球化进程当中来。其方法就是要帮助断层国家建立有效的政府,形成明确的、与全球秩序接轨的内部规则,吸引资本的流入,实现断层国家与全球化地区在政治、经济、安全秩序等方面的全面融合,从而掏空极端势力的生存土壤。最终"要把'我们人民'

---

① 比如人们曾经批评张伯伦的绥靖政策对于第二次世界大战的不可推卸的责任,但是如果我们把情境还原到局中人的位置,则张伯伦的政策实际上正是反映了各种微观博弈的均衡结果,也反映着当时英国人的普遍心态。在德国还没有真的燃起战火的时候,英国的政策生成机制不会做出超出刺激力度之外的反应,于是看起来英国对于德国的应对便是极为笨拙而又迟缓的。但我们更应看到,一旦德国真的发动了战争,刺激力度陡然提升,则英国也能迅速地选择出丘吉尔来形成新的应对政策;一俟德国失败,则丘吉尔又被选下了台,反应仍然是与刺激相匹配的。在人们感叹英美总能在正确的时间把正确的人放到正确的位置上的时候,也必须看到,丘吉尔与张伯伦,不过是同一体制面对不同的世界环境时的两种呈现而已。颂扬丘吉尔的伟大抑或贬斥张伯伦的糊涂,都不是对于英国体制的恰当理解;赞美其应对的得当,便必须接受其应对的缓滞。

② 〔美〕托马斯·巴尼特:《五角大楼的新地图:21世纪的战争与和平》,王长斌、汤学武、谢静珍译,北京:东方出版社,2007年。

③ 〔美〕托马斯·巴尼特:《大视野大战略:缩小断层带的新思维》,孙学峰、徐进等译,北京:世界知识出版社,2009年。

变成'我们这个星球'"①。"我们这个星球"这个说法,便是对普世秩序的一个绝佳隐喻。

对照这个"新地图"可以发现,"一带一路"所覆盖的地区,基本上都是断层国家,尤其是"一带",覆盖了差不多整个中亚地区,这是亚欧大陆的最深处,世界上离海洋最远的陆地。而这块地方正是美国推动的普世秩序最难以有效落实的地方,或者更准确地说,亚欧大陆深处的秩序建构,超出了美国这个海洋国家的能力范围。事实上巴尼特也明确承认,建设"我们这个星球"这一工作不是仅凭美国一家便能够完成的。

要清楚地讨论这个问题,还得再回到对于政治空间的讨论。前面谈到过的非连续性的陆地空间观与连续性的海洋空间观,会进一步导致两种不同的财富积累与财政汲取手段。②

对陆地国家而言,陆军和中央政府的财政能力是其生存的关键。陆军因自卫或征服而生,以对土地的有效占领为制胜原则。在历史上,绝对主义国家的中央财政则是以对土地和农民的强制,以及对城市特权的售卖,来汲取财政资源的。农业生产天然地分散经营,这就必须有大量的官员来完成税赋征收,从而强化了其中央集权机构,这为后来的民族主义政治提供了制度基础。后来的陆地强国是以制造业为主导,而不像海洋国家一样同时也主导着国际金融秩序。制造业是以能够带来规模效应的区域性集聚为前提的,基于非连续性政治空间观的民族主义政治不会太过影响制造业的效率。金融资本则天然地以全球为单位,倘是民族主义政治,则无法有效地主导金融秩序。对民族主义的陆地国家来说,陆军的行动是纯消耗的,经济过程与军事手段并不足以互为促进,需要中央集权机构高效地完成财政汲取来支撑军事行动。这就带来一个后果:陆地国家的财政半径以中央集权机构的效能半径为前提,其军力控制半径不可能大大超过财政半径,因此陆地国家所能有效调动的资源、其政治意志的有效范围一定是有限的,无法扩及全球。

对海洋国家而言,海军和海外贸易是其生存的关键。海外贸易所需即海上航线的畅通,此亦海军的制胜原则,于是海洋国家的经济过程与军事手段互为表里。③ 海外贸易就是商业和金融资本的全球流动,它们是天然地具有普遍性取向的,不依托于任何特定的国家和土地,与农业和制造业大不相同。盎格鲁-撒克逊传统之海洋国家的普遍性特性,与这些经济、军事特性在原则上是同构的,可以相互促进。海军也需要很

---

① 〔美〕托马斯·巴尼特:《五角大楼的新地图:21世纪的战争与和平》,第30页。
② 下面对于陆地国家与海洋国家之差异的叙述,是一种纯理想型的叙述,真实的历史过程要比这复杂得多,这里不过是为了指出一些关键的原则性差异而做的极简化处理。
③ 斯密便曾经说过:"通过扩展殖民地渔业来增加我国航运业和海军的力量,似乎是我国议会经常怀抱着的一个目的。"参见〔英〕亚当·斯密:《国民财富的性质和原因的研究》(下卷),郭大力、王亚南译,北京:商务印书馆,1972年,第149页。

大的财政支撑,在近代早期的历史上,大规模的远洋贸易是海洋国家的重要税基,特许公司经营权的售卖是早期海洋国家的另一个重要财政来源,东印度公司之类的特许公司与远洋贸易又是互为促进的。这两种税赋易于征收,无须强大的中央集权机构便可实现①,因而在其开端处便不会像陆地国家那样生成民族主义所必需的制度基础。远洋贸易及特许公司往往是私人性质的企业或团体来完成的,它们在大海上顺应格劳修斯所提出的海洋自由主张,是自然权利之运用的现实体现。这一切都带来一个后果,就是海洋国家的财政半径不以中央集权机构的效能半径为前提,而以国民自由活动的范围为前提。国民的商业和金融资本,其本性原则上是要以全球为单位的,于是海洋国家的军力半径原则上来说便是以全球为单位,其财政原则可以支持这样一种军力半径。

由于前述的海洋国家之政治叙事传统——法律高于政治,从而原则上来说,这样一种全球军力覆盖并不以本国的政治意志之强力推行为目的,而以一种普遍规则的维系为目的。这种普遍规则直接表现为全球的自由贸易规则,19 世纪的大英帝国就是这种自由贸易规则的推动者与执行者②,到了 20 世纪,则是由继承了英国地位的美国来推动这一秩序。

但重要的是,我们在前面谈到的海洋国家主导的普遍规则的全球性特征,都是"原则上"的。在现实当中,该普遍规则的覆盖范围,必定与海洋国家的贸易、金融活动的覆盖范围直接相关。海洋国家建立秩序的努力也难以超出此范围太多,否则会超出其财政能力,违背其自身的生存原则。

也就是说,海洋国家意图主导的是一个普遍秩序,但是由于海洋国家特定的财政约束,该秩序却无法以它为主导而深入到亚欧大陆的腹地深处,从而在事实上又成为非普遍的,从 19 世纪后期的英俄中亚"大博弈"即可看出这一点。主导世界的英国将阿富汗变为自己事实上的保护国,但它自己的力量却局限在欧亚大陆的沿海地区,中亚秩序就留给沙俄和大清来处理了。冷战时期的中亚是由苏联来掌控秩序的,但苏联的陆地空间观,使得它无法有效应对世界市场,而只能通过经互会的模式来拒绝世界市场,这种经济方案反过来强化了其陆地空间观。对世界市场的拒绝会带来严重的伦

---

① "我们也许可以想象一个从帝国俄罗斯到荷兰共和国的连续体,从俄罗斯成长出臃肿的国家机构来从庞大的但没有商业化的经济中谋取武装人员和军事资源,而荷兰共和国在很大程度上依赖海军、拥有在由城市为主的省份临时批准基础上的自己的武装力量、容易从海关和国产税上收取税款,而且从来不需创立庞大的中央官僚机构。在这两者之间,我们可以放像法国和普鲁士的例子,在那里,国王们有权利用农业和商业资本主义,但是为了获得对其军事活动的支持,不得不和强大的地主们讨价还价。从长远来看,军事对人力、资金和供应的需求增长如此之大,以至统治者们也要和大多数人口讨价还价。"参见〔美〕查尔斯·蒂利:《强制、资本和欧洲国家(公元 990—1992)》,魏洪钟译,上海:上海世纪出版集团,2007 年,第 105 页。

② 参见 R. Robinson and J. Gallagher, "The Imperialism of Free Trade, 1814—1915", *Economic History Review*, August 1953。

理与财政压力,无法长时间持续,苏联最终解体。但解体后的中亚,美国也并未实质性地进入其中来主导秩序,除了它要顾虑俄罗斯以及中国的反应之外,根本原因还在于,深入中亚在根本上违背其财政逻辑。美国对于阿富汗的战争只是个特例,但财政逻辑的约束决定了它不会在此地持久地存在,最近美国筹划的从阿富汗撤军便已说明了问题。

于是,后冷战时代的中亚便陷入断层状态,这有多重原因:第一,由于地缘上的特征,使得中亚难以凭借自己之力有效地融入世界秩序,而必得依仗外力,但是外力或因其生存原则(如美国),或因其自身的经济特征(如俄国)而无力提供融入的路径,又或因其战略模糊而未曾意识到此种需要(如中国)。第二,中亚的绿洲地理,使得其在经济上的比较优势就是能源产业,但是能源产业获得的巨额财富,倘不能通过一种有效的分配机制转化为一般国民的福利分享,则会带来巨大的贫富分化,从而引发社会问题,这正是中亚所面临的现实。第三,这些社会问题在激进主义教派的解释下,会被转化为一种对于既存世界秩序的敌视,从而构成极端主义、恐怖主义活动的温床,这会令中亚越发困于断层状态之中。实际上,这种演化在苏联统治的后期便已开始出现,如今愈发具有更大的动能而已。[①]

而世界秩序的稳定是不能脱离中亚秩序来考虑的。一方面,任何人都应该享有有尊严、有保障的生活,这正是我们一直在讨论的普遍秩序所承诺的,倘若它始终不能覆盖中亚,则将彻底堕入虚伪当中,限于自我否定的逻辑。另一方面,恐怖主义的活动也不会自我局限在特定的地方,而是以全球为单位的,倘若中亚秩序不能安定,则外部世界的秩序也必定无法真正地获得安定,本·拉登最终落脚于中亚便是一个例证。而美国擒杀本·拉登,对打击恐怖主义而言只不过是个治标不治本的办法,并且由于其在中亚的撤退,很可能会带来的混乱,更坐实了前面所说的外部世界对其所主导的秩序的虚伪性的指责。

所以,中亚正是亟待重建的大陆秩序的轴心地区,它是世界秩序这个木桶上的短板。而任何安顿中亚秩序的努力,倘不依托于世界市场,则该努力在财政上便是不可持续的。海洋国家主导着世界市场,却无法主导中亚秩序的建设,民族主义的大陆国家则无法真正通过世界市场形成一整套可行的方案。有可能担负起此种历史责任的,只能是大陆国家,但又必须是一个超越了民族主义的大陆国家。我们在政治哲学的意义上可以说,这是一个海洋化了的大陆国家,它深刻地融入世界市场,并积极地作为世界市场之自生秩序演化当中的能动性要素来活动。只有这样,中亚秩序的建设才有可

---

① 在国内几个期刊网上检索"中亚""极端主义"几个关键词,可以见到大量关于这方面的研究,提供了相当多的实证思考。但是既有的研究多还是就中亚来论中亚,未能将视野展开到一个更大的背景之下,这是其不足之处。

能获得一个可欲又可行的路径。①

"一带一路"就其在大陆方向上的努力而言,在此种视野下,才能真正揭示出其历史意义。

三、"一带一路"与世界秩序的重建

前面述及的需要海洋化的大陆国家,就是中国。所谓海洋化,是指中国需要更加深刻地融入世界市场,基于此而定位自己的内政—外交战略;同时,在对世界市场的深入参与中,获得各种战略的财政基础,使战略本身成为可行。

这个过程,实际上在19世纪后期我们就已经可以看到。19世纪后期的陕甘回乱之际,阿古柏也进入了新疆,这个时候差不多整个西北都已经脱离了大清的管制,喀尔喀蒙古一时也岌岌可危。60年代中期,左宗棠开始谋划平定西北,而清朝国库空虚,军费不足。在历史上,每当遭逢此大乱,朝廷拿不出军费,西域也就脱离而去,汉唐故事皆是如此。但是在晚清,东南方面海上贸易力量的到来提供了另一种可能性。朝廷批准左公在1867年向通商口岸的各大洋行贷款以充军费,以关税作为抵押,筹得款项安定了陕甘局势。1877年,左公再向汇丰银行贷款,仍以海关关税为抵押,汇丰银行则向社会发行债券以筹措向左公提供的贷款,依凭这笔贷款,又击溃了阿古柏政权,安定了新疆的局势。② 可以想象一下,倘若没有这样一种基于东南海疆贸易的融资手段的出现,则西北必将不保;没有一个有效率的海关的存在,融资的成本必将大幅上升,恐怕西北也将不保;而海关却是在一个英国人赫德的掌管之下才高效率运转。

这一系列条件,都提示着我们,在海洋时代,作为传统的大陆国家的中国,必须通过海洋秩序汲取力量才能够稳定中亚。传统的大陆秩序与海洋秩序需要以一个开始向海洋转型的大陆国家作为中介,中亚秩序才能得以安顿,整体的世界秩序才能得以完成。今天的中国与百年前不可同日而语,但当时的历史所揭示出的世界秩序之构成性特征,还是值得人们思考的。

巴尼特对于断层地区也做出过类似的思考。他提出,后冷战时代美国的敌人不再是有形的国家,而是散落于无形的极端势力与恐怖组织,它们通过"第四代战争"来打击核心国家的力量。因此,未来的军力安排应分为两个部分:一部分用来打垮支持极端势力的无赖国家的战争力量;另一部分则是在铁血战争结束后,用来帮助建设新国家、引领其步入全球化的和平力量。后一部分力量的基础仍是军力,但它实际上更多

---

① 于此可见,所谓陆地国家抑或海洋国家,并不单纯是指其地缘状况,同时更是指其国家的世界秩序观。所以,即便是岛国,也可能是个陆地国家,比如第二次世界大战前的日本;即便是位于大陆,也可能是个海洋国家,比如16、17世纪的荷兰。

② 参见〔美〕费正清、刘广京编:《剑桥中国晚清史:1800—1911年》(下卷),中国社会科学院历史研究所编译室译,北京:中国社会科学出版社,1993年,第264—285页。

一带一路 | The Belt and Road
全球价值双环流下的区域互惠共赢

地类似于一种警察力量。于是,包括"金砖五国"在内的"新核心国家"的重要性就显示出来了。巴尼特说,美国有足够的力量去打赢战争,却没有足够的力量来建设和平。"我们必须明白断层带内地理状况决定着国家的命运。"[①]新老核心国家应该携手合作,由美国提供铁血部队打败无赖国家,由新核心国家来提供宪警部队,支持对其的改造。"老核心国家推动了新核心国家的起航,未来很有可能是新核心国家推动断层国家的起航。"[②]

中国之所以成为巴尼特意义上的"新核心国家",正是由于中国于1978年改革开放之后加入了美国所主导的世界秩序。这标志着作为大陆国家的中国再度转向海洋视角,中国因此而实现了迅猛的经济崛起。此一过程带来了国际大宗商品价格的上涨,中国以这种方式拉动了以非洲为代表的断层国家在21世纪的经济增长。但是这个过程也伴随着断层国家新问题的出现,尤其引人注目的是近年来极端主义势力的发展。

极端主义无法为现实问题提供任何可行的解决方案,但是它的出现却揭示了一个事实,即一种在当下框架内无法获得有效化解的普遍怨恨的存在。为什么一种普遍性的世界秩序,却会在断层国家诱发无法化解的普遍怨恨呢?原因在于,美国所主导的普遍秩序,是以形式正义作为其基本追求的,因为只有形式正义才能让各种不同的信仰共同体找到共存的基础。但是由于美国独家垄断了对于这一形式正义秩序的执行权——既包括它在安全层面上的各种单边行为,也包括它在经济层面上的垄断性,如IMF的否决权等——这种垄断地位使得它能够有一些自利的行为掺杂进来,从而导致形式正义之下蕴含着一系列的实质不正义。这是当下的一种制度性矛盾,是诱发普遍怨恨的原因之一。那么,如何克服这种实质不正义,使得形式正义真正地成为形式正义,或者说,让形式正义与实质正义最终形成一种合题呢?

这需要通过国际政治当中的均势才有可能实现。问题是,何种意义上的均势呢?在19世纪欧洲列强之间曾经有过一种均势结构,英、法、德、俄等国通过不停地变换结盟关系来寻找势力均衡。对它们来说,寻找到均势结构就是其终极目的,没有什么超越于均势之外的秩序可以追求。但在20世纪中期,尤其在冷战以后,我们又看到了另一种均势的可能性,那就是,在承认普遍秩序的基础上,在其执行机制层面形成一种均势。此时的均势只是工具性的,它为普遍秩序而存在,这是与19世纪均势的根本区别。但新的均势也必须以实力的对冲为基础,这又是与19世纪相同的地方。尽管美国在当下垄断着对于普遍秩序的执行权,但是我们已经看到,一方面,由于其生存逻辑,美国的执行权在有些地方力有不逮;另一方面,更重要的是,对执行权的垄断便无

---

① 〔美〕托马斯·巴尼特:《大视野大战略:缩小断层带的新思维》,第198页。
② 同上书,第189页。

法避免美国的自利行为,这反过来会使得其所推动的普遍秩序的公共性受到伤害。倘若在执行机制的层面上形成了势力均衡,令任何单个国家的自利行为能够在此结构中受到有效的约束,便有可能使得所有这些大国的自利行为最终达成类似于亚当·斯密所讲的:每个国家在追求自身利益最大化的过程中增进了国际社会的福利。

在这个背景之下我们再来看近期在国际政治上引人注目的一些事情:无论是中国所推动的"一带一路"倡议、金砖银行、亚投行等,还是美国的各种活动,如推动 TPP、重返亚太等,再如日本或俄罗斯等的活动,都是各国基于自己的国家利益而推动的,同时所有这些活动也都是在作为"自生秩序"的世界市场以及国际政治互动当中展开的。自生秩序的一个根本特征就是如哈耶克所说的,是人的行为,而非人的设计的结果。

那么我们就可以说,任何一个国家的战略之最终结果,都不会按照它最初的设想展开,因为它始终要面对其他国家所形成的外部约束条件。在各种约束彼此互相冲突博弈的过程当中,我们会看到达成某种新的势力均衡的过程逐渐展开。如果从一个短时段来看,均衡的过程可能会呈现为各国之间的关系不友好或过度友好,诸如近期所看到的中日关系、欧俄关系、中俄关系等,而如果从一个更长的历史时段来看的话,所有这些看上去不友好或者过分友好的行为,都只不过是要达成执行机制层面的均势所必需的历史过程而已。而这种均势达成的结果便会是如前面所谈到的,普遍秩序的公共性进一步得以浮现。

巴尼特也意识到美国的单边主义行动所存在的问题,所以他提出,在前述的新老核心国家合作的过程当中,要积极地把制定规则的程序向新核心国家开放。全球化进程就像一列火车,"旧核心国家要引导,断层国家要跟随,但是必须由新核心国家掌握节奏,使得整列火车保持完整"①。

在这样一个背景下再来看"一带一路"倡议,其实际的展开过程,因国际政治的博弈与互动,也许会与人们起初的设想有很大的差别。但其更重要的意义在于,在此过程当中,中国的活动逐渐推动着世界秩序的普遍化,克服现有国际秩序的形式正义之下掩盖着的某种实质不正义,从而最终真正实现超越单个国家之上的普遍秩序,增进国际社会的普遍福利。

这就是"一带一路"倡议的历史哲学意义。

---

① 〔美〕托马斯·巴尼特:《大视野大战略:缩小断层带的新思维》,第 164 页。

"一带一路"的历史观、世界观与价值观

——昝涛、殷之光对谈*

一、"一带一路"打开的一个新视域

昝涛：今晚很高兴，我们能够在上海围绕"一带一路"深入交流一次。我首先介绍一下最近的一些想法，做个铺陈。最近各界人士都热衷于谈论"一带一路"，连我接触到的外国人也是这样。我关注"一带一路"这个话题，主要是因为两点：其一，我主要是做土耳其研究的，土耳其研究好像有很强的外溢性，它往往牵涉中东和中亚的一大片地区，而不只是这个国别本身，把土耳其研究放大来看，其实很容易就从土耳其一路绵延到中国的西北地区（主要是新疆），语言（主要是突厥语族的不同方言）、历史、文化、宗教、民族等多因素往复、勾连，既混乱又令人着迷。这一大片地方，既是过去的丝绸之路的主线，也正是丝绸之路经济带所涵盖的核心区域，从区域研究的角度来说还是内陆欧亚（Central Eurasia，也可以翻译成"中央欧亚"）的核心区。

殷之光：没错。这是近代民族国家概念很难规约的一个区域，与中国关系非常密切。

昝涛：其二，我的研究主题，从做博士论文到现在，主要就是围绕所谓"民族—宗教问题"。我对这两个主题的关注虽然是从土耳其研究切入的，但大概也因为我在北大社会学系做过两年博士后，尤其是经常与马戎教授接触和交流，我自己的研究兴趣也就扩展到了内陆欧亚地区的民族和宗教方面的诸种危机与问题。因此，我对"一带一路"的关注，不可避免地带上了这两方面的色彩，即土耳其研究和民族—宗教问题研究。

---

* 本文辑选自《文汇学人》，2015年7月17日。昝涛，北京大学历史学系副主任、副教授；殷之光，英国Exeter大学人文学院助理教授。

这话说起来稍微有点长。我本人参加了一个叫"《大观》小组"(《大观》是一套丛刊)的学术共同体。2010年,我组织了一场题为"世界历史上的中亚"学术研讨会,主要参加者是历史学家和政治哲学方面的中青年学者。后来,我写了一篇以"建立中国对中亚的常识性认知"为主题的会议发言稿,这是那次会议尤其是"《大观》小组"集体智慧的结晶,后来在不同场合传阅比较广。"一带一路"提出后,这篇文章引起了更多关注。

也是从那时开始,我个人的兴趣部分地扩展到了对中国的历史观这个问题的思考上来。"《大观》小组"中也有其他朋友更进一步,打算重建中国的历史哲学。比如,王利与施展就曾做过有益的尝试,我们有很多观点也都是极为接近的。这期间,我们都得益于上海世界观察研究院的于向东先生,他非常精辟地阐述过"中原中心主义"及其影响这个问题,至少对我本人的研究和写作影响很大。

我最近一次比较系统地谈这个所谓历史观问题,是在去年中央民族大学组织的一次国际会议上。那次会议上,汪晖教授的演讲也给我留下了深刻印象。他从世界秩序重建的角度讲了对"一带一路"战略的看法,大概的意思是想从"路、带、廊、桥"这些概念推演出不同于过去那种"中心—边缘"的世界秩序构想。

我记得当时还有不少少数民族学生对我的历史观的发言很感兴趣。我的主要观点是"一带一路"给我们打开了一个新的视域,为我们提供了一个突破过去偏重"中原中心主义"的叙事的契机。尤其是"丝绸之路经济带"的提出,不可避免地要求我们作为历史学者去面对一个问题:汉代以来的"西域"尤其是近代学术上称为"内陆欧亚"(简称"内亚")的这个大区域,与中国的历史、文明之间到底是什么关系,是并列—互斥的,还是内在勾连与持续互动的?从历史与文明的角度,是不是可以有突破近代民族—国家框架的一些见解?

过去有关内亚的研究可以成为重构中国历史的养料。北京大学历史学系罗新教授对这方面的学术史非常熟悉,他在《黑毡上的北魏皇帝》这本小书里已经比较好地展示了内亚史研究的魅力和贡献。我理解罗老师的意思是,过去中国学者对中国历史的内亚性(Inner-Asianess)重视不够,过于强调中原性,从而妨碍了我们对中国历史整体性的认识。继续引申,中国历史具有两面性——内亚性和中原性,应该公平地对待中国历史的这两面,客观地回看中国历史大势,对这两面不能顾此失彼。

这样说起来,一部最终走向大一统的中国历史其实是内亚与中原互动的产物,历代内亚民族之进入中国、中国大一统格局之形成或许就有了较为合理的解释。这对于中国人认识民族国家建设以及现在的历史观与意识形态构建,都是一个重大问题。我们强调了两面性之间的互动和内在勾连,其实说的还是"一体性"。(这与比如新清史强调的多元性侧重点是不一样的。)最直观地看,这个问题恰恰涉及我们国家"边疆民族地区"的安定。既有的历史观,无论故事还是说理都不够生动,流于宣传,没有深刻的感染力、穿透力和说服力。"中华民族""多元一体""五十六个民族是一家"这些导向正确的表达,本可以得到更为坚实深厚的历史研究和历史观的支撑。也正因如此,我是由衷地相信各民族都是兄弟姐妹的。

也就是说,"一带一路"的提出,在一个特定的历史时刻,重新指向了"大中国"的"identity"这个问题。其实,换一个角度看,我们与美国、东亚出现的一系列问题,包括结构性的变化,使得中国重新认识内陆欧亚和海上丝路的价值,并力图用现在的"一带一路"来把握这个结构。说到底,这还是崛起的中国加入全球秩序并尝试重塑世界秩序之探索的一部分。我觉得从这个角度看可能更好一些。当然也有别的解释法,比如"西进""战略的再平衡""战略的纵深",等等。

当然,以我所说的这种方式谈论"一带一路"看起来似乎没有什么"经济效益"。现在各界基本上都是在围绕基础设施建设、能源、金融等经济问题在讨论,产能转移、丝路基金、亚投行、高铁是最为常见的关键词。今天关于"一带一路"的某些言说,某种程度上都带着明显的冲动、焦虑和困惑。我的理解是,中国这个构想的提出,并不是说,它已经有一个成型的规划。它有一个内在要求,各个方面——不管是国内的还是国外的,都要通过加入它来适应、改变或建设它,对提出者中国而言也是如此,它预示了一个学习的过程。各方面的态度目前看显然不尽相同,但普遍的反应是积极的,那就大家一起边学习边总结,对吧?这也涉及了我们对世界的认识问题——或许我们的思维、智识还没有跟上国家发展的速度。

二、在今天"一带一路"的条件下,我们要谈论一种什么样的平等

殷之光:我们是理论追着实践跑。今天谈论"一带一路",一个必须面对的困难就是我们缺少相应的知识储备。涉及的历史问题、地区问题乃至价值观的问题,我们都需要通过在参与的过程中学习,我们在一定程度上是在"摸着石头过河"。20世纪70年代末期,我们针对改革开放问题进行了一系列的政策实践,在这种实践过程中,我们才逐渐形成了对改革开放的某种政治性叙述。在这个过程中,我们也遇到了大量问题,虽然并不是马上对如何解决这些问题产生共识,但逐渐成形的政策与学术论争环境可能会为我们理解并有效处理这类问题提供一个动态的环境。这种理论讨论与实践不可脱节的经验,以及理论与实践之间的辩证关系,实际上给我们今天处理"一带一路"问题提供了非常好的认识论工具。这对我们这一代历史学者来说,可以是一个切入点。我们可以结合今天的世界现实,对自身现代历史经验做出梳理,并进一步参与到阐述"世界秩序"这种具有全球普遍意义的讨论中去。在这个意义上,"一带一路"的提出,将一个参与"改造历史"的现实抛到我们面前。

昝涛:但是,参与只是一个实践的方面,这是不够的;同时需要提出一种说法来,这个提出本身的意义就在于此。

殷之光：目前不少论述，将"一带一路"纯粹表述为一种产能输出，表述为为维持改革开放以来经济高增长局面的"战略"。这些论述当然各有其合理之处，我们也必须认识到，这一社会经济实践，构成了当代中国参与到新时期全球秩序形成动态中的现实。无论这是不是我们的最初意愿，这一政治现实都需要我们作为中国学者对此提出一些具有普遍意义的理论创见。您开始提到的历史观的问题我也很同意。与您一样，我的学术兴趣很大程度上也在帝国史、近现代思想史、比较史、国际关系史方面。

我们必须承认 19 世纪以来的殖民主义在现代世界秩序发展中起到了非常重要的作用。无论一个地区是否被完整殖民，殖民主义及其世界扩张都是一个不可回避的重要问题。我们必须认识到，从列宁开始，帝国主义便被视为一种超越了简单领土主权争夺的资本霸权。今天在国际上，从我们改革开放后在非洲的活动，到今天提出的"一带一路"，都受到外界不同程度的批评。除了西方国家"别有用心"之外，这类批评也有不少来自广大的第三世界。而无论是来自当代西方还是来自第三世界的批评，背后的历史包袱都是对 19 世纪殖民主义下的帝国主义记忆。

昝涛：这就是殖民者和被殖民者共同的历史和社会记忆的自然延伸。他们以前干过和想过的事情，造成了某种同构的智识惯性。当中国在今天以强劲势头发展和开拓的时候，他们能够调动的智识资源无非是自身的历史经验，从而，必然对中国在当下所提出的基于自身国力和国情的各种架构予以批评与警惕。

殷之光：之前我写过一篇关于国际法史的文章，其中把 19 世纪"自由贸易帝国主义"（Imperialism of Free Trade，已故牛津英帝国史学家 John Andrew Gallagher 语）秩序下的冲突视为几种不同的法理体系（jurisprudence）之间的政治矛盾。19 世纪欧洲的扩张遇到了中国这类以儒家经典为基础建立起来的法理系统，也遇到了奥斯曼土耳其这种以伊斯兰教法为基础的法理体系。那么，在欧洲形成的这种以民族国家主权为核心的国际法秩序，又是怎样随着这种殖民扩张获得其普遍性的呢？这段历史给我们今天的世界造成了什么样的影响？

昝涛：是的！这个问题非常重要，以往对帝国到民族国家的国家构建（nation building）关注比较多的人，也比较少地从国际法的角度探讨这个问题，不过，我发现在年轻一代学人当中，这个趋势正在得到纠正，无独有偶，"《大观》小组"的一些法学背景的青年学者在这方面也做出了很大努力。

殷之光：我最近最感兴趣的一个话题是 20 世纪 50 年代我们与"第三世界"的关系。我感觉，我们当时在与正在进行反殖民独立建国运动，或者刚刚获得民族独立的国家之间开展外交活动时，实际上创造了一套与以民族国家为核心的欧洲式的主权国家秩序不大一样的话语方式。这为我们今天谈论"一带一路"提供了重要的资源。在今天"一带一路"的条件下，我们要谈论一种什么样的平等？您最开始也提到了一个担心，即讲"一带一路"，会不会陷入中心侵蚀边缘的趋势，少数民族是否会被淹没在中原的大框架中？我觉得这是一个合理且非常真诚的担心。这个担心背后牵扯的就是所谓"什么样的平等"。但是，我们也需要认真理解在这种"平等"观念发展过程中，由于不同政治语境与政治实践而形成的对于这一概念所指与展开模式造成的影响。这是一个需要被历史化、语境化的问题。受到了资本逻辑影响下的"平等"很大程度上，缩小为一种从分配角度出发对财产权的关心，而其背后生产关系的复杂性则被淡化。在殖民秩序中，面对欧洲之外的世界，平等则更是一个全然被忽略了的问题。

昝涛：传统的殖民秩序建立在中心强势民族对外围弱势民族剥夺的基础之上，平等和正义似乎不是这个秩序的维系者所关心的内容。

殷之光：殖民主义的帝国主义秩序有一个明确的中心，就是欧洲，或者更小一些，就是伦敦；也有一个很明确的边缘，就是它的殖民舰队、军队所能到达的最远方。而一切边缘本质上是从属于中心的，这是一个政治秩序，也是一个经济秩序，同样也是一个文化秩序。列宁在著名的《论帝国主义》中举了"造铁路"这个案例。他强调，这种在"资产阶级教授"们看来"自然地、民主地传播文明"的行动，实际上将世界编制进了一个资本的网络里，成为"文明国家"里资本的压迫工具。萨义德对帝国主义的阐述更进入到文化层面。在这一霸权的关系下，我们才会发现，对"现代化"的讨论呈现了单极化的倾向。比如一些19世纪末期印度的伊斯兰改良主义者会讨论印度为什么积贫积弱的问题。他们的解释是没有现代化，而现代化的目标就是去学习英国。这就是在文化上也有明确的中心和边缘的区分。在我们看到的中心—边缘的秩序中，必然有一些是不平等的。到20世纪，威尔逊关于"民族自决"（self-determination）所讲的故事也有很强烈的中心—边缘倾向。本质上，这一提法并没有超越英殖民帝国的"自由贸易帝国主义"的逻辑。他试图用民族国家的独立来对抗欧亚大陆上在殖民主义霸权影响下的既有秩序。仔细看威尔逊提出的"十四条"（Fourteen Points），其中大量内容是要求保障独立国家"自由贸易"权利。威尔逊主义下的世界秩序，其主仆关系也很明确，它要求在欧亚"旧大陆"上构建一个以美国作为制度和全球生产中心的秩序。

三、在一个既定的世界秩序格局下，如何建立一个更加公平、正义的世界

昝涛：实际上包括后来列宁的苏俄也有这个问题。苏联，你也可以说它是一个"帝国"。这让我想起最近在深读的凯杜里关于亚非民族主义的精彩论述。他也提到，民族主义在亚非，首先就是个现代化的问题。所谓现代化问题，就是说它是有一个差序格局的，就是要去比较哪个国家更发达。

殷之光：或者说我们今天所面对的现代化叙述，是有差序格局的。

昝涛：经常有人提到文明的冲突，这在我看来不是不同传统文明之间的冲突，即不是不同轴心文明之间的冲突，而是所有不同的轴心文明与（可能是偶然地产生于）西方的现代性文明之间的冲突，这可能是更为根本的。您刚才说到的，包括欧洲所产生

的近代以主权国家、民族国家为中心的国际法体系,实际上欧洲人于此也经历过很长时间的自我产生又自我消化的过程。但对于欧洲之外的殖民地半殖民地的亚非地区的人民来说,这就变成了两个问题:第一,在时间上,我的传统如何去应对你的现代?第二,我的自我中心的民族主体性还要应对异族来的东西。也就是说,他既面临现代化的要求,但现代性文明这个学习的对象又不是从自身产生的。

殷之光:没错,20世纪90年代一位摩洛哥学者描述过一种阿拉伯的困境:如果阿拉伯人现代化了,那么阿拉伯属性便消失了;而如果保留阿拉伯属性,那么便会被现代化的世界抛弃。这种表述涉及了两个边际明确的概念,一个是现代,另一个是阿拉伯,两者之间仿佛是相互冲突的。这就是非常典型的二元论方式。

昝涛:柯文在论述王韬的时候就提出过一个词,叫贬损怨憎(resentment),讲的就是东方社会知识分子的一种普遍心态,这一点在我曾研究过的土耳其近代史上同样是屡见不鲜的。接刚才所说,所谓的全球秩序、发展,都是现代化的问题,而形塑这个世界的还有第二种力量,即全球化。全球化是硬币的另外一面。哈特在他的《帝国》导言中讲,不是像有些历史学家所强调的那样,全球化是自古以来就有的,只不过是程度、密度、速度的不同。全球化有一个最典型的特点,这其实也是凯杜里所强调的,它必然首先是以资本主义经济秩序为基础的。传统时代的"丝绸之路"确实构成了欧亚大陆的一种联系,但这跟今天所说的全球化不是一回事。因此,在今天,我们谈论全球化的世界秩序时必须意识到,这是一个资本主义经济覆盖下的全球秩序。

殷之光:同时,进一步说,我们谈"一带一路"时千万要避免出现哈特描述的情况,即我们仅仅谈的是经济制度的全球化,我们只是要做买卖。哈特的新书 *Commonwealth* 的中文译名是"大同世界"。他提出一个新的对世界秩序的理解,很像康有为的"大同"。世界的未来将会触及"平等"这个最核心的问题。如何理解与处理这个问题,便又回到"中央和地方""中心和边缘""内和外"这些联系中。刚才我们谈到的以自由市场为基础的全球化,其创造的平等幻象实际上是一种分配的平等。这种平等用程序正义掩盖了人群之间存在的发展阶段的差异。这种差异可能来自自然条件的限制,也可能是当代国际法秩序形成过程中诸种霸权的作用结果。单纯强调程序正义,并无益于消除这种不平等的政治与社会现实。我们今天在"一带一路"中所要处理的一个更具全球政治意义的问题,则是这种平等是什么样的平等的问题。超越简单分配平等,强调发展机会、发展与生产权利的平等,这是我们对这个世界更重要的责任。

昝涛:其实这恰恰是"一带一路"的官方表述背后的意思,您用更为学术的语言表述出来了。目前所谓全球再分配格局的调整,或者叫全球分配正义,当然是一个很重要的维度。新兴经济体国家领导人,比如说"金砖国家",都非常重视和强调这一点,也就是说,在一个既定的世界秩序格局下,如何建立一个新的更加公平、正义的世界,是后来者更为关心的事情。这当然与我们谈论的"一带一路"有非常紧密的关系。

一带一路 The Belt and Road
全球价值双环流下的区域互惠共赢

殷之光：没错。今天的"一带一路"是一个联通中国内外的新历史观。这就不仅需要我们重新去理解国内政治中平等的问题，也需要从这个基础出发，展开一套我们对于全球秩序的新叙述。我目前的研究兴趣集中在冷战史中"第三世界"民族独立运动的政治与世界史意义，并希望由此对传统的二元对立的冷战史叙述提出一种新挑战。今年是万隆会议召开60周年，在"一带一路"背景下，重新看新中国外交的这段历史便显得格外有意义。周总理在1955年4月万隆会议上，一方面谈及民族平等对新中国政治实践的重要作用，另一方面又强调在世界范围内民族解放运动对促进世界民族平等与团结的积极意义。这为我们今天理解民族平等和民族解放运动提供了一个很有价值的视野。这里所谈的民族解放运动，并不等同于斯大林时期出现的"民族问题"，也不能被视为威尔逊所谈的"民族自决"。这两者或者具有沙文主义色彩，或者具有自由贸易帝国主义色彩。我国在万隆会议上强调的民族平等，是一种从中国革命经验中发展起来的，认同各地区经济发展阶段与社会文化差异，以此而形成的对于发展权平等的保障。无论是周总理在万隆会议上的讲话，还是后来毛主席几次接见亚非拉代表团时提到的，中国不会将意识形态强加于人。民族独立运动需要建立在各民族对自身社会历史条件的理解的基础上。

昝涛：这可以说是中国革命之世界意义的另外一种表达。

殷之光：中国的民族区域自治政策，恰是在这种条件下形成的。在长征路上，红军走过的地方大多为少数民族地区。由此发现，少数民族的生产方式、经济发展阶段与从事农耕的汉族人的情况有较大差异。如果忽略这种巨大的差异而僵化推行统一的土地改革政策，那么将会对这类地区造成难以弥补的伤害。民族区域自治便是在处理这种发展阶段差异性与全国统一发展需求的矛盾时提出的。

必须强调的是，新中国成立后执行的少数民族区域自治不是简单的"自己管自己"，更不是将汉族与其他民族之间的行政关系变成松散的邦联。毛主席强调的民族区域自治，其基础是人民主权的国家。在这个框架下，希望少数民族根据自己的经验处理地区问题。在这种自主性背后，有一个更为重要的前提，即对国家统一的基本认识。区域自治的价值，只有在全国统一发展的框架下，其"平等"才能真正具有价值，否则就成了各司其位、各谋其政的狭隘民族主义。

昝涛：这解释了为什么既反对大汉族主义，又反对地方民族主义。

四、今天讲"一带一路"，要在国内民族平等的叙述基础上，做出我们对国际平等新秩序理想的阐述

殷之光：这种情况，延伸到今天的世界格局里，便触及了两个重要的问题。首先，是民族独立运动的政治未来问题。从新中国成立初期对民族问题的理解来看，缺少"统一"这一合作的社会关系大前提，真正的平等便无从谈起。接下来，是反抗运动的

未来问题。在今天的阿拉伯世界,反抗运动虽然也使用反帝、反殖民的独立运动话语,但是其某些极端政治行动却走向了恐怖主义的深渊。民族独立运动如果在一个分配平等的前提下去理解,那其终点便是对土地资源在财产权意义上的占有。原本建立在相互联系的关系基础上的"社会"概念,逐渐成了原子化个体的集合。这就令我们不得不去反思,为什么今天的世界,碎片化成为一个基本趋势。回到中国的语境中,我们实际上提出过对平等问题的普遍理想。在天安门城楼上,一面写的是"中华人民共和国万岁",另一面是"世界人民大团结万岁"。前者代表了对于国家主权独立重要性的认可,后者代表了对于主权国家国际责任以及全球互助、尊重、平等的理想。这一图景,超越了简单民族国家界限,描述了一个具有普遍意义的世界平等秩序。对这种秩序的认识,则来自中国对国家内部各民族之间平等关系的认识。归根结底,其核心是一种独立(自治)与团结(统一)辩证关系的认识。

而今天,国际秩序中对"民族独立"的支持,充斥着简单化倾向,只谈独立,不谈团结,这使得今天对分裂问题、对伊斯兰极端主义(特别是"伊斯兰国")政治诉求问题,出现了完全矛盾的尴尬局面。在西方道德层面上做出的判断,无法解释为什么一些民族(人群)的独立诉求得到广泛的国际支持,而另一些民族(人群)的同类诉求却被彻底忽略。而在所谓"政治正确"的相对主义影响下,我们只看到了"多数"对"少数"的压迫,却完全无法对"少数"针对"多数"的暴力做出合理且具有普遍性的回应。今天对于"恐怖主义"的含混定义,便是这种尴尬局面的体现。这种矛盾的存在,又进一步使得"道义"从一种普遍主义话语,沦落为实用主义政治工具。

"我们之所以不发展就是因为你们压迫了。"这个说法实际上是在自由主义和新自由主义的分配平等的故事中被讲出来的,同样也在殖民主义的故事中被讲出来了。19世纪的伊斯兰主义(Islamism),阿富汗尼等人阐述的其实是:伊斯兰不需要民主,民主是外来的,我们只需要找到伊斯兰的本源,我们就一定能反抗这种积贫积弱的现状。所以他的触因也是压迫。

昝涛:你这里讲了一个内而外、外而内的逻辑。从我们自身的这种体制来源和设计,到在国际秩序中对不同民族之不平等地位的理解,这个逻辑和思路自然有它一定的价值。只不过,这两个方面之间的过渡还需要更为坚实的研究和论述。毕竟,不论是在世界上,还是在中国境内,这种美好的表述既遭到过舆论的质疑,更遭遇到现实的否定。这也是不容否认的。今天,无论是在国内还是在国外谈论平等和正义的问题,本位主义、族群意识都是很大的障碍,它们的实际存在对理想意义的团结是一个伤害。说到底,民族国家体系和思维对那个潜在的"大同世界"的建设构成了根本性的限制。

至于说将不发展和落后归结于他者,这可能更是某种有着左翼背景的论述,比如弗兰克他们讲的那种依附理论,他们说要"脱钩",显然也是不切实际的。

另外,阿富汗尼肯定不是复古,而是基于自身的伊斯兰传统提出了一种与西方帝国主义和殖民主义相抗衡的主张。后来这被叫做泛伊斯兰主义。实际上,这是一整套方案,不只是反西方,也是要平衡传统与现代,阿富汗尼的徒弟阿卜杜更是这方面的大思想家。他们都是伊斯兰现代主义的先驱者。

殷之光:通过对传统资源的重述,以求回应当下政治问题,这种行动在阿拉伯世界屡见不鲜。我有时不恰当地将今天阿拉伯世界的政治状况比喻为"一场漫长的旧民主主义革命"。这场以"反帝、反殖民"为目标的运动从19世纪末期延续至今。到今天,随着伊斯兰国的出现甚至有了"封建复辟"的倾向。我们看本·拉登自称为"教令"(Fatwa)的一些宣讲稿,不断强调今天圣战者们的反抗是为了反帝、反殖民,这都是很明确地追求分配平等的话语。然而,这种没有了"新民主主义革命"的反帝运动,最终结果是什么呢?"伊斯兰国"横空出世,我们恐怕已经看到了。这是一个非此即彼、你死我活的二元对立秩序:你不接受我,我也不接受你,两者完全是分裂的、碎片化的。

我在阿联酋教书的时候,学生们就说,解决以色列问题的唯一方法就是"把犹太人赶下大海"。我常开玩笑:《星球大战》中黑武士前身是阿纳金·天行者,他是个大家都喜欢的反叛者,但最后因为个人私欲等因素从反叛走向了霸权。他的儿子卢克·天行者就是个"脱离了低级趣味的人",希望把霸权强权抹除掉,建设一个更加平等的世界。其实这体现两种走向,第二种走向我在心理上更愿意接受。虽然我们在卢克·天行者的故事里看不到"团结合作"的内容,但与他父亲相比,卢克似乎至少给我们带来了一场革命。而阿纳金则是一场"城头变幻大王旗"的叛乱。今天讲"一带一路",必须避免让人认为我们是要做黑武士,要取美国之世界霸权而代之。处理这个问题,要在国内民族平等的叙述基础上,做出我们自己对国际平等新秩序理想的阐述。

五、今天中国的知识分子有责任从逻辑和历史层面,反思19世纪以来的世界秩序与政治遗产

昝涛:今天最大的挑战恰恰是我们在国内也没有将这个问题讲清楚!当然,我们可以为自己理论上的不争气找到太多的现实理由。但有一点我是坚信的,在党的领导下,我们从很早就有一个比较普遍的追求,这个追求当然内含了平等、自由、正义等普遍的价值,也正是在党的领导下,中国人民进入到建立一个普遍性的世界历史民族的进程之中,这是非常伟大和了不起的。它的理论价值既是中国的,更是世界的。您前面说到的民族区域自治制度,也属于这个伟大历史进程的内在部分。2008年奥运会期间,我参加了一个在巴西举办的种族—民族问题研究工作坊,那时候对很多问题我还不清楚,却反而敢讲。学期末的时候提交了一个报告,谈到中国的民族问题。我当时就讲,中国民族区域自治的设计是世界上非常先进的制度,这个制度是具有普遍性意义的,在很多方面甚至可以说是超前的。有巴西教授就追问我:按照你们的制度设计,西藏什么时候会成为一个"自由西藏"?我当时告诉他说:西藏和平解放以来不早就自由了吗?你还要多么自由呢?

殷之光:我很同意。他们混淆了两个观念,认为"自由西藏"是政治上的独立,政治上的独立和自由等同么?一家两兄弟,难道非要散伙分行李,才算是"自由"的?这种原子化的自由观,假设了分裂是平等的基础,却忘记了统一对发展权平等的保证,以及具有自由意志个体之间作为社会成员的相互责任。这一问题同样也适用于对国际社会秩序中独立与团结的理解。

昝涛:这个引申很有意思。对于当时的我来说,理论上的探讨还没有成为我的关注重点。当时的工作坊的核心主题是后殖民批评与非殖民化。但我当时感到非常困惑的是,这些人说的和他们想的、做的经常自相矛盾。奥运会期间,我看巴西的报纸经常连篇累牍地报道西藏问题,基本上都是在重复西方的观点。头脑的非殖民化可能是最难的。

殷之光:您刚才谈的例子很有趣。我认为他们的讨论基础在新自由主义的框架下有几重关键的含混,即平等的含混、自由的含混。他们其实没有分清什么是法律上的自由,什么是意志上的自由。这种含混使得原本应该是历史、政治、法律上的论争,变成了一个感情、道德和宗教式的判断。对照他们的逻辑,今天的"伊斯兰国"就是一个很好的反例。有谁觉得需要让它获得"独立"吗?南苏丹的问题也一样,解决手段就是分开,分开能换来和平吗?事实证明不行。今天在叙利亚,西方提出的一个手段也是很简单的,分成三块。但是现状很明显,这种简单的拆分能解决叙利亚问题吗?

今天中国的知识分子有责任将这个问题表述清楚,从逻辑和历史层面,反思19世纪以来的世界秩序与政治遗产。这是我们对这个世界的责任。因为在那种盲目的理论自大基础上形成的霸权主义政治已经给我们这个世界带来了太多创伤。

昝涛:"伊斯兰国"的缘起主要还是美国主导的伊拉克重建过程的失败。叙利亚问题看起来也要重复这样的悲惨命运。逊尼派和什叶派之间的矛盾由来已久,在伊拉克更是如此,我不能说美国希望建立的制度是错误的,但可以说那是不太现实的。长期被压制的、保守的什叶派上台,原来在萨达姆统治时代处于中产以上以及精英地位的逊尼派,他们本身人数少,在突然引进的数人头的民主制度下,他们短期内不可能得到政治权利的保障,这是其中的一些人走向极端化的一个重要原因。不得不说的是,美国那套制度看上去很美,实际上很脆弱。另外也得承认,找一个不同的道路就一定更好吗?不见得;也不好找。问题在于,一个承诺一劳永逸地解决社会—政治问题的方案,往往都是令人生疑的。在这方面,我是个保守主义者。

回到我们说的"一带一路"来看,虽然有很多不确定性和理论上需要继续跟进之处,但我们现在可以看看可能性在哪里。就过去的历史资源而言,英国早期历史上有

一带一路 | The Belt and Road
全球价值双环流下的区域互惠共赢

一个阶段被称为自由贸易的帝国主义,今天中国在很大的程度上,尤其是金融危机以来,其实面对着和当时英国非常相似的处境。当然,我们回到历史上看,为什么当时提倡自由贸易的帝国主义?那是因为只有这种方式是对英国最有利的,而且还有很高的道德和哲学上的制高点,而且强调这套东西,看起来是强调一套方法,实际上又内含一种价值。我们在丝绸之路经济带、在中亚、在整个"一带一路"区域上所做的事情不可避免地带有很明显的过去历史上的痕迹,但现在又不愿意用原来别人的那一套方式和话语来讲述了。当然,我们有一些很简单的表述,比如双赢、共赢、共同发展,但这些表述都让人感觉软绵绵的。

殷之光:没错。这些听起来都挺好听,但缺少实例。其实你只要让人看到一个真实的证明,证明这是一个互惠互赢的、平等发展的事情,就好了。这实际上是我们历史学家的责任。历史学家可以祛魅,把特别是英国、美国讲的那一套东西中抽象的道德论述和实践行为分开。他们讲述的自由贸易是什么呢?是我可以自由地卖给你。

昝涛:但我没有自由地拒绝你所谓的自由贸易的自由,这大概是最大的问题!

殷之光:没错!重视我们20世纪50年代第三世界的贸易关系,实际上走了一条完全不同的道路。比如伊拉克1958年革命之后,我们就开始跟伊拉克搞贸易协定,我们用大量轻工业产品去援助伊拉克,作为交换,收购了大量伊拉克的椰枣。运回国的椰枣,通过统配统销的形式由全体中国人民消化。这种"赔本买卖"的背后,每一个中国人,同遥远的伊拉克人联系了起来。所谓"世界人民大团结"也就有看得见、摸得着的意义了。

昝涛:这是一种有头脑的"交易",以一种非常巧妙的方式化解了实际上的不平等。所以,从另外一个意义上来说,我们不得不提示传统的丝绸之路的内涵。传统的丝绸之路毕竟在历史上没有完全脱离"朝贡贸易"的框架。不管以什么方式来说,即使也有牟利的因素在内,它还是一种朝贡贸易,它里面蕴含的一种政治上的不平等。以轻工业产品换伊拉克椰枣的故事,背后有一套值得总结的东西。

殷之光:必须承认,这种交换构成了一种有来有往的贸易形式。它没有要求伊拉克人用货币来购买我们的产品,也没有附加条款让伊拉克出卖资源。而我们今天所熟悉的新自由主义的贸易、IMF给各个国家的援助是需要你用主权来换的。今天我们看经历过"阿拉伯之冬"的这些强权国家,其实它们出现社会动荡和阶层分裂之前,无一不接受过IMF的一体化经济改革。

昝涛:是,当然也有好一点的,比如土耳其。当然它接受IMF的援助也有过一些惨痛的教训。到2002年正义与发展党上台以来,对此有所调整,最终是换来了发展。

殷之光:还有叙利亚,一定程度上也获得了发展,但它是有条件地接受IMF,有条件地开放。话说回来,我们今天在"一带一路"的线索上有什么实力可以让人相信我们所讲的故事？我觉得一定要有买有卖吧，绝对不能让我们的产品换取别人的资源或金钱，这与剥削无异。

昝涛：当然，一方面要避免帝国主义，但另一方面也要根据实际情况来进行交换或交易。

改革开放三十多年来的成就，在今天"一带一路"条件下，需要与国家发展结合起来，参与到创造一种新的平等世界秩序的进程中。

殷之光：所以我在想，这既然是一个国家战略，那么是不是可以通过国家的调配来避免产生自由贸易帝国主义霸权的形态，避免出现单方面的资本输出状况。至少可以要求我们的国有企业，在对外投资过程中，要注意解决所在国工业发展与人员就业问题；在对外出口活动中，要注意进口伙伴国家的产品，形成有来有往的互惠事实。

昝涛：我理解你的这种提醒是有必要的，也是善意的。一些不能约束的企业或个人行为，好像有些让人无所适从。这可能是一个必须被接受的过程。两个月前我在土耳其与一些企业界的人士有所接触，他们一方面不太清楚中国提"一带一路"到底要干什么，另一方面我花半天时间解释之后，他们又会提出一个问题来，就是如何保证能够惠及当地普通人的生活。我想，这是非常现实的关怀。

提出"一带一路"计划背后有产能过剩和转移的内在原因。另一方面，从接受国角度来说，确实也存在工业制成品和基础设施建设方面的需求，这毫无疑问是能够匹配起来的。只是这个匹配的过程会产生大量的问题。这可能得谨慎。除了这些经济的东西，我们还能提供什么？

孔子学院可能会给我们一些启示。国家毕竟为此花了很多纳税人的钱。有的接受国想当然地以为我们是通过这种方式在输出一种价值（我们自己可能也有人这么认为）；反正是输出了什么，但输出的东西本身可能没有附加什么"价值"，主要就是教语言嘛。这是一个教训，也就是说，我们没有形成统一的价值共识，所以也输出不了什么。

我从孔子学院的经历里获得了一些什么启示呢？我们刚才一直在讲自上而下的问题，把"一带一路"视为一种国家行为和顶层设计。

现在讲一个土耳其的故事，这是我前不久去土耳其调研的最大收获。土耳其和很多伊斯兰国家一样有个伊斯兰慈善的传统，这个传统不单纯是针对穆斯林的，而是针对全人类的。有一种体系，它将现代的企业，尤其是中小企业，纳入一个企业协会里，这个企业协会既有点像工商联，又是一个慈善机构。这个机构主要做两类事。第一，协调这些中小企业。发展中国家的中小企业有一个普遍特点，就是家族式的，这些家族式企业往往是同构的，即你干什么我也干什么，所以相互之间经常出现恶性竞争等一系列问题。中小企业可以通过加入这个企业协会，以缴纳会费的方式，接受最专业的服务，来协调这些问题。这其实相当于一个民间的中观和微观调控，调控的是中小企业,协会此外还为企业会员提供很多其他的服务,比如海外市场的开拓。

土耳其语有一个词叫"iyilik",就是好事的意思,还有个词叫"hizmet",就是服务、奉献。企业协会引导会员将这两个概念融合在做好事的过程当中。举个例子,我的目的是赚钱,但是赚钱的终极目的是达到一种善。这是企业协会非常强烈的动机:有了更多的钱我就能做更大的善。在非洲,土耳其的中小企业协会通过大量的NGO、慈善机构,做了很多当地人民很认同、很喜欢的事情。举个简单的例子,有一种眼疾在非洲很常见,做这样一个手术的成本是100美元,某个土耳其的企业协会,经常往那边输出医生、设备,建立流动医院,也为做手术的人提供金钱。到今年为止,它大概已经帮助数万人复明。当地企业协会的负责人对我说了一句话,让我非常惊讶:"我们所有的这些事情,跟土耳其国家行为没有任何关系,但让我们自己感到吃惊的是,所有接受了我们这些善举的土耳其人或非洲人都会认为这是土耳其国家做的。"

殷之光:这个例子非常有意思,涵盖了几层意思,最主要的一层是,它有一种普遍的价值,而非专属于某个宗教的价值观念,这确实是一个非常开放的善举。第二个层面牵涉制度层面,即企业在这个过程中扮演了什么角色,伊斯兰国家有天课(zakat)的传统;另一方面又可以让这个税收在最大程度上不但服务于土耳其人的利益,也服务于土耳其国家的利益,更服务于全世界人民的利益。

昝涛:对,这不就有点儿类似于你刚才讲的20世纪50年代的那个椰枣的故事么?这里的土耳其企业协会就是一个现实版、自下而上的体现。

殷之光:虽然土耳其今天的政治实践,与我们20世纪冷战时期针对第三世界国家的政治实践有明显差异,但是,通过这种对比,通过对我们自身历史的反思,结合今天的现实,我们也需要考虑,到底要创造一套怎样的制度?到底是自上而下的孔子学院制度,还是自下而上调动国有企业资源甚至是私有企业资源的制度?我们改革开放三十多年来搞市场经济,取得了巨大成就。在今天"一带一路"的条件下,这种成就需要与国家发展结合起来,参与到创造一种新的平等世界秩序的进程中去。

六、"一带一路"是一个"自上而下"的提法,但应给"自下而上"释放活力提供可能性

昝涛:土耳其的另外一个善举是建国际学校。但它的国际学校基本上不是土耳其语教学的,是英语的。大家都知道,英语才是真正的国际语言。如果建一个教土耳其语的学校,哪怕在全世界所有国家都建,还是不能称为国际学校,因为这还是一个国家行为,是民族国家行为,甚至是国家文化主权的延续而已。但是,土耳其超越了文化主权,而且建立国际学校的主角也是我说的那些民间的各种慈善机构。

殷之光:您刚才提到主权问题。我觉得不少人这几十年来把主权这个问题想得太狭隘了,就想到了自己的一亩三分地。这就成了当年威斯特伐利亚的民族国家结构

了——主权是一种财产权,神圣不可侵犯。这当然是非常重要的内容。然而,除了这种排他的主权观之外,我们中国的政治实践曾经在一定程度上提供了一种灵活处理主权问题的经验,使其与我们强调的"团结"不相冲突。

昝涛:如今的世界,一是人权高于主权成了一种普遍性,还有法治的全球化问题。法治全球化首先表现在法治观念的全球化。另外,法治行为的全球化,像美国打击本·拉登也好,打击"伊斯兰国"也好,对国际法、战争法也都有很大的影响。

殷之光:美国这套观念也有很大的问题,反恐战争(War on Terror)实际上不是一个合法的国际法观念,它是要重新创制一套法。

前两天我写了一篇书评,有一位耶鲁大学的法学史教授写了一本名为《林肯守则》的书。这本书讲的核心故事是什么呢?布鲁斯·阿克曼有个观念,就是"宪法时刻"(constitutional moment)。这个"宪法时刻"的特点是什么呢?它永远是变动的,也就是说,你是先有行动再有法,而不是先有法再去行动。所以换一个抽象一点的说法就是说——法律的创制实际上是政治事件。先有了政治行动,才有根据政治实践而产生的立法行为。

而我们今天所遇到的最大问题是,我们没有意识到法是从哪里来的。我们看美国的反恐战争,实际上就是先有行动再立法。刚才提到的《林肯守则》,林肯颁布的所谓《战争条例》(Law of War),实际上是在南北战争进程当中,被当作一种对抗南方的武器而提出的。同样,甚至包括国际法,还有所谓的正义战争这种理念,本质上看也都是在政治实践过程中被创造出来的法条。更远一点,美国的建国神话,甚至其宪法以及《独立宣言》也是在一个斗争环境下被创制出来的。这就显示了,我们一方面要有法律意识,但同时也要理解法律本身及其普遍性的产生实际上是一个历史过程。换句话说,现代的法律,不是摩西从西奈山上带下来的、由神赐予的两块石板。那是神的法典。我们人的法典是在政治活动中出现的,其普遍性价值也是一个历史倒叙的结果。我们先预设了其神圣性,然后再开始追溯其"神圣的"历史。这种"非历史"的叙事,造就了许多"普世神话"。我们发现,有了宪法之后,独立战争、南北战争便成了美国历史上的建国神话,这两个具有神圣意义的事件好比《旧约》中摩西带领犹太人出埃及、上西奈山领受十诫石板,为美国讲述了一个自由和法律领导人民的创世(建国)故事。

这又回到了我们研究历史的人的一个态度——我们的责任在哪里?我们的历史怎么做?我们的历史要有一个什么样的意识?一方面是还原所谓的历史进程,另一方面还要还原观念。

昝涛:对,要还原观念,在福柯的知识考古学的意义上,把这个工作做起来。我想说的是,我们不是要输出价值,而是做的事本身要有价值。土耳其模式(如果有的话)本身有其成功之处。他们当然也有国家行为,有一个叫TIKA的机构负责对外援助,

一带一路 The Belt and Road
全球价值双环流下的区域互惠共赢

这个机构最早出现是在20世纪90年代初,目的就是援助前苏联的中亚—高加索地区。后来发展壮大,非洲、中亚、中东等地区都有了它的活动。此外,可能也是更重要的,就是我刚刚提到的行业协会、中小企业协会的工作。我在土耳其经过上次的调研,深刻地感受到了一点,即未来的世界行为或者趋势,需要的是民间活力的整合和爆发,而从"草根"中产生的普遍价值,才是进入这个世界秩序的一个健康方式。

我们的民间活力整体上来看是很大的,绝对比土耳其要大得多,只是还没有得到释放,这是一个巨大的能量,使用好了,就是正能量。

我这些年去土耳其,发现土耳其到处都在成立新的大学,有些人跟我讽刺这种现象:"他那叫什么大学?在伊斯坦布尔有个商业大厦租了一层挂了个牌儿就敢叫大学。"不管怎么说,这是民间活力,企业有钱了办大学,基金会有钱了投资教育,是很自然的。这一点土耳其远远走在了很多国家的前面。

我最近遇到一个典型的例子,有个土耳其富豪,连续砸了四年的钱,砸出一所具有世界一流大学潜力的(它还不是啊,只是有潜力)、专注于人文社会科学研究、不做任何理工科学研究的新大学,叫 Ipek University。我上次去土耳其调研的时候专门访问了那个学校。与一些相关教员座谈过。这个学校的建筑、外观、教授和工作人员的水平、信心和状态,给我印象都极其深刻。后来我推荐一个中国学生去那里参加他们的土耳其语言和文化培训班,据说效果非常好。

还有一个比较有趣的例子,就是我刚才提到的那个中小企业协会所在地开塞利。当地有一个慈善传统——有钱人一定要投资于有利于人民的文化事业。而这个所谓的"有利于人民的文化事业",他们用一座楼给我做了解释。他们所说的那座楼是由当地数千个小企业主捐助起来的。最有钱的人买了一块地,这块地有私有产权,属于慈善基金会,盖这个楼,有些人只捐助了一小部分钱,比如捐一个窗户、一扇门,但这个地买下来,楼建起来,是为了给一所大学的,是为了让当地人受益的。这个模式,这个传统,当地人自豪地说是从塞尔柱帝国时期就有的,而其实可能更早。

这些现象在土耳其并不是偶然的、个别的。因此才引起我的关注和重视。

殷之光:这是最基本的群众路线、群众参与。

昝涛:我忽然想起包弼德写的《历史上的理学》(浙江大学出版社2010年版)那本书。他是从现代社会学角度去研究新儒家、理学传统的。他讲到,在宋朝的时候已经出现了一批不以考科举功名为目的的举子士人。他们的主要目的是将理学作为一种价值在民间竖立起来,而且是通过建立祠堂、义仓等慈善的方式来实现的。这已经改变了我们传统那个"儒家只走上层路线"的印象。我对那本书写过一个书评,从我个人的知识史的角度来说,这本书对我有了新的冲击,使我对我们自身的传统有了一些新的认知。

殷之光:自下而上是一个自发的、融合的过程,回到"一带一路"的议题,我们也一定要强调这是给自下而上的行动创造出一种可能性。

昝涛：如前面所讲，土耳其人很重视"一带一路"能给当地人民带来什么。我们可能想的是我们要跟这个国家搞好关系之类的"自上而下"的想法，甚至是我们如何进入这个国家，如何走上层路线……

殷之光：这种制度决定论其实就是自上而下的想法，觉得一个万能药能够解决所有问题。自下而上则是更脚踏实地的态度。

昝涛：从我个人角度来说，"一带一路"当然是一个自上而下的提法，但我认为提出来后就应该回到我刚才那个历史观的解释。我说它打开了一个视域，仅限于此，在这个思想的实验场上，我们应该有新的想法。一个是反思过去的帝国的经验教训，另外说到对于主权的狭隘化的理解所造成的困境，这是我们应该突破，甚至是应该抛弃的东西。我们应该换一个范式和框架来理解和阐述我们所谓的"一带一路"。而大部分人现在走在什么样的路上呢？还在围绕顶层设计去设计"一带一路"。如果是这样，那么最后走出来的那条路，或者实现的结果，很可能会有很强的反伤其身的东西。你可能会得利，但利和弊总是一体两面的，尤其是这样一种目的性、功利性很强的设计。我们前面有一些失败的例子，比如在伊拉克部分国有资产的损失，在利比亚大量国有财产的损失。这些经验教训已经足够让我们重新思考这些问题。

殷之光：对，就着您这个问题再谈谈，"一带一路"是建立在我们过去国有企业"走出去"的基础之上的。改革开放以后，我们大量的国有企业在外国造楼建厂开油田。从现实看，这类走出去的国有资本确实遇到了很多问题。比如，很多与建筑相关的投资项目，我们习惯使用中国工人。确实，中国工人技术过硬，也便于管理。但是，当地人就很不爽了。我们这种做法甚至被描述成"新殖民主义"。有些国有企业海外项目工作人员不尊重当地文化和当地人。如何避免与当地人的冲突，同时也避免中国工人权益遭到侵害，这是"一带一路"进程中需要面对的众多实际问题之一。不过，之前国有企业"走出去"的实践经验可以为处理这类问题提供很好的借鉴。

在"一带一路"计划提出之后，已有和将有的所有走出去的企业和个人，其实都承担了代表"一带一路"计划的责任。此外，积极参与到"一带一路"问题讨论中的知识分子，也同样为这一计划的发展负有责任。能否将其真正表述成一个反霸权的、平等的世界新秩序，需要我们的积极努力。

昝涛：我觉得这里面有真正的力量，虽然看起来没有力量。我忽然回想起那个土耳其人说的，"我们非常遗憾，我们不代表任何国家行为，但我们做的所有事都被人认为是国家干的"，这恰恰是最典型的例子，这很像道家，"无为而无不为"。

七、从"世界历史上的中国"这一角度看"一带一路"

殷之光：这个其实很重要，牵扯到我们今天讲的传播。传播实质上就是在潜移默化中形成一种作用。它恰恰不是顶层设计,当然也不能否认顶层设计有必要性,而且在操作的过程中,也需要一定程度的顶层设计。比如您刚才说的,伊斯兰基金会很适合伊斯兰国家土耳其,但是放到中国来,则可能会有一定问题。但类似地,我们可以有个国家基金会,参与到这种国家基金会的企业是不是可以免税?每个人是否可以通过参与这个国家基金会,也得到自己个人的一些切实的实惠?以免税或其他各种各样的形式都可以。然后,我们以此为基础,再走出去。这种基金会甚至不需要有明确的国家背景,但走出去之后,要让大家明白,我捐的这 100 块钱花到了哪个人的眼睛上,帮助了哪个孩子上学,等等。我们缺少这样透明且美好的具体事例。

昝涛:我们关注的是中国在当前的世界秩序下的一些问题。从某种程度上来说,我们曾经是这个不平等的世界政治经济秩序的受害者,也是全球化进程的积极参与者。当然我们也经常提到,要打破或是重建这个秩序,但是打破也好,重建也好,难道这个打破和重建是以你自己的霸权去取代前面那个霸权么?如果是那样的话又有什么意义呢?对于全世界人民来说又有什么意义呢?只不过老二变成老大。

殷之光:就像鲁迅先生说的,"城头变幻大王旗""革命革命革革命"。

昝涛:这个事不能这么来看,也不能这么去干。我想到一个问题,被很多人认为是很好的问题:"'一带一路'和马歇尔计划有什么区别?"这个中国官方已经有中英文版的双语回答了。但我觉得将"一带一路"与马歇尔计划相提并论可能还不够恰当。可以和这个作比较的倒是美国在发展中地区的发展援助问题。我觉得这个比较或许要比主要针对欧洲的马歇尔计划更为合适,因为美国的发展援助恰恰是针对像越南、非洲、印度等这些发展中地区的。美国肯尼迪时代的和平队,是非常积极主动对第三世界进行发展援助的,而且这背后有一套非常强的意识形态,这个意识形态被称为"现代化"。北大历史系牛可老师翻译过《作为意识形态的现代化》这本书,这是新冷战史研究的代表作,或许可以从中得到一些有益的启示。

我认为,中原中心主义有两个品格。第一个是汉族中心主义,或者叫定居—农耕中心主义;第二个是发展主义。我们自身其实是有一个发展主义的,这一点我们从在新疆、西藏、内蒙古等边疆民族地区工作的汉族人和当地少数民族之间巨大的精神差异就能看出来。迁移过来的汉族人是为了赚钱的,他代表了一个世俗民族的精神状态,还要再加上非常强的发展主义的意识形态。这种思维方式在我们所说的丝绸之路经济带覆盖过去,很可能会出现大问题。

美国对外援助的想法也是简单的——我给你带来最先进的东西,你得接受我们的制度、管理理念、科学技术包括生产工具,它们都是最先进的,你凭什么不接受?

殷之光:这个话题又可以回到我们革命史的传统。毛主席针对民族问题提到过反对大汉族主义。您刚才提到的发展主义的态度,本质就是大汉族主义的——我一定对,你为什么不跟着我学?我们最重要的经验恰恰是如何能够在现有的政治经济条件下,通过学习达到改造目的。如果我不尊重你的环境、话语、习俗,我是没有办法改造你的。因为改造代表了一种自上而下的强压式。但如果我经过学习,经过到群众中去再从群众中来,有一个升华,这其实是我们在革命经验当中最强调的一个部分,叫做再教育。

昝涛:我在援藏时有个体会——治理这么巨大的一个国家,如此多元且还以区域自治为基础,作为这个国家的统治精英,必须要有对边疆民族地区的较为系统的常识性知识储备。说回到"一带一路"给我们的历史观打开的一个新视域,以我实际体会来讲,我们现在还没有创造出一个环境,让不同历史观的持有者愿意在一起对话,并且渴望通过这样一种平等的对话方式来阐释和发展出一种新的历史观。还得非常耐心等待,时间还没有到。

殷之光:我最近在看《毛泽东年谱》,很有启发。毛主席在谈"民主"问题时提到,有大民主和小民主的分别。毛主席觉得西方的议会民主就是一种小民主,就是维护各自利益。毛主席认为,我们需要一种大民主,这种大民主就是人民民主,是在人民当中有讨论的习惯和风气,在这个讨论之中,我们不代表个人利益,且有共同目标,可以通过讨论把政治推向前方。民主讨论结束后,在执行时便需要统一的行动,这便是集中制了。

昝涛:其实也就是人民民主专政的问题吧。施密特对于自由主义的批判中非常强调一点,就是自由主义者对自由民主的理解太肤浅了。自由民主主义突出的所谓议会代议制的这样一种方式,在施密特看来跟民主根本就没有任何关系。施密特说的民主实际上是强调了一种一致性、同一性,就是我们寻找一个共同体,当然他最后寻找到的是民族共同体,在这个共同体里面,有统治者,有被统治者,有代表者,有被代表者,他们之间的一致性才是真正的民主。

殷之光:从方法上,我可能更倾向于剑桥学派。剑桥学派谈民主问题,实际上将其视为历史发展中不断变迁的一个过程。我们无须去抽象出一个所谓的民主类型,讨论什么类型是最好的,而需要从历史现场去发掘民主的历史进程。相比施密特,他们更强调一个观念作为历史产物在其形成过程中的社会政治关系。我可能会对这种看法更有好感。而施密特讲的有点像神学,而神学是绝对的自上而下。所以在施密特那里是有一个纯粹的民主的。

昝涛:对,他有先验的东西,但把神学那套逻辑给世俗化一下,赋权给现代活着的人。

我谈的那套历史观/视域的问题,跟今天的学科发展有很大的关系。去世不久的北大历史学系刘浦江教授,他在传统史学里做出了巨大贡献,这只是一点;而他去世前可能还没有做完的是,对传统中国所谓正朔论的考察,对历史观的考辨,比如说金朝属不属于中国正统,历史上的争论,等等。他的考察一直从魏晋南北朝唐五代一直到清、民国时代,非常有意义,已经发表了几篇论文。刘浦江教授本身是一位受过非常严格的传统史学训练的人,在某种程度上,他的研究参与到了最近比较热的"新清史"所引发的一系列讨论之中。

我们刚才讲的"一带一路"、边疆问题、民族问题,尤其是涉及历史观问题的时候,我们实在无法绕过"新清史"所提出的问题意识。我不是说纯粹在一个清史研究的范畴里看这个问题,我们恰恰是在一个更广泛的社会科学的意义上来看待这个问题。这几年我看新清史,看杉山正明,还有剑桥的隋唐五代史、清史之类,看得出来,这里面都有很大的相关性。像姚大力教授这样研究民族史的人,甚至被批判为是没有资格谈论新清史的人,我在这里提新清史,可能更没有资格了。姚大力教授其实有他明显的优势,第一,他是研究元史的;第二,他对民族学、社会科学这些东西持非常开放的态度。因为他通过民族学进入到社会科学的话语体系里面,从而对这个问题产生了一个其实非常朴素但精准的理解。我看他的东西,他本身没有表达自己的什么独特观点,只不过让大家重视新清史所引起的历史观上的挑战,或者对于中国作为一个多民族的国家体系,从国家形成、国家建构来说,要跳脱出那种单纯以汉族为中心,以汉唐体制作为一种理解视角的主流史观,回到对北朝、辽、西夏、金、元、清这些非中原的视角或者地缘结构里,去看中国的建构过程。况且,最终中华人民共和国正是过去这个最大的清帝国疆域和民族的继承者。我觉得这些评论和呼吁意义重大。如果不正视新清史,我们今天的法统、道统如何论述和建立呢?过去的中原中心主义史观是解决不了这个问题的。

一些清史的研究者号称可以使用少数民族语言,但是在他们的研究中,少数民族语言只是辅助性的。对于新清史来讲恰恰相反,汉语是辅助性的,至少两者并重,甚至少数民族语言被作为一个最重要的史料。从这个角度看,新清史研究是一个世界史研究,不是传统以为的中国史研究,它属于内陆欧亚史的研究。传统中国史的断代史研究是不处理新清史提出的问题的。

殷之光:您的意思是新清史对我们的传统中国史学方法提出了一个巨大的挑战。

昝涛:对。从方法论的角度来说,帝国研究应该属于世界史研究。中国的学术话语里,中国史和世界史是分开的,世界史不研究中国。从这个角度看,这个划分是很狭隘的。

殷之光:从您这个角度出发,我觉得非常有必要对新清史做一下回应,同时也要把新清史的批判"消一消毒"。新清史批判的恰恰是我们这一代所习惯的历史教育和历史观。我们把中国和外国分开,把中国和世界分开,把汉族和少数民族分开。

昝涛:因为我们和少数民族的关系,过去是被处理为文明和野蛮的问题,后来也经常被处理为中央和地方关系的问题。但是中央和地方关系也只是在某种程度上内化、掩盖了文明和野蛮的关系,尤其是当你还觉得周边还是需要被教化的时候。所以,对于我们谈论更为广泛的"一带一路"来讲,不能忽略一本书——《世界历史上的中国》。因为时间关系,我们今天就先谈到这里吧。希望下次有机会再准备一个更为充分的对谈,把今晚谈论的问题深入下去。

(整理/北京大学历史系董雨)

"一带一路"格局中的文化战略问题*

"一带一路"作为中国对外发展的地缘战略、多边战略和全球战略,将对中国的政治、经济、社会、文化和生态文明等多个领域的建设产生深远影响。公元前2世纪,张骞凿通西域,横贯欧亚的丝绸之路绵延1600多年。1877年,德国学者费迪南·冯·李希霍芬首次将中国与西域国家的贸易之路称为"丝绸之路"。自元代以来,海上丝绸之路兴起,到明代中叶以后这条陆路贸易通道才逐步衰微,海上丝绸之路迅速发展。

学界普遍认为,丝绸之路主要有四条路线:第一条是"草原丝绸之路",主要指横贯在西伯利亚针叶林区和蒙古高原北部之间的一条比较平坦而干燥的草原地带。这条丝绸之路东起大兴安岭,向西经过北蒙古草原、哈萨克草原(锡尔河之北)、南俄罗斯草原(里海与黑海之北),一直到多瑙河。第二条是"绿洲丝绸之路",位于草原丝绸之路以南,把散布东亚、中亚、西亚各地的城镇和沙漠绿洲串联了起来。第三条是"南方丝绸之路",主要指南北向的道路网,把北边的河西走廊、陇中、陇南和汉中地区跟南方的青海、川藏、云贵地区以及再南的南亚次大陆、印支半岛连接起来。第四条是"海上丝绸之路",不同地区的沿海居民沿着亚洲大陆的海岸线不停地往远处延伸,逐渐形成了一个包括西太平洋、南海、印度洋以及红海在内的海上网络。① 草原丝绸之路时代早,遗存少,海上丝绸之路打捞难度大,学术界研究较多的主要是绿洲丝绸之路。

丝绸之路是中西方商贸往来的重要通道,更积极的结果却是文化的互相渗透。"从商贸活动到文化交流,是一个飞跃性的发展,带来了文化融合的多元格局,并汇集为开创新时代的动力。"②文化具有渗透、引领、统和与整合的多重功能,"一带一路"战

---

* 本文作者向勇,北京大学文化产业研究院副院长、教授;肖怀德,北京大学艺术学博士、应用经济学博士后。
① 张信刚:《丝绸之路的昨天、今天、明天》,《书城》,2015年第8期。
② 袁行霈等主编:《中华文明史》(第三卷),北京:北京大学出版社,2006年,第58页。

略作为一种开放国策和外交战略,是一次中国经济转型的外部机会,是一次中国产业结构调整的国际机遇,应该高度重视"一带一路"格局中的文化战略问题。

一、实施"一带一路"文化战略的时代背景

"国之交在于民相亲,民相亲在于心相通。"延续近两千年的古代丝绸之路,其真谛不仅是经济意义的"商贸物流之路",更是文化意义的"民心相通之路"。古丝绸之路文化交流为我们留下了丰富的历史文化遗产。总体上,传承弘扬了"和平合作、开放包容、互学互鉴、互利共赢"的丝绸之路精神,在交流交往中形成了包容开放、你中有我、我中有你的"和合共生文化"。

按照"制度""物质"和"精神"层面来理解,"一带一路"的文化交流首先表现在制度文化的交流。无论是隋炀帝在张掖举办的万国博览会,还是唐代长安形成的万国来朝景象,中国的制度文化与西域国家得以相互交流传播。其次是物质文化交流。中国的丝绸、瓷器、铁器、茶叶等商品不断地输往西方,西方的良种马、皮毛制品、珠宝、香料、核桃、胡萝卜、苜蓿等物产输入中国,丰富了各自人民的生活。再次是精神文化交流。丝绸之路连通了古中国文明、古罗马文明、古伊斯兰文明和古印度文明等世界主要文明体系,在这里曾经活跃的宗教包括佛教、伊斯兰教、摩尼教、祆教、景教等,西方的佛教、伊斯兰教等宗教思想传入中国,佛教同中国儒家文化和道家文化融合发展,给中国人的宗教信仰、哲学观念、文学艺术、礼仪习俗等留下了深刻影响,中国的音乐、绘画、文学等深深留下了西域文化的烙印,胡旋舞传入中国,犍陀罗佛教艺术东传,中国绘画西传影响到波斯绘画。最后是民族文化的交融交汇。在欧亚大陆上,吐火罗人、斯基泰人、汉人、羌人、粟特人、突厥人、蒙古人等不同族裔的居民曾在这里生产生活,先后有罗马帝国、波斯帝国、安息帝国、蒙古帝国、突厥帝国、贵霜帝国、大汉帝国在这片土地上统治,出现了阿拉美文、叙利亚文、回鹘文、粟特文等不同文字,突厥、匈奴、吐蕃、月氏、党项等多个少数民族与汉族既有战争,也有融合。

今天,国家"一带一路"战略的实施,是中国自改革开放以来首次实施的面向全球的国际化战略,旨在立足沿线各国共同发展需要,打造政治互信、经济融合、文化包容的"利益共同体、责任共同体和命运共同体",赋予了古老的丝绸之路以崭新的时代内涵和历史使命。习近平主席指出:"民心相通是'一带一路'建设的重要内容,也是关键基础。强调弘扬丝路精神,就是要促进文明互鉴,尊重道路选择,坚持合作共赢,倡导对话交流。'一带一路'战略构想涉及几十个国家、数十亿人口,这些国家在历史上创造了形态不同、风格各异的文明,建设'一带一路',需要继承和弘扬'丝路精神',充分发掘沿线国家深厚的历史文化资源,积极发挥文化交流与合作的作用,促进不同文明共同发展。这将有力推动形成'五色交辉,相得益彰;八音合奏,终和且平'的当代

文明交流盛况,为中国也为世界的和平发展营造良好环境。"[①]人民之间的"心心相通"是文化发展的根本使命,也是人民之间稳固交往的深层保障,更是共同建设"一带一路"的基石。命运共同体的构建离不开文化的交流与文明互鉴,"一带一路"战略的实施迫切需要坚持文化先行,制定与之相呼应的对外文化战略。

二、实施"一带一路"文化战略的历史意义

1. 有利于"一带一路"战略的顺利实施

习近平主席强调:"'一带一路'战略坚持共商、共建、共享原则,不是封闭的,而是开放包容的;不是中国的独奏,而是沿线国家的合唱。不是要替代现有地区合作机制和倡议,而是要在已有基础上,推动沿线国家实现发展战略相互对接、优势互补。"[②]但是,面对中国的强势崛起,仍然有很多沿线国家持保守和观望态度。一方面,面对巨大的经济利益,它们不愿意放弃赚钱的机会,如美国的盟友和合作伙伴加拿大、澳大利亚、英国、德国、法国、意大利、卢森堡、瑞士也纷纷成为亚投行的意向创始成员国。另一方面,他们仍然担心中国的资本扩张和产能输出对本国的全球利益平衡带来威胁。

文化是人类共同的情感积淀,艺术是人类共同的审美追求,文化的力量超越时空,跨越国界,无论国与国之间在意识形态、社会制度、宗教信仰上有多大差异,在文化艺术的交流、文明的互鉴上人类永远是敞开胸怀、没有隔阂的。文化的交流合作与意识形态斗争、资本输出不同,是增强政治互信、经贸交往的重要润滑剂和软支撑。在文化的交流合作过程中,不同民族、国家之间增进了理解、信任、欣赏和包容,促进了相互认同、接纳,克服了猜忌与隔阂,消除了偏见和误解。有了文化的认同作为基础,就如同搭建起了一片铺路石,为政治互信、经贸往来扫除了障碍。

2. 有利于重构世界文化版图

当今时代,世界文化的主导权始终掌握在欧美发达国家手中。以希腊、罗马为起点的西方基督教文明后来分流成两支主要的文化体系,一是现代的欧洲文化体系,二是现代的美国文化体系。欧洲文明经过启蒙运动、文艺复兴、新教运动等推动,以其精致的文化特征,在哲学思想、时尚文化、现代艺术等方面引领世界潮流,美国在现代民主制度、普世价值观和娱乐工业等领域占据世界制高点。这两个文化体系占据了现代世界文化版图的核心。

欧亚大陆小国林立,宗教冲突不断,政局动荡,在文化上始终处于一盘散沙的境地,缺乏一种共同的文化纽带,形成一股能与欧美相抗衡的文化力量。中国与"一带一路"沿线国家有着共同的丝绸之路文化交流记忆,与一些国家还有着共同的民族血

---

① 引自习近平在中国—阿拉伯国家合作论坛第六届部长级会议上的演讲。
② 引自习近平在博鳌亚洲论坛 2015 年年会上的演讲。

脉联系,有着天然的文化纽带。"一带一路"战略的实施,将以丝绸之路文化为纽带,"在尊重多元文化、宗教、种族、历史的前提下,形成包容、共存、共赢的'欧亚文化体系',改变没有共性的亚洲文化现状,改变'一盘散沙'的局面,重构全球文化图谱,重构亚欧大陆的当代文化观念"。①

3. 有利于拓宽中国对外文化的发展空间

当前,中国在文化上的国际影响力、传播力和感召力与作为世界第二大经济体的经济大国的地位还不相称,文化走不出去,传播不开,国际文化格局中依然是西强我弱。

首先,国际舆论议题设置权掌握在西方手里。美联社、路透社、法新社和合众国际社西方四大通讯社占据世界新闻发稿量的80%。其次,国际主流信息的发布权掌握在西方手里。"美国控制着全球互联网唯一一台主根服务器和十二台副根服务器中的九台;全球80%以上的网上信息和95%以上的服务信息由美国提供。超过2/3信息流量来自美国。而中国在整个互联网的信息输入流量中仅占0.1%,输出流量只占0.05%。"②再次,国际文化市场的主导权掌握在西方手里。"美国的文化产业在世界文化市场中占43%,欧盟占34%,日本占10%,中国占比不到4%。"③中国文化贸易长期处于逆差境地。"据中国海关公开发布的统计数字,2010年,虽然中国核心文化产业进出口总额143.9亿美元,输出引进比仍高达1∶3。以演艺产品为例,中国引进和派出的文艺演出每场收入比约为10∶1,全部海外商业演出的年收入不到1亿美元,不及国外一个著名马戏团一年的海外演出收入。"④最后,中国文化自身的实力还较弱。文化发展观念和文化管理体制相对落后。文化体制改革取得了一些成就,但计划经济思维没有完全破除,文化市场体系还很不完善。文化市场主体实力不强,国有文化企业的行政化色彩还较浓,缺乏世界级的文化企业集团。文化原创能力不足,缺乏有国际竞争力的经典文艺作品和文化品。"文化走出去"手段单一,话语表达体系很难赢得国际社会接受和认同,主要由政府主导,容易被看成是"国家宣传"。民营企业、民间机构、智库在国际文化交流合作中作用发挥不足,等等。

"一带一路"沿线国家大部分属于发展中国家,既是经济上的"洼地",也是文化上的"洼地",欧美国家的价值观和文化产品还没有完全占领。中国与这些国家因丝绸之路而有着明显的文化互补性、价值相通性,如中国的新疆、宁夏等省份与中亚、中东的伊斯兰国家在宗教信仰上有相通性,如中国的佛教文化与"一带一路"沿线的佛教

---

① 转引自曹星原于2015年5月30日在由中央党校主办的"一带一路"文化融合论坛所作的主题为"'一带一路'——全球文化图谱重构"的演讲。
② 东鸟:《中国输不起的网络战争》,长沙:湖南人民出版社,2010年。
③ 转引自邹爱华:《文化产业需适当放开市场》,《中国教育报》,2012年3月9日。
④ 陈汉辞:《解码文化贸易逆顺差》,《第一财经日报》,2012年6月1日。

国家如泰国等有相通性,如中国西域的少数民族月氏后来西迁到今天的哈萨克斯坦、塔吉克斯坦和阿富汗一带,如云南、广西等省份的少数民族与许多东南亚国家民族同祖同源,等等。"一带一路"文化战略的实施,有利于绕开与欧美强势文化的直接对抗,为中国对外文化交流交往开辟一片广阔的发展空间,弥补中国对外文化的短板。

4. 有利于实现中国内部文化发展的战略平衡

改革开放以来,东南沿海省市依托沿海区位优势和国际资本优势,率先在经济上富裕了起来,从而在文化发展上也率先崛起。西北、西南等省份因为经济发展的相对落后,在文化发展上也比较滞后,呈现出明显的东高西低的不平衡格局。但是这些地区是中华民族的发祥地,是东西方文明交流的通道,是多民族文化交融交汇区,文化多元多样,是中华优秀传统文化的集聚区。"一带一路"战略的实施,西北、西南省份是"一带一路"的重点省份,它们从改革开放的后方,成为改革开放的前沿。"一带一路"文化战略将有利于增强这些地区的文化后发优势,激活中国特色文化资源,打造中国特色的文化产品和文化产业,从而扭转中国文化发展的区域不平衡局面。

三、实施"一带一路"文化战略的重点任务

1. 加强"一带一路"文化议题的智库研究

孙子兵法云:"知己知彼,百战不殆。"学术研究、理论创新是实践发展的前提,当前中国现有大学、科研机构的中亚研究、中东研究、东南亚研究领域往往处于边缘类学科,而且往往集中在政治、经济、历史等领域,针对这些地区的文化研究成果甚少。要加强对沿线国家的历史文化发展脉络、丝绸之路文化遗存、当代国民文化心态的研究,了解这些国家当前的文化发展状态、文化合作和文化消费需求。比如作为大国博弈"棋眼"的中亚地区,地缘文化在不同历史时期形成了"累层式结构",先后受到突厥文化、伊斯兰文化、俄罗斯文化、西方文化、中国文化的影响,当前它们是否处于"文化认同选择的窗口期"？认同俄罗斯文化还是去俄罗斯化？认同泛突厥主义还是反对泛突厥主义？认同伊斯兰极端主义还是反对伊斯兰极端主义？认同西方文化还是提防西方文化？这是中亚各国实现民族文化塑造时面临的战略性问题。比如今天的巴基斯坦、尼泊尔、孟加拉国、缅甸、泰国、老挝、柬埔寨、马来西亚、新加坡、印度尼西亚和斯里兰卡等国都曾经长时期受到印度文化的辐射影响,印度文化在它们各自的文化传统中留下了印记,今天印度文化对它们的影响如何？等等。要整合人文社科类智库力量,加强"一带一路"文化交流、文化传播、文化产业合作、文化贸易、文化旅游合作、互联网文化合作、文化安全、文化外交等领域的研究,为文化交流合作提供参考借鉴的研究成果。只有通过研究这些国家和地区的文化形态以及与它们进行文化交流合作的有效路径,才能找到"一带一路"文化战略的切入口,找到文化交流与合作的突破口。

2. 加强对丝绸之路文化资源的保护、传承与创新

古丝绸之路距今历史久远,往往留下的只是保存在博物馆的文物、大地上的文化遗产和大量的经文、古籍,仅敦煌莫高窟就保存了从公元 4 世纪到 10 世纪的洞窟 735 个,彩塑 3 000 余身,壁画 4.5 万平方米,而我们当前的挖掘整理也大多数停留在考古挖掘、展览展陈层面,如何在坚持保护的基础上,让丝绸之路文化得到有效的传承与弘扬?如何让这些文物、遗产、古籍活起来?需要坚持保护、传承与创新的协调统一。

在保护上,巩固和扩大丝绸之路联合跨国申遗成果,加大对丝绸之路上的世界文化遗产的保护力度,加强在文化遗产保护与管理领域的交流互动。中国在文化遗产保护与管理上有着丰富的经验,尤其是以敦煌研究院为代表的文物保护与管理机构在文化遗产保护的技术研发、文化遗产数字化、文物保护与旅游开发矛盾的平衡等诸多领域处于世界一流水平,要加强与沿线国家在这些领域的共同研究、研讨和技术输出。

在传承上,要挖掘整理、提炼丝绸之路文化的人物故事、价值内涵和精神追求。在古丝绸之路的商贸文化交流、思想文化交流、佛教东传、民族迁徙、征战西域的过程中,诞生了玄奘、鸠摩罗什、法显、霍去病、郑和、张骞、班固、利玛窦、马可波罗、斯文·赫定等历史人物,有蒙古东征、大月氏西迁、锡伯族西迁、万国博览会等丰富多彩的历史事件,他们的故事是现代丝绸之路艺术表达的重要素材,需要进行深度挖掘和整理。在丝绸之路文化交流中,有哪些文化内涵和精神价值具有现代意义?如何在培育和践行社会主义核心价值观和提升国家文化软实力中发挥积极作用?这些都需要系统的梳理研究。

在创新上,一是推动文化科技创新。依托数字化、智慧化、沉浸式新媒体等多种现代科技手段,打造数字化展览展示、虚拟现实空间等多种形式,实现对丝绸之路文化遗存的创造性转化和创新性发展。二是文化内容创新。用影视、音乐、舞蹈、绘画等艺术形式实现对丝绸之路的现代艺术表达,讲好丝路故事。整理古丝绸之路留下的故事资源,组织现代艺术家对古丝绸之路进行采风、写生,创作一批既传承丝绸之路文化,又具有时代精神的现代艺术作品。比如,喜多郎、马友友的丝路音乐创作,井上靖创作的《敦煌》,丝路花雨、大梦敦煌的丝路舞蹈创作,日本 NHK 电视台先后五次拍摄丝绸之路纪录片,这些都是很好的尝试。

3. 构建文化交流、文化传播与文化贸易等"三位一体"的对外文化格局

文化交流是不同国家之间的文化互动过程,文化传播是依托现代媒介对文化主张和价值观念的对外表达,文化贸易是依托文化产品从而实现文化消费的行为。在多元化、多层次对外文化格局中,三者之间既相互统一,又相互影响,甚至相互渗透,在文化交流过程中要倚重传播媒介实现传播效益最大化,发挥好市场和民间力量的作用,在文化传播过程中要注意话语体系表达的平等、尊重和国际化,在文化贸易过程中要尊重各国对文化安全和文化主体性的关切,实现文化产品的你来我往。

在文化交流上,改变传统的政府"送文化"的思路,改变传统的以输出为主文化走出去模式,而应进入交流、互动与合作的新阶段,建立多元文化相互接触、交流的"文化共同体"。① 一是促进文化交流主体多元化。在做好政府间文化交流对话的同时,要加强民间往来和学界、智库的交流合作,倡导和鼓励各类基金会、社团等非政府组织,依法组织赞助各类研究项目、学术会议和文化交流活动。培养一批具有国际视野、融通豁达的"文化使者"。二是不断拓展文化交流内涵和形式。在现有的语言、基地、活动等文化交流形式基础上,积极探索文化"走出去"的新方式和新方法,努力向世界展现本国优秀文化创新成果。积极开展科技、教育、卫生、旅游、体育等领域的人文交流合作,形成统筹协调的"大文化"外交格局。三是积极开展国际多边文化合作。在尊重《世界文化遗产公约》《文化多样性宣言》等国际性文化公约基础上,积极参与联合国发起的多边文化合作活动,举办国际性文化论坛、大型体育文化活动,营造和平发展的国际文化环境。

在文化传播上,加强对外文化传播能力建设,实施好"丝绸之路影视桥"工程和"丝路书香"工程,鼓励国内传媒机构在沿线国家上星落地,与沿线国家传媒机构共同制作影视节目、纪录片等传播产品,鼓励国有和民营资本对沿线国家传媒机构进行并购重组。

在文化贸易上,在尊重各国文化差异和对文化安全的合理关切的前提下,减少乃至消除各国之间的文化贸易壁垒,扩大文化产品、文化要素跨国界跨区域自由流动。一是借船出海。将文化内容植入现代科技产品、互联网产品,在输出硬件产品的同时输出文化软性产品。二是大力加强文化产业、旅游产业交流合作。在藏羌彝文化产业走廊和特色文化产业发展的基础上,建设丝绸之路文化产业带和丝绸之路旅游经济带,针对"一带一路"沿线国家的文化消费需求,支持文化企业开展国际战略合作,共同开发具有丝绸之路特色的文化产品,打造丝绸之路特色精品旅游线路。

4. 搭建"一带一路"文化传播的战略平台

"一带一路"国家文明形态多样,价值信仰多元,如果没有国家来主导构建平等互鉴、包容开放的文化交流合作平台,不同文化之间的冲突、隔阂无法避免,各类文化的杂音也无法根除。中国作为"一带一路"战略的倡议国,要在促进文明互鉴和文化交流中主动作为,在文明互鉴与文化交流中承担应有使命,主动加强与"一带一路"沿线发展中国家的文化对话和交流,达成文化合作共识。在文明对话中互相尊重,取长补短,增进了解,消除分歧。无论大国小国、强国弱国,只有坚持和而不同、求同存异,"己所不欲,勿施于人",才能促进文化的平等交流和文明的共存共荣。着力办好丝绸之路(敦煌)国际文化博览会,以丝绸之路精神为价值引领,以"推动文化交流,共谋和

---

① 陈少峰:《建立文化交流的贸易新机制》,《人民日报》,2015 年 8 月 18 日。

平发展"为宗旨,打造丝绸之路国际文化交流合作的重要平台、中华文化走出去的重要窗口、丝绸之路经济带建设的重要支撑。抓住关键少数,开展政府间高级别文化对话和多层次、多主体的文化交流合作,积极主动发声、主动作为,在国际范围内取得丝绸之路文化交流的议题设置权、话语主导权和表达主动权。

5. 抢占"一带一路"网络文化的价值高地

近年来,中国互联网产业飞速发展,现在已经是世界最大的互联网市场,有超过6亿的网民和接近6亿的手机网民,互联网已经成为文化传播与文化消费的主阵地,新媒体成为最具影响力的传播媒介。"新媒体使人们可以超越地缘、血缘、业缘限制,依个人兴趣进行交往互动,并自愿结成社群。各种趣缘群体在虚拟空间蓬勃生长,突破时空结构壁垒和社会结构束缚,形成新的文化群体和文化现象。与此同时,诸如民族文化、宗教文化等在人类发展中形成的既有文化形式,也借助新媒体突破地域限制,在全世界传播。这些都使原有的文化边界被打破,推动形成新的世界文化版图。"[1]要依托中国现有的互联网技术和发展优势,积极与"一带一路"沿线发展中国家的互联网领域进行战略合作,建设"信息丝绸之路""网上丝绸之路",实现信息流、物流在互联网、移动互联网上的互联互通,让文化信息、文化产品乘上互联网的"翅膀",占据互联网文化生产、传播、消费的制高点。

四、实施"一带一路"文化战略的重点问题

1. 与国家文化战略、区域文化战略的衔接问题

党的十六大以来,国家高度重视文化建设,深化文化体制改革,激发文化创造活力,建设社会主义文化强国,文化战略成为国家战略。党的十八大以来,习近平总书记站在中华民族伟大复兴的高度,对国家文化战略发表了一系列重要讲话,提出了一系列新思想、新观点、新要求,中央密集出台了一系列支持文化建设的政策意见。总结起来,当前国家文化战略面临双重使命:一是增强国家软实力,二是重塑国民核心价值观。作为经济大国,我们的文化在国际上的影响力、认同度和感召力还不高,迫切需要提升国家文化软实力占领道义的制高点。鲁迅对民族劣根性的批判,对改造国民性的追问到今天仍然存在,市场经济对中国传统伦理和价值的冲击,迫切需要以文化建设来实现价值重建、精神凝聚和信仰重构。"一带一路"沿线省份在国家文化战略指引下,近些年来也纷纷制定设计了全省区域性文化发展战略,如甘肃正在加快建设华夏文明传承创新区,云南提出建设民族文化强省目标,等等。"一带一路"文化战略要充分做好与现有国家文化战略和区域性文化战略的衔接,兼顾国际国内两个大局,不能另起炉灶,做到对外合作与自身建设并行发展。

---

[1] 谢新洲:《新媒体推动世界文化变革与重构》,《人民日报》,2015年9月20日。

2. 与政治、经济、外交战略协同互动问题

"一带一路"战略是中国面相全球的国家战略,既有大国博弈、"中亚棋眼""东盟合作"的地缘政治考量,也有存量资本和充足产能的"经济洼地外溢"考量,更有秉持"亲、诚、惠、容"的周边外交理念,经略周边、平衡大国的外交考量。当今,文化已经不是孤立的领域,与政治、经济、外交相互渗透,相互融合。"一带一路"文化战略也要充分关照国家在地缘政治、地缘经济和地缘外交的战略考虑,积极发挥文化的软实力作用,主动与政治、经济、外交战略协同互动,融入国家对外战略大局。

3. 文化安全问题

习近平总书记提出总体安全观,"没有一个国家能获得脱离国际安全环境的自身安全,没有一个国家把自身安全建立在其他国家不安全的基础之上"①,文化安全是国家安全的重要组成部分。"一带一路"面临国家政局动荡、地区冲突、领土争端、恐怖主义、分裂主义、极端主义、能源安全、水资源安全、环境安全等许多传统安全和非传统安全挑战。文化安全上,同样面临意识形态差异、宗教信仰不同、文化保守主义、西美国家意识形态和价值观渗透等多重挑战,我们在充分推进"一带一路"文化交流合作的同时,要把好"文化安全"这根弦,坚决抵制西美国家借助文化输出实现意识形态渗透和"和平演变"的企图,坚持维护国家在"WTO"框架下的文化贸易合法权益,始终贯彻国家总体安全观,树立开放包容的共同文化安全观。坚决摒弃冷战思维与零和博弈,坚持求同存异、聚同化异,以合作求和平、谋发展、促安全,在追求自身安全时考虑他方安全,在寻求自身发展时促进共同发展,构建在文化合作交流和包容互鉴基础上的共同文化安全。

总之,实施"一带一路"文化战略,是"一带一路"战略的重要组成部分,是实现"政策沟通、设施联通、贸易畅通、资金融通、民心相通"等五通的基本保障,既是"一带一路"战略实施的实践过程,又是"一带一路"战略实施的根本目标。

---

① 转引自习近平在博鳌亚洲论坛2015年年会上的演讲。

土耳其、"欧亚主义"与"丝绸之路经济带"

——一则思想史的侧记*

去年年底,我在华东师范大学参加了一个中俄两国青年学者的培训班,其间,让我讲了一个题目,叫"土耳其与欧亚主义"。确切地说,"欧亚主义"这个概念与土耳其的关系就是从那个时候开始走进我的视野的。不过,当时我主要还是从"新奥斯曼主义"与"泛突厥主义"这两个角度来讲土耳其的国家定位,认为"新奥斯曼主义"是当代土耳其对外战略的支柱之一;对所谓的"欧亚主义"只能说是有一些模糊的感觉。近来,受到"丝绸之路经济带"这个时代命题的刺激,我又重新将原来的"命题作文"翻拣出来,希望能够从某种思想史的角度,再做一番思考。

一、引子:近世土耳其人的东方游记

19世纪末20世纪初的时候,有一些奥斯曼土耳其人来到了东亚,尤其是对日本、中国进行了访问,并且留下了一些游记类的文字。除了记述当地的风土人情,这些日记文字的一个重要方面是揭示出当时的土耳其的穆斯林如何看待东亚。简单来说就是,当时的奥斯曼土耳其人非常赞赏日本,同时非常鄙视中国。

奥斯曼土耳其人赞赏日本的原因很简单。一是他们了解到也看到日本人实现了国家的进步(也就是后世所说的现代化)和强大,日本甚至打败了曾经强大的中国(1894年)和一直强大的俄国(1905年);二是日本人非常地文明化,尤其是很讲究卫生,为人彬彬有礼,非常讲究生活的细节;三是日本人在实现现代化的过程中并没有丢

---

* 本文系盘古智库"土耳其与中亚研究系列课题"的阶段性成果,为了阅读的通畅性,发表时删去了有关注释。作者昝涛,北京大学历史学系副主任、副教授。

掉自身的传统,不管是在服饰还是习俗方面,日本人仍然珍视自身的传统。这几个原因使得奥斯曼土耳其人不仅非常地羡慕日本人,而且从穆斯林的立场进行了阐发。

当时,初步认识了日本的奥斯曼土耳其人进一步断言,日本潜在地是一个真正的、理想的穆斯林民族与国度。日本人的文明化、进步与对自身传统的珍视,正是穆斯林应该做而没有完全做好的事情,而没有信奉伊斯兰教的日本人反而做到了。由此,在他们看来,日本要变成一个真正的伊斯兰国家并不难,因为它的种种美好的方面已经潜在地是一个穆斯林民族了,后面的事情就只是一个名义和时间的问题了。这些奥斯曼土耳其人希望日本人能够接受伊斯兰教。

对当时的奥斯曼土耳其人来说,他们之所以如此看重日本,除了认识到它的先进、强大与文明之外,更重要的是奥斯曼土耳其人把日本视为黄种人的骄傲,视为东方人和亚洲人的骄傲。同样面临列强压力,同样在追求现代化的奥斯曼土耳其人,尽管对自身问题的认识非常深刻,但是,并没有实现日本那样的进步,尤其是感觉到帝国的问题重重,要达到日本的高度,不是一时半会儿可以实现的。但是,作为自我定位在亚洲和东方的奥斯曼土耳其人,他们在当时有一个强烈的群体意识,那就是,东方的落后与西方的进步,使得东方民族普遍地处于水深火热的危机之中,东方人面临失败和灭亡的危险,在这种情况下,东方人必须团结起来。这种团结,最初是一种泛伊斯兰主义的主张,即团结起所有的穆斯林来,进行圣战,对抗西方殖民/帝国主义。几乎与此同时,他们发现了日本,就顺势把日本当成了东方人的领袖,并认为,只有日本有能力带领东方人走向进步并战胜西方人。当时持这种想法的中国人也是有的。

关于中国,这些奥斯曼土耳其人也有很多记载和断言。但普遍的感受是,中国大而虚弱,中国人多而散漫,没有法治,尤其是中国人非常脏,不讲究个人卫生,卑琐又不懂礼貌。这些都与日本人形成了鲜明的对比。土耳其的旅行者在自己的记述中,对中国,他们没有看到希望。

上推一百年,日本人和作为外来观察者的土耳其人有一个共同认知,那就是东西方是不一样的,日本人是东方人的希望所在。他们认为,只有日本才具有拯救东方的能力。在土耳其人的观察里,日本的这种能力不是基于它的特殊性,而是基于它的普世性,这种普世性不仅是用通俗的标准来看的,而且是基于伊斯兰标准来看的,伊斯兰标准不是一个特殊性的标准,而是一个普世的标准。在这个普世的标准所衡量下的日本,仍然是先进的,所以才是有希望的。

奥斯曼土耳其人对19世纪末20世纪初的日本的观察,渗透着对东方民族命运的深切关怀和自我观照。这个意识在西方占主导的世界现代史上,成为东方民族的普遍忧思,至今仍然如此。这就是东方民族主义的内在困境:既要实现现代化(模仿西方),又要建构自身的认同。这两者是有困境的,实现现代化必然就意味着去承认西方的先进,要去学习和模仿西方,但是建构自身的认同,又要求自己与西方不一样,而且害怕失去自我,必须有一个独特的自我。这样,问题就来了:一个模仿西方的东方民族还能够是它自己吗?

二、作为一个概念的"欧亚主义"

最初接触欧亚主义这个概念,还是多年前在翻译一篇与苏联/俄罗斯发展有关的文章的时候,"欧亚主义"(英语:Eurasia;俄语:Evrazia;土耳其语:Avrasya)是20世纪二三十年代出现在苏俄的,在苏联解体后得到复活,所谓"新欧亚主义"的代表就是俄罗斯人亚历山大·杜金(Aleksandr Dugin)。"欧亚主义"这个概念,学术界一般是将其与俄国的文明/国家定位联系起来看的,俄罗斯这个国家的身份/认同一向存在"西方vs斯拉夫"之争。说到底,也就是我前面提到的那个东方民族主义的内在困境在俄罗斯的表现形式罢了。

"西方vs斯拉夫"这个争论可以追溯到17世纪,也就是从那个时候开始出现了"西方化"与"斯拉夫主义"的分歧。这个分歧发展到19世纪与20世纪的时候,就逐渐成了"大西洋主义"与"欧亚主义"之争。大西洋主义者(Atlanticists)认为俄罗斯应该认同西欧与美国阵营,而欧亚主义者(Eurasianists)强调的是东欧与中亚对俄罗斯发展的重要性。具体来说,在1945—1990年间,所谓的大西洋主义者认同的是西欧或美国,而在1990年以后,大西洋主义者已经不再区分西欧或美国,而统一地将其视为一个"西方"。关于俄罗斯的这个身份/认同的内在矛盾,已经有很多学者谈过,其中亨廷顿在《文明的冲突与世界秩序的重建》一书中也谈得比较详细。

三、追求现代化的土耳其

对土耳其这个国家来说,问题是有相似性的。不过,"欧亚主义"这个词是在冷战后逐渐传播开来的,迄今在土耳其的影响也不是特别大。要讲清楚土耳其的这个故事,还需要插播另一段政治思想史的内容。

一般的中国读者都知道土耳其国父凯末尔·阿塔图尔克(Kemal Ataturk)领导的革命和激进的西方化改革,不过,对于凯末尔时代的土耳其人来说西方化主要还是体现在内政上,外交上直到第二次世界大战末期,土耳其共和国一直奉行的是某种孤立主义的政策。至少从奥斯曼帝国晚期开始,在土耳其就出现过关于国家发展的不同思潮,整体而言,占据主流的都是支持现代化或变革的,都意识到再不搞改革国家就不行了。不过,在改革的思路上又存在较大差异,可以大致分成"部分西化派""伊斯兰现代主义者"和"全盘西化派"。

"部分西化派"是早期的改革主义者,类似于中国的洋务派,他们相信西方的优越性,但是无力挑战国内的既有体制,最终形成的是一种本土和西方并存的"双元结构";"伊斯兰现代主义者"在思想上更为成熟和深刻,他们不是一般意义上的"体"/

"用"二元论者,而是坚信西方的那些优越性从伊斯兰传统中都能找到依据,从而在总体上支持现代化,但不相信西方的价值优越论,认为伊斯兰与现代化不矛盾;"全盘西化派"以青年土耳其党人(早期的凯末尔主义者也是青年土耳其党人的一部分)为代表,他们将传统视为进步的障碍,意欲以一种秋风扫落叶式的狂飙突进方式将土耳其提升到欧洲文明的高度,与伊斯兰现代主义者不同的是,青年土耳其党人没有心思严肃谨慎地对待自身的伊斯兰传统。

从国家对外战略的角度来说,20世纪初的土耳其还迷茫在西方化、泛伊斯兰主义和泛突厥主义交织的复杂选项中。泛伊斯兰主义号召全世界穆斯林团结起来,在哈里发的领导下反对西方殖民主义;泛突厥主义意识到中东地区穆斯林不同民族之间的差异和离心离德,把注意力转到内陆欧亚地区广大讲突厥语的不同民族身上,梦想着将这些人团结起来,复兴或建立一个所谓的突厥帝国。最早传播这种想法的是俄罗斯统治下的鞑靼知识分子,他们有一些人后来移民到了土耳其,对泛突厥主义在土耳其的传播产生了巨大影响。不过,在政治上和军事上,泛突厥主义无论是在中亚、伏尔加河流域、克里米亚,还是在土耳其,都失败了。最终,几经起落,它在当下的表现形式主要有:一种文化民族主义的情结;少数极端民族主义者的幻想;土耳其对内陆欧亚地区的政策的某种精神内核,却又不得不去加以掩饰。

四、"无所适从"的国家

在亨廷顿关于文明冲突理论的阐述中,他重点提到了俄罗斯、土耳其与墨西哥,说它们属于典型的"无所适从"的国家。"在从事这项事业(指现代化——引者)和抛弃伊斯兰的历史时,基马尔(今译凯末尔)使土耳其成了一个'无所适从'的国家,一个在其宗教、遗产、习俗和体制方面是伊斯兰的社会,但是其统治精英却决心使它成为现代的、西方的和与西方一致的。"对于俄罗斯而言,重要的问题是自己到底该在欧亚认同还是西方认同之间做出选择。

在亨廷顿看来,土耳其、俄罗斯这样的国家,在整体上可以看做是一个内部具有文明一致性的实体,也就是说,俄罗斯是东正教文明,土耳其是伊斯兰文明,在它们的内部,并不存在明显的、文明圈意义上的断裂。但在对外的地缘和文明定位上,就面临"无所适从"。

五、从泛突厥主义到欧亚主义

1923—1945年的土耳其是孤立主义阶段。1945—1990年的冷战时期是土耳其一边倒向西方阵营;冷战末期以来,土耳其面临重新建立国家定位的问题,主要是世界格局和地区形势的改变,使土耳其失去了原有的战略地位,它必须重新寻求一个新的国家战略。

冷战后,土耳其重新寻求国家定位的过程充满了矛盾性。由于中亚和高加索地区出现了很多新的独立主权国家,这些国家中有相当一部分是讲突厥语的,也是信奉伊斯兰教的。在20世纪90年代前半叶,土耳其有相当一部分人认为可以复活泛突厥主义的梦想,建立一个从伊斯坦布尔到中国的突厥语国家联盟。土耳其的总统厄扎尔、德米雷尔都曾致力于此,不过,他们很快就发现,中亚国家对土耳其的泛突厥主义企图抱有很深的疑虑,这些国家对土耳其要在苏联之后做"大哥"的想法很是反感,尤其是土库曼斯坦、乌兹别克斯坦的反对态度更为明确。这使得土耳其不得不收缩其战略图谋,尤其是尽力避免在政治上和国家间关系上过多使用"突厥元素"。更主要的是把突厥元素注入文化、教育、民间交往等软性领域,当然,它的这种做法在中亚国家民间还是取得了良好效果的。

在上述策略调整的过程中,俄罗斯的"新欧亚主义"运动的代表杜金"瞄上"了土耳其,并将其运动和思想输出到土耳其,在近十年间吸引了不少土耳其的学者、知识分子、媒体人士、政党领袖、非政府组织的兴趣,甚至在军方也有其拥趸。

杜金针对土耳其的欧亚主义宣传主要是强调建立土耳其与俄罗斯的亲善关系,形成在欧亚地区的互补与互助,建立所谓的"土俄轴心"。欧亚主义对于土耳其的政治精英来说,现在是作为泛突厥主义的替代物来使用的,因为以土耳其只是作为一个地区性国家的实力来说,它能够发挥影响力的主要还是讲突厥语的不同国家。以欧亚主义这个区域概念代替泛突厥主义这个令多方不安的提法似乎更好,也能更好地服务于土耳其的国家利益。

六、土耳其与丝绸之路经济带

土耳其现在是世界第16大经济体,是G20的重要成员国,是北约成员国中陆军实力仅次于美国的国家,也是综合实力最强的伊斯兰国家。土耳其有一个百年梦想,就是在经济实力上能够在建国一百周年的时候(2023年)进入世界前十名。当前他国内政局不稳,地区外交也陷入困境,经济也显著放缓,面临多种困难与挑战。

对于内陆欧亚地区(Central Eurasia),土耳其的战略主要还是立足于扩大市场份额,将自身打造成为这个地区丰富能源的转运通道国家,同时利用语言、宗教、种族、历史等方面的软实力扩大自己的影响,对于后者,应该注意居兰(Fetullah Gulen)运动在中亚的活动,正是结合了伊斯兰与突厥的典范。

在中国提出"丝绸之路经济带"倡议后,从新疆往西一直到伊斯坦布尔的这片广阔区域,土耳其也是一个重要且特殊的"玩家"。最近土耳其总统埃尔多安访华,两国领导人在会晤期间多次提到要将中国提出的"丝绸之路经济带"与土耳其的"中间走廊"计划相对接,将中国的倡议与土耳其的全方位发展计划相对接。根据笔者接触的有限资料来看,土耳其近年来提出的"中间走廊"(Orta Koridor),是一个连接亚洲和欧洲的交通网络(ulasim agini),覆盖的范围是从土耳其、阿塞拜疆经里海一直到中亚和中国。

同为新兴经济体,同为G20的重要国家,一个是世界性大国,另一个是区域性强国,共同经历过百余年来的痛与泪,走到今天都殊为不易。习主席讲话中尤其强调了两国关系对于发展中国家的意义。回看本文开头提到的百年前的土耳其人观感,让我不禁想到毛主席的一句词:"夏日消融,江河横溢,人或为鱼鳖。千秋功罪,谁人曾与评说。"

国际经验篇

同行千里必有师
择善而从择拙避

　　拓展国际空间是很多大国在发展过程中都经历过的阶段,其形式从最早的武力征服和殖民统治,转变为后来的商品输出与资本输出。在当前时代下,协同共赢成为国际合作的主要形式,发达国家和发展中国家的国际合作经历为我国"一带一路"倡议下的国际合作提供了宝贵的范式和经验教训,值得政策制定者和当前经济环境下的每个组织及个体去关注和反思。

Chapter of International Experience

　　Expanding international space is a period that can be observed in many developed countries during their development. The form transformed from force of arms and colonial domination in early times to exporting of goods and capital. In nowadays, coordinated mutual benefits become the main trend of international cooperation. The experience of the cooperation between developed and developing countries offers us lots of precious forms and lessons about the construction of the Belt and Road, which worth every decision maker, individuals and organizations' notice and reflection.

典型发达国家高速发展阶段海外区域战略的回顾与反思及对我国的启示*

在国际政治中,大国兴起与衰落现象持续性地受到政治家和学者们的广泛关注。如亨利·基辛格在《大外交》篇首即称:"仿佛是根据某种自然法则,每一个世纪总会出现一个有实力、有意志且有智识与道德动力的强国,依其价值观来塑造整个国际体系。"①事实上,深入理解该领域重要学者(保罗·肯尼迪②、伊曼纽尔·沃伦斯坦③、乔治·莫德尔斯基④等)的研究成果便不难发现,尽管他们对世界大国地位的认定、其兴起与衰落的动力机制等方面的解读存在显著差异,但普遍认为,自15世纪晚期大航海时代开始后,世界每隔100年到200年便会产生一个政治、经济、军事超强的世界领导国。世界领导国负责确立国际规则,提供国际公共产品,维持世界秩序,而同期的其他国家只能作为世界秩序的遵守者、地缘政治游戏的参与者以及国际公共产品的"免费搭车者"。根据不同时期世界领导国的崛起过程、全球影响力等维度,参照现有研究

---

* 本文是国家开发银行与北京大学合作课题"全球治理格局变动下的国际竞争与合作研究"的部分成果,由苏剑、王青、苏莉、樊果、杜艺中合作完成。苏剑,北京大学经济研究所常务副所长、教授。

① Henry Kissinger, *Diplomacy*, New York: Simon & Schuster, 1994, p.17.

② 参见〔美〕保罗·肯尼迪:《大国的兴衰——1500—2000年的经济变迁与军事冲突》,陈景彪译,北京:中国经济出版社,1989年。

③ 关于沃勒斯坦的理论参见 Immamuel Wallerstein, "the Rise and Future Demise of the World Capitalist System: Concepts for Comparative Analysis", *Comparative Studies in Society and History*, 1974, pp.387—415; Wallerstein, *The Capitalist World—Economy*, Cambridge: CambridgeUniversity Press, 1980, pp.1—32。

④ 关于莫德尔斯基的理论主要参见 George Modelski, "The Long Cycle of Global Politics and the Nation-state", *Comparative Studies in Society and History*, 1978, pp.214—235; Modelski, ed., *Long Cycles in World Politics*, Seattle: University of Wellston Press, 1986; Modelski, ed., *Exploring Long Cycles*, Boulder, CO: Lynne Rienner, 1987, pp.1—15, 218—248; Richard Rosencrance, "Long Cycle Theory and International Relations", *International Organization*, 1987, pp.297—301。

成果,可以认为16世纪的葡萄牙、17世纪的荷兰、18与19世纪的英国、20世纪的美国四个国家拥有相应时代的世界领导地位。本文将着重对这些国家崛起阶段的海外发展战略进行回顾与反思。

一、近代史上四个世界领导者崛起阶段海外发展战略的基本特征

(一)葡萄牙

公元16世纪初的地理大发现,启动了囊括全球主要文明的相互竞争与对话进程。由此,大国崛起摆脱了曾经的区域范畴——如地中海区域的古罗马、东亚范围内的古代中国,从而在人类历史上首次建立起真正意义上的世界领导者地位。出乎所有人意料,揭橥这一伟大历史进程的却是伊比利亚半岛南端一个此前默默无闻的小国——葡萄牙。公元1297年,葡萄牙国王迪尼什一世与西班牙签订奥卡尼塞许条约,确立国界,成为14世纪欧洲第一个独立国家,并在当时欧洲封建王国林立的背景下率先实行了君主集权体制。

直到15世纪,葡萄牙仍然国小地瘠、经济落后。但文艺复兴开启的重商主义的思潮——对黄金的渴求——已牢牢占据人们的思想。当时的葡萄牙本土缺乏黄金矿藏,而通过贸易手段获取黄金则受制于两大障碍:在地中海区域,传统的意大利城邦国家牢牢把持着地区贸易霸权,葡萄牙人无力插足;而通往东方的商路,即从地中海东岸抵达中国的"丝绸之路",又已为奥斯曼土耳其帝国控制,对过往商品征收重税,使运抵西欧的货物不仅量少,而且比原价高8—10倍。于是,葡萄牙商人、贵族们迫切希望另辟一条绕过地中海东岸直达中国和印度的海上新航路。随着葡萄牙民族统一国家的形成,王权得到进一步加强,开始具备了海外扩张的政治前提。值得注意的是,葡萄牙民族统一国家形成于新的社会经济条件下,即王权、贵族和新兴商人阶层三者之间有了相当程度的利益一致性,形成了一股推动海外扩张事业的合力,将王权的财政需求同对外贸易联系在了一起。发展国内外商业和进行海外拓殖成为王权开辟财源的重要途径。

因此,自15世纪以来,历代葡王都把发展海上势力作为传统政策。例如,与西欧的其他封建领主不同,他们放松对王家森林的绝对垄断,为造船业提供木材;招揽外国水手,以培养优秀海员;开办海运保险,以发展壮大海运业;鼓励贸易,以吸引外国人;等等。① 这些都为海上扩张奠定了基础。在重商主义观念的引领下,大批中小贵族开始冒险远航,把海外征逐视为唯一的发财之道,新兴的商人阶层更是不甘落后,推波助澜。在14世纪后期,波尔图和里斯本的商人逐步垄断了从直布罗陀至北海的香料贸

---

① 黄郑和等主编:《通向现代世界的500年——哥伦布以来东西两半球汇合的世界影响》,北京:北京大学出版社,1994年,第172页。

易,他们对打通亚洲的香料贸易航线自然是非常积极的。于是,国家联合商人和贵族的力量在互惠互利的基础上,共同进行了有组织、有计划的远洋航海活动。

早在1415年,葡萄牙对休达这一连接西欧与北非的军事重镇的征服,及其后在整个15世纪进行的大西洋探险,标志着其成为海上强权的开始。期间,葡萄牙开始在君主制政府的支持下继续发展航海学校、加强地图学的知识,不断派出由后来闻名世界的航海家如巴尔托洛梅乌·迪亚士、瓦斯科·达·伽马和斐迪南·麦哲伦等人统领的远洋探险船队。在一个世纪后,葡萄牙终于成为欧洲首个打通往印度航线的国家、大航海时代的领航者。

在进行海外探险、从事贸易活动的同时,葡萄牙人在抵达的几乎每个海外区域都通过武力征服手段建立起近代意义上的殖民统治。其特征是葡萄牙对殖民地拥有完全主权,拒绝给予当地人本国臣民待遇,殖民地不能与其他国家独立地建立联系,其政治、经济、军事活动的全部出发点都在于维护葡萄牙的利益。当时葡萄牙创造的这种殖民统治的主要目标是垄断贸易,独享巨额利润。

在16世纪中叶的全盛时期,人口不到200万的葡萄牙在很大程度上垄断了世界上的香料、食糖和黑奴贸易,并统治着三个庞大的海外殖民帝国:西非的黑人奴隶和黄金帝国,印度洋的香料帝国,南大西洋的巴西黑人奴隶和蔗糖帝国。作为葡萄牙海外探险最先抵达的地区,非洲首先成为其黄金的货源地,并留下了"黄金海岸"[①]之类的地名;同时葡萄牙人也是非洲黑奴贸易的开创者,1550年至1850年,葡萄牙殖民者把从安哥拉掠夺奴隶总数的4/5运往巴西等地,卖给种植咖啡、烟草和甘蔗的种植园主从事苦役。当时,葡政府控制了非洲270多万平方千米土地,占非洲大陆面积的1/20,是其本国领土面积的30倍。为了控制当时最赚钱的香料贸易,葡萄牙人在印度东、西部海岸拥有果阿等大批贸易据点,并控制了印度洋岛屿锡兰(今斯里兰卡)、霍尔木兹、马六甲、香料群岛[②]和澳门,在日本也拥有一个据点。重要的是葡萄牙人成功地截断了阿拉伯人同印度和印度尼西亚的商业往来,打破了阿拉伯人和意大利商人对印度洋贸易的传统垄断。通过殖民统治的推进,葡萄牙人实际上垄断了整个东方的贸易——从15世纪末到16世纪上半叶,运走亚洲香料总产量的1/10。[③] 葡萄牙人在印度和远东从事商业贸易的结果是,里斯本成为世界贸易的中心。中介欧洲、印度间的整个贸易,葡萄牙人成了全世界最重要的商人,葡萄牙语作为亚洲海上贸易通用语达

[①] 新航路开辟后,葡萄牙人听说非洲盛产黄金,但不知道确切地点。他们到达非洲后,开始到处搜寻黄金。不久,葡萄牙人发现加纳沿海盛产金砂,就把它命名为"米那",意思是"矿藏"。后来,这里被称为"黄金海岸"。

[②] 香料群岛亦称东印度群岛,是公元15世纪前后欧洲国家对东南亚盛产香辣料的岛屿的泛名。它说明了当时欧洲人对东方香辣料的渴求,也是导致大航海时代开启的其中一个原因。

[③] M. Postan, *The Cambridge Economic History*, Vol. IV, Cambridge: Cambridge University Press, 1967, p. 192. 转引自于民:《近代早期西班牙和葡萄牙商业经济的兴起与衰弱》,《潍坊学院学报》,2008年5月,第74页。

200多年。

17世纪初期,葡萄牙采取贸易垄断制度强化与巴西间的贸易联系。1638年,葡萄牙从巴西出口的糖超过180万阿罗巴;17世纪末,葡萄牙在巴西殖民地的贸易可以与葡萄牙在其他国家的整个贸易相匹敌;1761年,葡萄牙从巴伊亚、里约热内卢和伯南布哥共出口糖1295 700阿罗巴,价值2 535 142 800里亚尔。① 垄断贸易给葡萄牙带来了巨额收益,从16世纪初到19世纪的整个殖民时期,葡萄牙至少从巴西搜刮了价值6亿美元的黄金和3亿美元的金刚石,这还不到葡萄牙从巴西出口蔗糖所获商业利润的1/10。②

葡萄牙通过海外殖民统治和贸易垄断,最终在整个16世纪成为首个全球意义上的世界性商业帝国,变得富庶强大,欧洲的权力中心也从意大利的城邦国家转移到了葡萄牙。尽管很多学者主张,同时期的西班牙也通过"教皇子午线"③与葡萄牙一起瓜分了整个世界,即葡萄牙拥有东方和巴西,西班牙统治富庶的美洲大陆,因此同样堪称当时的世界领导国。但这类主张必须考虑以下现实,即葡萄牙最先开创性地进行了海外探险、建立了现代殖民制度,并在整整一个世纪时间里牢牢抓住了当时业已存在的世界体系的核心,并因此极大地改变了该体系的基本结构,重新塑造了国家间互动的原则与框架。而事实证明,以海外探险和殖民制度为核心的海外区域发展战略,成为葡萄牙从一个名不见经传的蕞尔小国崛起为世界领导者的基础性推动力量。

(二) 荷兰

荷兰独立之前,是西班牙属地尼德兰的一个省。16世纪末,因宗教和经济矛盾,尼德兰普遍兴起了反对西班牙统治的政治运动和武装起义。1581年尼德兰北方7省成立"联省共和国",其中以荷兰省最大,所以又称荷兰共和国。荷兰独立后,大力发展资本主义工商业,商业、海洋运输业和金融业非常发达。到了17世纪,荷兰经济呈现繁荣的局面,它的经济发展水平在当时代表着世界资本主义发展的水平和方向,所以被恩格斯称为"17世纪标准的资本主义国家",而且取代葡萄牙一跃成为当时的世界霸主。而成功的海外拓展战略则是荷兰在17世纪迅速崛起、称霸世界的根本动力。

需要指出的是,同葡萄牙一样,荷兰幅员狭小、土地贫瘠,其土质不适宜农作物的耕作,仅适于草地生长。因此牧草成为当地唯一富源。英国冒险家兼作家丹尼尔·笛

---

① 联合国教科文组织:《十五至十九世纪非洲的奴隶贸易》,中国对外翻译出版公司译,北京:中国对外翻译出版公司,1984年,第259页。
② 樊亢、宋则行:《外国经济史》(第1册),北京:人民出版社,1965年,第258页。
③ 教皇子午线是1493年5月在罗马教皇亚历山大六世仲裁下,西班牙和葡萄牙瓜分殖民地的分界线。规定在亚速尔群岛和佛得角群岛以西100里格的子午线为分界线,并把该线以西的一切土地都划归西班牙,以东的一切土地归葡萄牙。1494年,西葡两国又缔结托德西拉斯条约,把这条线向东移动270里格。当时西班牙人认为自己在这个条约中占了便宜,相信到印度去的航路是在西方。但实际上这条分界线使得葡萄牙人取得了绕道非洲到印度去的航路上的所有据点。

福为此曾讥讽说,当地产的粮食"不够用以喂养公鸡和母鸡"①。正是基于国内资源的有限性,在当时弥漫的重商主义思潮影响下,荷兰人凭借自身造船技术的独特优势②,自然将目光转向了海外,并走上了以海外贸易——而不是以工业立国,亦以海外贸易称雄于世界的发展道路。

相比最早开始远洋冒险的葡萄牙和西班牙,16世纪的荷兰并不是主要依靠暴力去进行赤裸裸的殖民掠夺。由于缺少强大的王权支持和充足的人力资源,荷兰选择了依靠商业贸易走向全球。作为中间人、代理人、加工者和推销商,荷兰人从葡萄牙那里装载香料、丝绸和黄金,然后把它们运销到欧洲各地。返航时,他们又为这个最早海上霸权国家运去波罗的海产粮区的小麦、瑞典的铁器、芬兰的木材,以及自己生产的海军补给品,获取巨额利润。到了17世纪初期,荷兰殖民者才开始大规模涌向世界,建立起属于自己的世界性殖民帝国。这时荷兰人拥有了最好的船舶和富有经验的水手,但真正推动荷兰在海外殖民活动中后来居上的则是其突破性的制度创新。

与葡萄牙、西班牙主要通过王室资助民间海外探险殖民,整个过程充满个人英雄主义色彩不同,荷兰人创立了一种更有活力的新型海外殖民实体——具有国家行政职能、实行贸易垄断的商业性公司。1602年荷兰东印度公司成立,被授予在亚洲进行殖民活动21年期限的特许权。重要的是,它是世界上第一家发行股票的公司。这首先使它能够聚集早期公司不曾有过的数额巨大的民间资本,并将投资长期化。荷兰东印度公司运用了近代股权筹资的方法,发行小面值股票,充分吸收社会各阶层的资金,需要退出的股东可进行股票转手交易——相应地,世界首家股票交易所1609年建立于阿姆斯特丹,公司的股金在结算期前保持不变。其次,它通过政府的特许状,拥有早期海外贸易公司不曾有过的各种特权,成为具有极大自主性的政治、经济实体。荷兰政府多次颁布特许状,赋予东印度公司垄断东方贸易、组织军队、建筑堡垒要塞、建立和管理殖民地、铸币以及宣战、媾和甚至制定法令等一系列特权。最后,荷兰东印度公司建立了一套早期公司前所未有的比较完整的组织管理机构,使贸易、殖民活动更有计划,有组织。公司按地区设立了六个分会,主要股东组成公司最高权力机构——董事会,董事会中再选举产生"十七人理事会",作为常设机构。为了加强对东方贸易的管理,公司设置了派驻亚洲的总督和印度委员会。由此,公司形成了国内外双重管理机

---

① 布罗代尔:《15至18世纪的物质文明、经济和资本主义》第3卷,顾良等译,北京:三联书店,1993年,第188页。

② 荷兰人的一个创举是发明了三桅商船,这种船造价低廉,但空间巨大,此前,典型的欧洲商船都建造有可以架设火炮的平台,这样做可以有效地防止海盗袭击,而三桅商船则充满了风险,极易遭受海盗攻击。但它的好处是造船的成本低,价格只有英国船只的一半,于是,货物的运费也低。因这种船具有最大货舱空间,又节省建造成本,所以成为荷兰控制世界海洋贸易的主要依靠,荷兰因此有了"海上马车夫"之称。而且荷兰的造船厂机械化程度很高,造船速度很快,但费用却很低廉,在当时的欧洲首屈一指,英国人直到18世纪才能在商船运输方面与荷兰竞争。

制，有利于对东方贸易的集中管理和统一协调。这套管理机制后来为英国东印度公司所仿效。

拥有了广阔的贸易区域和相对其他殖民者独特的制度优势后，荷兰东印度公司进一步采取了成功的贸易和殖民政策。为获取对东方的贸易优势——最大限度的垄断和最低限度的购价，公司主要采取排挤外来商人、实行贸易垄断政策。例如，为了独霸东印度群岛，以强大武力为后盾的荷兰东印度公司开始排挤葡萄牙和西班牙的势力：1603年公司在爪哇建立商站，1605年在摩路加群岛打败了葡萄牙舰队，安汶岛等地香料贸易的控制权逐渐落入荷兰之手；1619年公司营建巴达维亚城（今雅加达），控制爪哇，其后又占领马六甲。到17世纪中期，荷兰在武力保护下排除了内外竞争者的威胁，同东印度国家签订了一系列不平等条约，最终完全垄断了该地的进出口贸易，得以以极低的价格从"香料群岛"这个天然仓库中取走货物。

此外，与葡萄牙、西班牙建立领土规模庞大的海外殖民帝国政策不同，荷兰人基于自身人口、军力的限制，在殖民活动中特别重视对核心贸易通道的控制，较少深入大陆腹地实施直接占领，这反而使其能够最大限度地扩张殖民范围，获取贸易利益。

整个17世纪，荷兰东印度公司完全垄断了欧洲的香料市场。17世纪欧洲市场年需香料约100万磅。而独占了"香料群岛"的荷兰东印度公司几乎毫无对手，17世纪初贸易量就达到了112万磅。可见，在香料贸易上，荷兰东印度公司占有绝对优势，处于操纵全局的支配地位，称得上真正的霸主。与此同时，该地区的纺织品、茶叶、咖啡贸易主导权也操纵在荷兰人手中。荷兰人依靠这种垄断地位从香料贸易中攫取了巨额贸易利润，它的殖民、贸易政策为它赢得了17世纪东方商业霸主的地位。

而成立于1621年的荷兰西印度公司则享有与非洲西海岸和美洲东海岸及太平洋各岛屿进行贸易的垄断特权。1637年，攻克了葡萄牙在几内亚海岸苦心经营的圣乔治达米纳要塞，次年从葡萄牙手中夺取圣保罗·德罗安达岛，随后又夺取圣多美，1648年，荷兰人侵占好望角，并建立航海基地。在美洲，荷兰人在占领了北美的哈得逊河口之后，于1622年在那里建立了新阿姆斯特丹城，即今天纽约之前身。荷兰人还一度于1624年侵入巴西，夺取了其最富饶的一片土地，同时加紧争夺西印度群岛和中南美洲的西班牙殖民地，并几乎以东印度公司类似的模式——武力排挤西班牙竞争者、控制大西洋贸易要道——开创了获利丰厚的"三角贸易"：用非洲的奴隶换取美洲的糖、棉花、烟草等货物，再用这些货物换取欧洲的白银，尔后返回非洲时用欧洲的一些廉价商品购买奴隶。就这方面而言，西印度公司为18世纪的资本主义贸易方式打下了基础。

17世纪中叶，荷兰在波罗的海、地中海和东方这三个世界主要贸易区域中都已占据了主导地位，其中仅东印度公司就拥有一万多个分支机构，贸易额占到全世界总贸易额的一半。到1670年，荷兰拥有的货船吨位是英国的三倍，其数量相当于欧洲其他各国的总和，悬挂着三色旗的上万艘商船游弋在世界的五大洋之上，荷兰成为世界第一大贸易国家。在武力方面,支撑荷兰世界霸主地位的是它强大的海军,其舰只超过了英法两国海军一倍,成为其海外殖民、贸易政策的武力后盾。

(三) 英国

1. 英国殖民扩张历程

在古罗马军队撤走之后,孤悬于欧洲大陆之外的大不列颠岛长期陷入四分五裂的落后状态。在15世纪葡萄牙、西班牙等国忙于开辟新航路之际,这里还是英吉利与苏格兰两个独立的小王国:总面积不过22万平方千米,人口仅600万。但到了19世纪,英国已独掌全球海上霸权。到20世纪初英国殖民扩张活动的顶峰时期,这个本土(包括爱尔兰在内)面积不过31万平方千米,人口约4800万的国家,在全球各地掠夺的殖民地总面积达3000多万平方千米,遍及5个大洲,是本土面积的137倍;总人口达3.9亿,是本土人口的8倍以上。英国成为当时帝国主义列强当中掠取殖民地面积最大、人口最多的国家。从地球北极附近的加拿大,到南极附近的阿根廷,从非洲的刚果河,到亚洲的东南亚,都有大小不等的英国殖民地,号称"日不落帝国"。

英国的殖民扩张最早也始于新航路发现之初。早在1497年,居住在英国的意大利人约翰·卡波特经英王授权,从英国出发远航,寻找通往印度的西北航线,结果到达纽芬兰,宣布那里为英国殖民地。但在整个16世纪,葡萄牙、西班牙是掌握海上霸权的殖民大国,英国不具备同它们抗衡的力量。因此这一时期的英国海外活动多伴随着劫掠等海盗行为特征,出现了德雷克、霍金斯等富于个人主义传奇色彩的冒险家。这些人参与非洲黑奴贩运、截击西班牙人从美洲运回金银的船只、袭击其他国家的殖民港口等活动。当然,他们的海上抢劫活动得到当时英国女王伊丽莎白一世的支持和鼓励。

1588年,世界海权力量平衡迎来了决定性的转折点——英国打败西班牙的无敌舰队,启动了建立海上霸权的征程。17世纪开始,英国积极在海外进行殖民扩张。1600年,伦敦商人组成英国东印度公司,不久又组成伦敦公司和朴次茅斯公司,开始向亚洲和美洲殖民。百余年间,英国在印度控制了许多殖民据点,站稳了脚跟。与此同时,英国的伦敦公司于1607年开始向北美移民,建立了第一块殖民地弗吉尼亚。1620年,由朴次茅斯公司组织的移民到达北美,奠定了另一块殖民地马萨诸塞的基础。到18世纪30年代,英国共在北美大西洋沿岸建立了13个殖民地。1763年欧洲大陆"七年战争"结束,依据《巴黎和约》,整个加拿大沦为英国殖民地,英国在魁北克派有总督。另外,英国还占有百慕大群岛和牙买加岛。

1820年以后,英国大规模向南非移民。英国移民的涌入给当地的布尔人①造成极

---

① 居住于南非的荷兰、法国和德国白人移民后裔形成的混合民族的称呼,来源于荷兰语"Boer"(农民)一词,现已基本不用,改称阿非利卡人。

一带一路 | The Belt and Road
全球价值双环流下的区域互惠共赢

大的威胁。1836年,布尔人被迫离开故乡,迁往他地,史称"布尔人大迁徙"。1843年,英国宣布纳塔尔为英移民区,并向这里移民,布尔人虽数年反抗,但无济于事,只好再次大迁徙。1848年,大部分布尔人在其领袖普莱托亚斯率领下移向奥兰治自由邦。英驻开普敦总督哈利·斯密认为,这是打击布尔人的良机,因而下令进攻。英军打败了普莱托亚斯领导的布尔人。被战败的布尔人被迫进行第三次大迁徙,越过瓦尔河,进入德兰士瓦,在那里定居下来,建立了德兰士瓦自由邦。英帝国为巩固开普敦和纳塔尔两殖民区和稳住布尔人,便采取了缓和的政策。因而在19世纪50年代,南非出现了两个英属殖民区和两个布尔人自由邦的局面。英布在南非的角逐暂告一段落。其间,英国对其他非洲地区的征服依次展开,到19世纪末,英国在非洲侵占殖民地的面积达880万平方千米,占其殖民地总面积的26%以上。

17世纪初,英国开始集中力量在南亚次大陆拓展殖民地。1613年,英国在印度西海岸的苏拉特建立了贸易据点,其后相继在马德拉斯、加尔各答和孟买获得贸易特权。1757年,英国发动了普拉西战役,征服孟加拉。1767—1799年,英国通过四次英迈战争征服了迈索尔,通过英马战争征服了马拉特,占领了现在印度的中部、南部和西部地区。17世纪的最后十年,英国的统治向整个次大陆扩展;通过历时达60年(1824—1885)之久的三次侵缅战争,英国征服了缅甸,并把它变成英属印度的一部分。

2. 英国殖民特征

(1)争夺。作为欧洲国家中拓展海外殖民的"后来者",英国获取殖民地的主要方式是和当时的世界殖民大国之间进行你死我活的斗争,争夺已被占领的殖民地。在17世纪初到18世纪中期,这主要发生在英荷和英法之间,其结果是:

17世纪初,英荷在印度尼西亚群岛的斗争,荷兰占了上风。但是17世纪后半期,英荷屡经战争,荷兰在北美的殖民地新尼德兰被英国夺取。17世纪中期,英国资产阶级革命期间,荷兰想乘机排挤英国在海外的商业地位,英国一再通过《航海条例》加以反击。英国《航海条例》规定,一切输入英国的货物,必须由英国船载运或由实际产地的船只运到英国。其目的就是排斥被称为"海上马车夫"的荷兰。17世纪后半期,英荷进行了三次战争(1652—1654年、1665—1667年、1672—1674年)。结果,英国取得荷兰的北美殖民地,改名纽约。

从18世纪初开始,英国总是站在法国的对立面,乘机夺取战略要地和扩大殖民地。在"西班牙王位继承战争"(1703—1713年)中,英国夺取了直布罗陀和梅卡诺岛,巩固了它在地中海的地位;路易十四统治法国期间(1643—1715年),法国要在欧洲称霸。从路易十六统治后期到18世纪中期,在欧洲发生的多次战争中,英国都是法国的对手。双方既在欧洲争霸,又在北美和印度争夺殖民地。在北美,英国从法国手里夺取新斯科舍,又迫使法国承认纽芬兰和哈德逊湾为英国所有。1740年起,欧洲先后发生了"奥地利王位继承战争"(1740—1748年)和"七年战争"(1756—1763年)。英国只派少数军队到大陆牵制法军,却集中力量在北美和印度进行争夺殖民地的较量。七年战争期间,在印度半岛,孟加拉王公同法国联合抗击英国。1757 年的普拉西战役中,英国殖民军击败孟加拉王公的军队,从此完全控制了孟加拉。到七年战争结束时,英国侵占了印度的大片领土,法国殖民势力仅在沿海保有几个据点,如本地治理、开利开尔等。最后,英国几乎从印度排除了法国殖民势力。在北美,英法的争夺同样是决定性的,法国最终丧失了加拿大以及密西西比河流域的广大地区。由此,英国取得了世界殖民大国的地位。

(2) 移民。英帝国是个殖民帝国,到 20 世纪初其拥有的殖民地达 3 300 万平方千米,比它本国大 130 多倍,其中主要靠移民建立的殖民地至少有 2 000 万平方千米,占其殖民地总面积的 70% 以上。移民殖民地主要有加拿大、澳大利亚、新西兰和南非。从地理分布看,英移民殖民地主要在北美和澳洲。这背后的根本原因在于,18 世纪 50 年代,英国发生了工业革命。到 19 世纪中期,英国完成了工业革命,成为世界第一流的经济大国和"世界工厂",当时没有任何一国能与之匹敌,其间英国逐步由一个重商主义帝国转变为一个倡导自由贸易的工业帝国。工业帝国需要更多的原料和粮食,需要能够销售更多工业品的广大市场和容纳更多投资的投资场所,大规模海外移民应运而生。英国向美、澳移民,广占殖民地就是在这种历史背景下发生的。

18 世纪,英国人(主要是英格兰人)大量出国定居,总数高达约 100 万,约占同期国内总人口的 1/10。移民中既有穷人也有富翁,初期他们乘船出海主要是去寻找美洲和加勒比海地区的乐土。移民选择在哪儿定居取决于当地经济状况或对机遇的不同理解,移民的主要地区是加利福尼亚、宾夕法尼亚或是俄亥俄等地,也有成千上万的移民从中部殖民地和新英格兰地区迁到加拿大、新斯科舍省、新布伦斯威克以及圣约翰群岛;还有不计其数的佐治亚州的移民去了东佛罗里达和西佛罗里达。在美洲大陆,移民的主要特点是它的流动性和易变性。随着 18 世纪全球经济复杂化的进程,为了寻求新的原料产地和商品倾销地,也就必须有能高度移动的人口,因而大量的城市居民和大贸易公司随着环境的改变而四处迁移。它的足迹开始深入非洲、澳洲大陆。这样,在东方和西方,大英帝国的雏形在迁移中形成。

(3) 财富增值循环。依托本国强大的工业基础,将海外殖民地作为原料供应地和销售市场,在真正意义上实现了供—产—销一条龙循环。而此前,无论是葡萄牙还是荷兰,殖民地的意义仅限于以物品交换为基础的商业贸易,或纯粹的武力掠夺,无法实现财富的增值循环。海外资源对英国的发展起到了无可替代的推动作用。1865 年英国占据了欧洲工业总产量的 2/3,世界商业贸易的 20%。由此,英国古典经济学家威廉·斯坦利·杰文斯曾不无骄傲地说:"北美和俄国是我们的玉米田,加拿大和波罗的海沿岸是我们的木材森林,大洋洲是我们的牧场,秘鲁提供白银,南非提供黄金,印度和中国人为不列颠种茶,而地中海是我们的果园。我们的棉花长期以来栽培在北美的南部,现已扩展到地球每个温暖的地区。"① 与此同时,海外殖民地对于英国工业品和资本亦形成庞大需求,仰赖英国对这些地区进行商品和资本输出。这标志着英国作为世界生产中心、贸易中心、金融中心和世界市场中心的地位。如果说葡萄牙、荷兰的世界霸主地位因历时短暂且历史久远已在很大程度上淡出了人们的视野,那么昔日大英帝国凭借其长达两百年、直至20世纪中叶才恋恋不舍地退出世界舞台中心地位的显赫经历,至今仍是全球性大国的标准样板。

(四) 美国

美国崛起开始于19世纪后期,到第二次世界大战结束时,这个独立初期仅300万人口的"小国"业已成长为世界上无可争议的头号强国。在美国崛起过程中,除了本土空间辽阔、资源丰富、大量移民带来高素质的人口,以及国内富于弹性的制度框架外,海外资源的滋养同样发挥了至关重要的作用。不过,美国采取了不同于老牌殖民国家的拓展国际空间战略。美国的崛起分为两个阶段。

(1) 1865—1914年:蓄势阶段。内战结束后的三十多年间,美国充分利用和平环境,实现了对南部的重建,将工业革命由东北部推向南部和西部,并在第二次工业革命中占得先机,在钢铁、化工、机械生产等领域采用最新的科技成果,迅速实现了美国的工业化。到1894年,美国的工业生产已经跃居世界第一位,再加上美国在农业上的优势,已经成为世界上无可争议的头号经济强国。这一时期在美国历史上被称作是"镀金时代"。但在国际政治舞台上,美国的影响力还仅仅局限于美洲大陆,属于典型的区域大国。

(2) 1914—1945年:确立阶段。美国强大的综合国力在一战中初步在国际舞台展现后,强大的孤立主义传统再度将其注意力拉回本土。此后,美国经济在"自由主义"政策指导下继续高速发展,这一势头直到1929年全球性经济危机爆发才终止。第二次世界大战的爆发最终将美国拉出了经济衰退的泥潭。到战争结束时,美国决定摆脱孤立主义束缚,决心凭借其强大的政治、经济和军事实力,彻底颠覆传统的、以欧洲为中心的国际关系格局,杜鲁门主义和马歇尔计划的出台,标志着传统的欧洲大国在政治、经济上被纳入以美国为龙头的世界体系之中。

传统列强的扩张模式一般是以武力为手段,对具有政治、经济价值的地区实行直接的控制。欧洲列强大都曾经控制了广阔的殖民地,并为争夺殖民地进行了多次殖民战争。尤其是对于后起的强国而言,它们崛起的过程都不可避免地要通过扩充军备,对原有的强国在军事上发起挑战,通过战争手段奠定自己的霸主地位,并将对手的殖民地作为战利品据为己有。英荷战争、西班牙王位继承战争、七年战争均属于这类性质的战争。但美国则不同,它在对外扩张中走的是另外一条道路:美国的扩张不以占

---

① 保罗·肯尼迪:《大国的兴衰》,蒋葆英等译,北京:中国经济出版社,1989年,第189页。

领殖民地为手段,而是注重商业扩张,通过在全球范围内的商业扩张,壮大和发展美国经济,逐步取得经济霸权,并在经济霸权的基础上去争夺世界霸权。美国"新左派"外交史学家沃尔特·拉菲伯将这种不是通过在政治、经济上控制殖民地,而是通过贸易手段进行扩张而建立起来的帝国称为"商业帝国"。

美国的这种扩张模式源于美国立国之初的商业精神。美国的前身北美十三个殖民地本身就是英国商业资本扩张的产物,在美国独立前形成了以新英格兰地区为中心的发达的商业体系。美国的独立战争,如果从经济角度来考虑,就是要维护商业资本的独立发展。众所周知,美国自独立后至第二次世界大战爆发前,一直奉行坚定的孤立主义政策,本质在于避免外部纷争打扰其国内发展和安宁,为此美国不惜在第一次世界大战后将大幅提升自己国际地位的"胜果"拱手让出——拒绝加入它自己当初极力倡议的国联。但即使在"孤立主义"时代,也仅仅是将孤立局限于政治领域,美国从未忘记海外的商业利益。任何一届政府都非常重视美国的商业扩展,维护商业的独立发展也成为独立初期美国外交的主要线索。《杰伊条约》即体现了美国保障海外商业联系的决心和效果。

从英帝国中独立出来就意味着美国不再享有英国所给予的商业贸易上的某些特惠。如由于英国的禁令,美国商品在西印度群岛的价格上升了300%,美国对外贸易方面平均每年损失50万美元,1786年马萨诸塞出口只有1774年的1/4。[①] 同时美国的经济发展与英国也是息息相关的,1790年美国全部出口的几乎一半输往英国,而90%的美国进口货来自英国,美国对外贸易的3/4仍然是同英国进行的。[②] 所以只要英国方面采取制裁措施,美国的对外贸易就可能处于崩溃的状态,从而影响到美国的经济发展。为此美国充分利用英国担心美国会放弃"孤立主义",转向与法国结盟的结果,促成双方最终签订了《杰伊条约》。虽然这个条约遭到了许多人的非议,但是它仍然不失为美国外交政策上的一次胜利,因为一方面它使得英国同意英属东印度对美国商业开放,同意美国在最惠国基础上同英伦三岛进行贸易,这保证了美国经济现代化所需要的原料来源,同时也促进了美国对外贸易的发展;另一方面,它使得英国军队从西北部要塞撤走,从而使这个地区重新安定下来,恢复了美国的领土完整,有利于统一的国内市场的形成。

此后从内战结束到第二次世界大战爆发,在海外寻找商品市场成为历届美国政府对外交往的中心内容。拉菲伯甚至将1865—1913年的美国外交称为"美国人对机会的寻求",即争夺海外市场,构成了这一时期美国对外政策的动因。第一个对美利坚商业帝国构想进行系统阐述的是林肯政府的国务卿威廉·西沃德。西沃德外交思想

[①] 杨生茂:《美国外交政策史:1775—1989》,北京:人民出版社,1991年,第42页。
[②] 托马斯·帕特森等:《美国外交政策》,李庆余译,北京:中国社会科学出版社,1999年,第30页。

的核心是发展商业,在他看来,商业是一个国家的主要组成部分之一,是文明进步和帝国扩展的主要力量,美国要想成为世界上最强大的国家就必须控制世界的贸易,因为政治霸权随着商业优势而来,而发展商业又必须以控制海洋为前提,海上帝国才是"唯一真正的帝国"。西沃德被视为19世纪美国帝国主义的中心人物,奠定了19世纪后期美国对外扩张的基础和方向。通过商业扩张建立门户开放式的商业帝国,成为第一次世界大战前美国海外扩张的主要模式,这一模式也决定了同一时期美国拓展国际发展空间的特点。

美国海外商业扩张遵循了由远及近、适应环境的原则,初期重点放在拉丁美洲。为此美国继宣布门罗主义,防止欧洲列强再度殖民拉美各国后,相继宣布了在该地区的所谓"睦邻政策",核心有两个方面:第一,消除拉美国家对美国在领土和财政方面侵略与干涉的恐惧;第二,在西半球所有国家之间建立一种伙伴关系。尽管罗斯福政府在外交实践中并没有完全实现睦邻政策的初衷,但确实也减少了对拉丁美洲的军事干预,使得美国与拉丁美洲国家的关系在一定程度上得到了改善。睦邻政策不仅为美国外交在拉丁美洲赢得了好名声,也为美国赢得了实实在在的经济利益。到1935年年底,美国棉纺织品出口的54%,钢铁出口的55%,皮革、橡胶、电器和其他轻工业品出口的33%,汽车出口的22%都是输往拉美国家,1933—1938年美国对拉美的出口额从2亿美元增加到6.42亿美元。①

进入20世纪,美国开始将商业触角更多地伸向亚太、非洲等地区。其间美国首次提出的对华政策——门户开放政策,即是这种商业拓展精神的体现之一。这一时期,美国经济继续保持高速增长,并彻底取代了英国的世界工厂地位,成为包括欧洲一些国家在内的重要商品供应商。最终美国强大的工业力量在第一次世界大战、第二次世界大战中得以充分展现,并顺理成章地成为今天的世界头号强国。

二、大国崛起阶段海外发展战略的反思

(一)海外资源的滋养是近代大国崛起的重要条件之一

自近代以来,在经济全球化进程中,世界经济体系的形成与国际产业结构的联动是影响大国崛起最为关键的外部因素。从葡萄牙、荷兰、英国和美国崛起的历程来看,能否构筑起连接海外的资源输入格局,将国内产业结构与国际分工有机衔接,在广阔的国际市场空间优化配置资源,是决定大国能否成功崛起的重要条件。这背后的逻辑在于,在经济全球化背景下,一国资源的有限性和经济发展需求无限性之间的矛盾决定了吸取海外资源的必然性,否则任何国家都不可能实现资源和经济体系的自我平衡,甚至大国也概莫能外。尤其在形成统一的世界市场后,国家之间的竞争主要在开

---

① 杨生茂:《美国外交政策史:1775—1989》,北京:人民出版社,1991年,第365页。

放的国际舞台上展开,获取绝对收益和全球的相对收益成为竞争的主要目标。

对那些先天资源贫乏型国家来说,利用海外资源实现本国发展是一种必然的选择。例如作为小国的荷兰之所以能够成就大业,与其积极开拓并参与世界市场,不断扩张海外贸易密不可分。15 世纪的地理大发现,给欧洲带来前所未有的商业繁荣,也为荷兰提供了成就商业帝国的历史性机遇。作为享誉世界的"海上马车夫",荷兰一贯注重对海外市场的开发和拓展,在荷兰的对外贸易中,波罗的海贸易占据着重要地位。与地中海地区主要从事奢侈品贸易不同,波罗的海贸易主要以日用品和工业原料为主,具有广阔的市场潜力和发展前景。在从事贸易的过程中,荷兰商人逐渐形成近代的贸易观念,通过薄利多销的方式,追求对外贸易的长期效益和整体效益,逐渐将自己的势力延伸到全球各个角落,从而为荷兰外向型经济的发展奠定了坚实的基础。到 17 世纪中叶,荷兰联省共和国在全球范围内已牢固建立起自己的商业霸权。其时,荷兰东印度公司已拥有 15 000 个分支机构,贸易额占到全世界总贸易额的一半,悬挂着荷兰三色旗的商船经常游弋在五大洋之上。对此,马克思这样评价道:"1648 年的荷兰,已达到了商业繁荣的顶点,崛起并成为一个强大的商业帝国。"①

与一般国家相比,大国通常更需要利用世界市场和国际资源来解决发展与资源、发展与市场的矛盾。美国能够迅速崛起,其中重要的外部因素在于通过参与世界市场获得了来自西欧国家的资本、技术、人才等充足的生产要素,从而不断地增强了自身的经济实力和综合国力。这表明,国家实力的增强,不仅取决于自身的资源禀赋,更重要的还取决于在国际市场上获得更多战略资源的能力,凡是能够崛起的大国均通过符合时代特征的种种手段,充分利用国外的各种资源,从而使自己能够在全球范围内配置资源。

各国崛起的经验还表明,随着财富创造模式的发展,在世界市场上具有较强竞争力的国家所聚集的资源和财富通常多于领土扩张的所得,这已经突破了通过掠夺和征服别的国家来实现大国崛起的传统道路。美国的经验进一步证明,利用贸易合作博弈的方式,通过自由的贸易往来和平等的经济关系,在世界市场上追求全球范围内的经济收益成为近现代世界性大国崛起的必然选择。通过世界市场和自由贸易的发展,各国可以扩大资源配置的范围和深度,随着资源配置国际化程度的提高,大国的经济结构不断得到调整,经济增长速度明显加快。由此可见,贸易对大国经济发展的乘数效应相当显著,历史经验表明,贸易增长速度快的国家通常能够迅速崛起。

(二) 适应时代的特征和自身的国情,在海外合作模式上锐意创新

对葡萄牙来说,成为大航海时代的领航者,既是它对那个时代最伟大的贡献,也无意间率先揭开了利用海外资源实现国家崛起的序幕。而无论人们如何从今天的道德

---

① 转引自 CCTV 纪录片:《大国崛起——荷兰》。

视角对殖民模式进行评价,但它在当时却决定性地推动了无名小国葡萄牙走上了近代史上第一个全球性强国的地位。继之而起的荷兰人口资源更为不足,因而它摒弃了对大陆腹地进行全面占领的传统殖民模式,转而采取控制贸易通道,从而最大限度地提升了殖民效率。荷兰在整体上继承了通过殖民方式开拓海外空间的同时,也进行了一项重要的制度化创新,即通过"特许经营公司"的方式筹集民间资本,摆脱了单一依靠政府提供有限财源进行海外探险、征服的方式。同时,以荷兰东印度公司为代表的"特许经营公司"能够通过"理事会"等方式,对殖民地进行更有经济效率的管理,从而在管理方式上确立起对葡萄牙、西班牙等老牌殖民者的制度优势。

而英国海外殖民的最大创新在于,它在保持对海外殖民地行政控制、借鉴荷兰利用特许公司进行殖民地管理的同时,突破了既有的零合性质的"资源掠夺"模式,将本国强大的工业生产能力与殖民地提供的原材料、销售市场连接了起来,从而避免了竭泽而渔式的单向度掠夺,实现了财富增殖的再循环体系,并在某种程度上促进了殖民地本身的现代化进程。英国之所以能够实现这一点,与其国内在18世纪中叶掀起工业革命浪潮的独特国情息息相关,此外的关键还在于,它成功地将工业革命的成果运用到海外战略开发中去。例如刚开始时,英国征服者也曾毫不迟疑地对印度进行掠夺和征收贡物,就像西班牙人早先在墨西哥和秘鲁所做的那样。但是,经过这一最初的阶段之后,英国生气勃勃的经济开始以各种方式包围和改变殖民地的经济结构与社会结构,工业化的英国发现印度能够为它庞大的生产能力提供棉纺织原料和消费品市场。为此,英国开始用船把大量纺织品和机械设备运到印度,并开始在印度修筑铁路——这是在次大陆开启工业化进程的前提条件之一。到1890年,印度已铺筑了约17 000英里铁路,大致与英国的铁路网相等。但是,从1890年至1911年,印度的铁路网大约增加一倍,达33 000英里,而在同一时期中,英国的铁路仅增加了300英里多一点。这表明,对殖民地进行开发,而非简单的掠夺,成为英帝国在长达200年的时间中屹立不倒的基石之一。

当美国开始睁开眼睛看世界的时候,全球基本已被分割殆尽,作为当时的典型"小国",美国显然无力像此前的英国那样从其他殖民大国手里通过战争开辟自己的殖民地。但美国却利用当时业已形成的全球性商业联系,为自己开辟出一条借助海外资源、实现自身发展的贸易通道。这一方面源于当时美国就意识到自由贸易对国家利益的重要性——与此形成鲜明对比的是,直至20世纪80年代,大量拉美国家仍然将"进口替代"奉为治国圭臬,另一方面则在于美国充分利用了外部世界提供的基本条件:当时世界秩序的主导者英国开始逐步放弃重商主义原则,转而在全球推行自由贸易,于是美国"顺理成章"地抓住了机会。就性质而言,美国建立海外密切合作区域模式,实现了从殖民模式到贸易模式的决定性跨越。根据比较优势理论,这种模式为贸易伙伴之间实现双赢创造了条件,因而它无须赤裸裸的军事占领,即达成了海外资源的大量输入。

(三) 五百年中大国崛起的合作者与挑战者模式

在20世纪70年代和80年代之交,美国出现了一批学者,他们着力探求历史上霸权兴衰与国际体系变迁的规律,其中莫德尔斯基的"世界政治长周期理论"(又称"领导权周期论"[1])引起了广泛的关注。莫氏在对1494年以来的国际冲突和领导权(霸权)模式进行考察之后,发现了以大约一个世纪为间隔的长周期。每个周期里都存有一个领导者,它们是16世纪的葡萄牙,17世纪的荷兰,18、19世纪的英国和20世纪的美国。各个周期都含有四个阶段:(1) 世界领导者从全球性的争霸战争中崛起;(2) 世界领导国地位被承认;(3) 世界领导者遭遇崛起强国挑战;(4) 挑战者失败,原有体系瓦解,原有世界领导者的合作者上升成为新的领导者。体系瓦解导致新的争夺,又转入下一轮循环。莫氏认为15世纪以来这种循环已重复了五次,如表1所示。

表1 15—20世纪的世界政治长周期

全球战争	世界大国	遭遇挑战	体系瓦解(挑战者)	合作者
1494—1516 印度洋战争	1516—1539 葡萄牙	1540—1560	1560—1580 西班牙	1580—1609 荷兰
1580—1609 荷兰战争	1609—1639 荷兰	1640—1660	1660—1688 法国	1688—1713 英国
1688—1713 路易十四战争	1714—1739 英国	1740—1763	1764—1792 法国	1792—1815 反法同盟
1792—1815 拿破仑战争	1815—1849 英国	1850—1873	1874—1914 德国	1914—1945 美国
1914—1945 一战、二战	1945—1973 美国	1973—2000	1991—?	

资料来源:George Modelski and Sylvis Modelski, eds., *Documenting Global Leadership*, Houndmills: Macmillan Press, 1988, p.225.

莫德尔斯基的长周期理论包括如下三个重要命题:首先,世界政治体系需要一个领导者,其背后的支撑是对"秩序"的诉求,创新是它们成长的原动力。事实上,"每个世界政治体系都会存在一个领导者"完全符合大航海时代以来的基本国际政治现实。上文仅就葡萄牙、荷兰、英国和美国四国崛起阶段的海外战略进行了梳理,着重分析了其战略创新内容。事实上,相关研究还表明,每个成为领导者的大国均在诸多领域进行了重大制度创新或开创性行动。葡萄牙的创新是,建立欧洲第一个君主集权体制,政府资助海外探险、率先打开东方贸易海上通道。荷兰的创新是,创建股票交易所和

---

[1] Richard Rosencrance, "Long Cycle Theory and International Relations", *International Organization*, 1987, pp.297—301. 参见王逸舟:《西方国际政治学:历史与理论》,上海:上海人民出版社,1998年,第432—440页。

谷物交易所；创建新型殖民机构——联合东印度公司。英国在第一期的创新则包括确立海上霸权；在欧洲推行光荣孤立政策，维持欧洲大陆均势；建立世界贸易规则；发行国债支持海外战争。英国第二期的创新是，从重商主义转向自由贸易；发动第一次工业革命，将海外殖民地作为原料供应地和销售市场。美国的创新是，全面推行自由贸易体制；从"孤立主义"逐步转向创建世界体系（联合国、IMF 和世界银行）；通过跨国公司进行全球扩张；推动非殖民化进程。

其次，国际政治演变的模式是"循环的"，世界性领导者主导国际体系的周期为100—200 年。回顾历史，葡萄牙主导国际秩序的时期为1516—1609 年，历时约94 年；荷兰则在接下来1609—1713 年的105 年期间接过权杖；英国成功地抵御了第一次挑战，从而将领导权延续长达232 年；美国曾在冷战时代面临苏联的挑战，但1991 年苏联解体后，"谁将成为美国的继承者？"仍有待历史给出答案，唯一确定的是美国称霸的时间尚不足百年——截至2015 年为71 年。这表明，国家崛起通常要经历一个以"百年"为时间单位的历史进程，其间的模仿学习、创新突破、蓄势积累以及正确的策略选择均在考验着新兴大国崛起的可持续性。事实上莫德尔斯基本人认为，美国有可能再次繁荣。从历史上看，18 世纪末，英国经过与法国的战争后于19 世纪实现了大不列颠武力维持的世界和平。他强调历史上继承世界领导国地位的大多数国家是与以前强国有特殊关系并与之合作的第二号强国。核大战是毁灭性的，因此今后的继承国将是不经核战争的继承国，是必须具备为解决人口及环境问题而使全球联合起来的能力的国家。据此他认为，下一个世纪（21 世纪）的世界强国的候选者只能是美国，其他国家取代美国地位的可能性不大。①

最后也是最重要的是，世界领导者均脱颖于全球性战争，但"挑战者"无一例外地以失败告终，取代旧的世界领导者的国家往往是被取代国的伙伴或盟友。长周期理论启示人们：五百年来的挑战者周期性地挑战领导国家，但它们统统都失败了，成为新的"世界领导者"的国家统统是先前领导者的主要合作伙伴。这方面最近的例子就是德国在第一次世界大战、第二次世界大战期间两度试图以武力挑战英国的地位，但均告失败；反之，美国则在这两次战争中都选择站在英国一边，最终成功崛起为新一代的世界领导者；如果将冷战也划入挑战性行为的话，冷战期间苏联曾组织起庞大的国家集团，试图取代美国的霸主地位，但最终的结局仍旧是历史的重复。这说明，一国能否崛起，并最终成长为新一代的世界领导者，能否协调好与现有领导者和国际制度的关系至关重要。其背后的逻辑在于：挑战者不仅处处受到领导者的遏制，而且享受不到领导者主导的国际政治、经济秩序带来的好处，最终只能游离于主流社会之外，丧失发展机遇。相反，领导者的合作者，则可以享受"免费搭车"的好处，即可以用较低成本获

---

① 参见《世界经济译丛》，1986 年第10 期，1987 年第10 期。

得由霸权国提供的安全保障、稳定的世界经济环境、自由贸易体系等国际公共物品。这一规律当然绝非定律,但仍然值得任何一个有志于取代美国领导地位的新兴国家深思。

参 考 文 献

[1] George Modelski and Sylvis Modelski, eds., *Documenting Global Leadership*, Houndmills: Macmillan Press, 1988.

[2] George Modelski, ed., *Long Cycles in World Politics*, Seattle: University of Wellston Press, 1986.

[3] Henry Kissinger, *Diplomacy*, New York: Simon & Schuster, 1994.

[4] Immanuel Wallerstein, The Capitalist World Economy, Cambridge: Cambridge University Press, 1980.

[5] Richard Rosencrance, "Long Cycle Theory and International Relations", *International Organization*, 1987.

[6] 保罗·肯尼迪:《大国的兴衰——1500—2000 年的经济变迁与军事冲突》,陈景彪译,北京:中国经济出版社,1989 年。

[7] 布罗代尔:《15 至 18 世纪的物质文明、经济和资本主义》第 3 卷,顾良等译,北京:三联书店,1993 年。

[8] 樊亢、宋则行:《外国经济史》(第 1 册),北京:人民出版社,1965 年。

[9] 黄邦和等主编:《通向现代世界的 500 年——哥伦布以来东西两半球汇合的世界影响》,北京:北京大学出版社,1994 年。

[10] 联合国教科文组织:《十五至十九世纪非洲的奴隶贸易》,中国对外翻译出版公司译,北京:中国对外翻译出版公司,1984 年。

[11]《世界经济译丛》,1986 年第 10 期,1987 年第 10 期。

[12] 托马斯·帕特森等:《美国外交政策》,李庆余译,北京:中国社会科学出版社,1999 年。

[13] 王逸舟:《西方国际政治学:历史与理论》,上海:上海人民出版社,1998 年。

[14] 杨生茂:《美国外交政策史:1775—1989》,北京:人民出版社,1991 年。

[15] 于民:《近代早期西班牙和葡萄牙商业经济的兴起与衰弱》,《潍坊学院学报》,2008 年 5 月。

"一带一路"比邻之国

——我国20个邻国的人口与社会*

一、背景

现今这个时代是一个开放的时代,是一个讲求国际合作、互助共赢的时代。在全球经济动荡的浪潮中,我国如果仅将视野放在国内经济的增长上,定然无法获得稳定长足的发展。放眼全球、与他国合作互利不仅是提高我国经济实力的重要途径,更能够有效提升我国的国际影响力。在复杂的国际政治和经济形势下,国家发改委、外交部、商务部在2015年3月联合发布了《推动共建丝绸之路经济带和21世纪海上丝绸之路的愿景与行动》,以期传承两千多年前开辟的"丝绸之路"的灿烂历史,加强与沿线各国的经济合作,促进本国与各国经济的共同繁荣,实现一项造福世界各国人民的伟大事业。"一带一路"连接了活跃的东亚经济圈和发达的欧洲经济圈,涉及中亚、西亚、东南亚等多个区域的数十个国家,可以称得上是我国一次空前的外交创举,将对世界各国尤其是"一带一路"沿线各国的经济发展和人民生活产生深远的影响。

在"一带一路"所覆盖的众多国家中,与我国密切相连的无疑是我们的邻国,这些国家或与我国接壤,或与我国隔海相望。由于地理位置的接近,我国一直与这些国家有着频繁的贸易往来。相较于其他国家,这20个邻国的发展状况和社会形势也能对我国产生更大的影响,因此这些国家恰恰是我国在"一带一路"沿线国家中关注的重点。而在加强与这些国家的"政策沟通、设施联通、贸易畅通、资金融通、民心相通"之

---

* 本文2010年之前的部分数据资料来自郑晓瑛教授和游允中先生主持的北京大学人口研究所国际人口比较研究项目中对中国15个邻国研究的成果,特此说明并致谢。作者陈功,北京大学人口研究所副所长、教授;李姝,北京大学人口研究所硕士研究生。

前,了解这些邻国的人口和社会状况显然十分必要。

二、东亚

(一) 日本

1. 地理与历史背景

亚洲东部的日本国在北太平洋和日本海之间(北纬36度,东经138度),北靠鄂霍次克海,西边与朝鲜半岛隔海相望,西南部隔东海和黄海与中国相望。国土面积为377 748平方千米,主要由北海道、本州、四国和九州四个大岛以及3 900个小岛组成;海岸线长达29 751千米(复旦大学国际政治系,1979;黄秀莲等,1992;大不列颠百科全书,1986)。日本是一个多山的国家,山地约占全国面积的76%;也是一个多火山的国家,温泉分布广泛,地震十分频繁,素有"地震国"之称。平原仅占国土的24%,主要有关东平原、浓尾平原、畿内平原等。日本处于东亚季风区范围内,属于温带海洋性季风气候,冬无严寒,夏无酷暑。年平均降雨量普遍在1 000毫米以上。日本的矿物资源种类多,但储量小,绝大部分工业原料和燃料均须进口;森林总面积为全国总面积的66%,主要是杉树、松树、柏树及山毛榉科;地热资源丰富;近海鱼类丰富,为世界著名的大渔场之一。日本的耕地面积占全国面积的14.8%,主要粮食作物为水稻,其次是小麦、马铃薯、甘薯、豆类等。粮食自给率为30%。

明治维新以来日本经历了"明治时代"(1868—1911年,睦仁天皇当政)、"大正时代"(1912—1925年,嘉仁天皇当政)、"昭和时代"(1926—1988年,裕仁天皇当政)以及"平成时代"(1989年至今,明仁天皇当政)。日本的首都是东京,都道府县是日本的一级行政机构,有一个都(东京都)、一个道(北海道)、两个府(大阪府和京都府)和43个县。日本无国教,但宗教信仰相当普遍,包括佛教、基督教、天主教和神道。日本的民族构成简单,除少数阿伊努族(也称虾夷族)外都是大和族人。阿伊努族人是日本的原住民,起初住在日本南部,现主要居住在北海道中部和北部,人口不到2万。大和族是历史上先后移入日本的,包括通古斯族、印度支那族、马来族、印度尼西亚族和汉族等。99%的日本人为大和族,另外的1%中也包括一些外侨,其中朝侨最多,其次为华侨。1972年9月29日,日本与中国正式建交。

2. 人口增长及年龄性别结构

截至2015年3月1日,日本的人口总数为1.27亿,2009年日本人口开始出现了负增长,这一年自然增长率为-0.41‰,在2010年时增长率转负为正,为0.2‰,其后数年至今日本一直保持着人口的负增长,这两年来减幅似乎有所缓解并趋于稳定(日本总务省统计局),此外2015年日本的总和生育率仅为1.4(CIA, the World Factbook)。图1是根据日本总务省统计局网站上公布的日本人口2015年3月1日的最新确定值制成的人口金字塔,从中可以简单了解日本近些年来人口增长的情况及其社会的性别年龄结构。图1中65岁以上人口占总人口的比例高达26.3%,日本早已进入了老龄化的社会,且从人口金字塔来看,老龄化还呈现着不断加剧的趋势。根据推算,到2060年,日本人口将只剩下8 674万,其时65岁以上人口占比高达39.9%(人口问题研究所,2012)。与其高老龄化水平相应的是日本有着极高的人均预期寿命,及至2015年,日本人口的平均预期寿命高达84.7岁,男性平均为81.4岁,女性平均为88.3岁(CIA, the World Factbook),同时日本也是婴儿死亡率控制得最好的国家。从图1可以看出日本出生婴儿男性略多于女性,CIA的数据显示,2015年日本的出生婴儿性别比为106,总人口性别比为94。

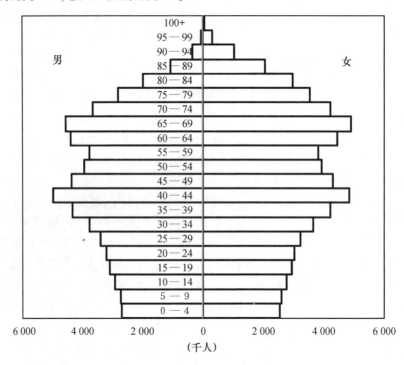

图1 2015年(3月1日确定值)日本人口性别年龄结构

资料来源:日本总务省统计局。

3. 婚姻家庭、迁移与就业

根据日本人口问题研究所的最新数据,至2013年,日本的离婚率为1.84‰,在1999年到2009年间离婚率基本一直保持在2‰以上(2008年为1.99‰),自2010年以来连年下降。除此以外,至2013年,男性的平均初婚年龄在30.9岁,而女性的平均初婚年龄在29.3岁(来源于"人口动态统计"数据)。总体来看,观察1910年到2013年的初婚年龄变化可以得出两个主要结论:(1) 日本男性和女性的平均初婚年龄都在持续上升;(2) 男性的平均初婚年龄虽然始终高于女性,但和女性平均初婚年龄的差值在不断缩小。日本的终身未婚率也在不断攀升,根据2010年的国势调查(全国性的人口普查)的数据计算出的男性终身未婚率高达20.14%,女性也达到了10.61%。随着终身未婚率及初婚年龄的攀升,从表1可以看出,日本的单身家庭所占比例也在不断上升,与之相对应的是核心家庭和扩大家庭的比例都在下降。

表1　日本不同家庭类型的比例(1970—2010)　　　　　　　　（单位:%）

家庭类型	1970年	1980年	1990年	2000年	2010年
核心家庭	56.7	60.3	59.5	58.4	56.3
扩大家庭	22.7	19.7	17.2	13.6	10.2
非亲家庭	0.3	0.2	0.2	0.4	0.9
单身家庭	20.3	19.8	23.1	27.6	32.4

资料来源:人口问题研究所。

从图2来看,日本人口的国际迁移从2006年到2014年都非常近似,仅有2009年这一年迁入和迁出人口有较大幅度的上升。日本每年的迁入迁出人口也基本上相近,2013年以前日本的人口机械增长一直保持着负增长的趋势,这两年开始出现了正增长,且目前有增长扩大的趋势。

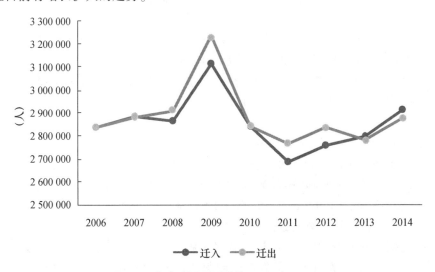

图2　日本人口国际迁移状况(2006—2014)

资料来源:日本总务省统计局。

根据CIA网站,至2015年6月,日本从事第一产业的人口仅占总人口比重的2.9%,第二产业人口占比26.2%,第三产业人口占比高达70.9%。直至2015年6

月,日本的失业率为 3.4%(日本政府统计综合窗口网站),总体看自 2013 年以来,失业率呈现下降趋势。

(二) 朝鲜

1. 地理历史背景和社会简况

在我国辽宁省和吉林省的东南边,鸭绿江和图们江的南岸,就是朝鲜。朝鲜东部濒临日本海,西部是黄海,南边以北纬 38 度线为界与韩国相邻,国土面积为 120 540 平方千米。朝鲜半岛的平原少,4/5 的土地都是山地;朝鲜有着丰富的矿产资源,包括煤、铁、石墨等。因为地形地势的限制,朝鲜农业发展比较困难。

甲午战争以后,朝鲜被日本控制;1896 年改称为韩国,1904 年日俄战争后成为日本保护国,1910 年 8 月韩国与日本签订《日韩合并条约》,沦为日本殖民地。1945 年日本投降后,以北纬 38 度线为界,分别由苏联和美国军队接收;南边在美国的支持下于 1948 年 8 月成立大韩民国,简称韩国;北部则在同年 9 月由苏联支持成立朝鲜民主主义人民共和国。朝鲜的经济自 20 世纪 80 年代后期开始发生困难,原来由苏联和其他社会主义国家提供的援助逐渐减少,到 90 年代苏联解体后朝鲜的经济体系无法维持下去。90 年代起国内每年都发生粮食不够的现象,1995 年的大水灾摧毁了大半的农业收成,也严重损害了水利发电能力,导致了 1995—1998 年的大饥荒,有 50 万—100 万人因之死亡(UNDP, 2004)。朝鲜社会在 2000 年以后开始复苏,而复苏主要是依靠外援,我国也提供了许多粮食、焦炭、原油、化肥等援助(UNDP, 2004)。

1949 年 10 月 6 日,中朝两国建交。我国是朝鲜近年来主要的贸易伙伴;2005 年中朝双边贸易额 15.8 亿美元,其中我国出口 10.8 亿美元,进口 4.99 亿美元。出口到朝鲜的商品主要有原油、机电产品和生活用品等,从朝鲜进口的商品主要有钢铁、木材、矿产品、水产品等(中国外交部,2006)。

2. 人口的基本情况

根据 CIA 的最新数据,直至 2015 年,朝鲜约有 2 498 万人,人口的年增长率由 2001 年的约 8.8‰降到 2014 年的约 5.3‰(CIA, the World Factbook),2010 年以来年均增长率约为 5.36‰(World Bank);至 2015 年,朝鲜的出生率为 14.52‰,死亡率为 9.21‰,总和生育率为 1.97(CIA, the World Factbook),已降到更替水平之下。

目前关于朝鲜比较权威的数据是其 1994 年参加联合国举办的国际人口和发展会议时向大会提出的一份国家报告,报告叙述了朝鲜在过去 50 年中人口的发展情况。在过去半个多世纪中,朝鲜人口的发展是起起伏伏的。在 20 世纪 50 年代初,因为抵抗外国侵略,许多国民丧失了生命,人口增长得很慢,甚至可能曾经下降过。战争结束以后,朝鲜政府决定增加人口以弥补在战争中的损失,鼓励人民生育(DPRK, 1994),人口自然增长率大幅上升,从 1955 年的 20‰上升到 1965 年的 34‰,1970 年更升高到 38‰。自 70 年代起,朝鲜政府改变了人口政策,提倡妇女少生优育促进身体健康,借此提高妇女教育、文化和技术水平。出生水平因此开始大幅下降,出生率从1970年的45‰下降到1975年的26‰,1980年又下降到22‰,以后就维持在这个水平,自20世纪90年代起又开始下降(见表2)。因为死亡率水平自朝鲜战争结束后就不断地下降,虽然出生率有升降变化,总体来说人口自然增长率在不断攀升,1970年到达最高点38‰,以后开始下降,1980年降到17‰,1993年降到15‰。

表2 朝鲜的出生、死亡和自然增长率(1944—1993)

年底	人口数(百万)	自然增长率(‰)	出生率(‰)	死亡率(‰)
1944	7.50	10.5	31.3	20.8
1949	8.16	22.5	41.2	18.7
1955	8.66	19.6	40.5	20.9
1960	9.76	28.0	38.5	10.5
1965	11.38	33.7	43.5	9.8
1970	13.61	37.7	44.7	7.0
1975	15.77	21.2	25.9	4.7
1980	17.36	17.3	21.8	4.5
1985	18.94	17.6	22.2	4.6
1991	20.96	16.1	22.0	5.9
1993	21.21	14.9	20.5	5.6

资料来源:DPRK(1994)。

及至2015年,65岁及以上的人口占总人口的比例为9.91%,目前朝鲜已经进入了老龄化社会,朝鲜政府曾经很明确地指出朝鲜没有促进人口增长或下降的政策,但会不断地促进死亡水平的降低。为了保护妇女和儿童的健康,国家对计划生育工作十分重视,并且认为人口的分布应该按照经济发展计划与合理生产力的需要而加以调整(DPRK,1994)。政府也知道人口已经开始向老龄化的方向发展,但是认为在发展的速度上还是很慢,目前不是重要的人口议题。朝鲜的人均预期寿命约为70岁,其中男性约为66岁,女性约为74岁(CIA, the World Factbook)。2015年朝鲜的出生性别比为105,总人口性别比为94。

3. 劳动人口

根据1994年的人口普查结果,当时朝鲜16岁以上的人口中3/4都参加了劳动,其中从事工业工作的劳动力(包括建筑和地质业)占41%,而农业劳动力稍少于1/3(31%),另28%在服务业工作(见表3)。

表 3　朝鲜劳动人口的行业和职业,1994　　　　　　　　　　（单位:%）

行业和职业	男性	女性	合计
工业	35	40	37
农业	31	31	31
建筑、地质	6	2	4
交通、通信	5	2	4
国土、城市	3	2	2
商业、采购	3	6	5
教育、文化、卫生	6	9	8
其他	11	7	9
合计	100	100	100

资料来源:DPRK(1995)。

根据 CIA 可获得的最新数据,及至 2008 年,从事农业生产的劳动力占比 37%,从事工业和服务业的劳动力总占比 63%,农业人口有增无减。由国内生产总值来看,2013 年朝鲜农业生产 GDP 占总体的 22.4%,工业生产占比 47.6%,服务业占比 30%,总体而言工业仍是朝鲜经济增长的主要生产方式,服务业略有发展。

（三）韩国

1. 地理历史背景和社会简况

韩国位于亚洲大陆东北朝鲜半岛的南半部,北面与朝鲜民主主义人民共和国相邻,西面是黄海,南面是朝鲜海峡,东面被日本海环抱。全国面积约 10 万平方千米,多丘陵地,约七成是山区。东部沿海是长白山脉沿朝鲜半岛东海岸延伸出来的,受日本海波涛的冲击,形成一片悬崖峭壁和岩石小岛。半岛西部和南部坡度平缓,形成辽阔的平原和许多近海岛屿与小港湾。

20 世纪 50 年代朝鲜战争结束以后,韩国经济慢慢走向复苏,60 年代开始推行外向型经济发展战略,实施第一个五年经济发展计划,成绩斐然。70 年代跻身于新兴工业国家行列,发展钢铁、汽车、造船、电子、纺织等产业,80 年代成为国际市场上一个具有工业竞争力的国家,被誉为亚洲经济"四小龙"之一。然而韩国曾是一个传统的农业国,主要耕地分布在西部和南部平原及丘陵地区。随着工业化的进程,农业在韩国经济中所占的比例越来越小,韩国成为农产品进口国家,主要工业原料也均依赖进口。这样社会经济结构和生产关系的改变对人口发展产生了极大的影响。社会家庭结构和家庭成员的关系改变了,人民教育水平提高了,妇女社会地位也变化了。这些巨大的社会变迁对人口发展产生的影响是人口生育水平大幅和快速地下降,人口增长减慢,人口老龄化加速发展和人口城镇化。韩国人口从高生育高死亡的状态转变到低生育低死亡的状态只用了三十多年的时间就完成了,现在是世界上人口生育和死亡水平最低的国家之一。

1992年8月24日,中国与韩国正式建立大使级外交关系,结束了两国长期互不承认和相互隔绝的历史。

2. 人口增长与性别

至2014年,韩国人口约为5 042万,年人口增长率为0.41%,总人口中女性占比50.3%(World Bank),至2015年,韩国的出生婴儿性别比为107(CIA, the World Factbook),在正常值范围内。由图3可以发现,从1960年以来,韩国的出生率和死亡率迅速下降,20世纪80年代死亡率开始保持在千分之五点几,其后基本降幅不大;进入2000年以后,出生率也开始保持稳定,2004—2012年韩国的粗出生率始终在9‰—10‰之间波动,2013年降到了9‰以下。

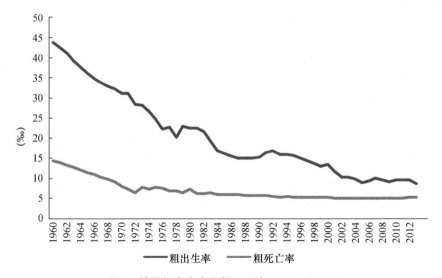

图3 韩国粗出生率及粗死亡率(1960—2013)

资料来源:World Bank。

韩国的生育水平下降是从20世纪60年代开始的,从第二次世界大战结束后到60年代初,生育因为战后婴儿潮的影响一直维持在较高的水平。自60年代起,韩国政府为了发展社会和经济,制定了计划生育政策,鼓励每个家庭只生育两个孩子。自此韩国的生育水平开始下降,其人口转变过程也可以分成两个阶段:1960—1980年是第一阶段,1980年以后是第二阶段(Kim, 2005;Jun, 2005)。在第一个阶段中,政府的家庭计划政策起到了积极的作用,不但提高了人民初婚年龄,也普遍提供人工流产服务并普及了避孕工具。女性初婚年龄在1966年增长到22.9岁,比估计的第二次世界大战前(1925年)的16.6岁增加了6.3岁(Kim,2005)。人工流产和避孕工具的普及主要是促使年龄较大已经有子女妇女的生育率下降。人口转变第二阶段最主要的因素是社会经济环境改变和国际贸易全球化的影响(Kim,2005)。到了20世纪80年代,60年代初期制定的控制人口数量的政策已经没有意义了。社会经济环境改变和国际贸易全球化引发了社会的高速工业化和都市化,改变了劳动市场对劳动力的需求,也促进了人力和财力的流通,人口迁移增加了。这些变化也改变了家庭结构,普及了小家庭模式,促进了性别平等。同时妇女参加劳动的比率增高了,从1970年的39%增长到1990年的48%(Kim,2005)。至2013年,韩国的总和生育率仅为1.187(见图4)。

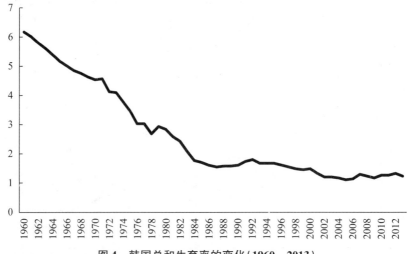

图4 韩国总和生育率的变化(1960—2013)

资料来源:World Bank。

3. 年龄与劳动人口

至2013年,韩国的人均预期寿命也已经高达81.5岁;到1999年,韩国65岁及以上的人口比重达到7.0%,开始进入了老龄化社会。最新数据是,及至2014年,韩国社会的总抚养比为37.1%,其中少儿抚养比为19.9%,老年抚养比为17.2%(CIA, the World Factbook),总体来说韩国劳动年龄人口的负担较重。

其实韩国自80年代开始就感觉到劳动力缺乏了,这个情况到80年代后期愈发严重。韩国政府自1991年开始建立了工业培训制度,参考了日本招募外国劳工来本国工作的办法,开始引进外国劳工。然而这个制度实际上只是招募了一些廉价劳工,不但许多外国工人偷渡到韩国,工人的工作环境也极为恶劣。如何解决在韩国外国劳工长期就业和居留以及工人们在社会和政治上的权利和义务也已经成为韩国的社会问题。这也是一些引进外国劳工的国家都面临的外国劳动问题(Kim,2004)。

(四) 蒙古

1. 地理历史背景和社会简况

蒙古共和国是一个国土广大但人口稀少的国家,面积有156.4万平方千米,它的东、南、西三面与我国相接,北部与俄罗斯相邻。蒙古人和我国蒙古族人是同文同种的民族,到2010年,我国蒙古族人口共598万(第六次人口普查数据,2010),而2010年蒙古共和国人口仅为271万。蒙古的土地面积虽然不小,但多是山岭、草原和沙漠,自然资源不丰富,传统上靠畜牧业为生。至2010年,其农业用地占到总国土面积的73%,森林占7%,其他占20%。

自从20世纪90年代蒙古社会开始转型变成一个市场经济体制的社会以来,取得了许多成就,根据世界银行的标准,目前蒙古在发展中国家中属于中高等收入国家,2014年其GDP约为120亿美元,人均国民总收入为4320美元。尽管经济发展速度较快,但其人民生活还是很贫困,估计有不到1/3的人口还生活在贫困线下,值得庆幸的是这个比例下降速度比较快,2010年贫困人口占比38.7%,2011年占比33.7%,2012年占比27.4%,两年下降超过10%。

1946年1月5日,当时的中国政府宣布承认外蒙古独立。1949年10月16日,我国与蒙古国建交。

2. 人口基本情况

2014年蒙古的总人口为288万,女性占总人口比重50.5%(World Bank),2015年时其出生人口性别比为105。截至2015年,蒙古的人均预期寿命为69.3岁,其中男性为65岁,女性为73.8岁,65岁以上的老人仅占比4.12%,0—14岁人口占比26.87%(CIA,the World Factbook),总体来说年龄结构还比较年轻。尽管蒙古社会的老年人口很少,但目前来看其抚养比非常高,达到47.6%,其中少儿抚养比高达41.7%,因此蒙古的劳动年龄人口压力还是非常巨大。

为了促进经济发展和社会繁荣,蒙古一直在鼓励人口增加,自1950年到2000年这50年间人口增加了3.3倍,从76.1万增加到249.7万。但是自1990年起因为社会经济体制的变化,加上出生水平自70年代起就开始持续下降,还有大量人口离开蒙古,人口增长速度急剧下降。蒙古的人口增长率在过去的二三十年中经历了从低到高再到低的过程,在1994年其人口增长率降到最低,仅为0.76%,此后又不断上升,2010年以来其增长率稳定在1.5%左右,2014年增长率为1.48%。

由图5可以发现,蒙古的死亡率从1960年开始下降,开始时下降速度较快,后来降幅减小,目前已经基本稳定,从2005年至今一直维持在6‰—7‰,但还在以极缓的速度下降。从2000年以来蒙古的婴儿死亡率还在以较快的速度下降,由49.4‰降到2013年的26.4‰,这两年下降速度减缓,一年下降约不到1‰。蒙古的出生率也经历了由高到低再升高的过程,2002年出生率达到最低点19.06‰,此后一直攀升至2011年的约23‰,近两年又开始缓慢下降。

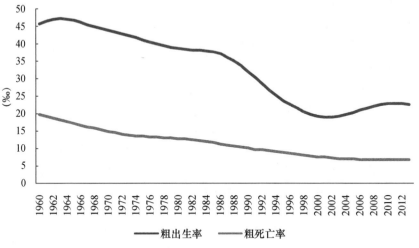

图5 蒙古粗出生率及粗死亡率(1960—2013)

资料来源:World Bank。

3. 迁移与就业

自从20世纪90年代蒙古开始实行市场经济产业私有化以来,过去国家建立的工业基础也随之解体了,城镇中的失业现象严重起来,许多城镇中失业人口开始向乡村迁移寻找就业机会,形成了90年代初期大规模的由城镇向乡村的人口流动(Mongolia,2004)。但是90年代中发生的干旱等自然灾害重创了农村经济,农村中本来就很少的就业机会又消失了。又因为经济改制以后社会发展的重心偏重于城镇,农村中教育设施和卫生设施水平下降,人口又开始从乡村向城镇大量移动,特别是90年代的最后几年(UNFPA,2001)。目前蒙古城镇人口已经占到总人口比重的约72%,且在2010—2015年间以年均2.78%的速度增长,这种人口的过度城镇化并不能代表蒙古经济的发展,反而暗示着由于农村的恶劣条件,现今蒙古的农村人口还在不断地向城镇集中。在国际迁移方面,蒙古保持着负增长,直至2015年,净迁移率为-0.84‰。

目前蒙古从事第一产业的人口占比28.6%,第二产业占比21%,第三产业占比50.4%,表4中显示了1994年以来部分年份的就业人口行业分布情况,从中我们可以发现蒙古的就业人口主要是从第一产业向第三产业转移,第二产业的人口比重虽然一直上升但是升幅不大。如图6所示,蒙古的失业率自1991年来一直在5.5%—7.5%波动,直到2011年失业率才有所下降,近两年其失业率稳定在5%上下。尽管从数据上看起来蒙古的失业率并不高,但是2000年人口普查的估计是城镇中的失业人口占劳动人口的24%（United Nations，2001），因此失业可能仍然是蒙古社会面临的巨大的社会和人口问题。

表4　就业人口的行业分布　　　　　　　　　　　（单位：%）

行业	1994年	1998年	2003年	2004年
第一产业	44.7	49.7	41.8	40.2
第二产业	16.7	15.8	15.6	16.1
第三产业	38.6	34.4	42.6	43.7

资料来源：ILO（2005）。

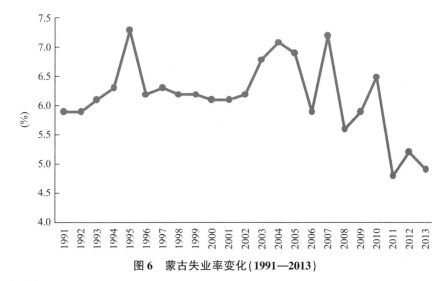

图6　蒙古失业率变化（1991—2013）

资料来源：World Bank。

三、东南亚

（一）印度尼西亚

1. 地理历史背景和社会简况

印度尼西亚共和国地处亚洲东南部，是东南亚国土面积最大、人口最多的国家。地跨赤道，由太平洋和印度洋之间大约17 500个岛屿组成，其中约有6 000个岛有人居住，是世界上最大的群岛国家，又称"千岛之国"。北部的加里曼丹岛与马来西亚、文莱接壤，新几内亚岛与巴布亚新几内亚相连，隔苏拉威西海、巴拉弘克海峡与菲律宾群岛相望；西北隔马六甲海峡与马来西亚、新加坡为邻；西面、西南和东南部是印度洋，西南与澳大利亚相望。印度尼西亚是一个多民族的国家，由100多个民族组成。其中爪哇族占总人口的47%,巽他族占14%,马都拉族占7%。全国信奉伊斯兰教的人约87.2%,基督教6.1%,天主教3.6%,印度教2%,佛教1%,其余为原始拜物教。

1950年8月印度尼西亚成立统一的印度尼西亚共和国,同年与中国建交。印度尼西亚是东盟最大的经济体,其经济在建国初期发展缓慢,1950年至1965年国内生产总值年均增长仅2%。20世纪60年代后期调整经济结构,经济开始提速,1970年至1996年间国内生产总值年均增长6%。在1985—1995年间,印度尼西亚的经济以年均7.1%的高速度增长,1996年甚至达到7.8%的经济增长速度,跻身中等收入国家。1997年印度尼西亚受东南亚金融危机重创,经济大幅衰退,货币贬值(印尼盾与美元比值下滑幅度334%),通货膨胀高踞,1997年国内生产总值2 380亿美元,人均产值1 202美元,到1998年分别降为550亿美元和277美元,由一个中等收入国家沦为贫穷国家。印度尼西亚政府从2002年开始加大金融和企业整改力度,大力扶持中小企业,并重启一批大型基建项目,经济运行总体稳定,国民生产总值增长3.7%。但是与其他东南亚国家相比,印度尼西亚经济的复苏相对迟缓,主要是由于:第一,经济治理与结构存在严重问题;第二,教育落后使复苏乏力;第三,分配不公;第四,腐败与环境灾难问题。在印度尼西亚,握有大大小小权力的公职人员公开索要金钱,在经济活动中"处处有贪污";直接砍伐森林、城市化与人口膨胀、矿山开发几乎使整个爪哇岛上的野生动物濒临灭绝(庞中英,2001)。

2. 人口增长与健康

直至2015年7月,印度尼西亚的总人口为2.56亿(CIA,the World Factbook),位居全球第四,仅次于中国、印度和美国,目前其人口增长率为0.92%。印度尼西亚的死亡率随着时间推移一直比较平稳地下降,近20年以来降幅明显减小;而其出生率自60年代以来有比较明显的下降,从2000年到2010年基本稳定在21‰—22‰,从2008年开始又出现比较明显的下降趋势(见图7)。出生率的这种变化基本与图8中总和生育率的变化相一致,从1960年以来印度尼西亚妇女的总和生育率不断下降,但在各个阶段下降速度有所差异。尽管生育率在不断下降,但印度尼西亚的总和生育率还是超过更替水平,2015年的最新数据为2.15。因此,印度尼西亚的年龄结构非常年轻,少儿抚养比高达41.2%。

印度尼西亚生育率下降的原因主要是妇女采用避孕,还有婚姻模式等一些其他原因对生育水平下降的影响也很重要。社会经济改变和计划生育运动促使并且允许避孕方法的使用率增加,工资和教育水平的增加可以解释大约87%增加的避孕使用率,而计划生育能解释约7%增加的避孕使用率(World Bank)。印度尼西亚政府计划连续不断地加强避孕药具的可得性,2001年避孕率为57%,其中55%的育龄妇女采用现代避孕方法(UNFPA,2003)。印度尼西亚是最早要求联合国提供人口数据收集与分析等人口方面技术支持的国家之一,政府一直以来为避孕方法的应用提供直接的支持(United Na-

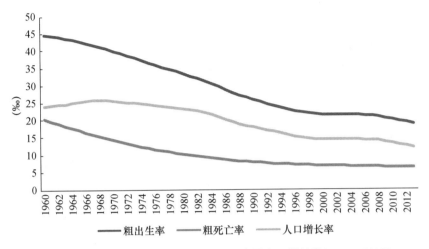

图7 印度尼西亚粗出生率、粗死亡率及人口增长率（1960—2013）

资料来源：World Bank。

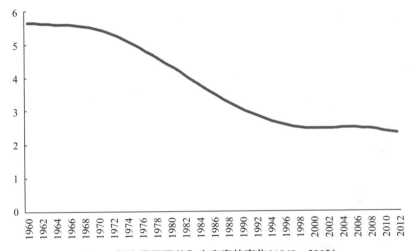

图8 印度尼西亚总和生育率的变化（1960—2013）

资料来源：World Bank。

tions，2003）。印度尼西亚人口政策的目标是通过改善生殖健康提高生命质量，推动性别平衡，促进人口、自然资源和社会经济的平衡发展。印度尼西亚政府关注人口增长的规模和人口分布不平衡的状况，尤其是城市集中区和爪哇、巴厘等人口密度大的地区；印度尼西亚政府关注的另一个焦点是4 400万青少年，他们日益进入性活跃期。

目前来看印度尼西亚的人均预期寿命为72.45岁，其中男性为69.85岁，女性为

75.17岁(CIA, the World Factbook)。婴儿死亡率从20世纪60年代开始一直保持高速下降,2013年的婴儿死亡率为24.5‰,不足1993年(50.6‰)的一半。印度尼西亚人口健康水平的迅速提高,部分得益于卫生条件的改善。在1995年,有医务人员助产的分娩还不到分娩妇女的一半,仅为46%;2003年已经提高到68%。婴儿预防接种率也有明显提高,从1995年的77.34%提高到1999年的89.91%。这些措施有利于孕产妇和婴儿死亡率的降低。

3. 劳动人口

印度尼西亚是一个农业大国,在2000年有45%的就业人口在第一产业的农、林、牧、渔业工作。在第二产业的制造、建筑等行业工作的就业者占总劳动力的17%,在商业运输等服务业或第三产业工作的占劳动力的38%。到2012年为止,第一产业劳动人数占比38.9%,第二产业占比13.2%,第三产业占比47.9%,总体来说农业在印度尼西亚的经济中还是占据非常重要的地位,但过去十年印度尼西亚的第三产业的确有了很大的发展。

1991年至2005年间,印度尼西亚的失业率几乎一直在攀升,2005年达到巅峰,失业率高达11.2%。此后失业现象有所好转,近几年稳定在6.2%左右,但总体来说目前印度尼西亚社会的失业情况还是比较严重(见图9)。

图9 印度尼西亚失业率的变化(1991—2013)

资料来源:World Bank。

(二)越南

1. 地理历史背景和社会简况

越南,全称为越南社会主义共和国,是亚洲的一个社会主义国家。位于东南亚中南半岛东部,北与中国广西、云南接壤,西与老挝、柬埔寨交界,国土狭长,面积约33万平方千米,紧邻南海,海岸线长3 260多千米,是以京族为主体(85.7%)的多民族国家。越南大多数人民没有宗教信仰,至1999年佛教在越南拥有最多的信徒,占到总人口的9.3%(CIA,the World Factbook)。

历史上,越南中北部长期为中国领土,968年正式脱离中国独立建国,之后越南历经多个封建王朝并不断向南扩张,但历朝历代均为中国的藩属国。19世纪中叶后逐渐沦为法国殖民地。1945年八月革命以后,胡志明宣布成立越南民主共和国,1976年改名为越南社会主义共和国。1986年开始施行革新开放,2001年越共九大确定建立社会主义市场经济体制。越南共产党是该国唯一合法的执政党。越南也是东南亚国家联盟成员之一,于1950年1月18日与中国建交。

越南至今在国际上属于中低等收入的国家,2014年其人均国民总收入为1 890美元,2012年其贫困人口占比17.2%,已经有了比较明显的进步。越南的出口量连年增长,2013年为1 234亿美元,2014年为1 470亿美元,其中主要出口物为服装、海鲜、原油及咖啡,主要出口国家是美国(17.6%)、中国(11.8%)、日本(9.9%)、韩国(5%)、德国(4.4%)、马来西亚(4.2%)。越南的主要进口物是机械设备、石油产品、钢产品、手机以及生产服装的原料等,从中可以看出越南目前科技和生产力水平比较低下,劳动力主要从事劳动力密集型的产业,一些技术含量较高的产品或设备很大程度上只能依靠进口,越南的主要进口国是一些亚洲国家,其中中国份额最大,占比32%。

2. 人口基本情况

2015年越南的总人口为9 435万,人口增长率0.97%。越南也是一个出生婴儿性别比很不平衡的国家,达到111,但比中国情况稍好。目前越南城镇人口占比约33.6%,2010—2015年年均增长率为2.95%(CIA,the World Factbook)。

自1960年开始越南人口的出生率一直在下降,进入21世纪后趋于平稳,目前其生育率仅为1.83(CIA,the World Factbook),在更替水平之下。但越南的死亡率下降速度一直很缓慢,甚至20世纪60年代末到70年代初还有一段回升,这主要是由于越南战争的影响。在图10中,越南的人口增长率与自然增长率曲线有两个相差比较大的阶段。其一是1960—1974年这段时间,人口增长率要明显低于自然增长率,这种差异的可能原因是越南持续不断的战争,很多越南人民为了远离战乱逃难去了其他国家。其二是70年代末到80年代初这段时间,越南此时在苏联的支持下大举入侵柬埔寨,同时在越南南方发动了大规模排华暴乱,大肆驱赶在越华侨并不断侵占中国边境领土,对外的战争和驱赶华侨应该是人口增长率下降的主要原因。

3. 劳动人口

越南目前还是一个以农业为主的国家,2012年从事农业生产的人口占劳动人口总数的48%,其他二三产业劳动人口分别占比21%和31%。越南社会存在比较严重

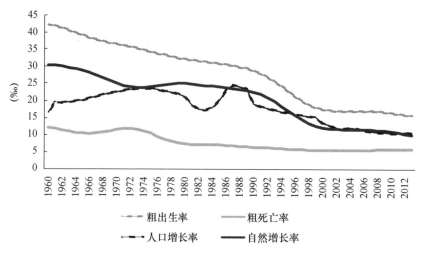

图 10　越南粗出生率、粗死亡率及人口增长率和自然增长率（1960—2013）

资料来源：World Bank。

的童工问题，2006 年其童工人数占 5—14 岁人口的 16%（CIA，the World Factbook）。从 1990 年到 2013 年间，越南的劳动力数量稳定上升，由 3 273 万增长到 5 374 万（见图 11），增长了超过 2 万的劳动年龄人口，对越南经济的发展起到了重要的作用。越南的失业率一直保持着低水平的稳定，大约在 2%。

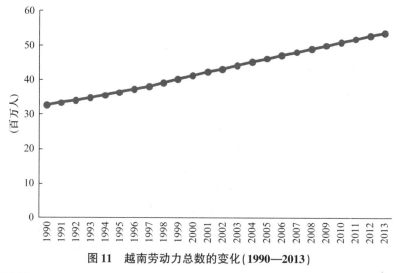

图 11　越南劳动力总数的变化（1990—2013）

资料来源：World Bank。

(三) 马来西亚

1. 地理历史背景和社会简况

马来西亚联邦被我国南海分为两个部分,位于马来半岛的西马来西亚,北接泰国,南部隔着柔佛海峡,以新柔长堤和第二通道连接新加坡;东马来西亚,位于婆罗洲(加里曼丹岛)的北部,南部接印度尼西亚的加里曼丹。马来西亚自然资源丰富,橡胶、棕油和胡椒的产量居世界前列,石油储量也比较充裕;曾是世界产锡大国,因过度开采,产量逐年减少。

1957年8月31日,联盟主席东姑阿都拉曼宣布马来西亚独立。1963年,马来亚联同新加坡、沙巴及沙捞越组成了马来西亚联邦。1965年8月,新加坡退出马来西亚联邦。马来西亚是东南亚国家联盟的创始国之一、环印度洋区域合作联盟、亚洲太平洋经济合作组织、英联邦、不结盟运动和伊斯兰会议组织的成员国。主要参与的军事行动有五国联合防卫和联合国维和行动。1974年5月31日,马来西亚与中国建交。

马来西亚是一个多民族、多元文化的国家,宪法规定伊斯兰教为国教,保护宗教信仰自由。它还是一个新兴的多元化经济国家。经济在20世纪90年代突飞猛进,为亚洲"四小虎"之一,可惜的是,由于1997年亚洲金融风暴的打击,"四小虎"未能像"四小龙"一样打稳经济基础,泰国、印度尼西亚和菲律宾欠下国际货币基金组织一大笔债务,马来西亚实施多项硬性保护国家金融体系的货币管制条例,并在种族问题方面有不平等政策,遂开始故步自封,此后又逐渐从经济危机的阴影中走出。目前马来西亚已成为亚洲地区引人注目的多元化新兴工业国家和世界新兴市场经济体。旅游业是马来西亚的第三大外汇收入来源,知识经济服务业也在同步扩张。

2. 人口基本情况

2015年马来西亚的总人口约3 051万,还在以约1.44%的速度增长(CIA, the World Factbook)。从图12中可以发现,马来西亚从1960年起死亡率就比较低,后来一直以缓慢的速度持续下降,至今已经稳定在5‰左右三十多年。而马来西亚的出生率一直在不断降低,其间降幅有快有慢,因此其自然增长率也不断下降,进入21世纪后基本稳定。马来西亚的人口增长率与其自然增长率自20世纪80年代中后期开始就一直有较大差别,增长率持续高于自然增长率,这应该与马来西亚大量的外来劳工有关。近几年,增长率和自然增长率之间的差异有减小的趋势。

目前马来西亚的出生婴儿性别比为107,总人口的性别比约为103,男性要略多于女性,但差别不大。马来西亚作为一个中高等收入国家,其医疗条件较好,人均预期寿命也比较高,2015年约为74.75岁,其中男性为71.97岁,女性为77.73岁。马来西亚也属于年轻型社会,其年龄中位数约为27.7岁,老年抚养比仅为8.7%(CIA, the World Factbook)。

3. 城镇化与就业

马来西亚目前是一个城镇人口比例非常高的国家,这个比例在过去五十多年中以较

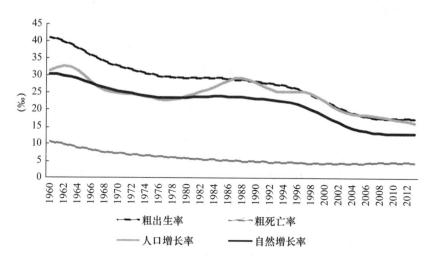

图12　马来西亚粗出生率、粗死亡率及人口增长率和自然增长率(1960—2013)

资料来源：World Bank。

高的速度不断上升。1960年时城镇人口占比仅为26.6%,而2014年时已经高达74%,几乎为原来的三倍(见图13)。此外,根据CIA的估计,在2010年至2015年之间,其城镇人口年均增长率依然高达2.66%。至2012年为止,马来西亚从事农业生产的劳动力仅占11%,第二产业占36%,第三产业占53%(CIA, the World Factbook),同时这个国家也保持着较低的失业率。可以说,马来西亚已经逐渐完成了城镇化和产业结构转型的过程。

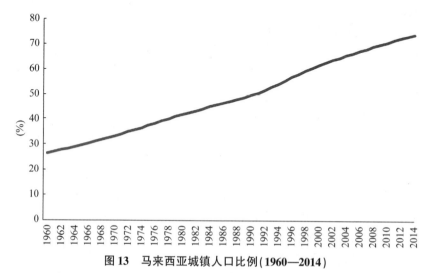

图13　马来西亚城镇人口比例(1960—2014)

资料来源：World Bank。

(四) 老挝

1. 地理历史背景和社会简况

老挝,全称为老挝人民民主共和国,是中南半岛北部的一个内陆国家,北邻中国,南接柬埔寨,东接越南,西北是缅甸,西南毗连泰国。老挝历史悠久,公元1353年建立澜沧王国,曾是东南亚最繁荣的国家之一。1893年老挝沦为法国保护国,1940年9月被日本占领,此后老挝经历了多次独立和被侵占的过程,最终在1975年宣布废除君主制并由老挝人民革命党执政。老挝是东南亚国家联盟成员国,也是最不发达国家之一,于1997年7月加入东盟,2013年加入WTO。1961年4月25日老挝与中国建交。

老挝的宗教信仰情况比较普遍,至2005年人口中有66.8%信佛教,还有基督教(1.5%)和其他一些宗教(31%)。老挝工业基础薄弱,以锯木、碾米为主的轻工业和以锡为主的采矿业是最重要的工业部门。金三角老挝部分的琅南塔曾经是世界出产鸦片最多的地方,除此以外,老挝还有非常丰富的木材和水力资源,至2011年,森林面积占比高达67.9%。老挝饮食上接近泰国。它是东南亚地区中仅有的两个社会主义国家之一,另一个为越南。

老挝的进口量高出出口量很多,2014年其进口量为40.74亿美元,而出口仅为27.91亿美元,这在一定程度上说明老挝自身的产能不够,维持人民基本生活的物资也需要依靠进口,生活消费品是其主要的进口物之一,除此以外还有机械、交通工具和汽油等。2013年老挝的主要进口国是泰国(56%)、中国(26.1%)和越南(6.7%)。老挝出口的产品一般都是技术含量较低的产品,例如木制品、咖啡、锡等,其主要出口国也是上述三个国家。

2. 人口基本情况

及至2015年,老挝的总人口约691万,目前的人口增长率为1.55%,总和生育率为2.82(CIA, the World Factbook)。如图14所示,老挝的总和生育率在20世纪90年代之前一直都稳定在6以上,甚至还有过一段时期的升高,到了1990年左右才开始逐渐下降,因此其出生率也经历了先持平后下降的过程。老挝的死亡率自1960年以来一直在以较快的速度下降,因此其自然增长率有先升后降的过程(见图15)。然而老挝的人口增长率与自然增长率的变化趋势并不完全一致,尤其在70年代后期差异很大,一个可能的原因是1977年越南对老挝的侵占对其人口增长产生了影响。进入21世纪后老挝人口增长率下降的主要原因应该是大量的老挝劳动力去泰国等国家打工。总体来说,目前老挝的净迁移仍然为负,2015年为 -1.09‰(CIA, the World Factbook)。

由于老挝目前仍然保持着较高的生育率水平,它的人口结构还非常年轻,年龄中位数仅为22岁,65岁以上老年人仅占3.82%。但是老挝社会的抚养比并不低,因为其少儿抚养比高达56.6%(CIA, the World Factbook)。虽然目前来看,老挝劳动人口

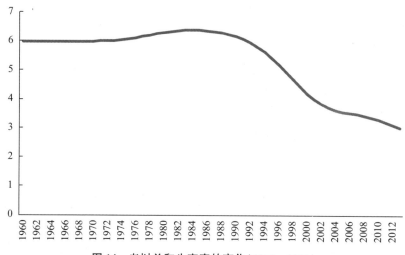

图 14　老挝总和生育率的变化(1960—2013)

资料来源:World Bank。

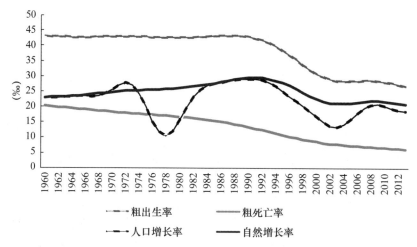

图 15　老挝粗出生率、粗死亡率及人口增长率和自然增长率(1960—2013)

资料来源:World Bank。

的压力比较小,但是由于很多劳动人口向外寻求更高薪酬的工作,老挝也面临劳动力匮乏的问题。

3. 城镇化与就业

虽然从 1960 年开始,老挝人口城镇化的进程从未停止过,但是直到 20 世纪 90 年代初期其城镇化的速度一直很慢,1960 年城镇人口占比约 7.946%,1995 年为

17.378%,在35年的时间里仅增长了不到十个百分点(见图16)。20世纪90年代后期开始,老挝人口城镇化的速度才有所提升,目前达到38.6%,花了约20年的时间,2010年到2015年城镇人口的年均增长率高达4.93%。但是目前而言,老挝还是一个农业为主的国家,2012年时有73.1%的劳动人口从事农业生产,二三产业劳动力占比分别为6.1%和20.6%,其工业基础非常薄弱。

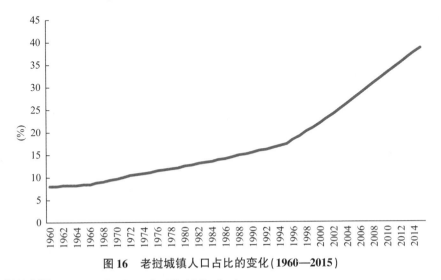

图16　老挝城镇人口占比的变化(1960—2015)

资料来源:World Bank;CIA, the World Factbook。

(五) 缅甸

1. 地理历史背景和社会简况

缅甸联邦共和国简称为缅甸,是东南亚国家联盟成员国之一,1950年6月8日与中国建交。它西南临安达曼海,西北与印度和孟加拉国为邻,东北靠中国,东南接泰国与老挝。缅甸是一个历史悠久的文明古国,旧称洪沙瓦底。1044年形成统一国家后,经历了蒲甘、东坞和贡榜三个封建王朝。1824年至1885年间英国先后发动了3次侵缅战争并占领了缅甸,1886年英国将缅甸划为英属印度的一个省。1948年1月4日缅甸脱离英联邦宣布独立,成立缅甸联邦。1974年1月改称缅甸联邦社会主义共和国。1988年7月,因经济形势恶化,缅甸全国爆发游行示威。同年9月18日,以国防部长苏貌将军为首的军人接管政权,成立"国家恢复法律和秩序委员会"(1997年改名为"缅甸国家和平与发展委员会"),宣布废除宪法,解散人民议会和国家权力机构。1988年9月23日,国名由"缅甸联邦社会主义共和国"改名为"缅甸联邦共和国"。2008年5月,缅甸联邦共和国新宪法获得通过,规定实行总统制。缅甸于2010年依据新宪法举行多党制全国大选。

缅甸有89%的人口信仰佛教,其他的宗教信仰还有基督教(4%)、伊斯兰教(1%)等,是一个宗教信仰非常普遍的国家。它是一个以农业为主的国家,从事农业的人口在2001年时高达70%,农产品有稻米、小麦、甘蔗等。2014年估计缅甸的出口量为89.62亿美元,其主要出口物为天然气、木制品、豆类等,2014年时主要出口国为中国(63%)、泰国(15.8%)和印度(5.7%)。缅甸的进口量总体来说要高于出口量,2014年时为121.7亿美元,其主要进口国是中国(42.4%)、泰国(19%)、新加坡(10.9%)和日本(5.4%),它的许多基本物资如衣物、肥料、食物等都要依赖进口(CIA,the World Factbook)。

2. 人口基本情况

2014年,缅甸的总人口约为5 372万,增长速度约为0.86%,2013年时其总和生育率约为1.94,已降到更替水平之下。缅甸的出生率自1960年起逐渐下降,开始时下降速度较慢,20世纪80年代开始加快,进入21世纪后逐渐趋于平稳;其死亡率由1960年的约21.8‰降到了2013年的8.5‰,下降速度先快后慢。因此,缅甸的自然增长率从1960年开始经历了缓慢上升、保持平稳和较快下降的三个阶段。由图17可以发现,其增长率的变化趋势和自然增长率在21世纪前几乎一致,这意味着此前缅甸人口的国际流动情况非常少,21世纪之初,其人口增长率明显要低于自然增长率,这种变化的原因应该与老挝类似,大量的劳动力在泰国及马来西亚打工影响了缅甸的人口增长。

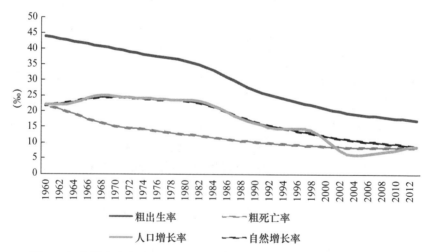

图17 缅甸粗出生率、粗死亡率及人口增长率和自然增长率(1960—2013)

资料来源:World Bank。

缅甸的医疗卫生条件不佳,医师享有率为0.5人/千人,病床率为0.6床/千人。

与其相应的是,缅甸的婴儿死亡率较高,2014年仍然达到44.91‰,其人均预期寿命也仅为65.9岁。除了医疗条件较差以外,艾滋病的高发也是影响缅甸人口健康的重要原因,2012年缅甸有将近20万艾滋病毒携带者(CIA, the World Factbook)。

3. 城镇化与就业

缅甸人口的城镇化在20世纪70年代初期以前发展较快,70年代中期至90年代初期有一段停滞,此后城镇人口比例又不断增长,且增长速度逐渐加快,至2014年,其城镇人口所占比例约为33.6%(见图18)。总体来看,缅甸还是一个以农业为主的国家,虽然暂时没有缅甸产业结构的最新数据,2001年时其从事农业生产的人口占劳动力总数的约70%,推测目前农业人口比例应该超过一半。缅甸的失业率不高,一直保持在3.5%—4%。

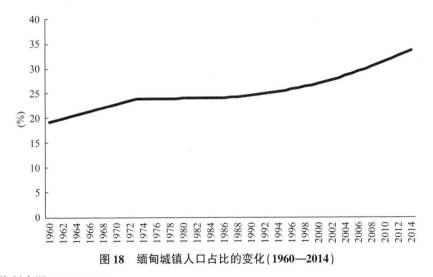

图18 缅甸城镇人口占比的变化(1960—2014)

资料来源:World Bank。

(六) 菲律宾

1. 地理历史背景和社会简况

菲律宾位于西太平洋,在亚洲东南部,是东南亚的一个群岛国家,北隔巴士海峡与中国台湾遥遥相对,南和西南隔苏拉威西海、巴拉巴克海峡与印度尼西亚、马来西亚相望,西濒南中国海,东临太平洋,主要分为吕宋、米沙鄢和棉兰老三大部分。

菲律宾人的祖先是亚洲大陆的移民。在14世纪前后,建立了海上强国苏禄王国。1565年,西班牙侵占菲律宾,统治菲300多年。1898年美国占领菲律宾。1942年,日本占领菲律宾。第二次世界大战后,菲律宾重新沦为美国殖民地。1946年,菲律宾独立。菲律宾融合了许多东、西方的风俗习惯特点,富有异国风情。菲律宾群岛的种族与文化众多,史前的尼格利陀人可能是菲律宾最早的居民,随后南岛民族的迁徙陆续带来了马来文化,随着宗教与贸易发展也带来了印度文化、华夏文化和伊斯兰文化。菲律宾也是一个宗教盛行的国家,国民中信仰天主教的比例高达82.9%,还有5%的穆斯林、2%的福音派信徒和一些其他宗教。

菲律宾是东南亚国家联盟(ASEAN)主要成员国,也是亚洲太平洋经济合作组织(APEC)的24个成员国之一。1975年6月9日菲律宾与中国建交。菲律宾为发展中国家、新兴工业国家及世界的新兴市场之一,但贫富差距很大。独立至今,菲律宾经历数次经济快速成长。然而政局时常动荡,政府贪污腐败,社会的不安定已成为阻碍其继续发展的一大因素。

根据确定菲领土范围的1898年《巴黎条约》、1900年《华盛顿条约》、1930年《英美条约》,菲领土范围西部界线为东经118度线。但自20世纪70年代后,菲通过4次军事行动,非法侵占了中国南沙群岛的8个岛礁,这是中菲领土争端的真实起源。

2. 人口基本情况

2015年菲律宾的人口约1亿左右,人口增长率为1.61%(CIA, the World Factbook)。从1960年以来,菲律宾的出生率以较快的速度下降,而死亡率下降速度却非常缓慢,因此其人口自然增长率一直以比较稳定的速度下降。从图19可以看出,菲律宾人口增长率的变化趋势与自然增长率的变化趋势几乎一致,其增长率要略微低于自然增长率,这也就意味着菲律宾的国际净迁移为负,但迁移对其人口增长影响不大,2015年其净迁移率为-2.09‰。

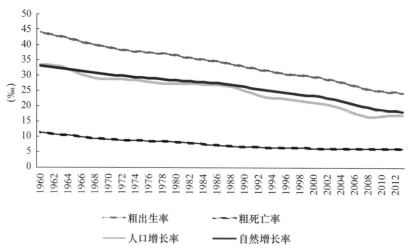

图19 菲律宾粗出生率、粗死亡率及人口增长率和自然增长率(1960—2013)

资料来源:World Bank。

目前来看,菲律宾的生育率还比较高,2015年总和生育率仍然高达3.09,这样的高出生率使得菲律宾的人口结构非常年轻,2014年其年龄中位数仅为23.5岁。总体来看,菲律宾人口的健康状况不佳,人均预期寿命仅为68.96岁,其中男性为65.47岁,女性为72.62岁,除此以外,它的婴儿死亡率也高达22.34‰。菲律宾目前仍处在城镇化的进程当中,总人口的44.4%为城镇人口,2010—2015年人口的年均增长率约为1.32%(CIA, the World Factbook)。

3. 劳动人口

与不断增长的人口数量以及较高的生育率相应的是菲律宾不断增长的劳动人口数量,从1990年到2013年,菲律宾的劳动力总数从约2 393万增长到约4 225万,增加了近一倍。但是菲律宾社会的失业问题也比较严重,2014年其失业率为6.8%(CIA, the World Factbook),虽然比以往有了很大的进步,但依然不低。目前来看菲律宾逐渐在完成产业结构的转型过程,2014年其第三产业劳动人口占比高达54%,超过劳动人口总数的一半,第一产业和第二产业分别为30%和16%。

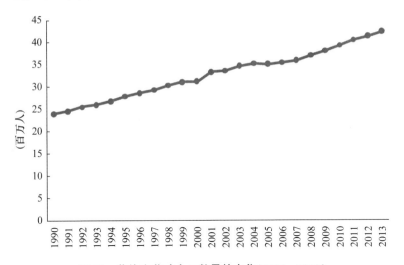

图20　菲律宾劳动人口数量的变化(1991—2013)

资料来源:World Bank。

(七) 文莱

1. 地理历史背景和社会简况

文莱,全称为文莱达鲁萨兰国,又称为文莱伊斯兰教君主国,是一个君主专制国家。它位于亚洲东南部,加里曼丹岛西北部,北濒中国南海,东南西三面与马来西亚的沙捞越州接壤,并被沙捞越州的林梦分隔为不相连的东西两部分。海岸线长约162千米,有33个岛屿,总面积为5 765平方千米。属热带雨林气候。14世纪中叶伊斯兰教传入,建立苏丹国。1888年沦为英国保护国,1941年被日本占领,1946年英国恢复对文莱控制。1984年1月1日文莱完全独立,1991年9月30日与中国建交。

2011年穆斯林在文莱总人口中占比高达78.8%,第二大宗教是基督教(8.7%),此外还有佛教(7.8%)和其他。文莱是个以原油和天然气为主要经济支柱的国家,占整个国家国内生产总值的50%。在东南亚,石油储量和产量仅次于印度尼西亚,居第二位。此外,文莱还有着丰富的森林资源,森林面积占国土的71.8%。文莱是世界上最富有的国家之一,2011年人均GDP为48 333美元,位居世界第六。2013年文莱的主要出口国是日本(41.9%)、韩国(17%)、澳大利亚(8.2%)、印度(6.8%)以及一些东南亚国家,其主要进口国是新加坡(28.6%)、中国(22.1%)、英国(18.9%)、马来西亚(10.6%)及美国(7.2%),主要进口物是钢铁、汽车、机械和交通设备等。

2. 人口基本情况

及至2015年,文莱的人口总数约为43万,目前在以1.62%的速度增长,其出生婴儿性别比为105,总人口的性别比约为98。由于经济水平很高,文莱的医疗卫生条件也比较好,人口的平均预期寿命较高,总人口为76.97岁,其中男性为74.64岁,女性为79.41岁,其婴儿死亡率也比较低,为10.16‰(CIA, the World Factbook)。

过去的五十多年中文莱的生育率逐渐下降,在下降过程中略有波动,2015年时其总和生育率已经降到了1.8。由图21可以看出,文莱的死亡率一直保持在比较低的水平,1960年时就已经低于10‰,其出生率自20世纪60年代以来一直波动下降。尽管文莱目前总和生育率已经降到了更替水平之下,但其此前较高的人口增长速度使得

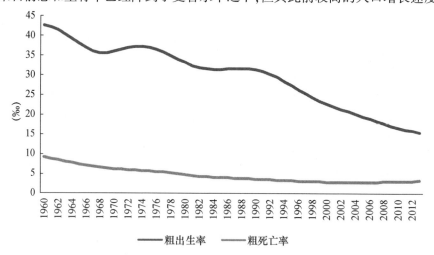

图21 文莱粗出生率及粗死亡率(1960—2013)

资料来源:World Bank。

文莱还保持着较为年轻的人口结构,抚养比也仅为38%(CIA, the World Factbook),65岁以上老年人占比4.27%。

文莱作为一个高收入国家,其成人识字率很高,达到了96%。它也有着很高的城镇化水平,2015年城镇人口占比77.2%,已经开始了逆城镇化的进程,2010—2015年间,城镇人口年均增长率为-1.79%。在国际迁移方面,文莱的净迁移率为2.43‰,因为数量较少,对人口增长和社会经济发展的影响很小。

3. 劳动人口

文莱是一个以工业为主的国家,2008年其第二产业从业人口占比高达62.8%,这可能与其经济支柱为石油和天然气有关。同年第一产业劳动人口占比4.2%,第三产业为33%,农业人口占比较低的结果是文莱需要从国外进口大量的食物。由图22可知,文莱的失业率一直保持着较低水平的稳定,在过去25年中最高也没有超过5%。总体而言,文莱是一个经济发展较快,人民生活非常优越,人口发展比较稳定,目前来看社会问题很少的国家。

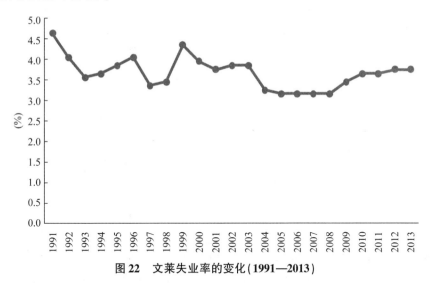

图22　文莱失业率的变化(1991—2013)

资料来源:World Bank。

四、南亚

(一) 印度

1. 地理历史背景和社会简况

印度位于北半球,地处南亚次大陆的中心,面积297万平方千米。北与我国、尼泊尔、不丹和锡金为邻,东边与缅甸、孟加拉国接壤,西北与巴基斯坦连成一片。西南临阿拉伯海,东南濒孟加拉湾,南与斯里兰卡相望。印度南部为一三角形半岛,深入印度洋达1 600余千米,海岸线长6 083千米,历史上就成为连接东西方的陆上交通要道,近代以来更成为东西方之间的海上交通的重要桥梁。

1600—1664年,英、荷、法三国相继在印度建立"东印度公司"。自19世纪中叶,英国殖民统治在印度全面建立,印度领土的2/3由英国人直接统治,称"英属印度",此后印度先后被倾销工业品及资本,被榨取了大量财富,但在此过程中工业开始缓慢发展起来,印度也开始出现一个缓慢的各民族相融合的过程。1947年6月3日,英国政府制定《印度独立法案》,即"蒙巴顿方案":按照居民的宗教信仰,把印度分为印度联邦和巴基斯坦两个自治领。同年8月15日,印巴分治,印度宣告独立;1950年1月26日,印度宣布成立共和国,但仍为英联邦成员;同年4月1日与中国建交。

印度的社会经济状况具有多样性,体现在宗教、民族、语言的多样性上。印度是一个宗教国家,国内宗教种类繁多,主要包括印度教、伊斯兰教、基督教、锡克教、佛教、耆那教。宗教种类繁多和不可融合造成印度国内外众多的政治、人口问题。印度有10个大民族和许多小民族,印度斯坦族是其中最大的一支。据估计仅印度教本身就有2 378个主要种姓和亚种姓。与多种姓对应的是语言的多样性。单是被官方列入宪法的语言就有16种之多,其中包括英语。语言的多样性使印度的教育和通信都面临挑战。除了宗教、种族和语言的复杂多样,印度的经济在社会各阶层和各地区之间也存在巨大差异,至今仍有大量的印度人生活在贫困线以下,至2014年印度的人均国民总收入仅为1 610美元。社会经济的落后和巨大差异,是制约印度社会发展和人口政策实施的社会现实。印度的社会经济具有以下特点:(1)人均收入增长缓慢;(2)消费多,积累少;(3)人口的经济结构一直没有明显变化,失业问题十分严重(陈才,1993)。这些经济问题很大程度上也与其庞大的人口数量有关。

2. 人口增长

印度是仅次于中国的第二大人口大国,2015年其人口为12.5亿。其出生性别比高达112,和我国一样是一个男多女少现象比较严重的国家。目前来看印度人口增长率仍高达1.22%,而目前中国仅为0.45%,如果保持这样的发展趋势,印度在不久的未来将超越中国成为第一人口大国。2015年印度的总和生育率为2.48,仍然高于更替水平(CIA, the World Factbook)。从1960年开始,印度的出生率和死亡率都在逐渐下降,70年代后期以前,出生率下降的速度较慢,而死亡率下降较快,因此人口增长速度还是在逐渐加快。1980年左右其死亡率下降速度明显减缓,死亡率趋于稳定,人口增长率才开始降低(见图23)。

早在1952年,随同印度第一个五年计划的实施,国家家庭计划方案就开始实行了。这个方案的目的是降低出生率,让人口增长稳定在一个与经济需要一致的水平

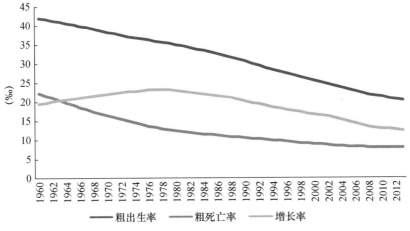

图23　印度粗出生率、粗死亡率及人口增长率(1960—2013)

资料来源:World Bank。

上。印度成为世界上第一个用行政手段去降低人口生育水平的国家。但是印度是个多民族、多宗教的国家,实行计划生育往往与政治相连,对少数民族实行计划生育会被认为是针对某一民族人口发展的措施,从而遭到抵制。另外,根据宪法,印度议会中各邦的议员席位数量是由人口多寡决定的,因此,不少邦和议员出于自身利益的考虑,往往暗中抵制计划生育。还有,社会和经济落后也成为计划生育的制约条件,在贫困的社会和经济条件下,很多妇女没有条件去接受有偿的避孕服务。因此,印度的计划生育政策始终没有在民众之间很好地落实,其生育率一直是随着社会经济的发展匀速缓慢地下降。2002年印度政府公布了《国家人口政策,2000》,提出了新的人口目标,希望在2010年让总和生育率下降到更替水平,但至今这个目标仍未实现。

印度人口的庞大数目和飞速增长已严重阻碍经济发展和社会进步。人口的高速增长使得粮食、土地、水资源、环境、住房、教育、就业等都成为政府面临的难题。印度人口未来的发展是印度也是全世界都在密切关注的事。

3. 健康与劳动人口

至2013年,印度感染艾滋病的人数达到208万,居世界第一位。这个数值比2004年年底的510万有了巨大的进展,证明在过去的十年中印度的艾滋病防治工作取得了比较优异的成果。尽管如此,艾滋病目前还是印度政府所面临的最大的公共卫生问题之一。

印度是一个农业大国,这一点可以从劳动力的就业结构上得到充分的反映。至2012年为止,印度仍有49%的人在从事第一产业,第二产业和第三产业的劳动人口分别占比20%和31%。由于印度是一个生育率仍然不低的人口大国,它的劳动力数量是在逐渐增加的,这对于社会经济的发展是有利的。但目前印度社会也面临比较严重的失业问题,2014年其失业率达到8.6%(CIA, the World Factbook)。

(二) 巴基斯坦

1. 地理历史背景和社会简况

巴基斯坦是在南亚次大陆北端的一个国家,东部接连着印度,南部是阿拉伯海,西边靠着伊朗,北边紧邻着阿富汗和我国的新疆,于1951年5月21日与我国建交。现在的巴基斯坦是1971年成立的。早在1947年以前,巴基斯坦、孟加拉和印度都是英属印度的一部分,是英国的殖民地。在1947年结束了英国殖民统治以后,巴基斯坦和印度因为宗教的分歧分成两个国家。因为地理条件的限制,巴基斯坦又分为东巴基斯坦和西巴基斯坦两部分。1971年,东西巴基斯坦又分开了,东巴基斯坦成为一个独立的国家孟加拉国,西巴基斯坦就成了现在的巴基斯坦。

巴基斯坦是一个农业国家,全国分为旁遮普、信德、俾路支和西北边境四个省,十个中央直辖部落区和一个联邦首都区,首都是伊斯兰堡。这四个省都有着自己特有的文化、语言和历史。更因为地理和地势的影响,交通很不便利,全国各地的隔阂很大,社会和经济各方面都不发达。自从1947年独立以来,巴基斯坦政府努力发展工业,也取得了一些成就。国家建立了新工业基地,生产出许多生活消费品和工业用品。但是工业化并不能为城市中增长的劳动力增加就业机会,劳动力中工业人口的比重并没有增加,农业人口的比重稍微下降了一些,劳动力转移到服务行业去,形成了各行业中普遍的不充分就业现象。在发展工业的过程中,许多过时的城市市政设施对经济的发展和生产具有不利影响。

巴基斯坦政府一直希望能够用发展经济而不是重新分配社会财富的方法去提高人民生活水平。但是政府不能给老百姓提供最基本的医疗卫生设施和受教育的机会,也不能提高妇女的社会地位。经济和社会的不平等是巴基斯坦目前面临的一个较为严重的问题。此外,巴基斯坦还面临长期的财政赤字以及反恐战争、北瓦济里斯坦的难民安置等一系列政治经济问题。

2. 人口增长及教育

及至2015年,巴基斯坦的总人口为1.99亿,排名世界第六位(CIA, the World Factbook)。如图24所示,1960年到1990年这30年中,巴基斯坦的总和生育率一直保持在6以上,1990年以后生育率开始以比较快的速度下降,目前依然保持着较快的速度,2013年为3.185,2015年已经降到2.75(CIA, the World Factbook)。巴基斯坦出生率的变化趋势与总和生育率保持一致,而其死亡率一直稳定下降,因此巴基斯坦的人口增长率经历了先上升再下降的过程(见图25)。但是巴基斯坦人口的增长也不仅由自然增长决定,还有一个原因是移民不断来到巴基斯坦,尤其是90年代人口增长率的一个小回升。当时由于阿富汗内乱以及苏联在阿富汗发动战争,迫使许多阿富汗人逃往巴基斯坦,在 90 年代初估计有 300 万—350 万人。

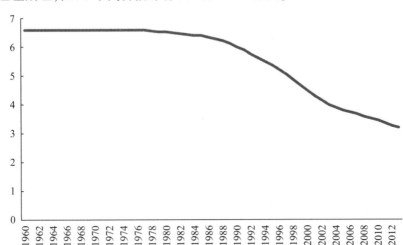

图 24　巴基斯坦总和生育率的变化(1960—2013)

资料来源:World Bank。

自 1953 年起,巴基斯坦政府就开始推行家庭计划的工作,帮助人民节制生育,到了 20 世纪 60 年代,家庭计划正式被划归到政府卫生保健的工作中。许多年来,巴基斯坦政府一直在致力减缓人口增长,降低生育水平。2002 年政府开始推广"人口福利方案"(Population Welfare Programme),在生殖健康的框架下向需要的人民提供生殖健康的信息和服务,鼓励人民自愿增加生育间隔,借以降低人口的增长率(Pakistan,2002)。在这些人口政策的作用下,巴基斯坦的人口增长速度的确有了明显的减缓,但目前其增长率还是高达 1.46%(CIA,the World Factbook),这个国家在人口控制上还有很长的路要走。

巴基斯坦一个很严重的社会问题是全人口的教育问题,尤其是女性。2015 年巴基斯坦的总人口识字率仅为 57.9%,男性识字率为 69.5%,而女性识字率只有 45.8%。这就意味着,巴基斯坦总人口中有超过四成的文盲,而女性中更是有超过一半的人不会读写。巴基斯坦社会的分工和女性对家庭的责任让许多女性无法像男性一样能够得到学习读写的机会。在农村中,多半贫苦的家庭只能把男孩子送到学校去学习,而把女孩子留在家中。国家也没有能力提供足够的机会让女孩子去上学。总体来看,男性的人均受教育年限为 8 年,而女性仅为 7 年(CIA,the World Factbook)。

3. 劳动人口与国际迁移

总体上来看,巴基斯坦还是一个以农业为主的国家,2013 年第一产业劳动力占比仍有 44%。从表 5 中可以发现,从 1973 年到 2000 年,第三产业劳动人口占比不断上

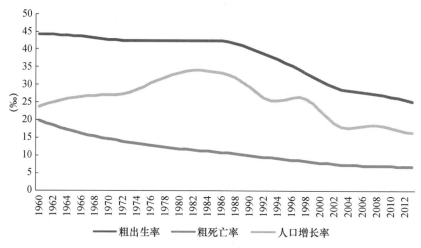

图 25　巴基斯坦粗出生率、粗死亡率及人口增长率(1960—2013)

资料来源：World Bank。

升,而在 2000 年到 2012 年这十几年中变化则非常小,主要的变化是第一产业的人口向第二产业转移。目前其失业率仍然高达 6.8%,失业还是比较严重的社会问题;另外在劳动人口方面,巴基斯坦的童工问题也比较严重。

表 5　巴基斯坦劳动人口的产业结构变化(1973—2012)

产业	1973 年	1980 年	1990 年	2000 年	2012 年
第一产业	57.8	52.8	51.3	48.5	44
第二产业	16.2	20.2	19.7	18.0	22
第三产业	22.9	26.8	28.9	33.5	33

资料来源：ILO(2004),最后一列来自 CIA, the World Factbook。

巴基斯坦的国际移民有两种,一种是来自阿富汗的难民,另外一种是巴基斯坦人前往西亚地区的劳务输出。阿富汗的难民是自 1978 年阿富汗内战时开始的,根据联合国难民总署的估计,在 80 年代初期去到巴基斯坦的阿富汗难民约为 40 万人,80 年代中到达了 250 万,90 年代初更增加到 350 万。不过在 1990—1995 年有约 220 万阿富汗人离开巴基斯坦回到阿富汗去,最终还有 100 多万人留在巴基斯坦(United Nations, 1998)。在巴基斯坦的阿富汗难民给巴基斯坦的社会增加了许多负担,特别是在国际援助阿富汗难民的支援不断降低的情况下,这些难民仍将是巴基斯坦很多年需要负担解决的问题。从 70 年代中期开始,许多巴基斯坦人前往西亚生产石油但是缺乏劳动力的国家去工作了。这些外出移民多数是男性,有的是一般的非技术性工人,也有高等工程技术人员。估计在 70 年代后期每年去西亚国家的工人有 79 000 人,在 20 世纪 80 年代初增加到 12 万,80 年代后期减少到 77 000 人,但在 90 年代初又回增到 14 万人(United Nations, 1998)。这些劳动力对巴基斯坦的经济和社会产生了很大的影响,在 90 年代初,劳务输出工人寄回巴基斯坦的钱每年估计有 15 亿到 20 亿美元,约为巴基斯坦外汇收入的 30%,将近国民总收入的 5%,提高了人民的购买力(Blood, 1994)。至 2015 年,巴基斯坦的净迁移率仍为负数(CIA, the World Factbook)。

(三) 阿富汗

1. 地理历史背景和社会简况

阿富汗斯坦伊斯兰共和国,简称阿富汗,是亚洲中部的内陆国家,实行总统共和制。阿富汗位于西亚、南亚和中亚交汇处,北接土库曼斯坦、乌兹别克斯坦和塔吉克斯坦,东北突出的狭长地带与中国接壤,东和东南与巴基斯坦毗邻,西与伊朗交界。早在 1955 年 1 月 20 日,阿富汗就与中国建交。阿富汗国土的 3/5 交通不便,属大陆性气候,全年干燥少雨。它与大部分毗邻的国家有着民族、宗教、语言以及地理上一定程度的关联。阿富汗是一个普遍信仰伊斯兰教的国家,穆斯林占总人口的 99%。

1747 年,杜兰尼王朝建立,正式形成了统一的阿富汗国家。第二次世界大战前阿富汗一直是英国与俄国反复争夺的英国殖民地区,战后欧洲没落,世界进入美国苏联两强争霸的时代,20 世纪 50 年代,阿富汗投入了苏联阵营。1979 年,苏联对阿富汗出兵,但由于久战不下终于在 1989 年年初全部撤离。1994 年,奥马尔在巴基斯坦与阿富汗边境成立塔利班政权,塔利班是一个宗教极端主义的严谨组织,政治上主张"铲除军阀,重建国家",获得了民众的广泛支持,在 1997 年时几乎占领了全国。然而诸如残暴酷刑、歧视女性、抵制武器以外的所有现代化、仇视一切异教的方针使这个国家之后一直活在压抑和恐怖之中,直至 2001 年"9·11 事件"后美国以打击藏匿的本·拉登为由推翻塔利班政权。随后,美军与当地武装的冲突及引发的各种暴力事件不断,至今阿富汗仍然处于战乱之中,社会动荡,失业率极高,生活用品和食物等很多依赖进口和援助。

2. 人口增长与健康

及至 2015 年,阿富汗的人口为 3 256 万,增长率为 2.32%(CIA, the World Factbook)。自 1960 年以来,阿富汗的总和生育率一直保持在比较高的水平上,到 90 年代为止,一直维持在 7.6—7.7,在 90 年代甚至有一段短时间的升高,最高时是 1997 年,达到了 7.869。进入了 21 世纪以后,阿富汗的生育率才开始下降(见图 26),2015 年其总和生育率仍然高达 5.33(CIA, the World Factbook)。

随着出生率的持平和下降以及死亡率的稳定缓慢下降,阿富汗的自然增长率经历了先上升再下降的过程,转折点出现在 21 世纪初。但从图 27 中可以发现,阿富汗的人口增长率与自然增长率变化趋势相差非常之大,其人口增长率在过去五十多年中经

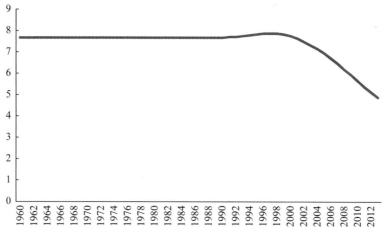

图 26　阿富汗总和生育率的变化（1960—2013）

资料来源：World Bank。

历了巨大的波动。引起这种波动的主要原因是战争,阿富汗最大的波动出现在 70 年代末到 90 年代这段时间内。70 年代末到 80 年代这段时间,由于阿富汗内战及苏联对阿富汗出兵,有很多难民去往其他国家避难,因而人口增长率迅速下降,甚至有一段人口的负增长。80 年代后期开始,苏联逐渐撤兵,在国外的很多难民又回到了祖国,尤其是 1989 年完全撤兵后回迁人数猛然增加,造成了 90 年代初的高增长率。

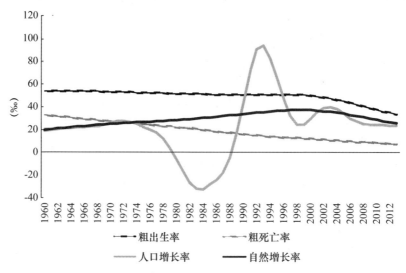

图 27　阿富汗粗出生率、粗死亡率及增长率和自然增长率（1960—2013）

资料来源：World Bank。

到目前为止,阿富汗人口的健康状况仍然令人担忧,到 2015 年,其婴儿死亡率仍然高达 115‰,居世界第一位,而其人均预期寿命仅为 50.87 岁(CIA, the World Factbook)。这种恶劣的人口健康状况的原因除了战乱以外,还有其基础设施及卫生条件的欠缺。如图 28 所示,尽管在过去的二十多年中,阿富汗获得改善过的卫生设施①的人口占比在缓慢提升,然而及至 2012 年,能够享受较好的家庭卫生条件的人口也仅占 29%。

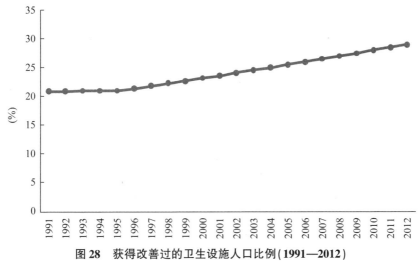

图 28　获得改善过的卫生设施人口比例(1991—2012)

资料来源:World Bank。

3. 劳动人口

阿富汗目前雇用童工的现象比较严重,CIA 估计的 2011 年童工占 5—14 岁青少年的比例高达 25.3%,同时指出这个值仍有可能是低估值,UNICEF 估计 2011 年其童工占比可能要达到 30%。除此以外,失业问题也是阿富汗目前面临的较大的社会问题。其失业率在 1991 年到 2004 年一直稳定在百分之四点几,2005 年时其失业率迅速攀升到 8.5%,直至目前仍然保持在这个水平(见图 29)。

(四) 不丹

1. 地理历史背景和社会简况

不丹是在我国和印度之间的一个内陆国,位于喜马拉雅山脉东段南坡,北部和西部与我国西藏衔接,东边和南边与印度相邻,全国面积共 38 400 平方千米,比我国台

---

① "获得改善过的卫生设施"是指具有最基本的处理排泄物设施的人口所占的比例,这些设施能够有效防止人畜及蚊蝇与排泄物接触。

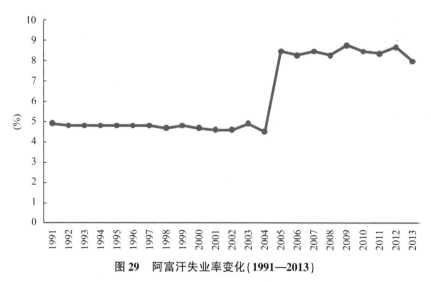

图 29　阿富汗失业率变化（1991—2013）

资料来源：World Bank。

湾略大一些,至今未与中国建交。不丹地势崎岖不平,自北向南倾斜极大,南部海拔只有 100 米,而距离只有 150 千米的北部却上升到 7 500 米。此外南部气候闷热潮湿,夏日多季风雨,而北部常年被雪覆盖,全国七成以上土地都是森林(Bhutan, 2002)。不丹在公元 7—9 世纪时曾经是吐蕃王朝属地,12 世纪后,藏传佛教竺巴噶举派逐渐成为执掌世俗权力的教派。18 世纪后期起遭英国入侵,1907 年建立不丹王国,但是军事和外交由英国控制。1947 年印度独立以后,不丹的军事和外交由印度从英国手中接管,每年印度向不丹提出一定的补助。

不丹的经济和社会在 21 世纪以来有了长足的发展,按照 2000 年家庭收入支出调查,平均每人每月收入是 1 200 努,或不到 200 元人民币,而至 2014 年其人均国民总收入已达到 2 390 美元(World Bank),约 1 200 元人民币每月。不丹的贫困人口占比也从 2007 年的 23.2% 下降到 2012 年的 12.0%,5 年下降超过 10 个百分点。不丹政府强调发展精神福祉比改进物质生活更为重要,国家政策着重在保护文化传统、自然资源和环境,以及提高不丹独特的文化与传统价值观念上,全国推行"全民幸福计划"(Gross National Happiness)(Bhutan, 2000)。不丹的经济发展与印度的贸易和金融是紧密联系在一起的,在很大程度上也依赖印度的财政补助;向印度出口水电是不丹经济的主要项目,在 2002 年,水电出口占不丹国民收入的 45%(外交部,2005)。

2. 人口基本情况

截至 2015 年,不丹的人口约为 74.2 万(CIA, the World Factbook),这个数值是根据其 2005 年的第一次人口普查的数据计算得出的,目前其人口增长率为 1.11%。不丹总人口的平均预期寿命为 69.51 岁,其中男性为 68.56 岁,女性为 70.51 岁,与很多国家相比,两性之间预期寿命的差值较小。虽然目前来看,不丹的出生婴儿性别比(104)比较正常,但其社会整体的男女性别比略有失衡,达到 109,男多女少的情况比较明显。由图 30 可以发现,在过去五十多年中,不丹总人口中女性人口的比重在不断地波动下降,占比最高是在 20 世纪 60 年代末,也仅为 49.3%,70 年代末到 90 年代末有过一次缓慢回升。2008 年以来女性人口占比降幅减小,趋于稳定,2014 年最新数据为 46.3%。

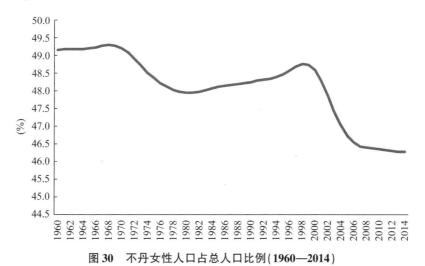

图 30　不丹女性人口占总人口比例(1960—2014)

资料来源:World Bank。

在 20 世纪 80 年代以前,不丹每年的总和生育率几乎没有变化,一直保持在 6.6—6.7 的高水平,80 年代初期开始缓慢下降,后来在 80 年代末至 21 世纪初这段时间内下降速度明显加快,进入 21 世纪后下降速度减缓(见图 31)。2015 年,不丹的总和生育率已经降到了更替水平之下,仅为 1.97(CIA, the World Factbook)。由于生育率的这种变化,1980 年以前,不丹的出生率下降速度要低于死亡率下降速度,人口自然增长速度不断加快,80 年代之后增长速度才逐渐减缓。

在图 32 中,不丹的人口增长率在 80 年代后期至 90 年代中后期这段时间内有一段比较异常的变化,这种不寻常的原因可能主要是国际迁移。不丹有三个主要民族:住在西部的藏族人,在东部的藏族或印度—蒙古族人,和在南部的尼泊尔族人。前二族人信奉藏传佛教,后一族人信奉印度教。南部人多是 19 世纪以来迁移到不丹的尼泊尔人和他们的后代,占全国人口 1/3 到 1/5(Bhtuan, 2002)。这些人在 1958 年受到皇家诏令宣布它们都是不丹人,但在 1985 年公民法案颁布后因为不合乎法案的规定许多人被驱逐出境,其中有约 10 万人沦为难民滞留在尼泊尔(UNHCR,2005)。这个政令应该是八九十年代不丹人口增长率下降甚至负增长的主要原因。

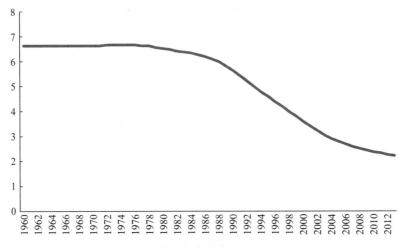

图31　不丹总和生育率（1960—2013）

资料来源：World Bank。

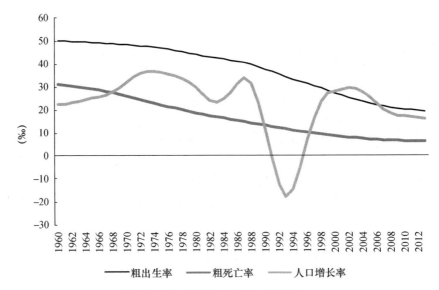

图32　不丹粗出生率、粗死亡率及人口增长率（1960—2013）

资料来源：World Bank。

3. 迁移与城镇化

不丹绝大多数的人民居住在乡村，住在城镇的人口按照中央统计局的估计占全国人口的21%。这个比例包括了首都廷布、第二大城市庞措林宗和54个人口聚集地。廷布的人口估计为35 000到50 000，庞措林宗约为15 000，还有许多流动人口。另外54个人口聚集地按照第九个五年计划的解释只是行政意义上而不是人口意义上的"城镇"（Bhutan, 2002）。在廷布和庞措林宗这两个城市之中，多数居民都是政府公务人员（廷布占50%，庞措林宗另占44%），政府的就业机会带给这两个城市把人口从各地拉向这两个城市的力量。按照估计，廷布的人口增长率在2000年上升到7%—10%，而庞措林宗则是7%；在1994年的人口增长率更高（Bhutan, 2002）。

20世纪90年代中的乡城移民造成了住房和交通、卫生、饮水、通信、电力等市政设施的短缺。当许多乡村人口迁移到了城镇，而城镇却没有相应的措施去接纳移民，以致在住房、饮水和环境卫生上都产生了问题；此外车辆增加也把汽车废气污染带到了不丹（Bhutan, 2002）。到2015年，不丹的城镇人口已经占到总人口的38.6%，且2010—2015年还在以年均3.69%的速度增加（CIA, the World Factbook），可以说城镇化所带来的人口、环境乃至社会问题将在长时间内困扰不丹。

另一个很重要的移民现象是在南部的大规模外来非法移民，和他们所形成的政治、人权和恐怖活动等问题。虽然无法估计出这些移民的数量，但是他们已经影响到社会发展，成为不丹政府极为关心的问题（Bhutan, 2002）。

（五）尼泊尔

1. 地理历史背景和社会简况

在西藏南部，喜马拉雅山中段南坡，印度的北边是尼泊尔王国。尼泊尔的面积有14万平方千米，和孟加拉国一样大。尼泊尔的北边是高山，中部是丘陵地带，南部是恒河冲积出的河谷和平原。北部高山地区气候严寒，南部平原属亚热带气候。尼泊尔自公元4世纪就同我国有密切的往来，人民多信印度教，而在历史上它曾经是一个佛教国家。1815年英国入侵尼泊尔，签订不平等条约，直到1950年才被迫放弃在尼泊尔的特权。1955年8月1日，尼泊尔与中国建交。

尼泊尔是世界上最穷、最不发达的国家之一，至2014年其人均国民总收入也仅为730美元。农业是尼泊尔最主要的行业，至2010年仍有75%的劳动力都在从事农业工作，但却只生产出三成的国内生产总值。因为人口增长过快，且其生产生活主要依赖仅能维持生存的基本农业，尼泊尔社会面临着社会贫穷、环境恶化等许多问题。教育匮乏也是尼泊尔一个很大的社会问题，根据世界银行的数据，2011年尼泊尔的成人识字率只有57.4%，这就意味着如今这个国家仍有将近半数的成年人处于文盲或半文盲的状态。此外连年的政治不稳定，种姓制度的社会不平等和不断加剧的反政府武装活动更阻碍着社会发展。减少贫困和授权给人民一直是政府政策和计划中最主要的工作，也是联合国开发计划署这几年来工作的中心。但这些都是一些长期的、很难完成的工作。

2. 人口增长和分布

2015年尼泊尔的人口数量为3 155万,人口增长率为1.79%(CIA, the World Factbook)。自1960年以来,尼泊尔的出生率和死亡率一直在下降,且出生率始终高于死亡率,到20世纪90年代初为止,出生率下降速度始终小于死亡率下降速度,因此人口增长率一直在缓缓上升。高人口增长率影响到尼泊尔社会和经济生活的每一方面,对土地和资源的压力也越来越大,开始产生了粮食缺乏的现象。因为需要耕地,不适于耕种的土地和原始森林被开发了,产生了滑坡、水灾和土壤腐蚀的现象。人口高速增长使尼泊尔政府感到满足人民的教育、卫生、饮水和其他基本需要愈加困难(Nepal,2003)。1994年以来,尼泊尔的人口增长率有所下降,近几年随着出生率降幅减小,增长率也逐渐保持在稳定的水平上,在11‰—12‰(见图33)。2015年尼泊尔的总和生育率约为2.24(CIA, the World Factbook),与更替水平非常接近。

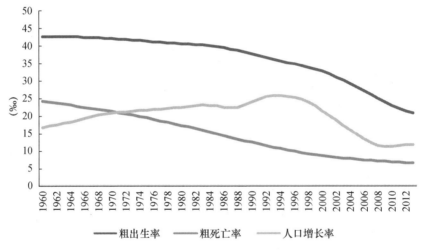

图33　尼泊尔粗出生率、粗死亡率及人口增长率(1960—2013)

资料来源:World Bank。

因为地形和地势的差异,尼泊尔一般把全国分为三个生态区域:山区、丘陵区和河谷区。山区是指海拔在4 900米以上的地区,占全国35%的土地;丘陵是指海拔610—4 900米的地区,占42%的土地。这两块地区共有77%的土地,但是只有52%的人口。河谷地区是恒河冲积平原的扩展地区,占23%的土地,区居住着48%的人口。河谷区的人口一直在增加,居住在山区和丘陵区的人口数虽然在增加,但其所占人口比例逐次普查在减少。人口分布不均匀的原因主要是在河谷区可耕地较多,山区和丘陵区地势险峻,不适宜生活和发展,在这些地区中政府行政设施很少,因此越来越多的人都移居到河谷区去生活(Nepal,2003)。

3. 迁移与就业

尼泊尔的国内迁移主要是山区和丘陵区的人口向河谷区迁移,而在国际移民方面,尼泊尔每年都有许多人迁往印度。根据 1916 年尼泊尔和英属印度的协议,每年山区和丘陵区都可送人去印度充当英国兵或就业。虽然这样的人很少,但屡年都在增加。按照 1981 年普查,有 400 万人(2.7%)在 1971—1981 年迁移到印度,其中接近 90% 来自山区和丘陵区。1991 年普查显示出国移民人数增加到 658 万,为尼泊尔人口的 3.6%。其中 89% 去到印度,2/3 是为了就业。2001 年普查显示 1991—2001 年有 76 万人迁移出国,其中 2/3 前往印度,9% 前往沙特阿拉伯。此外有 3.2% 前往卡塔尔,1.6% 前往中国香港(Nepal,2003)。移民出国的尼泊尔人虽然很多,迁往尼泊尔的人口也在增加,这些移民主要是印度人。1991 年普查显示外国人有 440 万人,其中 95% 是印度人(Nepal,2003)。

尼泊尔的主要产业是农业,2010 年有 75% 的劳动人口在从事第一产业,二产和三产分别为 7% 和 18%。这个国家还面临非常严重的失业问题,2008 年其失业率高达 48%(CIA,the World Factbook)。

五、中亚

(一)哈萨克斯坦

1. 历史背景和社会简况

哈萨克斯坦是在 1991 年苏联解体后独立的国家,1992 年 1 月 3 日就同中国建交。哈萨克斯坦在 19 世纪末期被俄罗斯帝国吞并,1936 年成为苏联的一个共和国。自 20 世纪 30 年代起,哈萨克斯坦一直是苏联放逐犯人的地方,有许多集中营,成千上万的俄罗斯和其他民族的人从欧洲被发配到这里。到了 50 和 60 年代,苏联掀起了开发哈萨克斯坦"农业处女地"的运动,把更多的俄罗斯人和其他民族被放逐的人迁移到哈萨克斯坦,这些移民的人数逐渐地超过了当地的哈萨克人。移民也成了哈萨克斯坦过去半个世纪中人口变迁的特色。在前苏联时期,哈萨克斯坦的经济是苏联计划经济的一部分,以农业和重工业为主。当地自然资源丰富,特别是石油、天然气和矿产。苏联也曾经很努力地致力于哈萨克社会发展,提高了人口教育和卫生水平,鼓励妇女参加劳动。因为地广人稀,资源丰富,人口增加缓慢,当地没有太大的人口压力。

在 1991 年哈萨克斯坦独立以后,其社会和经济的体制改变了。新的经济体制对传统重工业产品的需要减少,加上对社会转型所需要的磨合和适应,哈萨克斯坦的经济萎缩了。1995—1997 年新政府开始实行经济改革、财产私有化以及鼓励外国投资,生产逐渐恢复,2000 年以后经济增长率一直保持在 10% 上下的速度。哈萨克斯坦和土库曼斯坦是中亚仅有的两个中高等收入国家。其当前面临的一些问题主要是大量非哈萨克人迁离哈国、在国外哈萨克人迁移回国、社会体制转型过程中不能适应所产生的社会问题,特别是比较严重的失业现象。

2. 人口基本情况

及至2015年,哈萨克斯坦的总人口约为1 816万,年人口增长率为1.14%。总体来说,哈萨克斯坦的出生率经历了从降低再到升高的过程,而比较特殊的是,哈萨克斯坦的死亡率自1960年以来变化非常小。从图34中可以发现,在1992—2002年这十年间,尽管出生率始终高于死亡率,但哈萨克斯坦的人口增长率一直处于非常低的水平,而且在很多年份竟然为负数,在1995年甚至低至 -17.5‰。这个人口非正常下降的主要原因是许多非哈萨克人离开了哈萨克斯坦,回到这些人"历史的祖国"去了,其中以俄罗斯人、德意志人和乌克兰人为主。在1994年离开哈萨克斯坦的人中,有一半以上是俄罗斯人,26%是德意志人(UNDP,1995)。拿哈萨克斯坦1999年和1989年的两次人口普查结果对比,哈萨克人在1989—1999年间增加了149万或23%,俄罗斯人减少了158万或26%,乌克兰人减少了33万或38%,乌兹别克人增加了4万或12%,德意志人减少了59万或63%(吴宏伟,2002)。

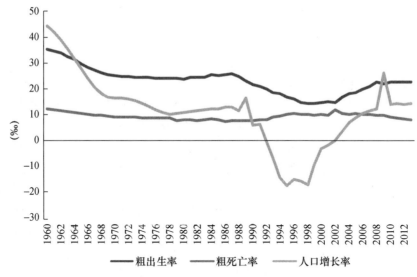

图34 哈萨克斯坦粗出生率、粗死亡率及人口增长率(1960—2013)

资料来源:World Bank。

目前哈萨克斯坦的总和生育率为2.31,略超过更替水平,但此前很长一段低出生率所产生的影响依旧存在,目前哈萨克斯坦65岁以上的老人占比约7.17%,刚刚开始进入老龄化社会,此后也可能会出现一些由人口老龄化导致的社会问题。

哈萨克斯坦的性别比情况也比较特殊,2015年其出生婴儿性别比仅为94,远低于正常水平,而其总人口的性别比也仅为92(CIA, the World Factbook),这个数值从

1950年(93.8)开始至今一直在波动降低。因此,哈萨克斯坦社会中的性别失衡也比较严重,出现了普遍的女多男少的现象。

3. 劳动人口

与21世纪初相比,哈萨克斯坦的产业结构发生了较大的变化。2001年时第一产业劳动力占比35.5%,第二产业占比16.3%,第三产业占比48.1%(ILO,2005),而至2012年这个分布变为25.8%、11.9%和62.3%(CIA, the World Factbook)。可以看出农林牧渔等第一产业的从业者明显降低,第二产业的人口占比略有下降,而从事第三产业的人口比例有了极大的提升。

1991年苏联解体后,因为社会和经济体制的改变,生产制度改变了,哈萨克斯坦的失业现象比较严重,失业率一度达到13.5%。进入21世纪以来哈萨克斯坦的政治和经济体制已经稳定,其失业情况也有了明显的好转,2013年其失业率为5.2%,目前还在以每年约0.1%的速度缓慢下降(见图35)。

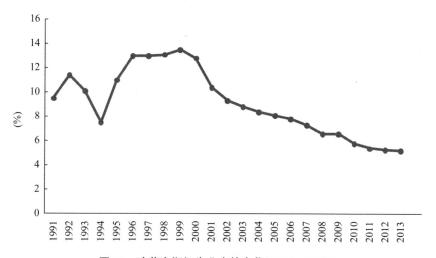

图35 哈萨克斯坦失业率的变化(1991—2013)

资料来源:World Bank。

(二)吉尔吉斯斯坦

1. 地理历史背景和社会简况

吉尔吉斯斯坦是在我国新疆北部的一个新国家,北面是哈萨克斯坦,西面是乌兹别克斯坦,西南面是塔吉克斯坦,南面是中国。在19世纪的后期1876年,它被俄罗斯帝国吞并,1936年成为苏联的一个共和国。1991年苏联解体后,吉尔吉斯斯坦独立,建立了一个崭新的国家,1992年1月与中国建交。吉尔吉斯斯坦是一个山国,天山北麓山脉遍布全国九成以上的土地。东北部的高山中有一个世界上第二大的高山湖——伊塞克湖,在我国唐代称之为"热海",诗人李白就出生在湖边碎叶河畔。吉尔吉斯斯坦的矿产储存量很多,包括金、煤、铀和一些稀有金属,但都还没有开发。

农牧业生产和加工是该国最主要的产业,2005年时参与农业生产的劳动力占到半数左右。在前苏联时期,吉尔吉斯斯坦的农牧产品是按苏联计划经济分配的,98%销售到其他共和国去。但自苏联解体以后,吉尔吉斯斯坦的经济因为国营工厂和农场的解散以及传统农牧产品市场的解体而受到惨重的打击。国内生产总值增长率在1998—1999年只有2%—3%,在2000年上升到5.6%。吉尔吉斯斯坦的经济发展速度较慢,2000年时,全国有2/5的人口生活在贫困线下(每月110元人民币),有18%的人生活在极其贫困的情况下(每月60元人民币);及至2011年,贫困线以下的人口仍然占比33.7%。

在国家行政体系下,苏联没有给吉尔吉斯斯坦留下任何管理制度,新政府没有行政管理的经验,许多国家日常行政工作不能正常地运行。苏联解体后国家经济指标连年下降,重要工农产品大幅减产,通货膨胀恶性发展,人民生活水平下降,这些也都是中亚几个国家的共同现象(赵长庆,1998)。

2. 民族与人口增长

至2015年为止,吉尔吉斯斯坦的总人口为544万,其中穆斯林占比高达75%,目前人口增长率为1.11%,总和生育率为2.66。2015年其总体的人均预期寿命为70.36岁,男性为66.19岁,女性为74.8岁,两性之间差别较大(CIA, the World Factbook)。

吉尔吉斯斯坦的死亡率自1960年开始就在不断下降,至2013年已经降到6.1‰,而其出生率并不一直处于下降状态,在1977—1988年间有一段回升,此后下降至2002年又开始回升,2013年其出生率为27.2‰。除了人口的自然增减外,吉尔吉斯斯坦人口数量的变化同国际移民也有重要的关系,有些年代人口大量迁入和迁出是其人口增长率大幅长落的主要原因。60年代时,尽管粗死亡率非常高,人口的增长率却与出生率和死亡率的差值不相符合,而80年代开始虽然出生率上升,死亡率下降,但总人口的增长率却始终在下降,1994年甚至为负增长(见图36)。60年代和80、90年代的这种不相符的主要原因是人口的迁移流动。在50年代后期和60年代,因为外来移民的影响,人口增长率比自然增长率高出很多;但是80年代起,特别是90年代初,因为离开吉尔吉斯斯坦的人口不断增加,人口增长率比自然增长率低很多。

迁移除了改变人口数量以外,还改变了吉尔吉斯斯坦的民族构成。在1989年的人口普查时,吉尔吉斯人在全国民族人口中只刚刚多于半数,到2001年却占了全国人口的2/3(66.3%)。俄罗斯人过去一直是该国的第二大民族,在1989年还占总人口的21.5%,但以后比例逐渐下降,到2001年只剩下了11.2%,自1999年起所占比例开始低于乌兹别克人,乌兹别克人也就成为该国第二大民族。其他乌克兰人、鞑靼人

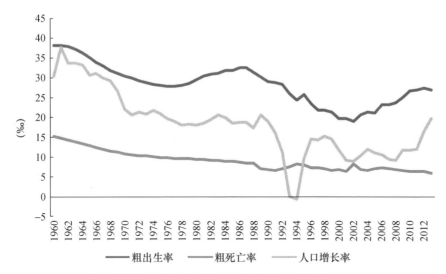

图36　吉尔吉斯斯坦粗出生率、粗死亡率及人口增长率（1960—2013）

资料来源：World Bank。

和德意志人的比例也在下降，但东干人、维吾尔人和土耳其人的比例都略有上升（见表6）。2009年时，吉尔吉斯人已经占到总人口70.9%，乌兹别克人占14.3%，俄罗斯人占7.7%，目前为吉尔吉斯斯坦人口最多的三个民族。

表6　吉尔吉斯斯坦民族构成变化（1989—2001）　　　　　（单位：%）

民族	1989年	1993年	1995年	1997年	1999年	2001年
吉尔吉斯人	52.4	58.6	60.3	61.2	65.2	66.3
乌兹别克人	12.9	13.8	14.2	14.4	13.8	14.0
俄、乌、鞑、德人	28.0	21.0	19.0	17.8	14.5	13.2
俄罗斯人	21.5	17.1	15.7	14.9	12.2	11.2
乌克兰人	2.5	1.8	1.6	1.5	1.0	0.8
鞑靼人	1.6	1.3	1.2	1.1	0.9	0.9
德意志人	2.4	0.8	0.5	0.3	0.4	0.3
东干人、维吾尔、土耳其人	2.3	2.3	2.5	2.5	2.8	2.8
其他民族	4.4	4.3	4.0	4.1	3.7	3.7

注：吉尔吉斯人、乌兹别克人、东干人和鞑靼人在我国民族的对应名称分别是柯尔克孜人、乌孜别克人、回族人和塔塔尔人。

资料来源：UNDP（2002）。

3. 劳动人口

吉尔吉斯斯坦是一个农业大国，至 2005 年总人口中有 48% 在从事第一产业（CIA, the World Factbook），二三产业分别是 12.5% 和 39.5%。这样的结构与计划经济时代有了较大的差别，1989 年时第二产业劳动人口占比 25.2%，第一产业仅为 33.2%。除了产业结构外，在计划经济的体制下，国家保证了劳动者的工作，失业只不过是工作还没有分配时的暂时过渡现象，失业率在一个很低的水平。在 1989 年，按照劳动力调查，吉尔吉斯斯坦的失业率只有 1%。在转变到市场经济制度以后，吉尔吉斯斯坦的经济情况恶化，失业情况十分严重，2004 年劳动力调查的失业率到达了 18%，但近些年来其经济已经基本稳定，2014 年失业率为 7.6%（CIA, the World Factbook）。

(三) 塔吉克斯坦

1. 地理历史背景和社会简况

塔吉克斯坦是在我国新疆西部亚洲中部的一个新国家，在苏联解体后于 1991 年独立，1992 年 1 月与中国建交。除去与我国相邻以外，它还和阿富汗、乌兹别克斯坦、吉尔吉斯斯坦相接。在其东南边有 500 公里长的土地只隔着 15 千米到 65 千米的阿富汗土地与巴基斯坦相望。塔吉克斯坦的西边是低地和半沙漠地带，首都杜尚别坐落在最西边，东边是天山山脉和帕米尔高原。全国九成以上的土地都是高山，有一半以上的地区都在海拔三千米以上。

在独立以前，塔吉克斯坦的经济是苏联计划经济的一个组成部分，同其他前苏联共和国有着双边来往的关系。苏联解体以后，这些经济上的关系也消失了；塔吉克斯坦失去了生产的原材料，也失去了消费用品和食物来源。该国又是一个四面封闭的山国，全国各地区不仅人口很少，交通和通信系统也不发达，独立以后社会经济的发展产生极大困难。在不得已的情形下，开始用以货易货的交换方式去替代一般的贸易方式。起初的贸易还是依赖着前苏联的共和国，但是每个共和国本身也都处于类似经济不景气的状况下，于是塔吉克斯坦开始同欧美国家贸易。1992—1997 年，刚独立的国家内部政治派系不能相应调解，爆发了内战。社会的转型、内战、国民经济的衰退等使塔吉克斯坦几乎陷入绝境，原有的卫生医疗、教育、社会福利和交通等社会服务无法继续下去，大量人口迁移到邻国去寻找就业机会（United Nations, 2004; UNDP, 2003）。根据联合国开发计划署的估计，在 1990—1996 年间有 35 万或约 7% 的人口离开了塔吉克斯坦（United Nations, 1999）。

塔吉克斯坦是非常贫困的国家之一，及至 2013 年，它仍有 35.6% 的人口处于贫困线之下，2014 年的人均国民总收入为 1060 美元。这个国家的生育水平一直居高不下，但由于人口大量外移，因此增长得不快。过高的出生水平，连同社会经济发展萎缩、依赖极少量商品外销和不健全的政府体制，被认为是导致社会贫穷的几个最主要原因。政府也认识到当前人口变动趋势与经济发展和消除贫穷的目标是不相符的。

2. 民族与人口增长

塔吉克斯坦2015年的人口总数为819万,其人口增长情况和社会经济状况都与吉尔吉斯斯坦非常类似。2010年时其主要的两个民族是塔吉克(84.3%)和乌兹别克(13.8%),其他民族仅占2%。但在1989年普查的时候,62%的人口是塔吉克人,乌兹别克人占24%,俄罗斯人占8%,目前的民族分布主要是因为自70年代起,俄罗斯人、德意志人、鞑靼人开始离开塔吉克斯坦,他们在人口中的比例逐渐减少,这种人口迁移也影响了塔吉克斯坦的人口增长。

由图37可以发现,塔吉克斯坦的人口增长率变化趋势和出生率、死亡率的变化并不完全一致。在20世纪的后半叶,人口增长受到自然增长和移民的影响都很大。在60年代到80年代间,自然增长,也就是出生和死亡的差异曾经是人口增长的主要原因。生育水平很高,粗出生率曾经在1960年达到47‰的水平。此外,苏联把许多俄罗斯人和乌克兰人发送到塔吉克斯坦去,因此人口增长率最高的时候增长到39‰。到了70年代后期,外来移民几乎停止了,人口增长主要是自然增长,但是人口外移的趋势开始了。到塔吉克斯坦独立以后大量人口离开,自90年代起,人口增长率开始大大低于自然增长率。

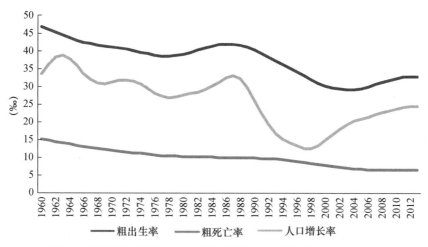

图37 塔吉克斯坦粗出生率、粗死亡率及人口增长率(1960—2013)

资料来源:World Bank。

目前来看尽管塔吉克斯坦的国际人口净流动仍为负数,但净迁移率仅为-1.15‰,对人口数量的变化影响不大,现在人口增长率主要还是由出生和死亡来决定。2003年开始塔吉克斯坦的出生率又开始逐渐上升,导致增长率也随之上升,2013

年人口增长率达到 24.5‰。

3. 劳动人口

由于目前塔吉克斯坦还保持着很高的出生率,其劳动力也非常充足。由图 38 可以看出,从 1990 年以来,其劳动人口始终在稳步增长,进入 2000 年以后,增长速度还有所加快。近几年其官方公布的失业率一直是 2.5%,但是实际值应该比该数值要高得多。塔吉克斯坦也是一个农业大国,2013 年第一产业劳动人口占比 46.5%,第二产业为 10.7%,第三产业为 42.8%,产业结构与吉尔吉斯斯坦非常类似。

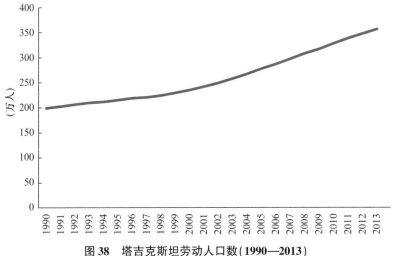

图 38　塔吉克斯坦劳动人口数(1990—2013)

资料来源:World Bank。

六、北亚(俄罗斯)

1. 地理历史背景和社会简况

俄罗斯(或称俄罗斯联邦)是位于欧亚大陆北部的国家。它地跨东欧北亚的大部分土地,北临北冰洋,东临太平洋,西濒大西洋的波罗的海、黑海等,与中国、蒙古等十几个国家相邻,在苏联时期就于新中国成立之初与我国建交。俄罗斯幅员辽阔,总面积达 1 710 万平方千米,是世界上地域最辽阔、面积最广大的国家,约占世界陆地总面积的 1/8。

1917 年 11 月 7 日俄罗斯苏维埃社会主义共和国成立,并于 1922 年 12 月同乌克兰、白俄罗斯、南高加索联邦(后撤销)等组成苏维埃社会主义共和国联盟(简称苏联)。1924—1940 年,相继有土库曼、乌兹别克、塔吉克、哈萨克、吉尔吉斯、格鲁吉亚、阿塞拜疆、亚美尼亚、立陶宛、拉脱维亚、爱沙尼亚和摩尔多瓦相继加入联盟,苏联共拥有15个加盟共和国。1990年3月至1991年12月,除俄罗斯以外的14个加盟共和国先后宣布独立,苏联解体。1991年12月25日俄罗斯苏维埃联邦社会主义共和国更名为俄罗斯联邦,并于第二年宣布俄罗斯和俄罗斯联邦同为国名。

俄罗斯是前苏联地区经济实力最强的国家。它疆域辽阔,人口众多,资源十分丰富。前苏联经济的基干部分置于俄罗斯境内,工业部门齐全,形成完整的体系,而且技术设备相对先进。在苏联解体之前,俄罗斯联邦的国民经济发展与苏联一样,经历了一个由20世纪60年代以前的高速增长、70—80年代的滑坡到80年代末90年代初倒退的不断衰退到危机的演化过程。随着1991年的政治动乱和联盟解体以及1992年的自由市场价格等私有化改革措施,其经济形势进一步恶化;物价飞涨,人民生活水平急剧下降,经济大幅度滑坡,失业人数剧增,整个国民经济进入了全面危机时期。然而,俄罗斯联邦拥有巨大的经济潜力,工农业基础较好,1996年后通货膨胀基本受到控制,卢布汇率开始稳定,外贸额也继续增加。但整体经济形势仍较严峻,生产未能恢复,国家投资萎缩,企业转型未能完成,贫富差距有进一步拉大的趋势。

2. 人口基本情况

2015年俄罗斯总人口约1.42亿,居世界第九位。尽管人口总数比较庞大,但由于俄罗斯的国土面积世界第一,其人口密度很小,过去50年中一直保持在每平方千米7—9人的水平。其人口的地区分布也很不平衡,俄罗斯不同的地区人口密度差别很大,其欧洲部分人口稠密,居住在这里的人口占全部人口的一半以上;而亚洲部分人口稀少,平均每平方千米3.5人,其中西伯利亚地区平均每平方千米只有1人,其人口最稀少的地区是北冰洋沿岸的寒冷地带,平均每平方千米仅有0.1—0.3人。

从60年代开始俄罗斯人口一直在低速增加,增长率连年下降,90年代起人口总数开始下降,形成了较大的"人口危机"。人口低速增长甚至减少的其中一个原因是生育水平一直在降低,2000年以前,俄罗斯的生育率一直处于波动降低的状态,由于经济严重衰退、社会和政局动荡不安,居民对前途的信心不足,不愿意生育孩子。除了生育率降低以外,1992年起俄罗斯总人口数开始减少的最重要原因是其死亡率的攀升。1991年苏联解体对人民的生活带来了巨大的打击,过去很完善的公共卫生制度消失了,居民的生活条件和环境不断恶化,死亡水平随之上升,1992年到1994年两年之间死亡率上升超过4‰。直到进入21世纪,这种死亡率上升的趋势才得以缓解,出生率也有所回升。2009年开始俄罗斯的增长率终于由负转正,但到2013年为止其总和生育率仍只有1.7,未达到更替水平(见图39、图40)。

虽然几十年来俄罗斯的人均寿命总体而言是不断上升的,但是其男性和女性的人均预期寿命却相差较大。2013年俄罗斯总体人口的人均预期寿命约为71岁,女性为76.4岁,而男性仅为66岁,虽然所有国家女性的预期寿命要普遍高于男性,但是俄罗斯两性之间的寿命差异过大。这种巨大的变化主要是酗酒、吸烟等"文明病症"引起

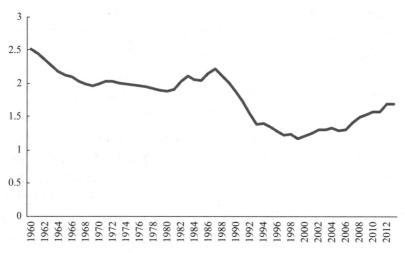

图39 俄罗斯总和生育率变化(1960—2013)

资料来源:World Bank。

的,中青年的损伤和暴力死亡,尤其是男性的死亡使男女死亡差异增大。一项为期三年的跟踪调查表明,俄罗斯男子有2/3都死于酗酒,局部战争也剥夺了许多青年男子的生命。

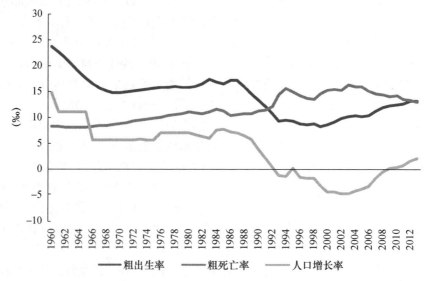

图40 俄罗斯粗出生率、粗死亡率及人口增长率(1960—2013)

资料来源:World Bank。

3. 劳动人口与就业

由于人口长期的低速增长和负增长,俄罗斯还将在较长的一段时间内面临劳动力资源缺乏的问题。目前来看,俄罗斯的抚养比高达43.1%,其中少儿抚养比为24%,老年抚养比为19.1%,65岁以上人口占总人口的13.61%。之前严重的老龄化所带来的社会负担仍然保留,而逐渐增长的婴幼儿及少年人口也需要社会的支持,俄罗斯的劳动年龄人口面临着很大的压力。

俄罗斯从事第一产业的人口占比约为9.7%,第二产业占比27.8%,第三产业占比62.5%(CIA, the World Factbook),这个比例在过去十多年中变化都不是很大,主要的变化发生在第二和第三产业的劳动人口的占比上,2002年时二产人口占比29.7%,三产占比59.6%(ILO, 2005)。苏联解体后,俄罗斯在20世纪90年代中经济衰退,企业倒闭,通货膨胀,失业人口激增,从国际劳工组织劳动统计数据库(Laborsta)中得到的俄联邦每年11月份劳动力调查可以看到失业人数从1992年的390万到1999年增加到932万,失业率的最高点是1998年的13.4%。自1999年后失业情况开始缓和,最新数据至2014年,俄罗斯失业率为5.1%。

七、二十邻国综合比较

(一)重要国际组织参与情况

《推动共建丝绸之路经济带和21世纪海上丝绸之路的愿景与行动》中提出要强化多边合作机制作用,发挥上海合作组织(SCO)、中国—东盟"10+1"、亚太经合组织(APEC)、亚欧会议(ASEM)、亚洲合作对话(ACD)、亚信会议(CICA)、中阿合作论坛、中国—海合会战略对话、大湄公河次区域(GMS)经济合作、中亚区域经济合作(CAREC)等现有多边合作机制作用,加强与相关国家的沟通交流。因此,这些国际组织将成为我国与他国对话的重要媒介和平台,20个邻国在各国际组织中的参与情况也是我国与它们合作的重要参考依据。

在我国的20个邻国中,越南是上述组织中6个组织的成员国,巴基斯坦和俄罗斯是5个组织的成员国,这3个国家与我国有着最多的对话平台。是其中4个组织的成员国的国家有韩国、蒙古、印度尼西亚、马来西亚、老挝、缅甸、菲律宾、文莱、印度、哈萨克斯坦、吉尔吉斯斯坦和塔吉克斯坦。日本和阿富汗是其中3个组织的成员国,不丹仅是亚洲合作对话组织的成员国,而朝鲜和尼泊尔没有参与其中任何一个国际组织。

从这些国际组织的参与情况可以发现,我国周边的邻国都或多或少能够在一些组织中与我国对话,只有极少部分的国家较为封闭,没有参加任何相关的国际组织。

(二)人口和经济情况对比

此部分总结上文的分析并对比了我国的20个邻国在过去的20年中人口增长率、总和生育率等一些反映人口状况的主要指标的变化,并将其与中国过去20年的变化做了简单的比较。在比较国家的经济水平变化时，本文选取了人均国民总收入这个指标。

虽然人口增长率有高有低，但大多数国家在过去的 20 年中增长率变化趋势相近，都在缓慢下降，比较特殊的是阿富汗、不丹、哈萨克斯坦、吉尔吉斯斯坦、塔吉克斯坦和蒙古。阿富汗由于战乱人口增长率在近 20 年还有几次大的波动；不丹的人口增长率直到 2003 年左右才开始下降，但下降速度很快；三个中亚国和蒙古人口增长率都呈现上升趋势，目前趋于稳定。总体而言，目前增长率水平在中国之下的只有韩国、俄罗斯和日本，朝鲜和韩国的增长率与我国最为接近，人口增长率最高的三个国家分别是阿富汗、塔吉克斯坦和巴基斯坦。

绝大多数国家的总和生育率水平都在下降，在过去 20 年中只有三个中亚邻国经历了明显的先下降后上升的过程，俄罗斯的生育率在缓慢上升，但依然没有达到更替水平。与人口增长率水平相对应，生育率最高的两个国家分别是阿富汗和塔吉克斯坦，第三位变为吉尔吉斯斯坦，稍高于巴基斯坦。目前总和生育率低于中国的邻国仅有日本和韩国，俄罗斯和越南与中国相近。

多数国家老年人口在总人口中所占比重都比较接近，且在过去的 20 年中变化趋势类似。韩国和日本两国的老龄人口比重在过去的 20 年中高速上升，其中日本在 1995 年老龄化水平就非常高，上升速度也最快；俄罗斯的老龄人口比重一直保持着高水平稳定，阿富汗一直保持低水平稳定；朝鲜与中国的老龄人口占比情况和变化趋势非常相近。目前来看，老龄人口比重在中国之上的邻国按老龄化水平从高到低分别是日本、俄罗斯、韩国和朝鲜。

目前我国以及周边 20 个邻国的平均预期寿命的差别非常明显，日本、韩国、文莱、越南、中国和马来西亚的人均预期寿命要明显高于其他国家，尤以日本为甚，越南、中国和马来西亚的人均预期寿命接近，而阿富汗的预期寿命水平要明显低于其他国家。

20 个邻国与中国的人口城镇化水平分布比较均匀，中国处于中等水平。目前来看，城镇人口占比最低的三个国家分别是尼泊尔、阿富汗和塔吉克斯坦，最高的三个国家分别是日本、韩国和文莱，与中国非常接近的国家是印度尼西亚和哈萨克斯坦。过去 20 年中绝大多数国家的城镇人口占比都在不断上升，这个比例呈现略微下降趋势的是哈萨克斯坦、吉尔吉斯斯坦和菲律宾，朝鲜的人口城镇化水平几乎不变。

中国的人均国民总收入与周边邻国相比也处于中等水平，日本、文莱和韩国的收入水平要远高于其他国家，此外还有俄罗斯、哈萨克斯塔和马来西亚的人均收入水平也在中国之上。其余邻国的人均收入水平都要低于中国，且相互之间水平比较接近。目前人均收入水平最低的三个国家是阿富汗、尼泊尔和吉尔吉斯斯坦。

参 考 文 献

[1] Bhutan, Department of Planning, Ninth Five Year Plan (2002—2007), 2002, http://www.dop.gov.bt/fyp/09/5yp09_main.pdf.

[2] Bhutan, The Planning Commission Secretariat, Bhutan National Human Development Report 2000, 2000, http://www.undp.org.bt/NHDReport2000.pdf.

[3] Blood, Peter, Pakistan, *A Country Study*, Federal Research Division, U.S. Library of Congress, 1994.

[4] Central Intelligence Agency, The World Factbook (2015), https://www.cia.gov/library/publications/resources/the-world-factbook/.

[5] D.P.R. Korea, National Report for the International Conference on Population and Development: Democratic People's Republic of Korea, 1994.

[6] D.P.R. Korea, Central Bureau of Statistics, Tabulation on the Population Census of the Democratic People's Republic of Korea, 31 December 1993.

[7] Eberstatdt, Nicholas and Banister, Judith, "Divided Korea: Demographic and Socio-economic Issues for Reunification", Working Paper Series No. 5, 1992, Harvard Center for Population and Development Studies.

[8] International Labour Office (ILO, 2004), Laborsta, LabourStatistics Database (1969—2002), Pakistan. Table 2B.

[9] International Labour Organization (ILO, 2005), Laborsta Database (yearly data), https://www.laborsta.ilo.org.

[10] Jun, Hwang-Hee, "The Transition to Sub-replacement Fertility in South Korea: Implications and Prospects for Population Policy", *The Japanese Journal of Population*, June 2005, pp.26—57.

[11] Kim, Doo-Sub, "Theoretical Explanations of Rapid Fertility Transition in Korea", *The Japanese Journal of Population*, June 2005, pp.2—25.

[12] Kim, Joon K., "Towards a Formulation of the Republic of Korea's Foreign Worker Policy: Lessons from Japan and Germany", *Asia-Pacific Population Journal*, June 2004, pp.41—68.

[13] Mongolia, Embassy of Mongolia to the USA, Health and Social Welfare (2004), 2004, https://www.mongolianembassy.us/eng_about_mongolia/social.

[14] Nepal, Ministry of Population and Environment, Nepal Population Report (2002), 2003, https://www.mope.gov.np.

[15] Pakistan, Ministry of Finance, Economic Survey (2001—2002), Chapter 13 Population, Labour Force, Employment, 2002, https://www.finance.gov.pk/survey/popu.pdf.

[16] Shkolnikov, M. Valdimir and Mesle, France, "The Russian Epidemiological Crisis as Mirrored by Mortality Trends", In Julie DaVanzo Ed. *Russia's Demographic "Crisis"*, Santa Monica: The RAND Corporation, 1996, pp.113—162.

[17] United Nations, Executive Board of the United Nations Development Programme and of the Unit-

ed Nations Population Fund, Recommendation by the Executive Director, Assistance to the Government of Mongolia, United Nations Population Fund Proposed Projects and Programmes, Second regular session 2001, Item 7 of the provisional agenda(DP/FPA/MBG/August 2001).

[18] United Nations, Executive Board of the United Nations Development Programmeand of the United Nations Population Fund, United Nations Population Fund Proposed Projects and Programmes, Recommendation by the Executive Director, Assistance to the Government of Tajikistan (Third regular session 1999, DP/FPA/TJK/1).

[19] United Nations, Executive Borad of the United Nations Development Programme and of the United Nations Population Fund, United Nations Population Funds, Country ProgrammeDocument for Tajikistan (DP/FPA/CPD/TJK/October 2004).

[20] United Nations, Fertility, Contraception and Population Policies (ESA/P/WP. 182), New York, 2003.

[21] United Nations, Population Division, World Population Monitoring (1997), International Migration and Development, New York, 1998.

[22] United Nations, Population Division, World Population Prospects: The 2004 Revision, New York, 2005.

[23] United Nations, Population Division, World Urbanization Prospects, The 2003 Revision, New York, 2004.

[24] United Nations Development Programme, "DPRK: From Crisis to Tentative Reform", International Policy Conference on Transition Economies, 31 May—1 June 2004, Hanoi, Vietnam, Country Papers Series 3, http://www.undp.org.vn/projects/transition2004/download/papers/country-papers-series-dprk.pdf-2005-09-27.

[25] United Nations Development Programme(UNDP,1995), Kazakstan: The Challenge of Transition, Human Development Report, 1995, Chapter 2.

[26] United Nations Development Program (UNDP, 2004), Nepal Human Development Report (2004), Empowerment and Poverty Reduction, http://www.undp.org.np/population/html/nhdr2004/index.php.

[27] United Nations Development Program in Kyrgyzstan (UNDP,2002), Human Development in Mountain Regions of Kyrgyzstan, National Human Development Report (2002), Bishkek.

[28] United Nations Development Programme in Tajikistan (UNDP, 2003), National Human Development Report, Tajikistan Factfile, Tajikistan, 1995, http://www.untj.org/undp/publications/nhdr2003/.

[29] United Nations Population Fund (UNFPA,2001), Census Fact sheets on Migration (2001), http://www.un-mongolia.mn/unfpa/pd.htm.

[30] United Nations Population Fund (UNFPA,2003), IndonesiaCountry Profiles for Population and Reproductive Health: Policy Developments and Indicators (2003), Asia and the Pacific, http://www.unfpa.org/profile.

［31］United Nations High Commission for Refugees（UNHCR，2005），2003 UNHCR Statistical Yearbook，Country Data Sheet—Bhutan，http：//www.unhcr.ch/cgi-bin/texis/vtx/country？iso＝btn.

［32］World Bank，2015，http：//data.worldbank.org.cn/country.

［33］Yu, Yeun-chung,"Recent Growth of Population in DPR Korea"，Paper presented to the Seminar on Population and Development Policies in Low Fertility Countries，Seoul，7—12 May 1998 organized by the Korea Institute for Health and Social Affairs in collaboration with UNFPA.

［34］陈才:《世界地理经济》,北京:北京师范大学出版社,1993年。

［35］大不列颠百科全书:《简明大不列颠百科全书》,北京:中国大百科全书出版社,1986年。

［36］方广锠等:《各国手册丛书——印度》,上海:上海辞书出版社,1988年。

［37］冯天丽:《印度人口政策述评》,《西北人口》,2001年第3期。

［38］复旦大学国际政治系编:《日本》,上海:上海辞书出版社,1979年。

［39］金亚娜:《俄罗斯国情》,哈尔滨:哈尔滨工业大学出版社,2001年。

［40］刘树成:《俄罗斯经济发展的现状与前景》,《经济学动态》,2002年8月。

［41］刘清才:《俄罗斯的人口现状》,《外国问题研究》,1995年第1期。

［42］庞中英:《转型还是混乱:印度尼西亚考察报告——印尼作为今日世界问题的例子》,《东南亚研究(广州)》,2001年第1期。

［43］日本·国立社会保障·人口问题研究所:《人口统计资料集》,2012年。

［44］黄秀莲等主编:《最新世界地图集》,北京:中国地图出版社,1992年。

［45］吴宏伟:《哈萨克斯坦独立以来的人口与人口迁移》,《东欧中亚研究》,2002年第3期。

［46］吴克礼:《当代俄罗斯社会与文化》,上海:上海外语教育出版社,2001年。

［47］刘清鉴:《中亚五国经济》,载赵长庆主编:《中亚五国概论》,北京:中国科学院东欧中亚研究所,1998年。

［48］中国大百科全书:《巴基斯坦》光盘(1.1版),北京:东方鼎电子有限公司,2000年。

［49］中华人民共和国外交部:国家概况—不丹,http://www.fmprc.gov.cn/chn/wjb/zzjg/yzs/gjlb/1216/1216x0/。

［50］中华人民共和国外交部:朝鲜:双边关系,http://www.fmprc.gov.cn/chn/wjb/zzjg/yzs/gjlb/1221/default.htm。

［51］中华人民共和国国家统计局:2010年人口普查资料,http://www.stats.gov.cn/tjsj/pcsj/rkpc/6rp/indexch.htm。

发展中国家资本账户开放的国际经验*

一、导论

（一）研究背景

1. 资本账户开放的背景

发展中国家的资本账户开放,有着深刻的国内和国际背景。从发展中国家的国内背景来看,资本账户开放是发展中国家解决自身经济发展受阻的必然选择。在经历了近20年经济的快速增长之后,从20世纪70年代开始,许多发展中国家再次被经济增长停滞、国际收支恶化与通货膨胀加剧等现实的经济问题所困扰,经济发展严重受阻。这些国家逐渐认识到政府干预主义和内向型经济发展模式的严重缺陷,开始选择以自由市场和开放经济为导向的外向型经济发展模式作为新的经济增长突破点。与外向型发展模式相适应,各国实施了一系列经济自由化改革措施,而选择进行资本账户开放正是这些改革措施中的一个重要组成部分。

从国际背景来看,开放资本账户是经济全球化发展的必然结果。20世纪80年代以来,伴随着经济全球化、生产分工国际化和技术进步,全球经济一体化与自由化已成为一个不可逆转的趋势。在这一过程中,国际货币基金组织(IMF)也推动了经济自由主义在全球范围内的扩张。IMF努力推动各国加入成为"IMF第八条款国"。该条款允许经常项目的可自由兑换,同时鼓励资本的国际自由流动。与减少对国际商品贸易的限制一样,开放资本账户,移除国际资本流动的障碍,是各国顺应历史发展趋势所做出的必然选择。

总的来看,发展中国家在资本账户开放的过程中经历了两个大的阶段:第一阶段

---

* 本文作者谢世清,北京大学经济学院副教授。

(20世纪70—80年代),资本账户开放的主要特征是发展中国家开始尝试放松资本管制,开放的措施较为缓和,主要集中在国内经济的改革,伴随对资本流动管制的逐步放开;第二阶段(20世纪90年代至今),发展中国家资本账户开放的条件渐趋成熟,开放的项目越来越多,开放的广度和深度进一步加强。

(1) 第一阶段:资本管制初步放松,贸易开放领先试水

20世纪60年代以来,私人国际金融资本迅速增长,支撑布雷顿森林体系(Bretton Woods)的各种条件变得越来越脆弱,规避资本管制的现象也变得十分突出,各国资本管制的有效性明显下降(Quirk and Evans,1995)。在这一过程中,离岸货币市场的发展不仅成为整合世界经济的重要力量,同时也成为个人与企业追求利润、规避风险和冲破国内资本管制的主要手段。顺应金融自由化的总体发展,从拉美到亚洲的一些发展中国家都在不同程度上进行了资本账户的自由化改革(Fischer and Reisen,1993)。

拉美国家的资本账户开放几经波折,经历了一个从激进到渐进、失败到成功的过程。从1977年到1979年间,阿根廷取消了投资收益汇出、居民购买外汇以及外国贷款期限等方面的限制;智利取消了外资银行进入本国和对银行外资头寸比例的限制,资本市场也在很大程度上对外国投资者开放;乌拉圭取消了居民购买和持有外汇的限制,借入外国贷款也没有任何期限和数量上的限制。然而,上述国家在准备不充分的情况下所实施的激进式改革并没有带来促进经济增长的预期效果,反而引发了这些国家金融市场的不稳定。20世纪80年代初爆发的拉美债务危机使这些国家的经济纷纷陷入了困境。在危机处理的过程中,各种金融管制措施重新受到重视。20世纪80年代后期,多数拉美国家的开放已不再像十年前那样激进,在资本账户开放项目的选择上变得相当慎重。

相比之下,大多数亚洲国家的资本账户开放进程一开始就显得较为渐进,多数取得了成功,少有的几个盲目开放的国家在1997年发生了严重的金融危机。亚洲多数国家资本账户自由化的改革在20世纪80年代中后期才开始逐步推进。80年代中期,韩国放松了外资银行进入的限制,但在资本流动方面,除了允许一些封闭型的"韩国基金"进入以外,并没有其他自由化措施出台。20世纪80年代末期我国台湾地区率先实现了经常项目自由化,但在放松资本管制方面却进展缓慢,企业和个人超过100万美元等值外币的购买要求受到限制。在整个80年代,泰国对于资本流动的限制相当严格。印度到了90年代迫于国际支付的压力才被迫进行资本自由化改革,但其开放的进程却相当缓慢。

(2) 第二阶段:资本账户开放渐趋成熟,开放程度逐步加深

20世纪90年代初,在发达国家经济衰退和投资机会相对减少的国际背景下,国际资本开始大规模地涌向发展中国家,使得许多发展中国家受到资本账户顺差急剧增加和宏观经济失衡的冲击。出于推动国内金融改革和应对外部冲击的需要,许多发展

中国家开始加大资本账户的开放力度,开放的项目逐渐增加,在相当程度上实现资本账户的自由化。为了缓解资本账户顺差带来的实际汇率升值和国内通货膨胀等压力,许多国家资本账户开放的重点明显转向放松或解除对资本流出的管制(Schadler and Carkovic,1993)。表1给出了1995—2010年IMF认定的进行资本账户开放的国家,不难发现其中绝大多数为发展中国家。

表1 1995—2010年资本账户开放国家统计

阿富汗	智利	以色列	圣基茨和尼维斯
阿尔及利亚	塞浦路斯	约旦	萨摩亚
亚美尼亚	多米尼加	韩国	圣多美与普林西比
阿塞拜疆	加纳	马耳他	塞内加尔
波黑	圭亚那	毛里塔尼亚	塞舌尔
博茨瓦纳	海地	尼日利亚	斯洛伐克共和国
保加利亚	洪都拉斯	巴布亚新几内亚	斯洛文尼亚
布隆迪	匈牙利	罗马尼亚	斯威士兰
柬埔寨	伊拉克	俄罗斯	乌干达

资料来源:IMF, *Annual Report on Exchange Arrangements and Exchange Restrictions*, 2012.

据IMF统计,1991—1993年共有12个国家放松了对长期证券投资流入的限制,3个国家放松了对短期证券投资流入的限制,5个国家取消了对居民到国外购买长期或短期证券所实行的汇兑管制(张礼卿,2000)。事实上,几乎所有的发展中国家都在不同程度上放松了对本国居民和企业到国外进行证券投资或直接投资的限制。此外,还有25个发展中国家取消了对居民外币业务的管制。在这个时期,全球实施资本账户自由化的国家已由1975年的20个增加到1995年的31个(Word Bank,1999)。

自90年代以来,发展中国家明显加快了资本账户开放的进程。1997年下半年的东亚金融危机也未能改变发展中国家资本账户开放的总体趋势。在危机初期,印度等部分受到冲击的国家恢复或强化了一些资本管制措施,但这些措施在很大程度上具有临时性,有的仅仅实行了几个月即被取消,之后这些国家继续推进资本账户开放的进程。另一方面,东亚金融危机也使许多发展中国家认识到了资本账户开放的风险和复杂性,以及盲目过早开放的后果。不少国家开始对资本账户开放持谨慎的态度,采用既开放又管制的有序渐进的开放形式,开启了资本账户开放的新一轮征程。

2. 全球资本账户开放的最新进展

目前,全球资本账户开放呈现出两大特点:其一,各国资本账户开放仍以金融账户开放作为主要目标,而对资本流动的管制随全球经济环境的变化不断调整,尤其关注流向新兴市场经济体的国际资本。其二,各国都重点关注信贷业务方面政策的调整。

据 IMF 统计,受到证券投资和银行资金流动的影响,2011 年年初对新兴市场经济体的净资金流入创历史新高,但 2011 年下半年在全球经济疲软和风险规避情绪高涨的双重作用下,西方国家流入新兴市场经济体的资金放缓,直到 2012 年上半年才有所复苏。

2008 年金融危机过后,各国从金融危机中吸取教训,普遍加强了对于金融部门的监管,防止经济再次出现较大动荡。2011 年以来各国在金融部门监管政策上的调整强化了各国的金融体系框架。在这些政策调整措施中,超过 2/3 的措施属于审慎监管措施。表 2 给出了 2011—2012 年各国金融部门监管措施的分类统计。不难发现,80% 以上的措施是对于商业银行和其他信贷机构的规定,并且紧缩的政策远远多于放宽的政策。

表 2 2011—2012 年 IMF 成员国金融政策统计

审慎性监管措施			资本管控			总计			
紧缩	放宽	中性	紧缩	放宽	中性	紧缩	放宽	中性	总计
对商业银行规定									
86	28	24	19	13	0	105	41	24	170
对机构投资者规定									
9	0	11	6	9	1	15	9	12	36
总计									
95	28	35	25	22	1	120	50	36	206

资料来源:IMF, *Annual Report on Exchange Arrangements and Exchange Restrictions*, 2012.

(二) 文献回顾

1. 资本账户开放的界定

一国的国际收支项目主要包括经常项目和资本项目。国际货币基金组织第八条款中对经常项目可兑换(Current Account Convertibility)给出了明确的定义,并将经常项目开放的国家列为 IMF 第八条款国。然而,国际上关于资本账户开放(Capital Account Liberalization, CAL)并没有统一的定义。一般认为,CAL 的重点在于资本流动的自由化,是放松资本管制的一系列措施的过程。

学术界对于资本账户开放大体上给出了以下三种定义:(1) IMF 认为,资本账户开放或资本项目可兑换(Capital Account Convertibility, CAC)是指一国在金融政策上允许资本在国内外更加自由地流动。该定义相对简单,但不具体,揭示了资本账户开放的内涵。(2) 印度 Tarapore 报告(2006)认为,资本项目可兑换是指将本地金融资产转化为国外金融资产的自由化;反之亦然。资本项目可兑换与国内外金融资产和负债的所有权相关,体现了本国同其他国家在所有权上的建立和清算。(3)管涛(2001)认为,资本账户开放是指避免对跨国界的资本交易及与之相关的支付和转移的限制,避免实行歧视性的货币安排和对跨国资本交易的征税或补贴。该定义强调避免实行歧视性货币安排以及资本自由流动的重要性。

2. 资本账户开放的顺序

(1) 资本账户开放的外部顺序

资本账户开放的外部顺序探讨资本项目与经常项目可兑换的先后顺序。学术界主流观点认为资本账户开放应迟于经常项目的可兑换,资本账户开放应该是改革一揽子计划中的最后一步(Mckinnon,1973)。其理由在于,资本项目开放在短期内会导致实际汇率上升,使得贸易部门处于不利地位。资本账户的开放应该被推迟,直至贸易部门发展到足以吸收消化实际汇率上浮的影响为止。但也有一些学者认为资本项目应该先于或同步于经常项目的可兑换过程,原因在于资本账户开放时大量外资流入,可通过汇率和利率等机制改善该国的经济结构。从世界各国资本账户开放的实践来看,经常项目普遍先于资本项目开放,只有少数国家在开放资本账户后再开放经常项目。

Johnston(1997)以及Ishii and Habermeier(2002)均指出就资本账户开放与国内宏观经济改革的次序而言,要优先进行旨在支持宏观稳定的金融改革,以保证资本账户开放能在以市场为导向的制度环境中进行。Aizenman and Noy(2004)主张资本账户开放应在经常项目开放之后进行,在经常项目没有开放的前提下,资本内流产生的要素转移造成大量资金流向资本密集型产业,导致资源不能被有效配置和经济结构的失衡,同时经常账户在资本账户开放带来的利率和汇率双重压力下无法开放。

熊芳、黄宪(2008)对我国1978—2005年间的金融发展、资本账户开放、经常账户开放以及制度质量等变量间的关系进行了实证分析。其研究结果表明,资本账户开放对金融发展具有显著而稳定的促进作用,但其总体效应受制度质量的制约;经常账户开放与金融发展存在显著负向关系;在资本账户开放与经常账户开放之间,经常账户开放能显著地促进资本账户开放,并且是资本账户开放的格兰杰因,反之则不成立。

(2) 资本账户开放的内部顺序

资本账户开放内部顺序的一般原则,是最初进行以实体经济活动为背景的资本交易开放,然后再进行价格易变的金融性资本交易开放。关于资本流向上的开放顺序,应首先进行资本流入的开放,然后再进行资本流出的开放。大多数国家进行资本账户开放是为了引入外资,弥补国内的"双缺口",因此应该优先放松或解除资本流入的限制。Johnson(1998)指出,开放资本账户的简单规则是:先放开长期资本流动,后开放短期资本流动;先放开直接投资,再放开间接投资。Ishii and Habermeier(2002)指出在大部分情况下,一国应先放开长期资本流动,特别是外国直接投资,然后再放开短期资本流动。任何早期的短期资本流动自由化,都必须伴有充分的谨慎性管制。

3. 资本账户开放的速度

(1) 激进式开放

"激进式开放"是指同时且迅速地进行资本项目自由化、贸易政策、汇率制度以及财政制度的改革。金融自由化与贸易自由化可以同时实现,间接投资和直接投资活动都应在世界通行的利率水平和通行的贸易品价格水平基础之上进行。支持"激进式开放"的学者认为伴随经济全球化和国际金融市场一体化的发展,大多数国家都完成了经常项目的可兑换,不少国家的资本账户开放也处于开放或者半开放的状态。因此,快速开放并不会对国内外市场造成很大的冲击,同时还会提升国内竞争机制,降低经济结构调整的成本,从而尽快利用国外资源促进本国经济增长,避免过晚开放而错失发展的机会。

(2) 渐进式开放

"渐进式开放"是指一国资本账户开放应建立在一定的经济条件基础之上,逐步放开资本账户的具体项目。一国只有在具备国内借贷活动能够在均衡利率水平上进行,国内通货膨胀率被维持在可控制的水平上,本国货币没有持续贬值,以及拥有充分的外汇储备的条件下才能实现资本项目的可兑换;而在条件不具备时盲目过早地开放资本项目会造成严重后果。国内外的主流观点认为渐进式的开放更为合适。从全球资本账户开放的经验来看,渐进式开放是各国普遍采取的方法。

支持渐进式开放的学者认为,一般情况下各国在资本账户开放的初期均无法达到必要的经济基础条件,过早的开放会伴随一定的风险,因此,应该在开放的初期保持对没有达到条件的项目进行管制,等条件允许时再开放。各国资本账户开放的实践在一定程度上说明了渐进式开放相比于激进式开放更合适。不少发展中国家资本账户开放的自身历程也表明,渐进式要比激进式更容易取得成功。20世纪70年代后期,智利等拉美国家曾选择激进式开放的策略,在短时间内基本实现了资本账户的可兑换。然而很多开放的前提条件不成熟,导致80年代初发生了严重的金融危机,造成了经济增长停滞。在危机之后这些国家改变了开放的战略,通过渐进式开放获得了成功。

4. 资本账户开放与经济增长

国际上关于资本账户开放与经济增长关系问题的认识经历了从"华盛顿共识"到"华盛顿分歧",再到"华盛顿新的共识"的反复争论过程。部分学者认为资本账户开放对一国经济增长有显著影响。Quinn(1997)建立了一个包括一系列经济增长指标和用来衡量一国资本账户开放程度的 Quinn 指标的回归模型,分析得出资本账户的开放程度对 GDP 的增长有显著的影响。Henry(2000)通过事件研究发现资本账户开放后 8 个月的时间窗内样本国家证券市场平均每个月有 3.3% 的超额收益。

Klein(2003)的经验分析结果显示,资本账户开放对于不同国家经济的影响存在一个倒 U 形结构,即中等收入国家会明显受益于资本账户开放,绝对富有和绝对贫穷的国家并不能显著地受益于资本账户开放。Mukerji and Tallon(2003)研究发现,资本账户开放对于经济增长的影响同一国的金融发展程度正相关。一国的金融发展程度会影响资本账户开放后对经济增长波动性的变化。金融发展程度较高的国家,资本账户开放并不会放大经济增长的波动性;而金融发展程度较低的国家,资本账户开放会引发较大的经济增长波动。

然而,也有学者认为资本账户开放并不一定促进经济增长。Bodrik(1998)、Stiglitz(2002)指出资本账户开放不一定会给发展中国家带来经济的增长,反而可能引发热钱的大量流入,增加金融危机发生的可能性。Grilli and Ferretti(1995)对 1996—1989 年间的 61 个样本国家的人均收入增长率、资本账户管制指标等变量做出回归分析,拒绝了资本账户开放会推动经济增长的假设。Bodrik(1998)也没有发现资本账户开放会推动经济增长。

5. 资本账户开放与金融稳定

资本账户开放后,一国面临的风险在具体内容上将发生改变,原因在于该国开始面临来自国外市场巨大的市场风险、信用风险和流动性风险,导致这三种风险发生显著变化:(1) 市场风险,如利率和外汇风险将变得更加复杂。国内金融机构和企业将获得新的证券投资对象和投资机会,同时外资将参与国内市场的经济活动。汇率变动将影响银行对利率敏感的资产和负债,外资的参与会使得波动溢出从国外渗透至国内。(2) 信用风险将包括跨境交易这个新的维度。外汇业务会造成结算风险,原因在于跨境交易会造成货币支付存在时差。同时,不同国境的交易要考虑到借款国的政治环境。(3) 流动性风险在资本项目可兑换后将给外汇头寸带来更大的风险。如图 1 所示,资本账户在条件不充分时盲目开放或开放顺序不当可能会引发金融不稳、货币危机和金融危机。

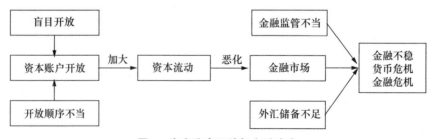

图 1 资本账户开放与金融稳定

国外多数学者认为,资本账户开放会带来经济的不稳定,严重时会引发货币危机和金融危机。Stiglitz(2002)认为资本账户的快速开放是东亚金融危机的罪魁祸首,资本账户开放程度的提高进一步增强了金融危机的跨国传染效应。Kunt and Detragiache(1998)通过多元 logit 模型发现金融自由化和银行货币危机之间存在高度相关性。Glick and Hutchison(1999)分析了 1975—1997 年间 90 个国家的 90 次银行危机、202 次货币危机和 37 次双重危机,发现危机主要发生在进行自由化改革的发展中国家。他们认为,金融自由化与金融危机之间存在较强联系,资本账户开放会大幅提高金融危机发生的可能性。Klein and Olivei(2001)发现,发达国家的资本账户开放能够提高金融发展程度,促进经济增长;而发展中国家资本账户开放对金融发展程度和 GDP 增长的影响不显著。Edwards(2009)指出资本账户开放程度与发生金融危机的次数正相关,同时资本开放的程度越高,发生危机的概率越大。

也有学者认为,资本账户开放会促进金融深化发展。Kaminsky and Schmukler(2002)认为资本账户开放的影响在短期和长期存在不同。短期内资本账户开放会引发金融泡沫,导致金融的不稳定;长期来看,资本账户开放会优化一国的金融结构,完善金融市场的功能。总的来说,资本账户开放有利于金融体系的稳健发展,优化金融结构,完善金融市场功能。Glick et al. (2005)发现资本账户开放的国家发生货币危机的概率较低。

国内学者基于发展中国家资本账户开放与金融稳定性的研究,大多发现资本账户开放会增加金融危机发生的概率。李剑锋、蓝发钦(2007)采用 1985—1999 年泰国、印度和印度尼西亚等国家的季度数据,认为发展中国家的资本账户开放有引发货币危机的可能,但是这种可能性与一国的经济基础条件关系密切。发展中国家应该在实现内外均衡和深化金融改革的前提下开放资本账户,以期规避和缓解货币危机的发生。李巍(2008)发现资本账户开放,尤其是发展中或转型国家的资本账户开放,会使一国的金融稳定状况恶化。

马勇、陈雨露(2010)指出,在资本账户开放和系统性金融危机的联系机制方面,重要的是开放方式的选择,而不是开放程度的高低;长期中资本账户开放程度的提高不会诱发金融危机,但激进式的资本账户开放方式会显著增加金融危机的发生概率。曾敏丽、卢骏(2012)发现,诱发系统性金融危机的主要因素取决于资本账户开放方式的选择,而不是资本账户开放程度的高低。渐进式的资本账户开放更有助于维护金融系统的稳定。具体而言,激进式的资本账户开放方式比渐进式的资本账户开放方式更容易诱发系统性金融危机,较高的资本账户开放度有助于降低系统性金融危机发生的概率。柏宝春、程玉龙(2013)认为资本账户开放与金融危机传染之间存在正相关性。

(三)研究问题

从理论上讲,资本账户开放应该实现资本账户的完全自由兑换,即对资本的跨境流动和交易没有任何的限制。但现实中这种完全可兑换是很难实现的,各国在资本账户管制上的差别主要体现在开放程度的不同,而不是有管制还是没有管制的绝对差异。开放更多体现为相对的开放,即使被认为实现了资本账户完全自由兑换的国家,仍然存在对部分资本账户的管制措施。

表3总结了学术界支持与反对资本账户开放的原因。从表中可以看出，尽管学术界关于我国是否应该开放资本账户、何时开放以及怎样开放并没有统一的结论。总体来说，资本账户开放是一个长期的过程，在开放的过程中及时调整政策是必要的。当国内经济条件不能达到一定的条件时，盲目过早的开放会引起国内经济和金融市场的动荡，严重时会引发金融危机；但是，较晚启动则会造成错失利用世界资源的先机，并且过渡的时间较短更容易引发金融动荡。

表3 支持和反对资本账户开放的原因

支持资本账户开放的原因	反对资本账户开放的原因
1. 资本账户开放可能带来更高的金融效率，体现在全球金融部门的专业化和创新竞争。	资本账户开放导致国内储蓄的流出，这对于资本稀缺的发展中国家会削弱国内投资和融资。
2. 发展中国家需要外部资金来支撑投资，资本账户开放可以吸引更大规模的外国资本。	资本账户开放可能会削弱国内当局对国内金融活动征税的能力，降低财富和收入。
3. 居民获得进入世界市场的机会，从而能够提高国内居民的福利。	资本可兑换可能导致大量资金外流，资本波动性短期运动，以及宏观经济波动。
4. 通过合理设置价格，资本账户开放能够提升资源配置效率，增强市场竞争机制。	自由化导致资本流入和实际汇率升值，从而破坏经济转型和结构改革的过程。
5. 通过投资组合多元化，资本账户开放将允许储蓄者和投资者通过降低风险来保护资产的价值。	投机性短期利率变动可能使货币政策无效，降低政府干预经济的能力。
6. 资本管制并不是十分有效，经常账户交易相当于打造渠道变相造成资本流动。	资本账户开放可能会导致金融泡沫，尤其是在房地产和股权投资上的非理性繁荣。

但是就我国的经济条件、发展阶段以及面临的现实问题，资本账户开放是一种必然的选择。我国自1978年改革开放以来，GDP一直保持高速增长。特别是进入21世纪，GDP增长率从2000年的8.4%一路飙升至2007年的14.2%。之后受到全球金融危机的影响，GDP增长率有所回落，在2008年和2009年下跌至10%以下。与此同时，我国经济的结构性问题开始凸显，导致经济增长放缓。我国有必要开放资本账户，寻找新的经济增长点。与此同时，目前我国资本账户开放的条件已经成熟，资本管制逐步减弱，QFII的推出进一步放松了对于资本流动的管制。总的来说，资本账户开放是我国未来经济发展的必然选择。

IMF出版的年度报告《汇兑安排和汇兑限制年报》将资本账户交易划分为11个类型，逐一标明IMF成员国是否对该类交易施加管制，但并没有官方公布哪些国家实现了资本账户可兑换。姜波克、朱云高（2004）提到判断资本账户可兑换的标准之一为，在全部 11 类资本账户交易中,如果一国只对不超过 5 类的资本账户交易存在管制,而且必须对金融信贷这一类交易取消管制,则可以视为实现了资本账户可兑换。

表 4 给出了我国与西方发达国家资本账户开放情况。其中,"是"表示该国在该项交易上加以管制,空白处表示并未施加管制。据 IMF 统计,全部的 43 项资本账户交易中,中国已有 12 项交易实现完全自由化,16 项交易部分自由化,只有 15 项交易是被管制禁止的。不难发现德国是实行资本管制最少的国家,而中国实行了严格的资本账户管制,中国属于资本账户管制较为严格的国家,资本账户开放程度较低。

表 4 中国与西方发达国家的资本账户开放情况

资本账户管制项目	中国	美国	英国	德国	日本
对资本市场证券交易的管制	是	是			
对货币市场工具的管制	是	是			
对集体投资类证券的管制	是	是			
对衍生工具的管制	是				
商业信贷	是				
金融信贷	是				
担保、保证和备用融资工具	是				是
对直接投资的管制	是	是	是		
对直接投资清盘的管制	是				
对不动产交易的管制	是				
对个人资本流动的管制	是				
专用于商业银行和其他信贷机构的条款	是		是		是
专用于机构投资者的条款	是			是	是

资料来源:基于 IMF 官方数据。

从长期来看,我国资本账户开放利大于弊,但是如果不能采取有效的开放模式,亦有可能引起短期金融动荡。资本项目开放是发展中国家参与全球化进程中难以回避的现实问题,是进一步融入全球一体化经济的重要步骤。资本项目开放直接关系到一国经济的发展,在产生多方面的福利效应的同时也会带来一系列金融隐患甚至危机,使得发展中国家不得不考虑其负面效应。本研究讨论的主要问题,不在于我国是否应该开放资本账户,而在于如何通过借鉴资本账户开放的国际经验,最大化地降低我国在资本账户开放过程中可能面临的风险,以保证我国资本账户开放后金融市场的稳定和经济的增长。我国应当把握资本账户开放的最佳时机,避免盲目过早开放的同时,也不要错失发展良机。

当前,人民币面临较大升值压力,为了避免资本项目盲目开放给我国经济带来的负面影响,应该借鉴发展中国家特别是新兴市场经济体资本项目开放的成功经验,吸取这些国家资本账户开放失败的教训,为我国的资本账户开放做好充足的准备,选择适合我国资本项目开放的正确路径和时机。因此,本研究在回顾前人学者研究的基础之上,重点分析发展中国家("金砖国家"、拉美国家和东南亚国家)资本账户开放的背景、进程以及影响,总结这些国家资本账户开放成功的经验和失败的教训,以此提供对我国资本账户开放的有益借鉴。

(四)内容结构

除本章导论外,本研究余下部分内容结构如下:第二部分选取印度和俄罗斯作为分析对象,分析"金砖国家"资本账户开放的经验与教训;第三部分选取印度尼西亚和泰国的案例作为分析对象,分析得出东南亚国家资本账户开放成功的经验与教训;第四部分选取智利和阿根廷的案例作为分析对象,分析得出拉美亚国家资本账户开放成功的经验与教训;第五部分基于对发展中国家资本账户开放的案例分析,总结提炼出这些发展中国家资本账户开放的实践经验对我国资本账户开放的十点启示。

二、金砖国家资本账户开放的实践

"金砖国家"(BRIC)一词在2001年由著名投资银行高盛发布的《全球需要更好的经济"金砖"》报告首次提出。最初的"金砖国家"包括四个新兴市场国家,分别为巴西、俄罗斯、印度和中国。2010年12月,南非正式加入金砖国家合作机制,由此形成了包括巴西、俄罗斯、印度、中国和南非的"金砖五国"(BRICS),代表新兴发展中国家五大经济体的新一轮战略合作机制正式开启。

本部分选取印度和俄罗斯作为研究对象的原因在于,印度和俄罗斯都处于经济转轨时期,与我国在经济基础和产业机构上有许多相似之处。印度作为"金砖国家"中与中国经济发展现状最为相近的国家,在资本账户开放过程中有很多成功的经验值得借鉴。与此同时,转轨时期俄罗斯资本账户开放失败的案例为我国资本账户的开放敲响了警钟。"金砖国家"中,印度是资本账户开放成功的典范,促进了国内经济的稳定发展,而俄罗斯的盲目"一刀切"式的开放直接引发了金融危机。

总体而言,"金砖国家"在经济发展上具有高度相似性,同属新兴市场高速发展阶段,或同处经济结构转轨时期,面临类似的不稳定外部经济金融环境。"金砖国家"在资本账户开放过程中遇到的问题和解决的措施,都对我国资本账户开放具有十分重要的借鉴意义。为此,本研究选取印度和俄罗斯两国作为分析对象,重点分析印度和俄罗斯在资本账户开放过程中的成功经验与失败教训。

(一)印度资本账户开放的实践

1. 资本账户开放的背景

印度资本账户开放的推动力来自外部,而非自主性选择的开放(曹勇,2005)。如

图2所示,20世纪70年代,印度的债务水平始终保持在稳定的水平,但是自1980年开始印度外债出现缓慢上升,80年代末印度债务占GNI的比例迅速攀升,在1992年达到37.09%的峰值,出现了严重的外债危机。90年代初,债务危机迫使印度政府不得不向IMF申请贷款,被迫接受IMF贷款协议的条件,进行一系列资本账户开放的改革,这是印度放松资本管制的开端。

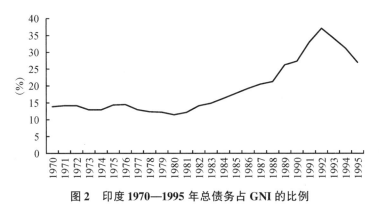

图2　印度1970—1995年总债务占GNI的比例

资料来源:基于IMF官方数据。

1995年8月,印度实现经常项目可兑换,成为IMF第八条款国。印度储蓄银行(RBI)成立了专门的资本账户可兑换委员会(Committee on Capital Account Convertibility)进行资本账户开放的准备工作。1997年5月,该委员会提出了印度分三年完成资本账户开放的时间安排。1997年东亚金融危机的爆发,使得印度政府在庆幸自身并未受到国际游资冲击之余,对于资本账户开放问题有了更深入的认识。印度的资本账户开放最初是受到自身危机的影响,被迫进行开放。但随着经济全球化的发展和国内经济增长,资本项目的可兑换已经成为印度的必然选择。

2. 资本账户开放的进程

(1) 资本账户开放的顺序

印度的资本账户开放是一个谨慎并且循序渐进的过程,其开放的经验颇具借鉴意义。印度资本账户开放的推动力来自1991年印度面临的外部支付危机,开放的主要目的在于减少对外债的依赖,鼓励外商投资,尤其是外商直接投资(FDI)。有鉴于此,印度政府将关注点放在吸引足够的资本进入,缓解本国外债压力以及为本国经济发展提供充足的资金,与之配合的早期的政策措施也主要是监管资本的流入。也可以说,印度资本账户开放由于受到IMF的影响,被迫放开对外资本市场,因此,印度资本账户开放遵循的原则与IMF所建议的规定大体一致,首先放开对于资本流入的管制。这样的开放顺序,既符合IMF开放顺序的要求,也满足印度管理当局为解决本国外债危机的自身需要。

印度资本账户的开放是从贸易开放开始的,之后有序地放开资本账户管制。伴随着资本账户的逐步开放,印度政府为外国直接投资和证券投资提供了便利,但是对于国内居民的资本流出却继续严格控制。如图3所示,尽管印度需要资本的流入,但是早前谨慎的开放政策对资本的流入仍旧有一定的限制。1997之前,资本的流入额并没有呈现快速增长趋势,每年增长的速度相对平均,但是FDI占GDP的比例却呈现明显的增长趋势。FDI的带有管制性的开放,在很大程度上使得印度免于遭受1997年东亚金融危机的冲击。

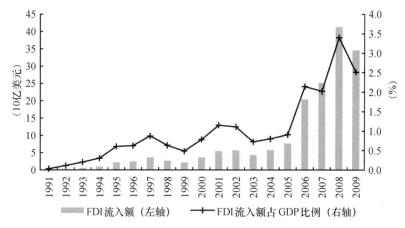

图3　印度1991—2009年外商直接投资流入额及其占GDP的比例

资料来源:基于IMF官方数据。

(2)资本账户开放的步骤

1997年东亚金融危机发生之前,印度资本账户开放委员会(Committee on Capital Account Convertibility)制定了具体的资本账户开放的Tarapore规划报告。报告中详细地指出了印度进行资本账户开放的相关措施,包括开放的先决条件和具体的步骤,明确地提出了资本账户开放的前提条件和顺序,尤其强调了资本账户开放的具体前提条件,包括国内较低的通胀、合理的外汇储备和完善的金融系统等。报告同样提出资本账户开放要求更为灵活的汇率制度,任何有管理的或固定汇率制度都会招致国际游资的攻击。报告放缓了印度资本账户开放的过程,在较大程度上帮助印度避免受1997年东亚金融风暴的影响。

报告还认为,实施资本项目下自由兑换的前提条件是国内宏观经济达到一定的指标,主要的前提条件包括:将中央政府的财政收支赤字占国内生产总值(GDP)的比重从5%降至3.5%;未来三年内国内通货膨胀率平均不能超过3%至5%;将银行的现金储备率从1997年的9%降至3%,将银行体系的不良资产比重从17%降至5%;外债占GDP的比重降至20%—25%(Delhi,2007)。报告指出,考虑到印度的基本国情,印度首先要用三年的时间达到资本账户开放的前提条件,然后再进行资本项目下的自由兑换。表5列示了Tarapore报告中印度资本账户开放需要达到的主要的前提条件,以及2003年各项条件的现状分析。

表5 印度资本账户开放的条件

开放的前提条件	2003年现状
财政整顿	
• 减少财政赤字总额占GDP的比例从1997—1998年的4.5%降到1998—1999年的4.0%,再到1999—2000年的3.5%	• 财政总赤字为GDP的5.9%,在2002—2003和2003—2004年度的预算为5.6%
授权通货膨胀率	
• 授权通货膨胀率三年里应该保持在3%—5%左右的平均水平	• 2002—2003年的通胀率(未授权)为3.4%
强化金融体系	
• 1997—1998年,利率将全面开放,任何正式或非正式的利率控制必须被废除	• 所有利率(除储蓄银行利率)已经放开
• CRR逐步减少,在1997—1998年降至8%,在1998—1999年为6%,在1990—2000年为3%	• CRR在2003—2004年度降低到4.5%
• 不良资产总额所占比例从1997—1998年的12%,到1998—1999年的8%,并在1999—2000年降为5%	• NPA的公共部门银行的贷款总额占比从2002年3月底的16%回落到2003—2004年的11.1%
宏观经济指标	
• 还本付息比率从25%降至20% • 外汇储备应不小于6个月的进口	• 债务比率从1997—1998年的19.5%稳步下降至2002—2003年的14.6% • 2003年3月底,外汇储备超过一年的进口

资料来源:Jadhav, Capital Account Liberalization: The Indian Experience, IMF working paper, 2003.

1997年东亚金融危机爆发前,国际社会对于资本账户开放问题普遍持有认同的观点。在IMF大力推动全球资本自由流动的情况下,资本账户开放俨然成为一种必然趋势。但印度的资本账户开放并没有操之过急,而是采取了循序渐进的方式。在经济自由化的过程中,印度放松资本管制是等到国内经济的各个方面都达到一定的条件之后才开始进行。表5说明,印度的资本账户开放是谨慎和循序渐进的。在2003年印度的各项指标均基本上达到了Tarapore报告中要求的开放条件。印度的资本账户开放是成功的,稳定了国内金融市场,维持了经济的平稳发展。

(3) 汇率制度与外汇储备

蒙代尔不可能三角理论指出，一国政府最多只能同时实现下列三项目标中的两项：完全的资本流动、货币政策独立和固定汇率。伴随印度资本账户的逐步开放，资本流动性、货币政策独立性和汇率制度安排之间的矛盾逐步显现。1991 年，由于大量依赖海外短期融资，加之自身财政赤字问题，印度面临严重的国际收支问题。政府除了向 IMF 寻求帮助外，国内实行了一系列的经济改革。为配合资本账户开放，1992 年 3 月起实行了为期 11 个月的汇率双轨制度，然后于 1993 年实现并轨，放弃一揽子的汇率制度，开始采取有管理的浮动汇率制度，使得汇率在很大程度上由市场的供需决定。

伴随汇率制度的改革，印度的外汇储备不断增加。如图 4 所示，1993 年汇率改革后，印度汇率波动性相对较低，两次金融危机并没有对汇率波动造成很大的冲击。与资本账户开放相匹配，资本的流动使得汇率在某种程度上变化更为频繁，汇率的下降代表了本币的贬值，贬值的过程从 1993 年持续到 2002 年，这与 Tarapore 报告中的要求大体一致。与此同时，外汇储备也在不断增加，稳定的外汇储备在一定程度上降低了 2008 年国际金融危机的影响。

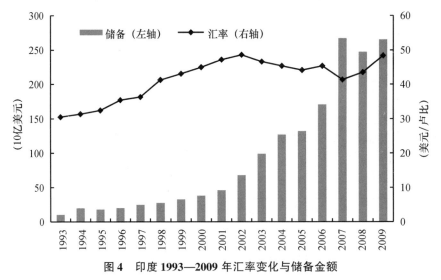

图 4　印度 1993—2009 年汇率变化与储备金额

资料来源：基于 IMF 官方数据。

3. 资本账户开放的评价

总的来说，印度的资本账户开放促进了本国经济的增长，稳定了国内金融市场。在推动资本账户自由兑换的过程中，印度中央银行借鉴发展中国家资本账户开放的经验，首先开放外国直接投资，然后开放证券投资，最后只有在国内金融市场发展到一定程度后才开放国外债务市场(Henry, 2007; Prasad et al., 2007)。王守贞、丁攀(2009)认为尽管2008年全球金融危机对印度资本市场造成了一定程度的冲击,但是从整体上来看其资本市场仍然保持了较好的弹性和灵活性。印度能够维持其资本市场较好弹性的原因在于印度采取了有序的资本账户开放政策、严格的银行业监管以及审慎的非银行金融公司管理。

印度的资本账户开放,最初是受制于IMF贷款条件的限制,被迫进行的资本账户开放选择,然而伴随资本账户的开放,印度政府已经认识到,资本账户开放是必然的趋势,也是印度为促进经济发展的必然选择,并且在政策制定和措施实施上保持了稳定性和连续性。如图5所示,资本账户的开放并没有影响印度经济的高速增长,90年代的GDP增长率超过了6%。两次金融危机(1997年和2008年)对印度也影响甚微,金融体系抗风险能力强,经济稳定发展。

印度资本账户开放成功的关键在于,印度将资本账户开放看成是一个过程,而非一个事件(Jadhav,2003)。印度在资本账户开放的过程中,采取了谨慎和渐进的方法,对资本流入和资本流出采取不同的开放对策,对于资本流入进行较少的限制,对资本流出采取严格的限制(Reddy,2000)。

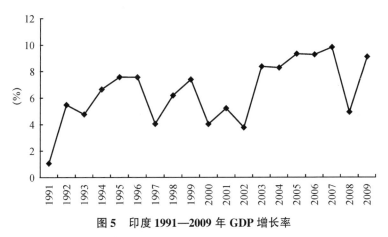

图5　印度1991—2009年GDP增长率

资料来源:基于IMF官方数据。

总体而言,印度资本账户的开放可总结为以下三点成功的经验:

第一,印度资本账户开放最大的借鉴意义在于印度先巩固国内各项经济基础,再进行资本账户开放。主要措施包括:整顿财政,减少财政赤字,这是资本账户开放的经济基础;控制通胀,为资本账户开放提供经济条件;整顿金融部门,强化金融体系,这是资本账户开放的金融条件;有管理的浮动汇率制度,减小汇率的波动;充足的外汇储备,保证金融的稳定与安全。

第二，渐进的开放模式是发展中国家资本账户开放的最佳选择。在开放的过程中，印度没有采取激进的方式，避免了迅速开放带来的经济不稳定和金融危机的发生。印度在开放的早期制定了渐进的开放策略，用三年的时间进行资本项目的逐步开放。1997年东亚金融危机对相关国家金融市场的冲击进一步放缓了印度资本账户开放的速度，并且改变了政府对于资本账户开放的态度。

第三，资本账户开放需要弹性的汇率制度安排与充足的外汇储备。印度始于1991年的改革开放涵盖了财政、金融、贸易和各项产业结构，汇率制度的改革为其他各项改革提供了条件。1993年，印度开始实行浮动汇率制度，利用四年的时间为1997年资本账户开放的全面启动奠定基础。伴随汇率制度的改革，印度外汇储备逐年增加，有助于降低资本账户开放后国际资本流入对本国经济的冲击。

(二) 俄罗斯资本账户开放的实践

俄罗斯是一个转型中的发展中大国，其资本账户的自由化无疑具有重大影响并具有重要的示范效应。它在货币自由兑换方面的进程和效果应该成为本研究关注和研究的重要案例。因此，下面通过俄罗斯的案例着重探讨资本账户开放的基本条件。

1. 资本账户开放的背景

俄罗斯资本账户开放的背景恰巧处于大的"休克疗法"经济改革阶段，因此资本账户开放也成为"休克疗法"经济改革的一部分。俄罗斯在进行资本账户开放之前，首先对国内的经济与金融体系进行了一系列的改革，但这些改革并不彻底。俄罗斯GDP在资本账户开放前一直维持较高且相对平稳的增长速度，从2000年到2006年俄罗斯GDP年均增长率为6.8%，这是俄转轨开始以来最好的经济增长记录。

另一方面，俄罗斯中央政府的财政收支在相当长时期都保持盈余状态，也反映了俄罗斯经济基本面的状况。另外，俄罗斯资本账户开放前的汇率水平也是相对稳定的，可以认为符合资本账户开放条件范式的宏观经济稳定的部分要求。但2000年至2006年俄罗斯反映通货膨胀水平的CPI指数一直居高不下，虽然总体趋势在下降，但还是维持在较高的水平上。

2. 资本账户开放的进程

从俄罗斯的资本账户开放经验来看，遵循了资本账户开放的一般规律，先实现经常账户的可自由兑换，待时机成熟时再开放资本账户。1996年年底，俄罗斯实现经常项目的可兑换，成为IMF第八条款国。俄罗斯采取了一系列的措施，为资本账户的开放做好充足的准备。2006年7月1日，俄罗斯政府宣布资本账户正式开放，不再限制国际收支平衡表中资本项目资金流入和流出，俄罗斯本币卢布实现自由兑换。尽管俄罗斯自称于2006年才开始进行资本账户开放，但在此之前大部分资本账户事实上已经放开了。

苏联解体之后，俄罗斯开始开放资本账户。1992年年初，俄罗斯开始实行卢布国家内部可兑换制度。在1997年7月有较大的汇率制度改革,实行卢布与美元的统一汇率,允许卢布汇率自由浮动。激进的改革造成了经济的严重衰退,导致卢布汇率大幅度下跌和资本外逃现象。1995年7月,俄罗斯政府确定了新的汇率制度,由中央银行根据外汇交易所和银行间外汇市场上的价格来设定汇率的浮动范围。如图6所示,俄罗斯1998年之前外债额逐年增加并居高不下,于1998年爆发了严重的金融危机。俄罗斯有管制的固定汇率制度使得其无法应对1998年的金融危机,俄罗斯政府不得不采用根据外汇市场供求来决定的自由浮动汇率制度。

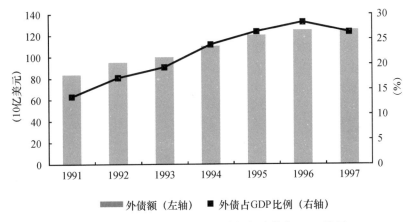

图6　俄罗斯1991—1997年外债额与外债占GDP比例

资料来源:基于IMF官方数据。

2004年6月,《俄罗斯新货币调控法》正式实施,除明确纳入管制范畴的交易外,所有俄罗斯居民和非居民之间的外币支付可以自由进行。该项政策的推出是俄罗斯资本账户项下货币自由化的重要发展。2006年俄罗斯央行的管制范围开始出现松动。2006年3月俄罗斯央行取消了出口企业外币收入必须在国内外汇市场上强制售汇的规定。2006年7月1日,其余汇兑限制措施被一次性取消,这些被取消的措施涉及非居民购买俄罗斯主权债券的强制性准备金要求,以及在出售俄罗斯主权债务获得的收入兑换成外币前必须在银行拥有等值卢布存款的要求。

3. 资本账户开放的评价

俄罗斯资本账户开放的背景恰巧处于大的"休克疗法"经济改革阶段,因此资本账户开放也成为"休克疗法"经济改革的一部分。俄罗斯外汇管理开放采取了"一刀切"的方式,整个资本账户开放过程比较简单和仓促,造成了严重的经济不稳定。除了外国公司在买卖卢布时会受到一些限制,在俄罗斯货币几乎是完全可以兑换的。在松散的外汇管理体制下,国外大量的投机资金涌入俄罗斯。外债的增加、国内股市的动荡与汇率的下降,导致在 1998 年爆发了全面的金融危机。此后,俄罗斯政府继续对金融体制进行了大幅度的自由化改革,于 2006 年宣布资本账户自由兑换。

俄罗斯资本账户开放并不顺利。俄罗斯在资本账户开放过程中遇到的最大问题是前苏联遗留的汇率制度安排。在苏联解体之前,不同领导人设定了多种汇率制度安排。在尚未充分解决这些问题的情况上,俄罗斯盲目地进行资本账户开放,直接导致了 1998 年金融危机的发生。图 7 给出了 1991 年至 2009 年俄罗斯每年的 GDP 增长率。可以看出,两次金融危机的发生期间,1998 年和 2008 年 GDP 均出现负增长。2006 年俄罗斯宣布进行资本账户开放后,GDP 增长率出现直线下滑,甚至在 2008 年出现了负增长。前一阶段的资本账户开放的失败并没有让俄罗斯政府充分认识到资本账户开放应该注意的问题,反而于 2006 年完全放开资本管制,并最终受到了 2008 年全球金融危机的严重冲击。

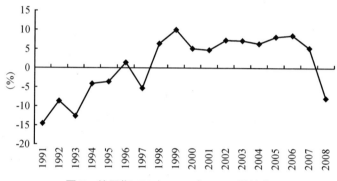

图 7　俄罗斯 1991—2009 年 GDP 增长率

资料来源:基于 IMF 官方数据。

(三) 金砖国家资本账户开放的经验与教训

"金砖国家"中印度在资本账户开放后经济发展较快,GDP 增长率始终保持稳定;但俄罗斯的 GDP 增长率波动较大,在开放的第一年经济就出现负增长。总结上述两个国家资本账户开放的进程,主要有以下三点经验和教训:

1. 资本账户开放需要稳定的国内经济基础

资本项目可兑换使得国内金融市场和国外金融市场的联动更加密切,国际金融市场各种波动和冲击会迅速传导到国内。因此,要强化国内经济金融制度建设,保持宏观经济稳定。宏观经济稳定不仅能够为资本项目可兑换创造良好的外部环境,还可以增加改革的可操作性。如果财政赤字过大,利率会保持在较高水平,高利率会吸收投机性很强的短期资本,进一步扩大开放资本项目的负面影响。如果政府监管不力,大量国际游资可能涌入金融机构并从事高风险业务,从而增加金融市场的系统性风险。

2. 渐进的开放方式是发展中国家资本账户开放的最佳选择

渐进审慎式的资本项目可兑换符合一个国家经济金融发展的规律。过早开放资本项目会使国际资本的短期流动更加频繁,无助于本国经济发展。以俄罗斯为例,大多数外资是通过俄罗斯的资本项目进入金融市场的。这些外资流入的动机是获取境内外的利息差额。金融危机爆发后,投机性的短期外资因预期卢布贬值选择从俄罗斯撤出,加重金融危机的蔓延。

与俄罗斯不同的是,南非采取了渐进的方式推进资本项目可兑换,取得了积极成效。20 世纪 80 年代的国际收支危机和银行危机后,南非政府吸取教训,对本国金融部门进行全面改革,并于 90 年代早期完成了金融部门的兼并重组,金融业出现了快速发展势头,逐步形成了现代化的金融体系。在此基础上,南非逐渐融入国际金融市场,按照循序渐进的原则逐步放开资本管制。1995 年,南非取消对非居民的换汇限制,标志着南非资本项目渐进式可兑换的序幕逐渐拉开。随后南非政府采取了一系列开放资本项目的措施,到 1999 年南非 70% 的资本项目外汇管制已经被取消。南非的资本账户开放是成功的,没有对国内经济金融发展产生较大的负面冲击,同时促进了南非资本市场与国际资本市场的良性互动,稳定了国内金融市场,促进了经济增长。①

在南非资本项目可兑换的成功实践中,最先完成改革的是监管难度相对较小和信用风险发生可能性较小的一些金融资产,这有利于减少国内金融不稳定因素的发生。如在开放外国直接投资自由化与短期资本自由流动前,先将长期资本流动实施自由化。同时,根据国内金融业发展状况,在南非金融部门已经取得稳健运转并可以抵御一些非居民资本流入或流出带来的不稳定性后,再逐步放宽对居民资本流动的各种管制。

3. 资本账户开放并不是完全地放开,需要一定的管制措施

在资本项目开放过程中,外来资本的流入对本国经济影响不确定性较大,特别是短期投机性资本流出入,容易对一国经济金融稳定形成冲击,甚至引发金融危机。因此,要坚持开放的主动性,制定相应的措施,以保证资本项目的顺利开放。印度在推进资本项目可兑换进程中,始终坚持对开放进程控制的主动性,立足本国实际情况,稳步实施资本项目可兑换政策,并且始终坚持了必要时恢复管制的灵活性。

---

① 本段内容来自李晓庆、汤克明,《金砖国家资本项目可兑换的比较分析及经验启示》,《金融发展研究》,2013 年第 1 期。

三、东南亚国家资本账户开放的实践

东南亚国家资本账户开放是发展中国家资本账户开放中较为典型的案例。资本账户开放一方面为东南亚国家带来了短期内经济的高速增长,创造了经济增长的奇迹;另一方面这些国家在资本账户开放过程中的尝试也不是一帆风顺的。成功的资本账户开放在带来经济初期高速增长后,兼具稳定金融市场的作用。但盲目过早的开放,最终会造成经济的不稳定,甚至引发金融危机。本部分在东南亚国家中选取具有代表性的印度尼西亚和泰国作为案例,分析它们开放的进程和采取的措施,以此总结东南亚国家资本账户开放的经验和教训。

(一)印度尼西亚资本账户开放的实践

1. 资本账户开放的背景

1945 年之前,印度尼西亚处在荷兰殖民统治之下。殖民政府为了集中外汇支持本土经济发展,对印度尼西亚实行严格的外汇管制。从 1945 年独立到 1966 年,印度尼西亚的外汇管制不但没有放松反而略有加强,宏观经济的失误和过于僵硬的外汇管制导致印度尼西亚经济增长缓慢,1965 年甚至出现负增长。1966 年印度尼西亚新政府上台后,推出旨在复苏经济的"经济稳定计划",积极推行包括资本账户开放、提高利率等在内的金融自由化改革。从 1967 年开始,开放管制主要集中在资本流出,速度快,措施较为激进。而在 1971 年之后,开放的重点转向资本流入,在开放速度方面有所放慢。

印度尼西亚资本账户开放最大的特点在于资本账户开放顺序,选择在开放经常账户之前开放资本账户。印度尼西亚以一种激进的方式和有悖于常规的开放顺序于 20 世纪 70 年代初大体上完成了资本账户的开放。印度尼西亚资本账户开放过程可以分为两个阶段:第一阶段,始于 1967 年的金融自由化改革,前期主要集中解决资本的流出问题,采取的措施相对较为激进;第二阶段,放缓开放速度,并将重点转到资本的流入。

2. 资本账户开放的进程

(1)资本流出管制解除(1967—1971)

印度尼西亚开放资本账户的第一个实质性措施是 1967 年出台的,即允许出口商将其出口收入的一部分存放在指定银行的"出口奖励账户"中,出口商可以自由使用这些外汇进口商品,但不能自由兑换。此外,超过一定数额的出口收入可以作为出口商的"留成外汇"。1970 年颁布的第 16 号法规进一步推动了印度尼西亚外汇管理体制的自由化,其资本账户已经基本放开。在资本流出方面,由于个人和企业可以自由地从商业银行购买外汇,而商业银行也可以不受限制地从央行购入外汇,因此,个人和企业向国外转移资金是完全自由的。在资本流入方面,该法规定除了银行和国有企业

之外,企业和个人可以自由地从海外借款。

到1971年印度尼西亚在资本流出方面几乎已经完全开放,对资本流入的控制也逐步放松,但对以下三方面的资本流入实行严格的限制:一是外国直接投资的地域、产业和股权比例等方面的限制;二是对银行和国企借入外债的限制;三是外国投资者不得购买印度尼西亚上市公司的股票。至此,印度尼西亚已经被国际社会认可为实现了资本项目的自由化。但是印度尼西亚对经常账户的管制仍然比较严格,国内金融抑制还未消除,仍然实行利率压抑。其资本账户自由化在经常账户开放和国内金融自由化改革之前就已基本完成了,并且在迅速放开资本流出的同时,对资本流入实行较多的限制。

(2)资本流入管理放松(1971—1997)

1971年之后,印度尼西亚实行贸易自由化,经常账户开放和国内金融自由化等改革也逐步展开。同许多亚洲国家一样,印度尼西亚开始向出口导向型经济转化,其外国直接投资开放政策构成了经济部门改革的重要内容(Johnston et al., 1997)。印度尼西亚对外国直接投资的开放政策还在一定程度上带动了贸易和经常账户的自由化改革。印度尼西亚自1970年放松了某些对经常账户交易的限制后,在相当长的一段时间里没有进行实质性的自由化改革。1985年开始外商直接投资(FDI)流入政策放开,外商直接投资流入增加。表6给出了印度尼西亚在资本账户开放过程中的主要改革措施,"小"表示相对较小规模的措施,"大"表示动作力度较大的措施。

表6 印度尼西亚资本账户开放的改革措施

	1985	1986	1987	1988	1989	1990	1991	1992	1993	1994	1995	1996
货币管控与金融系统												
资本市场发展				小			小	小			小	小
货币市场与工具	小		小	大	小	小						
金融监督与监管框架				大	小	小	小	大		小	大	
汇率系统、贸易与资本流动												
汇率改革		大	小							小	小	小
汇率市场安排与系统	小			大	小		小					
贸易改革	大	小	小	小	小	小	小		小	小	小	小
组合投资开放												
流入						大		小				小
流出												
直接投资开放												
流入	大	小	小	小	小		小	小	小		小	

(续表)

	1985	1986	1987	1988	1989	1990	1991	1992	1993	1994	1995	1996
流出							小					
资本流动限制												
流入							小					
流出												

资料来源:Johnson, B., Darbar, S., and Echeverria, C., "Sequencing Capital Account Liberalization: Lessons from the Experiences in Chiles, Indonesia, Korea, and Thailand", IMF working paper, 1997.

1997年金融危机初期,印度尼西亚采取了一些强化和恢复资本管制的措施,加强了对外国投资者持有本国银行股权的限制,但不限制外国投资者购买非银行公司的股票。随着危机程度的加深,印度尼西亚急需资金以拯救经济。1997年10月印度尼西亚与国际货币基金组织、世界银行和亚洲开发银行达成协议,在承诺削减财政开支、提高存款利率、整顿金融市场和维持资本账户开放的前提下,获得230亿美元的贷款额度。

与此同时,政府集中力量重建国内金融体系。1997年11月印度尼西亚政府关闭多家经营不善的银行,1998年4月又关闭7家私营银行,并合并了多家金融机构。为鼓励外国投资者进入银行领域,印度尼西亚政府又改变政策,允许外商在部分银行的投资可以达到银行股本的99.9%。如图8所示,此后直至2009年印度尼西亚的外商投资额平稳增加。

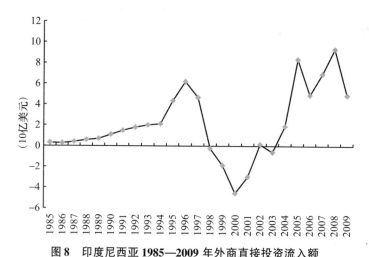

图8　印度尼西亚1985—2009年外商直接投资流入额

资料来源:基于IMF官方数据。

3. 资本账户开放的评价

出于应对经济危机的目的,印度尼西亚在金融危机爆发后的短期内加强了国内资本账户的管制措施。但是,为了争取外资的重新流入,稳定国内经济形势,大部分管制措施都在一两年内重新取消了。由于看到在动荡时期采取开放政策的巨大成本和无效性,印度尼西亚事实上并没有完全执行与 IMF 签订的条款。金融危机后,印度尼西亚资本账户的开放进程并没有发生逆转,但在整顿金融市场的同时也没有走向完全的金融自由化。

按照经济学界关于资本账户开放最优途径的理论,资本账户开放应该安排在经常账户开放和国内金融自由化之后,资本项目的兑换自由化通常是经济市场化最优次序的最后阶段。印度尼西亚资本账户开放恰恰违反了这一主流理论,其资本账户开放在经常项目自由化和国内金融业改革之前就已基本完成。纵观印度尼西亚在金融危机前四十多年的开放实践,其资本账户开放基本上是成功的。如图 9 所示,1997 年东亚金融危机的发生对国内金融市场造成很大的冲击,但是却很快得到恢复。2001—2009 年的 GDP 增长率稳定在 5% 的水平,2008 年的国际金融危机对印度尼西亚的经济发展也没有产生太大的冲击。

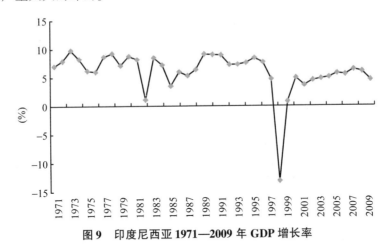

图 9　印度尼西亚 1971—2009 年 GDP 增长率

资料来源:基于 IMF 官方数据。

(二) 泰国资本账户开放的实践

1. 资本账户开放的背景

20 世纪 60 年代是泰国经济发展的一个重要阶段。在这个阶段里,泰国实施了它的第一和第二个国民经济计划,开始推行进口替代型工业化政策,把建立健全本国工业部门和提高经济增长率作为主要的战略目标。此后,泰国将积极利用外资列入工业化政策的重要内容,并逐渐在日后成为泰国开放资本账户的最主要动机。为此,1962

年泰国修订了《产业促进法》,后更名为《产业投资奖励法》,向外资提供税收优惠。从1972年起,泰国开始向出口导向型经济转型。为了吸引更多的资本流入以支持外向型经济的发展,1972年和1977年又两度修订《产业投资奖励法》,许多经济部门相继对外开放。

然而,截至80年代中期,泰国资本管制仍然相当严格,在资本账户开放方面并没有大的举措。泰国资本账户开放的动机源自60年代的国内经济改革,积极利用外资成为泰国工业化政策的重要内容。泰国的资本账户开放始于1985年的贸易改革(Johnson et al., 1997),整体经历了13年的时间。1997年东亚金融危机爆发前,泰国的资本账户开放可分为前期的渐进式与后期的激进式两个阶段。

2. 资本账户开放的进程

（1）渐进开放阶段(1985—1989)

泰国资本账户开放前用了5年时间进行了一系列的准备工作,包括货币控制和金融体系的调整,以及在汇率、贸易和资本流动上的改革。泰国先后取消部分金融机构的利率限制和信贷约束,基本上取消了全部的外汇管制。为了发展本国资本市场,泰国实施了一系列税收优惠：一是对持有 SET 债券所获利息收入征收低于个人所得税税率的低税率;二是对泰国银行(Bank of Thailand, BOT)发行的债券免交营业税和印花税;三是对从已经在 SET 登记的公司、基金所获得的股息、红利征收的最高预扣税由收入的30%降到15%以下;等等。而在货币市场上,BOT 将双重利率合并为单一利率,取消了一年期以上定期存款的利率上限。

在外汇市场上,泰国扩大了商业银行在外汇存取买卖方面的权限,如允许商业银行开立外汇账户并接受在泰国停留15天以内的非居民的5000美元以内的外汇存款,授权商业银行进行外汇买卖、兑换及将泰铢转入外国投资者的非居民泰铢账户等。在金融监管方面,泰国基于20世纪80年代初银行危机的教训采取了一系列加强银行体系的措施,其中包括加强谨慎性标准和增加现场及非现场稽核。此后,在银行财务状况好转的情况下,为配合金融快速开放的需要修改或取消了一些有关限制措施,泰国政府增大了金融机构的经营自由度,包括放开对金融机构再贴现的规定,不再将6个月的银行同业贷款列为风险资产等。

（2）加速开放阶段(1990—1997)

泰国于1990年接受了国际货币基金组织的第八条款,实现经常项目开放。此后,泰国制定了一系列的开放政策加速了资本账户开放的进程。在资本账户开放的过程中,泰国政府改革的核心是引进外资帮助泰国实现工业化的进程。1991年修订的《产业投资奖励法》使得外商能够100%股权控制全部商品用于出口的企业,并不受制于投资项目股权不得超过49%的规定。泰国在短短的四年里实现了资本账户的自由开放。表7总结了泰国在资本账户开放过程中的主要改革措施,"小"表示相对较小规模的措施,"大"表示动作力度较大的措施。

表7 泰国资本账户开放的改革措施

	1985	1986	1987	1988	1989	1990	1991	1992	1993	1994	1995	1996	1997
货币管控与金融系统													
资本市场发展				小	小	小	大	大	大	小		小	大
货币市场与工具		小	大	小	小	大	大	小	大	小	小	大	大
金融监督与监管框架	大			小				大	大	小	大	大	大
汇率系统、贸易与资本流动													
汇率改革													大
汇率市场安排与系统	小	小			小	大	大	大		小	大	小	大
贸易改革	大			小	小	小				小		小	
组合投资开放													
流入		小	大				小		小	小			
流出		小					小	大	小				
直接投资开放													
流入			小				大	大					大
流出								小		小			
资本流动限制													
流入											小	大	
流出												小	大

资料来源:Johnson, B., Darbar, S., and Echeverria, C., "Sequencing Capital Account Liberalization: Lessons from the experiences in Chiles, Indonesia, Korea, and Thailand", IMF working paper, 1997.

泰国在进行资本账户开放时重点关注资本流入,对于资本流出相对谨慎。泰国通过一系列的措施,实现了资本项目下的可自由兑换:一是设立"曼谷国际银行设施",允许泰国的外国商业银行按照规定的标准开展离岸金融业务,此举意味着泰国中央银行对商业银行和外资银行已没有任何外债规模管理上的政策限制;二是允许非居民在泰国商业银行开立泰铢账户,进行存款和借款,并且允许自由兑换;三是对外商直接投资不加限制;四是在国内设立泰铢外汇市场,开办现汇、远期和互换等交易品种。

3. 资本账户开放的评价

伴随着经济全球化与金融自由化进程的深入,大多数发展中国家都面临资本账户开放的问题。轻率过早地开放资本账户,会造成经济的不稳定,甚至发生金融危机;谨慎地开放资本账户,能够稳定国内金融市场,促进经济平稳发展。如图10所示,资本账户开放后,泰国FDI净额逐年增加,但是外汇储备却逐年下降,出现了严重的不匹配。当大量资本流出后,泰国缺乏足够的外汇储备稳定外汇市场,遭受了国际投机性资本的巨大冲击。

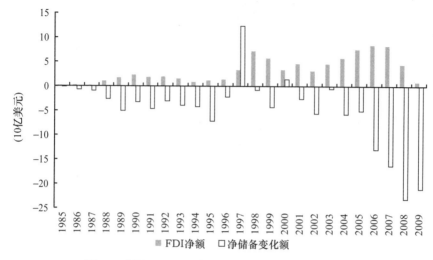

图10 泰国1985—2009年FDI净额和净储备变化额

资料来源:基于IMF官方数据。

总的来说,泰国的资本账户开放是失败的。泰国从20世纪80年代末开始,为获取私人直接投资和证券投资等外资,采取了相对激进的开放速度,在短短的四年时间(1993—1996年)里基本上实现了资本账户的开放,直接导致了1997年经济危机的发生。泰国资本账户开放的影响不仅在1997年金融危机中明显体现,在2008年金融危机中也遭受损失,这说明泰国的经济和金融体系是脆弱的。泰国资本账户开放的不良后果具体表现为:

(1) 为国际游资的投机行为打开方便之门

泰国金融体系所暴露出来的脆弱性难以抵挡外部冲击,最终导致金融危机的爆发。国际投机商冲击泰铢主要是通过以下两条途径来实现的:第一,国际投机商以外币资产作抵押从泰国国内银行获得大量泰铢贷款,然后在即期市场上抛售。为维持固定汇率,泰国央行必须入市干预,买进泰铢,卖出外汇。当外汇储备耗尽时,汇率贬值就不可避免。这样投机商可再以低价购入泰铢,归还贷款,通过这种低买高卖的手段从中渔利。第二,国际投机商通过银行在远期市场上卖出泰铢,为了避免货币风险和掉期风险,银行则会在即期市场上卖出泰铢。这种对冲交易的对手显然只能是泰国央行,因为它负有稳定汇率的责任。一旦汇率贬值,空头期货合同价格上涨,国际投机商即可盈利。上述两条途径都要求国际投机商能够在泰国筹到泰铢资金,而这一要求只有在货币自由兑换的情况下才能实现。

(2) 国内银行发生危机

在资本账户开放之后,由于缺乏有效的制约和监管,泰国银行从事大量的"外借内贷"业务,即以低利率通过 BIBF 从国际市场上筹集短期资本,再以高利率在国内市场上放出。一旦形势逆转,银行无法从国际市场借新债还旧债,而国内的长期信贷又无法迅速收回时,这些银行就会面临支付危机。在银行实力较弱、监督管理不力、金融调控机制和风险防范机制尚不健全、金融体系比较脆弱的情况下,轻率过早开放资本账户导致银行业的不稳定,并传导至整个金融业。

(3) 扩大危机的蔓延

开放资本账户不仅便利了投机商,而且使国内居民可以迅速将其国内金融资产调换成外币资本。投资者信心崩溃造成资本大量外逃、汇率急剧贬值和金融机构的大量破产,最终导致金融危机全面爆发。与此同时,泰国金融危机还产生了"多米诺骨牌效应"。当泰国宣布实行浮动汇率制时,人们在相同预期作用下自然会感到其他国家会紧随其后,长期的非理性亢奋变为非理性悲观,于是金融恐慌心理随着消息扩散而迅速传递到整个东南亚地区。受其影响,印度尼西亚、菲律宾、马来西亚等国货币也大幅贬值,陷入了金融危机,使这些国家的经济发展遭受重创。

(三) 东南亚国家资本账户开放的经验

资本账户的开放在早期给东南亚国家带来了良好的效果,使泰国和印度尼西亚能够在十多年的时间里保持快速增长,造就了"东亚奇迹"。进入 20 世纪 90 年代以后,面对经常账户连年赤字的情况,两国纷纷加快了资本账户开放的步伐。在快速开放的过程中发生了一些问题,最终导致了 1997 年金融危机的爆发。

1. 轻率过早的开放必然造成失败

20 世纪 80 年代以来,西方国家推行"金融自由化、国际化"金融变革的示范传递促使亚洲各国相继放松各自的金融管制,掀起一股金融自由化的浪潮,泰国也不例外。从 80 年代末期开始,泰国加快了本国金融业的开放进程。但是,泰国在金融和经济制度不完善的条件下,轻率开放资本账户,导致对资本流入和流出无法控制,引发国内金融动荡。面对外国短期资本纷纷撤离的局面,泰国政府除了通过央行抛售外汇平抑外无法阻止短期资本外流。从这个意义上讲,泰国过早开放资本账户是一大战略失误,自由开放的国内资本市场、不自由的外汇管制、高利率和日趋恶化的宏观经济环境,加剧了金融危机的严重性。

2. 要保持充足的国际外汇储备

国际收支平衡能力包括充足的外汇储备、获得国外融资的能力、国际市场对本币币值预期稳定等,其中充足的外汇储备是主要条件之一。实现资本项目可兑换就必须有充足的外汇储备,以应付随时可能发生的兑换要求,维护外汇市场和汇率的相对稳定。国际收支由经常性项目和资本性项目组成。在资本性项目实现开放之前,必须首先实现经常性项目的自由兑换。如果经常性项目出现逆差,就需要用资本项目的资金来弥补缺口,这种弥补是以未来还本付息汇出利润为代价的,可能造成未来国际收支不平衡。

3. 要深化金融体制改革,加强金融监管

资本项目的开放对金融系统的冲击最大,而金融系统的稳定又影响着整个经济环境的稳定。在国内金融体系问题未得到合理解决之前,开放资本账户是不利于经济发展的。金融市场的发展水平在一定程度上决定了资本账户开放能否成功。因此,必须在金融自由化的过程中尽快推进金融体系的改革,推进利率市场化,放松信贷管制和配给,实行间接货币调控机制,完善外汇市场,培育现代化的金融机构,加强金融市场基础建设,建立各种监管设施和条件,重塑银行和政府关系,加强央行的独立性等。

四、拉美国家资本账户开放的实践

拉美国家大多选择自主性的资本账户开放,而非迫于国际压力或外债危机,主要目的是吸引外资以促进本国经济的发展。拉美国家资本账户开放时间较早,历时也较长,其进程几经波折。本部分着重分析智利和墨西哥两个国家资本账户开放的经验与教训。其中,智利是发展中国家资本账户开放最早的国家之一,在资本账户开放的过程中本身就经历了失败与成功两个阶段,其探索的过程和前后开放策略的调整可为我国资本账户开放提供经验和启示。而墨西哥金融危机的爆发则直接暴露了墨西哥在资本账户开放过程中存在的问题。

(一)智利资本账户开放的实践

1. 资本账户开放的背景

作为新兴市场国家中较早开始开放资本账户的国家之一,智利是自主开放资本账户的典范(张礼卿、戴任翔,1999)。智力资本账户开放的过程大致可以分为两个阶段:从1985年到1989年,改革的重点集中在重建银行业系统,建立间接控制货币的调控体系,改革贸易政策,增加银行的交易规模,建立智利中央银行(Central Bank of Chile, CBC)自助系统,以及选择性开放直接和组合资本流入项目;从1990年到1996年主要强调发展金融市场,采取更为灵活的利率和汇率政策,选择性放松对资本流入和流出的管制,以及控制特定资本的流入。智利在资本账户开放的同时也逐步开放经常项目。

2. 资本账户开放的进程

(1)失败的尝试(1974—1984)

智利的资本账户开放最早可以追溯到1929年的经济大萧条之前,但经济大萧条促使智利政府实行严格的外汇管制。直至1973年政变后,新政府调整经济政策,推动经济改革。新政府积极推动贸易自由化,大幅削减关税。1975年10月智利取消利率上限,在短时间内推出一系列的政策推动经常项目和资本项目自由化。然而,1982年的拉美金融危机证明该阶段的开放过程操之过急,智利被迫调整开放进程。到1997年7月,智利实现经常账户开放,成为IMF第八条款国。

如图11所示,在取消资本流入的限制后,智利外资流入的规模没有出现明显放大。1974—1976年间,年平均FDI资本账户余额仅为3亿美元。由于采取了恰当有力的措施,智利迅速从1975年的经济衰退中恢复过来,1977—1981年年均GDP增长率达到8%。经济增长和资本的大量流入带来了一系列问题,并最终导致智利陷于自由化改革以来的第二次经济衰退和金融危机。

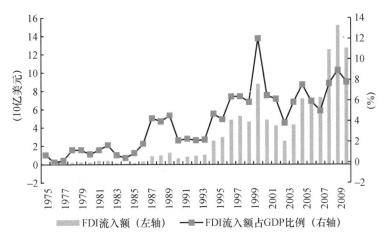

图11 智利1975—2009年外商直接投资流入额及其占GDP的比例

资料来源:基于IMF官方数据。

资本大量流入导致比索实际汇率急剧升值和出口减少,恰逢1979年OPEC大幅度提高石油价格造成的石油危机,智利的经常账户迅速恶化。1981年经常账户逆差高达GDP的14.5%。与之对应,智利的经济形势也开始恶化。1981年GDP增长率降为5.5%,1982年降至-14.5%,失业率超过25%。国际货币投机和巨大的经常账户赤字使智利的外汇储备损失了14亿美元,并迫使货币当局在1982年8月宣布放弃固定汇率,允许汇率浮动,比索在很短的时间里贬值43%。1982年8月墨西哥宣布无力偿还外债,引起了该地区外资流入进一步减少和资本外逃的增加,并导致银行体系清偿力的急剧恶化,大量银行出现偿付困难。

20世纪70年代智利开始实施资本账户开放时,其经济增长势头相当强劲,而且贸易和财政收支均存在盈余。然而在短短几年后,智利却陷入了严重的经济衰退和金融危机。将危机简单归结为选择了错误的开放时机,或者开放本身并不具有足够的说服力。危机的发生主要归因于政策配合不协调，即汇率与其他宏观经济、收入和金融政策的不一致。虽然智利财政在公布汇率表期间一直有盈余，但由于对工资实行了后推指数化，加重了实际汇率升值给经常账户带来的问题。随着通货膨胀率的下降，工资的后推指数化提高了实际工资。高实际工资、实际汇率升值和持续的高利率的共同作用，减少了产出和出口，造成了经常账户的恶化。

智利金融改革的滞后和金融体系的脆弱性是金融危机的主要原因，归结起来有三个方面的因素：第一，政府对银行存款隐含的担保造成了智利银行体系严重的道德风险问题，开放资本账户的措施又使资金的供给更加充裕，导致了外资的过度流入和过度借贷综合征的出现；第二，在危机发生之前对经济前景过于乐观，而在发生问题之后，银行又希望通过发放高风险的贷款来挽回损失；第三，智利的大型银行都隶属于经济财团，这些银行经常被要求向同属经济财团的其他公司发放贷款，发放这些贷款往往给银行造成了大量的呆坏账。

（2）谨慎的开放(1985—1996)

鉴于第一阶段资本账户开放尝试的失败，智利放弃了早期的激进开放模式，采取了谨慎和渐进的开放策略，使得智利实现了相对成功的资本账户开放，迄今未曾发生严重的金融动荡。自1985年起，智利逐步走出危机的阴影，经济状况逐渐好转。智利开始扭转在危机时期的资本管制和贸易保护主义取向，重新推动贸易自由化和资本账户的开放。在第二阶段资本账户开放的过程中，智利政府采取了一种更加渐进、慎重的政策。开放资本账户的措施与其他各项改革及宏观经济政策紧密配合，经济呈现良好的增长势头。也许正是由于这个原因，智利避免了1994年墨西哥金融危机和1997年东亚金融危机的影响。

表8给出了智利在资本账户开放过程中的主要改革措施，"小"表示相对较小规模的措施，"大"表示动作力度较大的措施。1985年，智利准许外国直接投资以债权换股权的方式流入，但是要求资本在10年之内不得撤回，所得利润也只能在4年之后才能汇回。在证券投资方面，允许居民和非居民用外汇购买国内的某些债券，但用于购买债券的外汇不能从官方的外汇市场上获得。1987年，批准成立"外国投资基金"，以便外国中小投资者通过债权换股权的方式对智利进行直接投资。1990年，首次发行"美国存托凭证"(ADR)，旨在吸引国外资金流向智利的资本市场。此外，智利还降低了企业到国外发行债券的信用等级要求，允许企业在海外发行可转让债券，减轻外商直接投资企业的税收负担，等等。

表 8 智利资本账户开放的措施

	1985	1986	1987	1988	1989	1990	1991	1992	1993	1994	1995	1996
货币管控与金融系统												
资本市场发展	小					小	小	小	小	小	小	小
货币市场与工具		小		小			大	小	小		大	小
金融监督与监管框架	大	大	小		大							
汇率系统、贸易与资本流动												
汇率改革	小	小		小	小		小	大		小		大
汇率市场安排与市场	小	小		小		大	小	小	小	小	大	小
贸易改革	小		大	小		小	小	小				
组合投资开放												
流入	大	小	大			小	小	小		小	小	
流出							小	大	小	大	大	大
直接投资开放												
流入	大				小				大			
流出									大			
资本流动限制												
流入							小	大	小		小	大	小
流出							小		小			

资料来源：Johnson, B., Darbar, S., and Echeverria, C., "Sequencing Capital Account Liberalization: Lessons from the experiences in Chiles, Indonesia, Korea, and Thailand", IMF working paper, 1997.

在逐步实行资本流入自由化的同时，智利也出台了一系列措施限制短期资本的流入。1991 年 6 月，政府规定，除了出口信贷以外，所有新借入的外债都要将数额为总金额 20% 的无偿准备金（URR）存放在智利中央银行，存放期限从 90 天到 1 年不等，视借款的期限而定。此外，外币贷款也要求像本币贷款一样缴纳每年 1.2% 的印花税。1992 年 5 月，无偿准备金的要求扩展到外币存款，准备金比例提高到 30%，并且不管期限长短，准备金都必须存放 1 年。此后，政府还根据情况的变化，不断对无偿准备金制度进行相机调整。

1994 年，政府规定所有外币借款的准备金只能以美元缴纳。1995 年，调低了以美元存款作抵押的智利比索借款上限，无偿准备金的要求扩展到美国存托凭证的二级市场交易和所有不构成银行资本增加的外资流入。不同期限的资金的准备金要求一样，导致资本流入的期限越短，准备金所形成的财务成本就越高。因此，无偿准备金制度在对长期资本流入不造成重大影响的同时，对短期资本流入形成了制度性排斥，有效防止了短期资本的过度流入。

1985年之后,由于采取了一系列鼓励外资流入的措施,智利的资本流入稳步增长。到1990年,资本账户盈余已经高达当年GDP的9.9%。或许是出于减轻实际汇率升值压力的考虑,智利开始了对资本流出的谨慎开放。1991年,当局首次准许居民用在非官方外汇市场购买的外汇到海外进行投资,外国直接投资撤回投资的最低年限也从10年缩短为3年。1992年,养老基金获准以一定比例的资金投资于海外。

1993—1996年间,资本流出自由化的节奏大大加快,政策重点转向缩短外国投资者汇出利润的年限,准许人寿保险公司、银行和共同基金将它们资产的更大比率投资于国外,减少海外投资在投资工具和投资地域等方面的限制。这些措施有利于智利居民进行海外投资,也为外国投资者将资金撤出智利提供了更大的自由。由于适时地开放了资本的流出,同时又有效地限制短期国际投机资本的大量涌入,因此,智利资本账户盈余在1991年之后就控制在合理的水平上,减轻了本币实际升值的压力,保持了出口竞争力和经常账户的较佳状态。

3. 资本账户开放的评价

从1985年到1989年,智利政府完成了银行重组,建立了货币调控的间接手段,进行了贸易体制改革,扩大了银行业务范围,提高了智利中央银行的独立性并进行了直接资本流入和资本流出的选择性开放。改革后的一段时期,政府强调金融市场发展、更具弹性的利率和汇率政策,选择性地放松对资本流出和流入的限制。智利的国际收支资本账户得到了改善,到1989年开始出现盈余。

从1990年开始,政府当局开始加快发展国内金融市场和金融工具,提高证券市场的效率和竞争力。针对1990年大量资本流入,政府放开了资本流出管制。由于利率降低,1991年净资本流入出现了暂时性的下降,但于1992年出现急剧反弹。1993年到1996年期间,加快放松了对资本流出的限制,同时还加强了对资本流入的限制。1993年规定资本必须留存的最短期限从3年减少到1年,利润允许汇出的时间限制被解除。1994年,通过允许寿险公司、养老基金、银行和共同基金以更大的比例进行国外投资,允许内资银行投资国外金融机构,鼓励国外投资资产净流出。1995年到1996年,进一步深化了资本流出的开放。

图12表明了智利经济发展的过程与资本账户开放的关系。1977—1981年平均GDP增长率高达8%。但资本大量流入导致了比索实际汇率升值和出口减少,加上1979年OPEC大幅度提高石油价格,智利的经常账户迅速恶化,最终使智利陷于自由化改革以来的第二次经济衰退和金融危机。1981年经常账户逆差高达GDP的14.5%。相应地,经济形势也开始恶化。1981年GDP增长率降为5.5%。

前一阶段资本账户开放后导致的金融危机,使智利政府清楚地认识到了健全金融体系和加强金融监管的重要性,并着手进行这方面的改革,为第二阶段的资本账户开

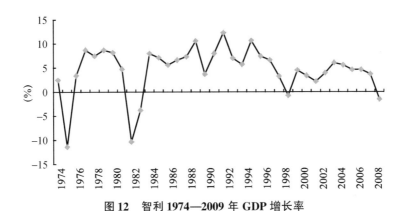

图 12　智利 1974—2009 年 GDP 增长率

资料来源：基于 IMF 官方数据。

放做好了充足准备。在这种情况下，智利开始了较为全面但又相当谨慎的资本账户开放过程。1985 年之后，智利重新调整资本账户开放的措施，使得智利在短时间内经济迅速得到复苏，之后一直保持稳定的增长。智利资本账户开放的案例表明，大多数发展中国家的金融市场发展不完善，政府货币政策和宏观政策作用相对有限，在短期内不具备完全开放资本账户的充分条件，仓促开放势必会加大金融风险，并最终导致开放改革失败。

综上所述，智利资本账户开放的主要经验有以下三点：一是集中进行金融系统重组、贸易改革和资本流入的选择性开放，为资本项目开放奠定坚实的基础；二是加大国内债券和股票市场开放力度，资本账户的开放要与宏观经济政策和手段相配合；三是资本流出的开放应为国际收支服务。

（二）墨西哥资本账户开放的实践

1. 资本账户开放的背景

20 世纪 70 年代，墨西哥因国内大批新油田的开发和世界石油的两次大幅度提价而一跃成为新兴石油出口大国。依靠其丰富的石油资源，墨西哥制订和实施了雄心勃勃的经济发展计划，希望在 90 年代前半期跻身先进国家行列。然而，80 年代初国际油价的不断回落和过度的经济膨胀使墨西哥的外债总额在 1982 年 8 月高达 810 亿美元，使其成为拉美最大的债务国，并率先爆发了严重的债务危机。危机期间，墨西哥的通货膨胀率居高不下，国民生产总值负增长，比索汇价大幅下跌，对外贸易萎缩，国际收支急剧恶化。

墨西哥资本账户开放旨在配合国内金融体制的改革，推动贸易自由化与资本项目可兑换。墨西哥率先开放经常账户，也是拉美地区中首先开放资本账户的国家之一。20 世纪 80 年代末，墨西哥开始推行贸易自由政策，开放金融市场，并于 1986 年加入

WTO组织,继而在1992年与美国和加拿大组建北美自由贸易区,国内市场向发达国家完全开放。

但是,墨西哥单方面降低关税并没有得到贸易伙伴(尤其是美国)的响应,墨西哥的贸易逆差逐年加大。同时,墨西哥不断举借外债,1993年年末,外债规模达1 400亿美元。在墨西哥的外来资金中,中短期资金占了50%以上。1991年墨西哥经常性项目逆差达到113亿美元,1994年高达730亿美元。在这种情况下,墨西哥政府不得不动用外汇储备来弥补国际收支逆差,导致外汇储备急剧减少。国际投资者对墨西哥政府偿付能力产生信心危机,短期资金迅速撤走,金融危机爆发。

2. 资本账户开放的进程

墨西哥资本账户开放始于1989年。尽管之前墨西哥的资本账户并不是完全封闭的,但是金融市场和资本流动却受到严格的管控。伴随资本账户的开放,墨西哥放松了外国投资者在本国开立银行账号和购买股票的限制,同时鼓励外商直接投资。墨西哥在金融体系还进行了一系列的改革,包括银行进行私有化,取消存款准备金率、利率上限和指令性贷款。

墨西哥是发展中国家中从高度干预经济到开放经济改革的典型国家。墨西哥于1986年正式加入关税和贸易总协定,并于1987年消除了大部分的贸易壁垒(除农业外)。这一过程使得墨西哥从一个极度封闭的经济体转变为世界上开放度最高的国家之一。如图13所示,1986年后墨西哥的贸易额逐年增长。

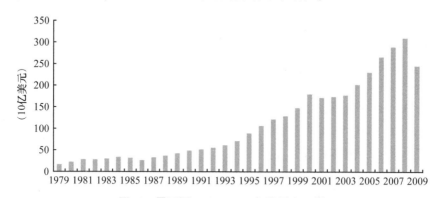

图13 墨西哥1979—2009年贸易出口额

资料来源:基于IMF官方数据。

金融危机前墨西哥外汇储备的增长速度相对较快,并于1993年年底达到250亿美元的最高点。但另一方面,在墨西哥的外来资金中,中短期资金占了50%以上,墨西哥政府和私人企业积累了巨额的短期负债。墨西哥的外债规模不断增加,1993年达到1 400亿美元。在债券投资比例高、短期债务比例高的情况下,外汇储备无法应对短期资本流出的冲击。Dornbusch et al.(1994)估计墨西哥政府和银行的短期负债至少为其国际储备的 4 倍,这一比率是拉美国家中最高的。只要一小部分负债撤离墨西哥,外汇储备就将迅速被消耗殆尽。

1989 年,墨西哥政府对外国投资的管制措施进行了调整,允许外商进入除石油、电力、铁路、货币制造等战略性行业之外的所有行业,放开资本性项目。1988 年墨西哥吸引外资 31.57 亿美元,1990 年剧增到 84 亿美元,1994 年累计吸引外资 700 亿美元。1994 年 1 月 1 日,北美自由贸易协定(NAFTA)正式生效。尽管这些条款并没有显著降低各国已经相对较低的贸易壁垒,但是条款规定了新的交易规则,降低了投资者面临的不确定性。

表 9 给出了 1994 年墨西哥金融危机发生前后墨西哥国际收支的情况。从 1990 年开始,墨西哥出现了严重的贸易赤字,1991 年墨西哥经常性项目逆差达到 149 亿美元,1994 年达到 294 亿美元的峰值。同时,GDP 增长率连年下滑,经济出现严重问题。在这种情况下,墨西哥政府不得不动用外汇储备来弥补贸易逆差,结果导致原本不多的外汇储备急剧减少。进而,投资者对其偿付能力产生信心危机,短期资金迅速撤走,金融危机爆发。

表 9　墨西哥金融危机前后国际收支情况　　　　　　　　（单位:百万美元）

年份	经常项目净额	资本项目净额	净出口	外汇储备	GDP 增长率
1990	−7 451	8 441	−881	9 446	4.52%
1991	−14 888	25 139	−7 279	17 140	3.64%
1992	−24 442	27 039	−15 934	18 394	2.76%
1993	−23 400	33 760	−13 481	24 886	0.69%
1994	−29 418	15 787	−18 467	6 101	3.50%
1995	−654	−11 781	7 089	15 250	−6.20%

资料来源:基于 IMF 官方数据。

3. 资本账户开放的评价

首先,墨西哥的资本账户开放在短期内促进了经济的增长。如图 14 所示,墨西哥的经济经历了两个高速增长的阶段:其一,开放经常账户使得 GDP 增长率由 1986 年的 −3.75% 增加到 1987 年的 1.86%;其二,1989 年的资本账户开放使得 GDP 连续两年增长,在 1989 年和 1990 年达到了峰值,GDP 增长率分别为 4.2% 和 5.07%。

然而,1994 年爆发的墨西哥金融危机却暴露了墨西哥在资本账户开放过程中存在的问题。20 世纪 80 年代墨西哥经济发展起伏很大,1982 年的债务危机和 1986 年的石油价格暴跌使墨西哥经济走向衰退。90 年代初期,墨西哥经济发展良好,但在 1994 年 12 月 20 日,墨西哥政府宣布比索贬值,随后的金融危机又使比索贬值了一

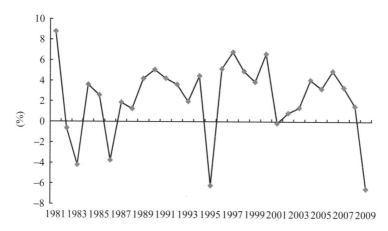

图 14　墨西哥 20 世纪 80 年代至 2009 年 GDP 增长率

资料来源：基于 IMF 官方数据。

半。通货膨胀飙升，墨西哥经济进入了严重的衰退时期。1995 年墨西哥国内生产总值比上年下降 6.2%。

墨西哥金融危机同资本账户的盲目开放密切相关。首先，比索币值的持续高估。墨西哥比索汇率是在 1987 年下跌 36% 后约一年的时间内固定下来的。1988 年以来，其下限固定在 1 美元兑 3.0512 比索，而上限每日小幅波动，实行的是以市场供求为基础的准固定汇率制（即爬行幅度汇率制）。墨西哥将汇率管理作为抑制通货膨胀的主要手段，汇率贬值将造成通货膨胀率上升。为了抑制通货膨胀，墨西哥必须尽力维持其汇率，但高估的汇率降低了墨西哥的经常账户余额。

其次，经常项目赤字急剧增加。自 1988 年以来，墨西哥经常项目每年都持续出现赤字，特别是自 1991 年以来迅速增加。1994 年的赤字高达 288 亿美元，占国内生产总值的 7.9%。但墨西哥政府却不加以重视，仍然乐观地认为：进口增加额中中间产品和资本货占大部分，它们将增加未来的出口；财政收支出现了盈余，若财政赤字不能相伴而行，则经常项目赤字并不是个问题，若私人资本流入减少，则资本货的进口会立即减少；资本持续流入国内，外汇储备也一直在增加。尽管当时有人提出流入的外资大多数是容易抽逃的证券投资，对其过分的依赖最终会导致出现高利率等警告，但政府并未认真对待和采取防范措施。

为了尽快地加入关贸总协定，签订北美自由贸易协定，退出 77 国集团和参加经济合作与发展组织，墨西哥过快地实行了经济和贸易的自由化，特别是主动放弃了发展中国家应有的权利，一步到位地把进口关税降到 10% 以下，给墨西哥经济发展带来了两个严重的问题：其一，进口急剧增加，贸易逆差居高不下，经常项目出现巨额赤字，因而不得不依靠外资流入以保持国际收支的平衡;其二,大量的进口,特别是大量消费品的进口,在一定时期内对国内市场和民族工业形成了较大冲击。

(三) 拉美国家资本账户开放的经验

20世纪90年代以后,在全球国际化风潮下,拉美国家开始实施范围广、程度深、声势大和影响深远的经济改革。其中,开放资本项目是这一改革的重要组成部分。改革之前,拉美国家常常使用外汇管制等手段限制资本外流,企业必须通过官方渠道以低于市场汇率的价格来获得本币收入。1982年墨西哥金融危机爆发后,拉美国家在国际资本市场信誉急剧下跌,流入该地区的外资大幅度减少。

在此背景下,拉美国家开放资本项目的一个主要目的就是吸引更多的外资。拉美国家资本项目开放主要包括以下四方面的内容:(1) 放松对外国投资的直接限制;(2) 放松对利润汇出和利息支付的限制;(3) 放松对举借外债的限制;(4) 放松对资本流动的管制。到20世纪末,拉美国家都完成了资本项目开放,但是各国取得的效果不尽相同。拉美国家资本项目开放的共同经验主要包括以下三个方面:

1. 正确选择开放资本账户的顺序至关重要

从资本账户开放的外部顺序而言,拉美国家从未先于资本项目开放经常项目。有些国家同时开放资本项目和经常项目,有些国家则是在完成贸易自由化和金融自由化之后才放开资本项目的。资本项目的开放通常在经常项目开放之后进行。在资本项目开放后,外资流入量的增加导致实际汇率升值和出口贸易的降低,进而影响一国的国际收支平衡。从资本账户开放的内部顺序而言,应遵循 Johnston(1998)提出的资本账户开放的简单规则,即先开放长期资本流动,后开放短期资本流动;先开放直接投资,后开放间接投资。

2. 宏观经济的稳定是资本项目开放的前提条件

宏观经济稳定不仅能为资本项目开放创造良好的外部环境,还可以增加改革的可操作性,有利于吸收金融体制改革带来的短期经济波动。资本账户的开放导致外资流入大量增加,但是开放过快导致的本币实际升值可能导致贸易收支和经济账户的恶化。为了增强贸易部门的国际竞争力,减轻或抵消资本账户开放可能带来的不利影响,应该先于或至少同时对经常账户和贸易部门进行自由化。20世纪70年代末和80年代初智利出现的巨额经常账户赤字从反面证明了这一点。90年代后,智利在实际汇率升值的情况下经常账户收支状况仍然能够不断改善的事实从正面提供了支持。

3. 汇率制度的安排在资本项目开放后更为重要

为了避免外资大量流入导致汇率升值,政府应确定汇率浮动区间。墨西哥的经验表明,政府应尽可能地增加汇率制度安排的灵活性。汇率制度作为开放经济中的重要变量,对其他经济变量的相互作用方式、传导路径以及经济政策的效力具有重大的影响。如果资本账户开放后,一国仍旧实行固定汇率制度,将会造成国际投机性短期资本流入大幅增加,极大地增加发生金融危机的可能性。资本账户开放后,国民经济的内外均衡将更多依靠汇率来调节,因此,进行合适的汇率制度安排和控制汇率水平是资本账户开放后保持外汇市场和本国经济稳定的重要保障。

五、发展中国家资本账户开放的经验和教训

如表10所示,本研究选取了"金砖五国"中的印度和俄罗斯,以及东南亚国家的印度尼西亚和泰国,拉美国家的智利和墨西哥作为案例研究对象。"金砖国家"同属新兴市场高速发展进程的相似性,处于转轨时期面临的外部环境的不稳定性,以及在处理资本账户开放过程中遇到的问题和解决的措施,都对我国资本账户开放具有重要的借鉴。资本账户开放为东南亚国家带来短期内经济高速增长的同时,也并非一帆风顺。比较而言,拉美国家的资本账户开放大多属于自主性的开放,并不是迫于国际压力或外债危机等事由,开放的主要目的是吸引外资,促进本国经济增长。然而,拉美国家资本账户开放的进程也是几经波折。

表10 发展中国家资本账户开放特点对比

特点\国家	"金砖国家"		东南亚国家		拉美国家	
	印度	俄罗斯	印度尼西亚	泰国	智利	墨西哥
宏观经济	良好	较好	良好	良好	良好	较差
金融改革	先于	同时	同时	同时	先于	同时
外汇储备	充足	充足	充足	不足	充足	不足
汇率制度	管理浮动	自由浮动	自由浮动	固定	管理浮动	固定
开放模式	渐进	激进	渐进	激进	渐进	激进
开放顺序	资本流入	资本流出	资本流出	资本流入	资本流入	资本流出
调整方式	动态	静态	动态	动态	动态	静态
开放幅度	部分放开	全面放开	部分放开	全面放开	部分放开	部分放开
外债管理	良好	较差	较差	较差	良好	较差
开放自主性	被动	被动	自主	自主	自主	自主
总体评价	成功	失败	成功	失败	成功	失败

截至2011年年底,我国在全部43项资本账户交易中已有12项实现了完全自由化,16项交易部分自由化,只有15项交易被禁止(IMF,2012)。对于我国而言,资本账户的进一步开放利大于弊。但如果不能采取有效的开放方式,很可能引起金融危机。当前,人民币面临较大升值压力,国际社会要求中国资本项目开放的呼声较高。为了避免资本项目盲目开放给我国经济带来的负面影响,应该借鉴发展中国家资本项目开放的成功经验,吸取失败的教训,选择适合我国资本项目开放的正确路径和策略。本

研究总结提炼了十点发展中国家资本账户开放的国际经验,盼望对我国的资本账户开放具有借鉴作用。

(一) 宏观经济稳健是资本账户开放的先决条件

首先,宏观经济稳定和经济制度健全是资本账户开放的重要保障之一。宏观经济稳定能够营造良好的经济环境和氛围,有助于资本账户开放的顺利进行。为减少资本账户开放后国际资本市场变化对本国经济所造成的不利冲击,发展中国家需要首先对以下七个方面的宏观经济进行改革:第一,整顿财政,减少财政赤字;第二,有效利用货币政策和财政政策,维持利率与汇率的稳定;第三,通过控制信贷投放规模,控制通货膨胀水平;第四,建立有力的国际收支控制机制,将经常项目赤字控制在合理水平;第五,确保外汇储备的充足;第六,实现利率市场化;第七,建立有效、灵活、规范的货币市场(黄继炜,2009)。

资本账户开放是一项系统工程,需要本国经济达到一定的"门阀值"之后再逐步进行资本账户开放。如果在相应的宏观经济状况没有达到健康稳定时,就过早、过快或过大幅度地进行资本账户开放,可能会使得发展中国家遭受严重的国际资本冲击。印度在开放资本账户前做出了充足的准备,走了一条打下良好的经济基础后再开放的路径,取得了成功,避免了东亚金融危机对本国经济的不利影响(曹勇,2005)。相反,20世纪80年代末,泰国在财政赤字恶化、国际收支逆差严重、外汇储备偏低等条件下,轻率过早地进行了资本账户开放,直接引发了1997年的东亚金融危机。

(二) 国内金融体系改革应早于资本账户开放

健全的金融体系也是资本账户开放成功的重要先决条件之一。发展中国家普遍面临银行信贷过度扩张,负债过高,不良贷款率偏高,证券市场过度投机以及缺乏有效监管等问题。在这些问题未得到解决之时就贸然开放资本账户,必然会对金融体系造成严重的冲击。一方面,资本项目开放后,国内外金融市场的彼此联动会变得更加密切,即国际金融市场的各种波动会迅速传导到国内金融市场;另一方面,大量外国资本热钱流入会扩大银行的可贷资金量。如果政府监管不力,银行等金融机构可能会增大高风险的表外业务比重,增加金融体系的脆弱性。一旦资本突然撤离外流,很可能导致金融危机(戴任翔,1999)。

1982年智利爆发金融危机的主要原因是其金融体系的不健全和金融改革滞后于资本账户开放。一方面,智利政府对本国银行进行的隐含担保造成了其银行体系存在严重道德风险。资本账户的迅速开放使得短期内资金的供给大幅提升,加剧了银行的过度借贷,负债率和不良贷款率高企;另一方面,智利试图在很短时间内就同时实现资本账户的开放和建立市场化的金融体系。相反,印度在资本账户开放前率先进行一系列的金融市场改革,在三年时间将银行的不良资产率从12%降为5%(Jadhav,2003)。因此,发展中国家应当对国内金融改革的难度和时间有充分的估计。只有当金融体系改革完成后才进行资本账户开放。

(三) 开放资本账户之前要保持充足的外汇储备

要实现资本项目可自由兑换就必须有充足的外汇储备以应对随时可能发生的兑换要求,维护外汇市场的稳定。资本账户开放后,充足的国际储备不仅有利于减少资本项目开放带来的负面作用,而且还能缓解国际收支的周期性带来的冲击,维系国际投资者对国内汇率政策的信心。在经济和金融全球化时代,发展中国家究竟需要多少外汇储备,不能仅仅着眼于满足几个月的进口需要以平衡国际收支,而应更多地考虑维持本国金融的稳定以及经济的增长。通行的国际储备需求理论认为,资本账户开放后,充足的外汇储备意味着外汇储备额占年进口额的比重不得低于20%,一般在30%至40% (Jadhav,2003)。

20世纪80年代拉美国家遇到的金融危机以及1997年的东南亚金融危机,都与其国际储备不足有一定的关系。泰国资本账户开放的失败恰恰说明了充足外汇储备的必要性。1997年6月,国际著名投机商如索罗斯以外币资产作抵押从泰国国内银行获得大量泰铢贷款,然后在即期市场上抛售。为维持固定汇率,泰国央行必须入市干预,买进泰铢,卖出外汇。然而外汇储备不足,无法长期支撑上述操作,泰铢贬值不可避免。然后投机商可再以低价购入泰铢,归还贷款,通过这种低买高卖从中渔利。相反,伴随汇率制度的改革,印度的外汇储备不断增加,在一定程度上降低了金融危机的影响。

(四) 资本账户开放过程中应当采取富有弹性的浮动汇率制度

汇率制度安排是开放经济中联结国内外经济的一个重要变量,它对其他经济变量的相互作用方式、传导路径以及经济政策的效力具有重大影响,是资本账户开放能否取得成功的关键。一方面,如果资本账户开放后,一国仍旧实行较为稳定的固定汇率制度,将会在短期内造成国际投机资本的大幅流入,极大地增加发生金融危机的可能性。另一方面,资本账户开放后,国民经济的内外均衡将主要依靠汇率来调节。因此,施行富有弹性的浮动汇率制能够客观、真实地反映外汇市场的供求状况,调节国际收支,保持本国国际收支的动态平衡,自发地调节资本流动,从而有效地防止国际投机资本的攻击(崔莹、莫万贵,2012)。

发展中国家资本账户开放的经验表明,资本项目开放必须有弹性的汇率形成机制相匹配。泰国采取的盯住美元的相对固定汇率制度,使得泰国开放资本市场后,并没有灵活的汇率制度与其相匹配。资本账户开放后,汇率固定,逐渐偏离均衡水平,为国际游资创造了投机攻击的机会。相反,智利采取有弹性的浮动汇率制度,使得比索汇率的弹性逐步加大,能够有效地应对资本账户开放后资金流动增加以及汇率的波动。伴随资本账户的开放,智利进行汇率市场化改革,汇率由市场决定,汇率制度逐步得到完善,稳定了金融市场。总体而言,富有弹性的汇率制度能够弥补固定汇率制度无法抵御外来冲击和调节国际收支的局限性。

（五）渐进式的开放模式是发展中国家资本账户开放的最佳选择

同激进式的开放模式相比，渐进式的开放模式不容易诱发系统性的金融危机。发展中国家主要通过以下两种途径实现资本账户开放：一是激进式的开放模式，即资本项目自由化与贸易改革、实现浮动汇率制度以及财政制度改革在经济改革初期同时进行，在短期内快速、全面地实现资本账户开放。选择激进式的开放模式有利于尽快利用国外资源促进本国增长。另一种是渐进式的开放模式，即只有在满足宏观经济稳定、金融体系健全等条件下，才会在相当长一段时间内有步骤地逐步开放资本账户。选择渐进式的开放模式能够最大限度地降低资本账户开放可能给本国经济带来的冲击，降低金融危机发生的可能性。

资本账户开放是一项风险巨大的金融市场化改革工程，盲目激进地推动必然导致失败。泰国从20世纪80年代末即开始进行资本账户开放，在短短4年内基本上完全实现了资本账户的开放。这种盲目激进的开放直接引发了1997年的东亚金融危机。同样，为解决前苏联遗留的财政问题，俄罗斯也采取了激进式的开放模式推动资本账户开放，不仅未取得预期的效果，反而引发了严重的经济衰退与恶性通货膨胀，并成为引发金融危机的导火索（李晓庆、汤克明，2013）。相比之下，印度谨慎渐进的开放使得印度的经济能够稳定地增长，并且有效地抵御了东亚金融危机对于印度经济的不利冲击。

（六）正确选择资本账户开放的顺序是开放能否成功的关键

发展中国家资本账户开放应当遵循Johnston et al.（1997）提出的开放规则，即先开放长期资本流动，后开放短期资本流动；先开放直接投资，后开放间接投资；先放开对资本流入的管制，后放开对资本流出的管制。当国内经济金融体系比较完善，可逐步放开对资本流入的管制，而对于资本流出的放松则需要更为谨慎。这是因为，一方面，放开资本流出会引起大规模持续的资本外逃，从而降低国内投资水平，影响经济发展的潜力；另一方面，虽然资本流出管制的放松有利于树立公众对国内政策的信心，但是并不能认为资本流出管制的放松就一定会吸引稳定的长期投资资金（Chinn and Ito, 2008; Edwards and Rigobón, 2009）。

智利和印度尼西亚资本账户开放的实践恰恰证明了开放顺序的重要性。智利的资本账户开放顺序是先开放资本流入，后开放资本流出。1985年，智利首先允许外国直接投资以债权换股权的形式进入国内金融市场，实现对资本流入管制的放松。1990年，随着国外资本流入大多投入实体经济，智利政府开始放松对资本流出的管制（王宇，2013）。这样的开放过程避免了出现资本大量流出制约本国经济发展的现象。相反，印度尼西亚于1970年颁布的"第16号法规"使得个人和企业向国外转移资金是完全自由的。这造成了短期内资本大量外逃，严重影响到金融市场的稳定，其初期的资本账户开放是失败的。

(七) 资本账户开放动态调整的策略有助于开放的成功

资本账户开放是一个长期的过程,加之国际经济形势和国内经济状况存在较大的不确定性,因此有必要在资本账户开放的过程中及时调整开放策略,相机抉择开放项目以应对国际市场的变化。当全球面临严重的金融危机,一国仍旧坚持原有的资本账户开放策略,大面积放松资本管制,必然会对本国经济造成严重的冲击。这时,一国应施行必要的管制,防止金融危机蔓延至本国经济。值得注意的是,无论市场发生怎样的变化,都要在保持原有资本账户开放的目标和方向的条件下,根据形势变化不断地调整资本流出入管理政策,动态性地制定开放和管制措施。

1997年东亚金融危机爆发后,印度尼西亚出于自卫的目的在短期内加强了国内资本账户的管制措施。然而,为了争取外资的重新流入,稳定国内经济形势,大部分管制措施都在一两年内取消了。动态调整策略在防止金融危机蔓延的同时,还可适时利用国际资本促进本国经济增长。同样,印度也是当国际市场波动较大时,暂缓了资本账户的开放,调整了开放的进程。相比之下,当俄罗斯"一刀切"式的开放使得本国经济遭受了严重的冲击后,政府当局并没有通过管制措施放缓资本账户开放,反而继续放任资本的自由流动,加剧金融危机影响。动态调整是一国资本账户开放过程中适应国际经济形势变化的重要举措。

(八) 资本账户开放需要配合必要的管制措施

资本账户开放并不是完全的放开,需要配合必要的管制措施。在资本项目开放过程中,由于国际金融市场存在很大的不确定性,特别是外国资本流入容易对本国经济金融稳定带来严重的冲击,因此过早实行金融自由化和资本完全自由流动,对发展中国家防范金融风险是弊大于利的。在一段时期内继续适度管制资本项目有利于一国的金融安全以及经济的稳定。一方面,大多发展中国家处于经济转轨阶段,宏观经济的短期波动较大,容易引起国际短期投机资金的频繁波动,进而引发资产价格暴涨暴跌,给实体经济带来冲击。另一方面,适度的资本项目管制将有利于增加发展中国家货币政策的自由度(郭强,2005)。

智利资本账户开放前后两个阶段的经验表明,为防止资本账户开放引起的金融市场的剧烈波动,应保有一定的管制手段。智利在资本账户开放的最初阶段,开放的程度很高,在很短的时间内基本上取消了对外国贷款的一切限制,对外国银行和资本市场投资者的管制相对松动,由此造成了资本的大量流入,增加了本币管理的难度,银行系统出现严重的问题,最终引发1982年的债务危机。吸取第一阶段资本账户开放失败的教训,智利从1984年着手采取较为严格的资本管制措施,继续推动资本账户开放改革的同时限制了关键部门的资本的流出,由此走上较为成功的资本账户开放之路。

(九) 资本账户开放中尤其关注短期外债的管理

发展中国家资本账户开放的经验表明,应当重点关注和监测在资本账户开放过程中的外债,将外债的安全性放在第一位上。资本账户开放期间,短期内大量资本外逃会直接引发金融恐慌,甚至金融危机,并最终导致资本账户开放失败。因此,在缺乏对外债的有力监管措施和制度时,决不能贸然进入国际资本市场。对外债发行的市场条件要权衡利弊,随时把控风险,密切关注资本流动的方向以及数量。此外,应加强对外债的期限管理,鼓励长期资本流入,尽可能地引导外债投入到基础建设和高科技行业,防止外债大量流入房地产市场和证券市场等高风险行业,为外债投机创造机会。

1997年东亚金融危机中的一个关键原因是短期内外国私人资本从净流入到净流出的巨大转向。据统计,五个东南亚经济体(泰国、印度尼西亚、韩国、马来西亚和菲律宾)的私人资本净流入从危机爆发前1996年的971亿美元转变为1997年的119亿美元净资本流出,仅在一年之内,私人资本净流入的变化幅度高达1000亿美元以上。如此巨大的外国资本外流使得许多经营不错的企业濒临破产。相反,印度在资本账户开放时,首先进行的就是对外商直接投资的开放,并且制定了应对资本外逃的相应措施。开放直接投资的目的即是减少对外债的依赖,尽量引导资本流入发展本国实体经济。

(十) 保持资本账户开放的独立自主性

最后,发展中国家资本账户开放的经验还表明,各国应当保持开放的独立自主性以实现本国推动经济增长的目标。受限于IMF的贷款援助条款,一些发展中国家被迫进行开放。而且,许多开放的项目可能与本国经济状况和经济发展目标并不相符。资本账户开放并不是目的,而是通过资本账户开放实现经济增长的目标(付俊文,2013)。发展中国家应当保持资本账户开放的独立自主性,根据自身经济发展水平,选择资本账户开放的速度和深度,不宜盲目跟风,贸然进行资本账户开放,甚至希望在短期内能够全面开放资本账户。这样可能会对本国经济造成严重的冲击,甚至诱发金融危机。

20世纪80年代国际油价的不断回落以及过度的经济膨胀使得墨西哥面临严重的外债负担,由此墨西哥不得不选择通过资本账户开放来解决其面临的国际收支恶化问题。然而,由于墨西哥不能够自主选择开放的时点与项目,最初开放的进程较为激进,试图通过外汇储备来弥补贸易逆差,结果导致原本不多的外汇储备急剧减少。进而,投资者对其偿付能力产生信心危机,短期资金迅速撤走,导致墨西哥金融危机的爆发。相比之下,印度尼西亚在推进资本项目可兑换进程中,并没有完全执行与IMF签订的条款,保持对开放进程控制的自主性,立足本国实际情况,稳步实施资本项目可兑换政策,始终坚持了必要时恢复管制的灵活性。

总之,发展中国家资本账户开放的上述经验表明,资本账户开放是一项复杂的系统工程,需要在满足必要的经济、金融条件下,渐进有序地加以推动。但这也并不意味着要等到所有条件成熟后,才开始进行资本账户开放,因为这样很可能会丧失利用全球资源促进本国经济增长的机会。此外,选择资本账户开放要保持独立自主性,相机抉择,在推动资本账户开放的每一个阶段,根据国际经济形势与具体国情进行动态调整和管理。尽管资本账户开放的模式并不是统一的,但本研究中的发展中国家资本账户开放的丰富实践经验具有可操作性和启发性,能够对我国目前正在进行的资本账户开放提供参考借鉴。

参 考 文 献

[1] Aizenman, Joshua and Ilan Noy, "Endogenous Financial and Trade Openness: Efficiency and Political Economy Considerations", Working Papers 200404, University of Hawaii, Department of Economics.

[2] Bodrik, Dani, "Who Needs Capital Account Convertibility?", *Princeton Essays in International Finance*, May 1998, pp. 55—65.

[3] Chinn, Menzie D. and Hiro Ito, "A New Measure of Financial Openness", *Journal of Comparative Policy Analysis*, 2008, 10(3), pp. 309—322.

[4] Dornbusch R., Werner A., Calvo G., "Mexico: Stabilization, Reform, and No Growth", *Brookings Papers on Economic Activity*, 1994, 1, pp. 253—315.

[5] Edwards, Sebastián and Roberto Rigobón, "Capital Controls on Inflows, Exchange Rate Volatility and External Vulnerability", *Journal of International Economics*, 2009, 78, pp. 256—267.

[6] Fischer, B. and Reisen, H., *Liberalizing Capital Flows in Developing Countries: Pitfalls and Prerequisites*, Paris: OECD, 1993.

[7] Glick, Reuven and Michael Hutchison, "Capital Controls and Exchange Rate Instability in Developing Economies", *Journal of International Money and Finance*, April 2005.

[8] Glick, Reuven and Michael M. Hutchison, "Banking and Currency Crises: How Common are Twins?", Proceedings, Federal Reserve Bank of San Francisco, Issue Sep. 1999.

[9] Grilli, Vittorio and Gian-Maria Milesi-Ferretti, "Economic Effects and Structural Determinants of Capital Controls", IMF Staff Papers 95/31, 1995, International Monetary Fund.

[10] Henry, Peter Blair, "Stock Market Liberalization, Economic Reform, and Emerging Market Equity Prices", *Journal of Finance*, 2000, Vol. 55, No. 2, pp. 529—564.

[11] Ishii, Shogo, and Karl Habermeier, "Capital Account Liberalization and Financial Sector Stability", IMF Occasional Paper No. 232, 2002, Washington: International Monetary Fund.

[12] Jadhav, Narendra, "Capital Account Liberalisation: The Indian Experience", Reserve Bank of India (Mumbai), 2003.

[13] Johnson R., S. Darber and L. Echeverria, "Sequential Capital Account Liberalization: Lessons from the Experiences in Chile, Indonesia, Korea and Thailand", IMF Staff Paper WP/97/157, 1997.

［14］Johnston, R. Barry, and Natalia T. Tamirisa, "Why Do Countries Use Capital Controls", Working Paper, 1998.

［15］Kaminsky, Graciela Laura and Schmukler, Sergio L., "Short-run Pain, Long-run Gain: The Effects of Financial Liberalization", Policy Research Working Paper Series 2912, 2002, The World Bank.

［16］Klein, Michael and Giovanni Olivei, "Capital Account Liberalization, Financial Depth and Economic Growth", mimeo, 2001, Medford, MA: Tufts.

［17］Klein, Michael W., "Capital Account Openness and the Varieties of Growth Experience", NBER Working Paper No. 9500, 2003, Cambridge, Massachusetts: National Bureau of Economic Research.

［18］Kunt, Asli Demirguc and Enrica Detragiache, "The Determinants of Banking Crises in Developing and Developed Countries", IMF Staff Paper, Vol. 45, No. 1, March 1998.

［19］Lane, Philip R. and Gian Maria Milesi-Ferretti, "The External Wealth of Nations Mark II: Revised and Extended Estimates of Foreign Assets and Liabilities, 1970—2004", *Journal of International Economics*, 2007, 73(11), pp. 223—250.

［20］McKinnon, Ronald I., *Money and Capital in Economic Development*, Washington, DC: Brookings Institution, 1973.

［21］Mukerji, Sujoy and Jean-Marc Tallon, "An Overview of Economic Applications of David Schmeidler's Models of Decision Making Under Uncertainty", Economics Series Working Papers, 2003, 165, University of Oxford, Department of Economics.

［22］Prasad, Eswar, Raghuram Rajan, and Arvind Subramanian, "The Paradox of Capital", *IMF Finance & Development*, Vol. 44, No. 1, March 2007.

［23］Quinn, Dennis, "The Correlates of Change in International Financial Regulation", *American Political Science Review*, 1997, 91(3), pp. 531—551.

［24］Quirk, P. J., Evans, O., "Capital Account Convertibility: Review of Experience and Implications for IMF Policies", IMF Occasional Paper, December 17 1995.

［25］Schadler, Susan, Carkovic S., María Vicenta, Bennett, Adam, Kahn and Robert Brandon, "Recent Experiences with Surges in Capital Inflows", IMF Occasional Paper No. 108, September 15 1993.

［26］Sebastian Edwards, "Commodity Export Prices and the Real Exchange Rate in Developing Countries: Coffee in Colombia", NBER Working Papers 1570, 1985, National Bureau of Economic Research, Inc.

［27］Stiglitz, Joseph, *Globalization and Its Discontents*, New York, W. W. Norton, 2002.

［28］柏宝春、程玉龙:《资本账户开放与金融危机传染相关性分析——基于国际比较的研究》,《山东财政学院学报》,2013年第1期。

［29］曹勇:《印度资本账户开放:经验与启示》,《世界经济与政治论坛》,2005年第4期。

［30］崔莹、莫万贵:《资本项目可兑换的国际经验、趋势及启示》,《金融与经济》,2012年第6期。

［31］戴任翔:《论发展中国家资本账户开放过程中的银行稳定性》,《国际金融研究》,1999年

第 2 期。

[32] 付俊文:《IMF 关于资本项目开放的最新观点及对我国的启示》,《改革探索》,2013 年第 6 期。

[33] 管涛:《国际资本流动与中国资本账户开放》,《中国货币市场》,2001 年第 3 期。

[34] 郭强:《中国资本账户开放排序的国际借鉴》,《世界经济研究》,2005 年第 3 期。

[35] 黄继炜:《印度资本账户开放研究——兼论印度的汇率制度》,《亚太经济》,2009 年第 5 期。

[36] 姜波克、朱云高:《资本账户开放研究:一种基于内外均衡的分析框架》,《国际金融研究》,2004 年第 4 期。

[37] 李剑峰、蓝发钦:《亚洲货币危机视角下的资本账户开放》,《亚太经济》,2007 年第 4 期。

[38] 李巍:《资本账户开放、金融发展和经济金融不稳定的国际经验分析》,《世界经济》,2008 年第 3 期。

[39] 李晓庆、汤克明:《金砖国家资本项目可兑换的比较分析及经验启示》,《金融发展研究》,2013 年第 1 期。

[40] 马勇、陈雨露:《资本账户开放与系统性金融危机》,《当代经济科学》,2001 年第 4 期。

[41] 王守贞、丁攀:《全球金融危机对印度资本市场的影响》,《区域金融研究》,2009 年第 6 期。

[42] 王宇:《改革的逻辑顺序——智利的汇率市场化和资本项目可兑换研究》,《南方金融》,2013 年第 6 期。

[43] 熊芳、黄宪:《中国资本账户开放次序的实证分析》,《国际金融研究》,2008 年第 3 期。

[44] 张礼卿:《论发展中国家的资本账户开放》,《国际金融研究》,1998 年第 3 期。